KB267152

삼국지

인물 통치학

三國志

왕우 지음 | **오상식** 옮김

삼국지
인물 통치학

목차目次

서문 | 9

제1편 삼국의 풍운 인물들 | 13

제1장 겉으로 드러나는 가식 • 15

1. 양면술책—인仁과 용맹勇猛 | 17
2. 울어서 강산을 얻은 주인 | 25
3. 인의라는 겉옷을 입은 위군자僞君子 | 35
4. 아들을 내던지고 충의忠義의 맹장을 얻다 | 45
5. 촉의 진영을 불태우니 유비의 갖가지 과실이 드러나다 | 50
6. 백제성 탁고 이야기—복병을 매복시키다 | 58

제2장 제갈량은 과연 고상하고 완벽하였을까? • 67

1. 제갈량은 추앙을 받을 만한가? | 69
2. 제갈량은 과연 겸허하고 근신하였을까? | 77
3. 제갈량은 충신이라기보다 단지 야심가였을 따름이다 | 84
4. 제갈량이 엄하게 촉나라를 다스린 배후 | 94
5. 가정전투에서 엿볼 수 있는 제갈량의 진실 | 103
6. 『출사표出師表』의 이면裏面 | 110

제3장 간웅奸雄의 진면목 • 119

1. 인불위기人不爲己, 천주지멸天誅地滅
—사람은 자기 자신을 위하지 않으면 천벌을 받는다 | 121

2. 조조의 인격상에서 빛나는 점 | 132

3. 조조는 진정 잔인하고 흉포한 인물이었을까? | 140

4. 겉은 소인배, 속은 재상 | 149

5. 우도소시牛刀小試—영웅을 논하는데 어찌 출신을 따지랴! | 158

6. 많은 책략과 인재로 천하를 호령한 조조 | 167

7. 조조는 미치도록 인재를 사랑하였고, 재능을 위주로 인재를 선발하였다 | 176

8. 조조는 진정한 영웅이었다 | 185

제4장 현실적이고 지혜로웠던 강남의 영웅 • 195

1. 지략과 판단 능력이 뛰어났다 | 197

2. 겸손하게 처신하였다 | 200

3. 현실적이고 실천적인 대세관을 지녔다 | 202

4. 현명한 인재관을 지녔다 | 204

5. 오만한 태도를 버리고 상대방의 의견을 존중하였다 | 207

6. 말년에는 아둔하여 시비를 가리지 못하였다 | 209

제5장 삼국의 명장 재고再考 • 211

1. 관우關羽—인신人神의 실체 | 213

2. 장비張飛—용맹 속에 지략이 있었고, 거칠면서도 주의가 깊었다 | 221

3. 조운趙雲(조자룡趙子龍)—충성스러운 보통 무장에 불과하였다 | 227

4. 동탁董卓—덕이 없이 어찌 천하를 얻겠는가? | 234

5. 여포呂布—문무에 능한 호장虎將 | 245

6. 황충黃忠—결코 노익장도, 백발백중의 명사수도 아니었다 | 252

7. 위연魏延—그는 정말로 반골이었는가? | 259

8. 주유周瑜—삼국 역사에서 가장 왜곡되게 평가를 받는 억울한 영혼 | 266

9. 노숙魯肅—단지 보조 역할로 묘사되는 두 번째 억울한 인물 | 275

10. 사마의司馬懿—용병술이 신과 같았던 군사가 | 284

11. 마초馬超—유명무실하였던 장군 | 292

12. 강유姜維—비정한 영웅 | 298

제2편 삼국 역사의 진상 | 303

제1장 현상 속의 본질 • 305

1. "천리주단기千里走單騎"의 역사적 진상 | 307

2. 여포의 죽음 | 315

3. 관우의 죽음은 제갈량의 음모였다 | 323

4. 여포가 정원丁原을 죽인 두 가지 원인 | 330

5. 제갈량은 왜 중국을 통일하지 못하였을까? | 340

제2장 모든 행위에는 모두 동기가 있다 • 349

1. 그들은 단지 유비의 바둑돌에 불과하였다 | 351

2. 제갈량은 왜 추녀를 부인으로 맞았을까? | 357

3. 제갈량은 왜 유비에게만 의탁하였을까? | 364

4. 제갈량의 북벌에는 동기가 있었다 | 371

5. 관우가 안량顔良을 참수한 진상 | 378

제3장 전쟁의 배후 분석 • 385

1. 관도대전의 승패 요인 | 387

2. 적벽대전의 진상 | 399

3. 이릉전투의 승패에는 근거가 있었다 | 414

제4장 진실과 거짓의 삼국 이야기 • 429

1. 도원결의는 정말로 존재하였을까? | 431

2. 삼고초려는 실제로 있었던 일일까? | 441

3. 공성계空城計의 거짓과 진실 | 452

4. "칠금맹획七擒孟獲"의 이야기는 사실이었을까? | 459

5. 적벽대전의 주인공 주유의 생애와 삼기주유의 허상 | 471

옮긴이 후기 | 482

삼국은 영웅이 배출되고, 호걸들이 원대한 뜻을 펼쳤던 격랑의 시대였다. 그러나 그중의 많은 영웅들은 연의소설로 인하여 심하게 왜곡되어 피상적인 면만 보이게 되었다. 삼국의 표면 속에 숨겨진 진실 세계에는 인생의 교훈이 담겨 있다. 그 속에는 인생의 오묘한 이치가 감추어져 있고, 삼국 인물들은 미묘한 이치가 작용하는 과정에서 일생의 찬란함을 성취하였다.

〈서문〉

역사는 무엇 때문에 늘 우리로 하여금 마음에 새기게 하고, 그 자체의 모호성에서 벗어나지 못하게 하는 것일까? 역사는 낡으면서도 신선하기 때문에 역사를 바라보기 좋아하는 사람들에게 충분한 상상 공간을 제공해 줄 수가 있고, 아울러 그들로 하여금 진지한 사고와 지혜로 역사를 보충하게 한다.

수많은 역사학자들이 전문가의 각도에서 삼국을 논평하였지만, 일반인의 시각에서 삼국을 논평한 작가는 아직까지 없었다. 모든 일반인에게도 삼국에 대한 자신만의 견해와 이해가 있다. 본서는 여느 학파나 학자들처럼 빈틈없고 엄격하지도 않고, 고의적으로 역사를 뒤흔들거나 전복하고자 함이 목적도 아닌, 단지 "풀뿌리 전문가(대중적 전문가)"의 신분으로 삼국에 대하여 평론하였다. 본서는 역사에 꼭 부합되거나, 반드시 전문가의 취향에 맞지 않을 수도 있다. 그리고 반드시 일정한 학술성을 지니고 있는 것도 아니다. 그렇지만 독자들에게 일정한 느낌과 여러 가지 색다른 지혜를 가져다줄 것이라고 확신한다. 따라서 전문가들에게는 실망을 줄 수도 있지만, 일반인들에게는 실망을 주지 않을 것이다.

본서는 "풀뿌리 전문가"의 각도에서 삼국을 평론한 첫 번째 책이다.

본서의 가장 큰 특징은 관점이 신선하고 논술이 청신한 데 있다. 흥미진진하여 독자로 하여금 속이 트이게 하고 새로움을 제공할 것이며, 방송에 나와서 삼국을 강론하며 현대의 취미에 영합하는 전문가들과는 다를 것이다. 본서 『草根品三國』은 역사의 사실을 토로하였는데, 그 자체가 목적인 것이 아니라 역사와 고인들을 이해하는 데 중점이 있다. 삼국의 사실史實을 해부하는 것을 뛰어넘어 고인과 대작하여 역사를 즐겁게 이야기하는 경지에 이르는 것이 작가의 바람이다.

삼국 시기는 중국 역사상 군웅할거와 전란분쟁으로 가장 유명하였던 대변혁 시기였다. 그리고 각지의 정권이 병립하여 서로 종횡으로 각축을 벌이던 시기였다. 삼국시대 속에 인재를 발굴하고, 정책을 결정하며, 군주를 택하고, 자아를 실현하는 등의 지혜가 숨겨져 있다. 이러한 지혜들은 삼국시대 영웅들의 시대적인 중점을 이루는 문제들이었다.

본서의 작가는 "삼국"을 몇십여 년 품독品讀한 후, 독창적인 시각과 역사와 인생에 대한 느낌을 담아 『草根品三國』을 집필하였다.

장강은 도도히 동으로 흐르는데
거품처럼 사라져 간 숱한 영웅들
뒤돌아보니 그들의 옳고 그름, 성패가 한갓 꿈이로다!
청산은 의구한데 몇 번이나 석양이 붉게 물들었던고!
백발 성한 어부들은 낚싯대를 드리우고
늘상 세월 가는 것을 보는구려!
한 병의 탁주 병을 두고 기꺼이 서로 만나
하고많은 고금의 이야기를 모두 술잔과 웃음 속에 부쳐 버리네!

삼국은 온갖 지혜와 계략이 난무하고, 속임수가 다양하여 도덕과 실리에 대한 분쟁이 끊이지 않았다. 격동의 세월이었던 삼국 시기의 민족심리와 문화구조 중에서 가장 복잡하고 신비한 부분을 모두 하나하나 흥미롭게 드러내고자 한다.

본서는 삼국의 허실을 탐구하고 삼국의 인물들을 분석하여 독자들에게 매우 감동을 줄 것이다. 삼국을 원래의 맛대로 음미하고, 삼국시대의 모략도 깨닫고 그것에 빠져 보자. 그리고 삼국시대의 풍운아들에게 취하여보자.

도원결의桃園結義, 삼고초려三顧草廬, 초선을 둘러싼 여포의 다툼, 공성계空城計, 삼기주유三氣周瑜, 위연의 반골상과 제갈량과의 관계, 관우의 오관육참五關六斬, 칠금맹획七擒孟獲 등의 이야기는 역사적 진실일까? 아니면 허구일까?

삼국은 풍아스러웠고, 군웅들은 서로 각축하였다. 게다가 병법과 무용이 난무하였고, 그 위세가 당당하였다. 칼 빛과 검 그림자 속에서 여러 영웅이 무대화장을 하고 등장한다! 변화무쌍함 속에서 그 누가 삼국의 허실을 제대로 연구하였는가?

눈을 멀리 떠 무창 일대를 바라보니 영웅의 기개가 목란산에 펼쳐져 있네.
의창의 혼은 돌아오니 이릉夷陵에서 연기가 피어오르네.
양수에 영웅이 살더니 양양성을 견고히 지었네.
악서의 만산에 붉게 단풍이 드니 적벽의 강가는 회고에 젖네.
풍파에 시달렸던 형주의 홍호에 아침 햇살이 드리우네.
무당산의 전흔에 회한이 서리었고 서색산을 바라보니 오나라의 자취가 물씬하네.
황강에 가을이 물드니 옛 장군은 고향으로 찾아드네.

삼국은 언제 끝이 나겠는가? 라고 희극에서 말한다. 삼국의 역사를 제대로 파악하려면 이 책을 읽을 필요가 있다. 개인의 재능을 끝없이 펼쳤던 풍운의 시대, 인성과 정치가 미친 듯이 교전하고 영웅을 알고 영웅을 중시하였던 시대! 이 책은 독자들에게 삼국의 사실을 알려주고, 삼국의 진상을 드러내며, 삼국의 시비를 따지고, 인생의 깊은 이치를 깨닫게 해줄 것이다.

이 책에서 지혜로운 사람은 실리를 얻을 것이고, 어진 사람은 인과因果를 볼 것이다. 무엇을 인과라고 하는가? 그것은 바로 역사 속에 감추어져 있는 인생의 오묘한 이치를 말한다.

고증과 변론을 중요시하지 않았지만, 무형 중에 많은 현안들을 해석하고 약간의 시비를 가려 역사의 진실을 돌이켜 보고자 하였다. 이 책은 "풀뿌리 전문가(대중적 전문가)"의 시각에서 삼국에 대한 비평을 진행하였는데, 본서가 독자의 서고에서 귀중한 소장품이 될 것이라고 믿는다.

제 1 편

삼국의 풍운 인물들

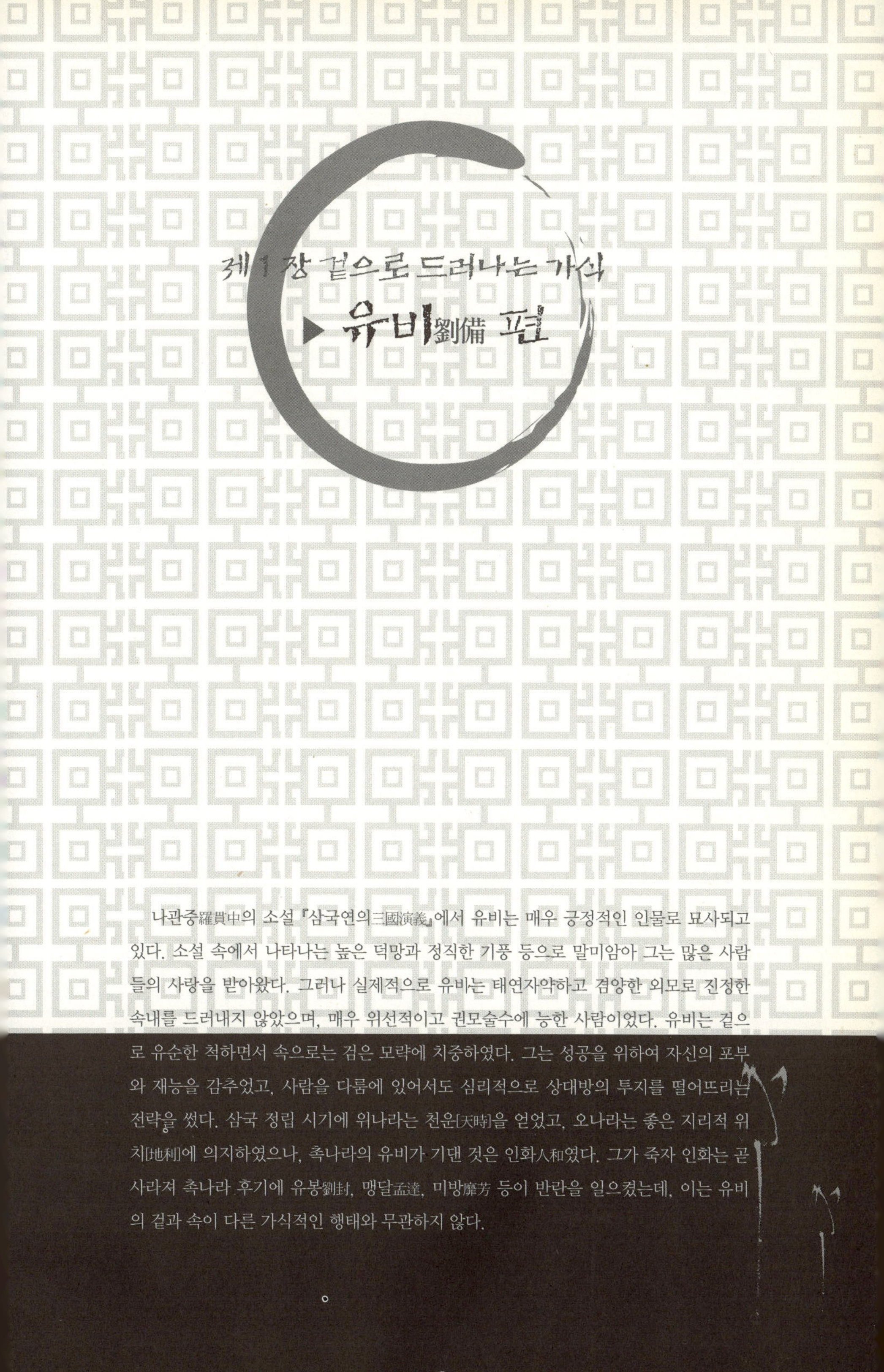

제1장 겉으로 드러나는 가식

▶ 유비劉備 편

나관중羅貫中의 소설『삼국연의三國演義』에서 유비는 매우 긍정적인 인물로 묘사되고 있다. 소설 속에서 나타나는 높은 덕망과 정직한 기풍 등으로 말미암아 그는 많은 사람들의 사랑을 받아왔다. 그러나 실제적으로 유비는 태연자약하고 겸양한 외모로 진정한 속내를 드러내지 않았으며, 매우 위선적이고 권모술수에 능한 사람이었다. 유비는 겉으로 유순한 척하면서 속으로는 검은 모략에 치중하였다. 그는 성공을 위하여 자신의 포부와 재능을 감추었고, 사람을 다룸에 있어서도 심리적으로 상대방의 투지를 떨어뜨리는 전략을 썼다. 삼국 정립 시기에 위나라는 천운[天時]을 얻었고, 오나라는 좋은 지리적 위치[地利]에 의지하였으나, 촉나라의 유비가 기댄 것은 인화人和였다. 그가 죽자 인화는 곧 사라져 촉나라 후기에 유봉劉封, 맹달孟達, 미방糜芳 등이 반란을 일으켰는데, 이는 유비의 겉과 속이 다른 가식적인 행태와 무관하지 않다.

1. 양면술책—인仁과 용맹勇猛

❖유비

현대인의 유비에 대한 인상은 어떠할까? 아마 많은 사람들이 그를 온화하고 우아하며, 야심과 속셈이 없는 인의군자로 여길 것이다. 유비는 진정 사람들이 생각하는 것처럼 그렇게 인의롭기만 하고 야심이나 속셈이 없었을까? 그렇다면 유비가 정말로 그렇게 좋은 사람이었을까? 역사적으로 진정 유비는 어떠하였는지에 대하여 허심탄회하게 이야기해 보자.

삼국시대의 조조, 유비, 손권은 모두 걸출한 정치가였다. 만약 그들의 덕행과 품격에 한하여 논하자면, 조조와 손권은 유비에 훨씬 미치지 못한다고 평가를 받고 있다. 많은 사람들이 유비에게 의탁하여 그를 위하여 변함없는 충성을 하였던 주요 원인은 "인仁"과 "의義"에 있었다고 한다. 서원직徐元直과 조자룡은 유비의 인의를 흠모하여 그에게 충성하였고, 제갈량은 유비의 마음이 백성과 사직에 걸려 있는 것을 존경하여 그에게 충성하였다고 알려지고 있다. 또한 도겸陶謙은 유비의 인의를 존경하여 서주徐州를 유비에게 주었으며, 유표劉表 역시 유비의 인의에 감동한데다 같은 종씨宗氏여서 형주 지역을 유비에게 주었다고 전해진다.

유비는 인의와 신의를 중히 여겼는데, 부하들에게만 인의로웠던 것이 아니라 백성들에게도 그 처지가 되어 돌보아주었다고 한다. 사람들은 왜 그렇게 말하고 있는 것일까?

『삼국지 · 촉서蜀書 · 선주전先主傳』 중의 예를 살펴보자.

> 한나라 말기에 국가의 대동란으로 인하여 백성들은 전란의 피해를 받아 황폐하고 생활이 곤궁하였다. 유비는 평원상이란 관직에 있으면서 관청의 재물을 백성들에게 나누어 주어 기근에서 벗어나게 하였고, 자신도 일반 관리 및 백성들과 관청에서 동고동락하였다.

그래서 많은 사람들이 유비를 좋아하기 시작하였고, 모두 그에게 의탁하기를 원하였다. 그렇게 유비는 평원상을 지내면서 인심을 얻었다.

당시 평원군의 유평劉平이란 사람은 줄곧 유비를 경시하였고, 그의 통치를 받게 되었음을 매우 수치스럽게 느껴 자객을 매수한 후 유비를 죽이러 보냈다. 유비는 그 사실도 모르고 자객을 극진히 대접하였는데, 이에 자객은 매우 감동하여 차마 손을 쓸 수 없었다. 결국 그 자객은 자신이 온 목적을 유비에게 말한 뒤 떠나 버렸다. 정사 『삼국지』에서 작가 진수陳壽는 그 일을 두고 "유비는 그렇게 인심을 얻었다"라고 찬탄하였다. 유비는 "너그럽고 어짐"을 중요시하였는데, 위나라의 전알傳幹은 유비에 대하여 "너그럽고 어질며 도량이 넓어 충성을 다하는 인재를 얻을 수 있었다"라고 평가하였고, 진나라의 장보張輔 또한 유비를 다음과 같이 평하였다. "권위가 있고 은혜로웠으며, 용맹하며 의리가 있었다. 또한 마음이 넓고 지략이 있었다."

그러한 전형적인 예가 건안 13년(208년)에도 있었다. 이 당시 유비는 형주에서 유표에게 의지하고 있었는데, 비록 권세는 없어도 형주 사람들은 그의 인품을 따르고 있었다.

조조가 남쪽으로 군사를 이끌고 내려오자, 유비는 번성樊城으로부터 양양襄陽을 지나 강릉江陵 지역으로 철군하기 시작하였다. 그즈음에 유종劉琮을 따르던 무리와 형주 사람들이 대거 유비에게 의탁하여 왔다. 그리하여 당시의 무리는 십만 명에 달했다. 거기다가 군수물자만 하여도 수천 수레가 되었다. 그래서 하루에 십여 리밖에 나아가지 못하였다. 그러자 주위의 부하들이 필요한 병력만 데리고 빨리 나아가 강릉江陵을 지켜야 한다고 유비를 설득하기 시작하였다. "지금 따르는 자들은 많지만 작전을 수행할 수 있는 병사들은 매우 적습니다. 만약 이러한 상황에서 조조군이 우리를 쫓아오면 어떻게 그들을 상대하겠습니까?" 이에 유비가 다음과 같이 대답하였다. "큰일을 성취하려면 반드시 사람으로서 근본을 삼아야 한다. 지금 저 많은 사람들이 나를 따르는데 어떻게 버리고 갈 수가 있겠는가?" 그러면서 유비는 결연하게 계속 십만 명에 달하는 무리와 함께 이동하였다.

그렇게 하면 조조군에게 따라잡힐 수 있는 상황이었는데도 결단코 백성들을 버리려 하지 않았다. 이러한 것들은 유비의 정치 품격을 충분하게 보여준 것인데, 이런 점들은 당시 정치가에게서 찾아보기 힘들었다. 따라서 그에 대한 백성들의 존경은 이루 말할 나위가 없었다고 전해지고 있다.

따르는 무리가 너무 많아 유비 일행의 행진은 매우 느렸으므로 결국 조조의 추격을 받았다. 유비는 이곳에서 심한 타격을 입어 처자식과도 헤어졌으며, 대부분의 사람들이 흩어지거나 습격을 받았다. 결국 유비는 최후에 남은 수십 기의 기병과 함께 한진漢津에 도착하고, 마침 가까스로 관우의 선박 부대를 만나 다행히 화를 면하고 한강漢江에서 하구夏口까지 건너갈 수가 있었다.

위의 예에서 보듯이, 비록 유비는 자신의 정치 품격을 유지하기 위하여 대가를 치렀지만 역사의 찬사를 얻었다. 동진東晉의 사학자 습착치習鑿齒는 여기에 대하여 다음과 같이 평론하였다.

유비는 비록 전쟁에서 패하여 험난에 처했으나 신의를 더욱 밝히고, 형세가 궁핍하여 사정이 위급한데도 그 언사가 도를 잃지 않았다. ……(중략)…… 그 최후에 대업을 이루니 역시 당연한 일이 아니던가!

유비는 비록 곤란한 상황에 빠졌지만, 그의 신의는 도리어 더욱 선명하게 드러났다. 형세가 궁핍하고 상황이 위험하였지만 약속한 말을 지켰고, 결국 나중에 촉나라 건국의 대업을 이룩하였다고 습착치는 그렇게 칭송한 것이다.

그처럼 백성을 이끌고 국경을 넘어 다른 나라로 건너간 예에서 유비의 너그럽고 굳센 면모를 볼 수 있다. 그렇지만 그러한 인의의 배후는 결코 간단한 것이 아니었다. 난세에 영웅이 난다는 말도 있지 않은가? 삼국 동란의 시기에 유비와 같은 사람들은 평범한 길을 원치 않았고 야심을 품고 있었다. 유비의 인의는 인심을 얻는 데 도움이 되었다. "인심을 얻는 자가 천하를 얻는다"는 속담의 묘미를 유비는 잘 알고 있었던 것이다.

유비에게는 야심이 있었다. 나관중의 『삼국연의』에서 유비를 소개하기 시작하는 부분에 다음과 같은 단락이 나온다.

유비의 집 동남쪽에 큰 뽕나무 한 그루가 있었는데, 높이가 16미터에 이르렀고 나무 그늘이 마차의 차양처럼 드리워져 있었다. 그것을 본 점술가가 "이 집에 귀인이 난다"라고 하였다. 유비가 어렸을 때 마을의 아이들과 그 나무 밑에서 놀면서 "나는 천자가 되어 이 나무 그늘 같은 차양이 덮인 마차를 탈 것이다"라고 하였다.

여기에서 본 것처럼 유비는 어릴 적부터 제왕이 되고자 하는 바람이 있었다.

유비의 웅장한 패기를 드러낸 사건은 나관중의 『삼국연의』에서 나오는 노편독우怒鞭督郵* 대목이다. 나관중의 『삼국연의』를 읽은 사람들은 노편독

*노편독우怒鞭督郵:『삼국연의』 2회에 나오는 이야기. 장비가 오만무례한 독우를 보다 못해 관아 앞으로 끌어내 말뚝에 묶고 버드나무 회초리로 사정없이 내려치는 장면

우의 일화가 장비에 대하여 쓴 것인데, 유비와 무슨 상관이 있냐고 말할 것이다. 그러나 사실 역사적으로 노편독우 대목의 진정한 주인공은 장비가 아니라 유비였다.

유비, 관우, 장비는 황건적黃巾賊을 물리치고 경사京師에 돌아왔다. 환관인 단규段珪가 기회를 타서 매관賣官을 하려고 유비에게 뇌물을 요구하자, 장비는 대노하여 단규에게 주먹을 휘둘러 치아 두 개를 부러뜨렸다.

한편, 황후의 친척인 동승董承은 헌제獻帝에게 주청하여 유비에게 안희현위安喜縣尉라는 벼슬을 주었다. 한나라 때 안희현은 정주에 속하였으며, 고성터는 지금의 하북성 정현에 위치하고 있다. 현위라는 벼슬은 도적을 잡는 무관으로 직위는 그리 높지는 않았다. 그렇지만 정주태수는 유비의 등용에 매우 불만을 가지고 중간에서 괴롭혔고 또한 모욕을 주었다. 그러자 장비는 대노하여 밤중에 태수를 살해하였다. 일이 커지자 조정에서는 독우 최렴崔廉에게 명하여 진상을 조사하고 처벌하도록 하였다. 독우는 군 태수에 속한 관리로서 본래 각 현을 감찰하고 교령을 전달하는 책임자였다. 독우 최렴은 안희현에 부임하자 허세를 부리며 전횡을 일삼았고 유비를 체포하려고 들었다. 그러자 장비는 성을 못 참고, 도리어 독우를 잡아다가 말뚝에 묶고 단숨에 곤장 백 대를 치고 죽여 버렸다. 장비는 이것도 성에 차지 않아 독우의 시체를 여섯 토막 내었고, 독우의 머리를 북문에 내다 걸었다.

원나라 『삼국지평화三國志平話』

이러한 『삼국지평화』 속의 장비가 단규를 때리고 태수를 밤중에 살해하는 장면은 사실과 다른 이야기다. 이는 단지 악의 세력을 장비가 용서할 수 없음을 나타내는 표현일 뿐이다.

한편, 소설 『삼국연의』에서 유비, 관우, 장비가 황건적을 격파하고 수도로 돌아온 후 오랫동안 관직을 수여받지 못하는 장면을 묘사하고 있다. 그렇지만 위의 『삼국지평화』 속의 장비가 단규를 때리고 태수를 죽이는 줄거리는 삭제하였다. 또한 독우를 죽이고 시체를 토막 내는 내용도 삭제하고, 노편독우 대목을 중점적으로 부각시켰다. 그리고 소설 『삼국연의』에서 유비가 독우를 때리는 장비를 말린 후 사직하였다고 묘사하였는데, 역사적 사실로는 유비가 직접 독우를 때리고 난 후 스스로 사직하였다고 전해진다. 소설 『삼국연의』에서 한편으로 장비의 극단적인 행위를 생략하였지만, 한편으로는 또한 장비의 폭력적인 성격을 드러내면서 유비가 악인을 증오하며 과감하게 행동하고 책임을 지는 황제의 형상을 지니고 있었다는 것을 부각시켰다.

역사상 유비는 소설에서 묘사한 것처럼 그렇게 온화하고 연약하지 않았고, 사실은 매우 용기가 있고 혈기가 강건한 사람이었다. 유비는 어릴 적부터 천성적으로 용감한 사람이었는데, 효웅梟雄(사납고 용맹스런 인물)의 패기를 지니고 있었다.

조조가 형주를 토벌할 때, 유비는 헌제가 조조의 손아귀에 있다는 사실을 명백하게 알고 있었다. 그러나 유비는 자신이 정의의 사신이라는 것을 증명하기 위하여, 조조군과 대치하는 중에 큰 소리로 헌제가 장인인 동승에게 조조를 죽이라는 밀조를 내린 사실을 말해 버렸다. 이것은 천자인 헌제를 불위에 놓고 굽는 것과 같지 않은가? 조조가 화가 나 돌아간 후 천자를 폐위하고 죽이는 것이 걱정되지도 않았을까? 그러나 유비는 자신의 야심을 드러내는 것에만 관심을 두고 천자가 죽든 말든 신경을 쓰지 않았다.

유비의 아들 이름에서도 그의 황제에 대한 야심이 나타나고 있다. 유봉劉封의 "봉封"도 제왕과 관련이 있거니와, 유선劉禪의 이름도 유봉을 양자로 들이고 형주에 들어간 후에 지은 것이다. 그가 일봉일선一封一禪이 무슨 의미를 뜻하는지 모를 리가 없었다. 자신이 천자에 봉해지고 나중에 아들에게 그 자리를 선양하겠다는 뜻이 아니고 무엇이겠는가! 그가 어릴 적에 "나는 천자가 되어 나무 그늘 같은 차양이 있는 수레를 타겠다!"라고 할 때부터 황제에 대한 야심은 그를 떠나지 않았다. 유비는 공손찬公孫瓚을 따르기 시작한 것부터 조조에게 접근하고, 원소袁紹와 영합하며, 유표에게 의지하고, 손권과 연합하며, 유장劉璋을 돕는 일에 이르기까지 여러 종류의 사람들과 교류하면서 변덕스러움을 나타냈다. 그러므로 사람들이 "삼국시대 인물 중에서 유비만큼 얼굴이 두꺼운 사람이 없었다"라고 하는 말이 이상할 것 없다. 유비가 한평생 영락을 거듭하고 유랑하면서도 죽지 않은 것은 기적이라 할 수 있다. 도리어 그 시기에 그가 용감하게 여러 가지 어려움에 대처하고 위축되지 않는 강인함을 보여준 것은 찬탄과 존경을 받을 만하다.

주유는 "유비는 효웅의 자태를 지녔다"라고 하였고, 노숙은 "유비는 천하의 효웅이다"라는 말을 하였다. 그 외에 손권도 비슷한 말을 한 것으로 보아 유비가 효웅이었다는 것은 당시의 중론이었다.

유비가 조조에게 의탁하였을 때, 그의 용맹이 잘 드러나는 한 가지 일화가 있다. 당시에 무슨 일이 발생하였을까? 바로 우리가 잘 알고 있는 "자주논영웅煮酒論英雄*" 사건이다. 그 대목은 조조가 유비에게 야심이 있는지 여부를 알기 위하여 꾸민 계략이라는 것을 우리는 알고 있다. 그렇다면 조조는 무엇 때문에 유비가 야심이 있는지 시험하였을까?

여기서 "의대밀조衣帶密詔" 사건을 먼저 살펴보자. 이는 조조로부터 압박을 받기 싫어하던 한나라 헌제가 조조를 없애기 위하여 동승에게 내린 조서 사건이었다. 동승은 이때 왕자복王子服, 마등馬騰, 유비 등과 결탁하여 조조를 없애기 위한 일을 꾸민다. 한편 유비는 조조가 자신의 심사를 간파할까 두려워 아무 일 없는 듯이 뒷밭에서 온종일 농사일에 열중하였다. 관우와 장비에게조차 알리지 않은 유비의 계책은 훌륭하였으나, 조조도 그렇게 어리석은 인물은 아니었다. 당시 조조가 비록 동승이 헌제가 내린 밀서를 의대에 감춘 사실을 몰랐다 치더라도, 유비가 주어진 상태에 안주하리라고 믿지 않았으리라! 그래서 벌어진 것이 바로 "자주논영웅" 사건이었다.

우리는 소설 『삼국연의』에서 유비가 조조의 시험에서 빠져나온 것을 잘 알고 있다. 그렇다고 하여 유비는 야심이 없는 속인에 불과하다고 할 수 있

*자주논영웅煮酒論英雄: 조조가 유비를 영웅으로 지목하는 순간, 유비는 순간적인 기지를 발휘하여 마치 천둥소리에 놀라 수저를 떨어뜨린 것으로 둘러대는 소설 속 이야기

겠는가? 사실 여기에 맹점이 있다. 조조가 유비에게 천하에 영웅은 자신과 유비밖에 없다고 하지 않았던가! 유비는 이 말을 듣고 돌연 젓가락을 떨어뜨리고 만다. 만약 유비에게 사심이 없었다면 그렇게 놀랄 수 있었겠는가? 어떤 이는 그 당시 천둥이 쳐서 귀를 막으려고 젓가락을 떨어뜨렸다고 하는데 누가 그 말을 믿겠는가? 그 일이 있은 후, 유비는 조조에게 해를 당할까 봐 서둘러 떠날 수밖에 없었다. 마침 원술袁術이 군대를 이끌고 청주青州로 가려 하자 유비는 종군을 신청하고 허도許都를 떠났다. 만약 그에게 야심이 없었다면 조조에게서 도망칠 리가 없었고, 조조가 해칠까 두려워하지도 않았을 것이다.

사실 객관적인 입장에서 말하자면, 야심이 있는 것 그 자체가 나쁜 것은 물론 아니다. 누구나 어느 정도 야심을 필요로 한다. 사람들은 "일을 함에 야심이 있어야 하며, 사람됨에 있어 양심이 있어야 한다"라고 말한다. 유비는 인의뿐만 아니라 야심도 있던 당시의 용맹스런 효웅이었다. 그의 이러한 양면전략으로 인하여 나중에 큰일을 이루어냈다고 할 수도 있겠다.

2. 울어서 강산을 얻은 주인

사람들은 자주 "유비의 강산은 울어서 얻은 것!"이라고 하며, 처량하게 우는 사람을 보고 "유비처럼 운다"라고 표현한다. 여기서 알 수 있듯이 유비는 잘 울었고, 또한 매우 가슴 아프게 감정을 다하여 울었다.

"남자의 눈물은 가벼운 것이 아니거늘……!"

건장한 남자인 유비가 무엇 때문에 항상 잘 울었을까? 나관중의 소설 『삼국연의』에서 유비가 운 장면은 30여 차례나 비중이 있게 묘사되고 있다. 아마 많은 사람들이 한 사람의 울음이 그렇게 매력이 있는지 의심할 것이다. 울어서 강산이 생길 수 있을까? 평범하게 울면 매력이 없고, 유비처럼 기교있게 울어야 좋은 성과를 얻을 수 있다. 『삼국연의』를 읽은 사람은 유비의 울음 속에 학문이 있다는 것을 어렵지 않게 발견할 수 있다.

유비는 인의를 말할 때 감정을 중시하였다. 그는 자신의 잘 우는 특징을 살려 사람들의 감정에 가장 잘 호소하던 인물이었다. 그는 중요한 시기에 종종 고난도 울음 기술을 이용하여 상대방의 마음을 끌어당겼다. 그는 사람을 다룰 때에 상대방의 내재한 감정을 꿰뚫고 조종하였는데, 조자룡과의 경우를 일례로 들 수 있다.

공손찬公孫瓚이 원소袁紹에게 패하여 도망칠 때, 조자룡이 공손찬을 구해준 일이 있었다. 이 일을 계기로 조자룡은 공손찬 수하의 맹장이 되었다. 한편 유비가 공손찬에게 군대를 요청한 적이 있었는데, 그 일을 계기로 유비와 조자룡은 처음 만났다. 조자룡은 무예가 출중하고 주도면밀한 일류명장이었다. 유비가 조자룡을 처음 만난 후 헤어질 때가 되자 눈물을 흘리며 아쉬워했는데, 그 눈물이 문무가 출중하였던 조자룡의 마음을 붙잡았다. 훗날 공손찬이 원소에게 패하여 목을 매고 자살하자, 조자룡은 여러 곳을 떠돌다 유비에게 의탁하였다. 조자룡이 다시 유비를 만나자 말에서 내려 땅바닥에 꿇어앉아 절을 하였다. 이에 유비는 "내가 그대를 처음 봤을 때 헤어지기 아쉬운 정을 느꼈는데, 오늘 이렇게 다시 만나니 행운이로세!"라고 말하였다. 조자룡도 "이곳저곳을 다니다 힘들게 주군을 다시 만나게 되었습니다. 지금 주군을 만나 평생의 소원을 이루었으니, 백골이 난망하도록 충성하겠습니다"라고 화답하였다. 그 후 조자룡은 유비 측의 핵심 수하로 자리를 잡아 많은 공로를 세웠다. 당연히 유비도 그를 관우나 장비와 같은 급의 심복으로 여겼다.

또한 서서徐庶(서원직)라는 장군이 있었는데, 유비가 그의 도움을 얻은 후 연속적으로 조조의 대장 조인曹仁을 격파하고 번성을 탈취하였다. 조인과 부장部將 이전李典은 허창許昌으로 도망친 후 울면서 조조에게 용서를 빌었다. 이때 조조가 묻기를 "승패는 병가兵家의 흔한 일인지라 그럴 수도 있다. 그런데 누가 유비의 모사였던가?" 이에 조인이 단복單福이라고 말하였다. 그러자 조조의 모사 정욱程昱이 웃으면서 단복은 가짜 이름이고 진짜 이름은 서서라고 말하였다. 그러자 인재를 중시하던 조조가 "서서의 재능이 어떠한가?"라고 물었다. 정욱이 서서가 대단한 인물이라고 대답하자, 조조는 "아깝구나! 훌륭한 인재가 유비의 날개가 되었구나! 이를 어찌할 것인가?"라고 한탄하였다. 그러자 정욱은 필요하면 서서를 끌어들일 수 있다고 조조에게 말하였다. 본래 서서는 효성이 지극한데, 어려서 부친을 여의고 집에는 노모만이 있었다. 서서의 동생인 서강徐康도 죽고 노모는 의탁할 곳이 없는 상황에 처해 있었다. 이에 정욱은 조조에게 서서의 모친을 허창으로 데리고 오도록 하는 계략을 건의하였다.

조조는 그 계책을 받아들여 서서의 모친을 속여 자신의 진영으로 오게 만들고, 가짜 편지를 띄워 서서가 유비 곁을 떠나도록 종용하였다. 모친의 가짜 편지를 받은 서서가 유비에게 사직하고 길을 떠나려 하자, 유비는 목 놓아 울면서 말하였다.

"부모와 자식 간의 정은 천성이니, 원직(서서)은 내 생각일랑 말고 어서 가서 모친을 만나도록 하라! 나중에 혹여 다시 가르침을 받을 때가 있을지도 모르겠네!"

그러면서 하룻밤만 더 머물고 떠나라고 말하였다. 그날 밤 유비는 서서에게 주연을 베풀면서 다음과 같이 말하였다.

"자네가 떠나는 것이 나의 좌우 팔을 잃은 것과 같아 여기 있는 진수성찬도 넘어가지 않는구려!"

두 사람은 새벽까지 부둥켜안고 울었다.

이튿날, 두 사람은 성문을 같이 나서 장정長亭에 이르러 하마하고 서로 인사하였다. 유비는 술잔을 들고 흐느끼며 서서에게 말하였다.

"인연이 짧아 그대와 헤어지나니, 자네는 새 주인 조조에게 가서 공명을 떨치시오!"

이에 서서는 울면서 다음과 같이 대답하였다.

"제가 미천하여 중용되지 못하였습니다. 지금 불행히 작별하니 이는 실로 노모를 위함이고 다른 뜻이 없습니다. 설사 조조가 강박하더라도 소신은 평생 계책을 바치지 않겠습니다. 더 이상 배웅하지 마시옵고 저는 여기서 작별하겠습니다."

유비는 곧 서서의 손을 잡으며 이렇게 말하였다.

"선생이 지금 떠나가면 언제 다시 만날지 모르겠구려!"

유비는 말을 마친 후 슬피 울었다. 서서도 눈물을 흘리며 유비에게 작별을 고하였다. 유비는 나무 곁에서 서서가 말을 타고 총총히 떠나가는 모습을 지켜보며 계속 울먹였다.

"서서가 떠나가니 나는 어찌해야 좋단 말인가!"

그런 후 떠나가는 서서의 모습이 나무에 가려서 잘 보이지 않자, 화를 내며 시야를 가리고 있던 나무들을 잘라 버리도록 하였다.

서서의 새 주인은 바로 유비의 정적 조조였다. 적장에게 수하를 떠나보내는 유비의 심사에 서서가 무척 감동한 것은 이를 나위가 없었다. 그리하여 서서가 조조 군영에 있으면서도 유비에게 한 약속대로 어떠한 계략도 제출하지 않았다. 서서와 헤어질 때의 감동적인 유비의 울음이 서서의 마음을 더욱 움직이지 못하도록 한 것이었다.

조조의 곁으로 간 서서는 그 후 과연 자신의 말대로 유비에게 불리한 계책을 내놓지 않았다. 적벽대전 당시 서서는 주유와 방통龐統의 계책을 간파하고 있었다. 그렇지만 그는 아무런 대책을 내놓지 않고 있다가 배들이 불타는 모습을 보고 조조에게 퇴각할 것을 주장하였다. 비록 조조는 서서를 얻었지만 중요한 시기에 그의 도움을 받지는 못하였던 것이다. 서서가 조조에게 중요한 계책을 내놓지 않는 것은 노모가 나중에 사건의 진상을 알고 분을 못 삼키고 자살했기 때문이기도 하지만, 그보다 더 큰 원인은 유비를 향한 돈독한 정 때문에 감히 중요한 계책을 조조에게 내줄 수가 없었기 때문이다.

유비의 울음에 관한 이야기가 관우, 장비와 관련해서는 더 말할 나위도 없다. 관우가 맥성으로 패주했을 때나, 장비가 난폭한 부하에게 죽임을 당하였을 때도 유비는 실로 가슴 아파하였다. 장비가 죽임을 당했을 때 유비는 대성통곡하여 혼절할 정도였다. 그리고 식음을 전폐하고 울며 장비를 불렀다는 기록이 사서에 적혀 있다. 그렇게 울다가 관우가 들어오자 다시 더욱더 소리 내어 울었는데, "소리 내어 울고 또 울었다", "머리가 땅에 닿도록 조아리며 혼절할 정도로 울었다" 등의 표현으로 당시 상황이 소설이나 사서에서 여러 차례 실감이 있게 묘사되고 있다. 이는 당시 유비가 심하게 울었음을 나타내는 것이며, 그의 관우와 장비에 대한 수족의 정을 표현한 것이라고 볼 수 있다.

유비의 일생을 살펴보았을 때, 그의 강한 울음의 힘은 많은 인재들을 끌어들였다. 일대의 현명한 군주로서 유비는 우는 수단을 극도로 발휘하였다. 한 평론가가 유비에 대하여 이렇게 말하였다.

"유비의 특징은 얼굴이 두꺼운 데 있다. 조조, 여포, 손권, 원소 사이를 왔다 갔다 하며 의지하면서도 부끄러움을 몰랐다. 유비는 평생 잘 울었는데, 『삼국연의』를 쓴 사람 또한 그의 그러한 모습을 생동감있게 잘 묘사하였다. 유비는 해결하기 어려운 곤란한 상황이 닥치면 곧 한바탕 울어서 상황을 반전시켰다."

많은 사람들이 잘 아는 사실이지만, 적벽대전 후 유비는 제갈량의 계책에 따라 군사 요충지인 형주를 탈취하였다. 그 후, 오나라 주유는 형주를 되찾기 위하여 미인계를 써서 유비를 인질로 가두고 형주와 바꾸려 하였다. 그러한 과정에서 오나라 국태(손권의 모친)가 감로사에 갇힌 유비를 직접 만나보고 마음에 들면 사위로 삼겠다고 하자, 주유는 감로사에 도부수 군사들을 매복시켜 놓았다. 이런 시점에서 보통 사람들은 당황할 것이지만, 유비는 침착하게 어려운 상황에 대처하였다. 유비는 국태 앞에 무릎을 꿇고 이렇게 말하며 울기 시작하였다.

"만약 저 유비를 죽이려거든 지금 곳곳에 숨어 있는 도부수 군사들에게 명하여 당장 목을 베어주십시오!"

결국 국태는 대노하여 손권을 책망하였다.

"지금 현덕은 나의 사위거늘, 곧 나의 자식이나 다름없다. 어찌하여 내 자식을 죽이려고 망나니들을 매복시켜 놓았단 말이냐!"

난간에 숨어 있던 도부수들은 그 말을 듣고 혼비백산하여 황급히 도망쳤다.

유비의 그 울음은 주객이 전도되게 하였을 뿐만 아니라, 오나라 국태를 곤란한 상황으로 몰아 수치심을 분노로 만들게 하였다. 그래서 오나라 국태로 하여금 손권을 질책하게 만들고, 그들의 음모를 없애는 데 성공하였다. 만약 유비가 그 상황에서 울지 않았다면 그는 그 상황을 벗어나기 힘들었을 것이다. 이것을 보고 주유는 유비가 용맹하다고 평가하였다. 유비는 실로 '교활'하였는데, 그 교활함 속에는 계략이 숨어 있었다. 그리고 그 작전상의 울음에는 박수를 칠 만하다.

손권은 여동생을 유비에게 시집보내는 미인계를 써서 유비를 제갈량, 관우, 장비 등과 이간질시키고 형주를 탈환하려고 하였다. 이때 제갈량은 그 계책을 파악하고 유비에게 조조 군대가 형주를 친다는 거짓 보고를 하고 유비를 형주로 돌아오게 하려고 하였다. 이에 제갈량의 지시를 받은 조자룡이 유비에게로 가서 형주가 위험하다고 말하자, 유비는 "내게 계책이 있으니 잠깐 물러나 있어라!"라고 하여 마음속에 속셈과 지략이 있음을 나타내었다. 이때 유비는 다시 한 번 울음으로 그 위기를 모면하는 상황을 연출하였다.

유비는 손부인孫夫人(손권의 여동생 손상향孫尙香)을 보자 울기 시작하였는데, 한없이 서글프게 계속 울었다. 그의 눈물은 마치 비가 오는 것처럼 계속 쏟아졌다. 결국 손부인은 한참을 망설이다 다음과 같은 말을 하였다.

"당신, 이제 그만 눈물을 멈추세요! 제가 어머님께 세배를 올리며 저희 부부가 함께 강변에 나가 조상께 제사를 지내겠다고 말하겠습니다. 그러면 필경 허락을 받을 수 있을 것입니다. 그때를 이용하여 오나라를 벗어나 형주로 가버리면 그만이지 않겠습니까!"

이렇듯 유비의 눈물은 당면한 문제를 해결하는 데 신통한 힘을 가지고 있었다. 손부인으로 하여금 저러한 계책까지 생각하게 하였으니 대단한 눈물이 아니던가! 유비를 사위로 삼고 오나라에 인질로 잡아두어 형주를 되찾으려던 손권과 주유의 계책이 여지없이 유비의 눈물에 물거품이 되어버렸다! 유비의 눈물은 자신의 생명을 구하고, 나아가 촉나라까지 살렸으니, 어찌 대단한 눈물이 아니겠는가!

유비는 손권의 여동생을 얻고 오나라 왕실의 사위가 되었다. 그래서 손권은 소극적으로 유비가 서천 지역을 취하고 나서 형주를 돌려주기만을 기다렸다. 그러나 아무리 기다려 보아도 유비는 꿈쩍도 하지 않았다. 이에 오나라에서는 노숙을 파견하여 촉나라에 압력을 넣는 상황에까지 이르게 되었다.

노숙이 다시 형주를 돌려달라는 요청을 하러 촉나라에 도착하자, 철면피인 유비는 그때까지 써온 하찮은 재주들이 고갈되어 제갈량에게 계책을 물었다.

"노숙이 여러 번 찾아올 때마다 잘 달래어 돌려보냈으나, 이번에 또 찾아왔으니 무슨 좋은 방법이 없겠는가?"

이에 제갈량이 다음과 같이 대답한다.

"노숙이 형주 일을 거론하면 주공께서는 크게 소리 내어 대성통곡하십시오. 아주 슬플 때까지 우시면 제가 나서서 해결할 터이니 크게 걱정할 필요가 없습니다."

그리하여 제갈량과 유비는 다시 한 번 한바탕 연극을 벌였다.

촉나라로 온 노숙이 유비에게 예를 차리고 인사한 후 말하였다.

"황숙(유비)께서는 이미 오나라의 사위가 되었으니, 이제는 저의 주인과 다름이 없습니다. 그러므로 솔직하게 말하겠습니다."

"겸손해하지 말고 솔직하게 말하라!"

"저는 오나라의 왕명을 받들고 왔습니다. 황숙께서 형주를 빌려간 후 오래도록 되돌려주지 않고 있는데, 이제 오나라의 사위가 되었으니 조속히 돌려주십시오!"

이 말을 들은 유비는 곧 크게 울기 시작하였다. 그 울음은 전혀 거짓으로 보이지 않았고, 많은 눈물을 흘리며 기가 막히게 잘 울어댔다. 그러자 노숙은 당황하여 어쩔 줄 몰라 하였다.

"황숙께서 어찌 이러십니까?"

그러자 유비는 더욱 대성통곡하였다. 이때 제갈량은 때가 되었다고 생각하고 병풍 뒤에서 나오면서 말하였다.

"자경(노숙)께서는 어찌하여 저의 주공이 이러는지 모르십니까?"

이에 노숙이 고개를 흔들며 다음과 같이 말하였다.

"황숙께서 어찌 이리 슬퍼하시는지 알 도리가 없으니, 제갈 선생께서 헤아려 주십시오."

그러자 제갈량은 침착하게 말을 꺼냈다.

"당초 주공께서는 서천을 치고 형주를 돌려주려고 하였습니다. 그러나 곰곰이 생각해 보니, 익주의 유장劉璋은 주공의 동생으로 모두 한나라의 골육입니다. 만약 군사를 동원하여 탈환하면 세인들의 조롱을 받을까 두려워하셨습니다. 그리고 서천을 치지 않고 형주까지 돌려주면 주공께서 거처할 곳이 없지 않습니까? 주공께서 지금 처하신 상황이 진퇴양난이니 저리 슬피 우는 것입니다."

이 말은 유비의 심사를 정확히 표현한 말이었다. 이에 지금까지 가짜이던 유비 울음이 진짜 울음으로 바뀌어 더욱더 슬퍼졌다. 그러자 노숙은 더욱 당황한 기색을 보이며 유비에게 말하였다.

"황숙께서 잠시 번뇌를 잊고 계시면, 제가 제갈공명과 다시 상의하겠습니다."

제갈량은 이때다 싶어 얼른 나섰다.

"귀공께서 돌아가서 손권에게 다시 시간을 달라고 요청해 주시면 고맙겠습니다."

노숙은 너그러운 사람으로서 유비가 그렇게 애통해하는 상황에서 물러설 수밖에 없었다.

유비의 울음은 참으로 절묘하였다. 비록 무뢰한 행동이었지만, 자신의 기반을 지킬 수 있게 한 울음이었다. 명백하게 형주를 돌려받으려고 온 상대방에게 매우 가련한 모습을 보여 오나라로 하여금 계속 형주를 방치하게 만든 것이었다.

유비는 확실히 잘 울었다. 특히 훗날 그가 촉나라의 황제로 등극하는 시점에서 또 한 번의 훌륭한 울음을 연출하였다. 이에 후세 사람들은 "유비의 강산은 울어서 생긴 것!"이라고 말하고 있다.

조조의 장자 조비曹丕가 동한의 헌제獻帝를 폐하고 낙양에 도읍하여 위나라를 건국한 소식이 성도에 전해지자 유비는 깜짝 놀랐다. 유씨 천하가 바뀌었는데 어찌 놀라지 않을 수 있겠는가? 당시 유비는 명성이 높아져서 자신도 왕이 아닌 황제로 불리고 싶었지만 감히 말을 꺼내지 못하고 있었다. 조조가 비록 패권을 차지하여도 중원에 꼭두각시 황제가 엄연히 존재하여 천하는 여전히 명의상 유씨 가문에 속하였다. 그런데 지금 조비가 황제를 폐하였으니, 이는 바로 역모에 해당하는데 이를 어쩌란 말인가? 유비는 비록 사천에 있으면서도 늘 중원을 생각해 왔다.

"지금이 황제가 되는 적기라 여기는데, 어떤 식으로 세상에 알려야 한단 말인가? 그래! 다시 한 번 비장의 무기인 울음을 이용하여 마음을 표현해야 할 시기가 왔다!"

그래서 유비는 식음을 전폐하고 매일 서글프게 울어대기 시작하였다. 그리고 문무백관들에게 상복을 입히고 황실이 있는 허창許昌을 향하여 제를 지내게 했다. 정사는 돌보지 않고 모두 제갈량에게 위임하였는데, 제갈량은 유비의 이러한 마음을 잘 헤아리고 있었다. 그때 마침 어떤 사람이 밤에 고기를 잡다가 금빛 찬란하고 길조가 드리운 옥새를 건져 올린 일이 일어났다. 그리하여 제갈량은 기회를 놓치지 않고 여러 군신들을 대동하여 유비에게 황제에 오르도록 주청을 올리게 되었다.

유비는 이를 보고 과연 울음을 멈추었다. 그러나 유비는 오히려 제갈량과 군신들에게 자신을 불충불효不忠不孝에 빠뜨렸다고 하며 일부러 화를 내는 척하였다. 적당한 기회를 봐서 제갈량 등이 다시 한 번 주청하자, 유비는 그제야 마지못한 척 황제 자리에 오르면서 국호를 "대촉大蜀", "촉한蜀漢"이라고 정하였다.

유비의 이러한 울어서 강산을 지키는, 이른바 "대영웅" 수단은 전무후무할 것이다. 사실 유비의 울음은 천성적인 것이 아니라 출신과 생활환경이 만든 것이었다. 그는 비록 한나라 황족의 후예지만 일찍이 부친을 여의고 돗자리를 짜고 짚신을 팔면서 구차하게 어린 시절을 보냈다. 그러한 그가 관우, 장비와 도원결의를 맺은 후 군사적인 공으로 출세를 하려고도 하였다. 비록 황건적을 물리치는 군사적인 공을 세웠지만, 인적 기반이 없어 안희현위安喜縣尉나 평원 현령平原縣領 같은 보잘것없는 벼슬을 할 수밖에 없었다. 그 후 부단히 여러 사람에게 의탁하며 자신의 뜻을 펼치지 못하는 신세로 지내왔다.

유비는 유표에게 의탁하는 동안에도 조조에게 핍박당하며 신야, 번성, 당양, 하구 지역 등을 전전하였다. 그러다가 적벽대전 후에 잠시 형주를 빌리고 양양, 남군, 귀양 등을 공략하여 겨우 자신의 기반을 만들었다. 이어서 서천과 한중 지역을 점령하여 촉나라 정권을 세우게 되었다. 유비는 그렇게 출신이 가난한데다가 기반이 약하여 줄곧 여러 군벌이 혼재한 상황에 끼이고, 다른 사람에게 의탁하면서 자신의 꿈을 키워 나갔다. 그러한 상황에서 유비는 울면서 어려운 형국에서 빠져나오는 방법을 즐겨 썼다. 그에게 우는 것보다 더 좋은 방법이 있었을까?

당시 유비는 본인의 능력과 실력으로 다른 제후들을 압도할 수 있는 상황이 아니었다. 그래서 유비는 우는 수단을 자본으로 하여 여러 사람의 감정을 사로잡고, 수많은 걸출한 문무백관을 자신의 곁으로 끌어들여 촉나라를 세울 수 있었다. 문관에는 제갈량과 방통龐統, 무관에는 오호대장군이 촉나라 지도자 계층의 중축을 이루었다.

유비의 울음에는 여러 종류가 있었다. 자기의 포부를 만족시키는 진짜 가짜가 반반인 울음, 계책에 대응하는 거짓 울음, 형제의 죽음과 쇠락한 종묘사직에 대한 진짜 울음 등등……. 사실 유비의 목적은 곤란한 상황에서 부하의 동정을 환기시키고, 병사들의 정신을 고취시켜 승리로 이끌게 하는 데 있었다. 이러한 울음은 결코 허약하지가 않았으며, 감정적인 행동이라기보다는 권모술수의 훌륭한 표현이었다. 유비의 우는 목적은 그때마다 각기 달랐다. 어쨌든 간에 그는 울어서 인심을 얻었고, 울어서 자신의 천하를 얻었으며, 울어서 일대의 "효웅梟雄(雄將)"이 되었다.

3. 인의라는 겉옷을 입은 위군자僞君子

유비는 나관중의 『삼국연의』에서 작가가 만들어낸 긍정적인 인물로서, 대한황숙大漢皇叔이란 호칭을 가졌다. 이로 인하여 여러 사람들은 유비를 정의의 화신이라 여기게 되었고, 천하를 구할 수 있는 영웅은 유비밖에 없다고 생각하기에 이르렀다. 그는 인자하다는 평으로 많은 사람들의 존경을 얻었다. 또한 더욱 중요한 것은 유비가 한나라 황실을 바로잡는다는 구실을 입에 달고 다녔기 때문에 대중들의 호감을 샀다는 것이다. 세상은 그를 광명의 상징으로 여겼고, 황실에서는 그를 구세주로 보았다.

사람들이 유비를 좋아하는 것은 거의 광풍에 가깝다. 유비는 정말로 한나라 왕실을 구한 영웅일까? 당연히 그렇지 않다. 정말로 그렇게 생각하고 있다면 나관중에게 우롱당한 것이다. 유비는 그렇게 순수한 사람이 아니었다. 그는 황숙이란 신분으로 명분을 얻고 군사를 일으킨 후, 무너진 한나라 황실의 계승자로 올라서고 싶어하였다. 유비와 조조, 손권 등은 모두 천하통일의 야심이 있었는데, 그중에서 가장 교활한 사람은 유비였다. 그는 세상 사람들의 심리를 교묘하게 이용하였다. 한나라 재건이라는 명분을 내걸고 인재를 모으고 군사를 일으켜 힘을 키웠는데, 그 과정에서 세상 사람들의 반대에 부딪치지도 않았다. 겉으로 그는 시종일관 충실한 모습을 연출해 나갔다. 그리하여 영토를 넓히는 것은 그의 개인적 욕망이 아니라 한나라를 더욱 공고히 하고자 하는 충정임을 세상 사람들에게 인지시켰다. 유비의 화려한 이면에 감춰진 실체를 알기 위해서 "북해전투"와 "서주 사건"을 돌이켜 보기로 하자.

한나라 헌제獻帝 초평初平 4년(193년), 연주兗州를 할거하던 조조가 태산태수를 시켜 연주로 오던 조숭曹嵩(조조의 부친)과 가족들을 마중하도록 하였다. 일행이 도중에 서주를 지나가게 되었는데, 서주목사 도겸陶謙은 조조와의 관계를 돈독히 하기 위하여 사람을 파견하여 일행을 호위하게 하였다. 그런데 뜻밖에도 파견된 사람이 조숭 일행을 죽이고 재물을 탈취한 후 도망쳐 버렸다. 이에 조조는 그 책임을 도겸에게 돌리고, 부친의 원수를 갚는다는 명분으로 서주를 치게 되었다.

도겸은 자신의 힘으로는 조조에게 대항할 수 없다고 판단한 후, 북해상北海相 공융孔融과 청주자사靑州刺史 전해田楷에게 도움을 청하였다. 그러자 공융은 다시 유비에게 도움을 청하여 도겸을 도와달라고 부탁하였다. 그렇다면 공융은 무슨 이유로 유비에게 도겸을 도와달라고 한 것일까? 공융과 유비는 어떻게 아는 사이일까?

유비는 노편독우 사건이 일어난 후, 안희현에 일대 혼란이 일어나자 관직을 사직하고 길을 떠났다. 관직을 사직한 유비가 어느 곳으로 갈 수 있었을까? 결국 유비는 옛 친구인 공손찬公孫瓚을 찾아갔다. 당시 공손찬은 이미 하북의 유명한 장군이 되어 있었다. 큰 나무 밑이 시원하다는 속담도 있지 않던가! 아울러 공손찬도 유비의 재능을 매우 안타까워하고 있던 중이었다. 그래서 공손찬은 유비를 평원상平原相으로 추천하고 청주로 보냈다. 이곳은 지금의 산동성 북부 지역으로, 공손찬이 원소를 견제하기 위한 목적이었다.

평원상이란 직책은 매우 높은 관직이었다. 평원 또한 일개의 현이 아니라 당시의 군국郡國이었다. 유비는 일약에 지방의 유력자가 되어 젊은 나이에 전도가 유망하게 되었다. 유비는 청주青州에 도착한 후 한 가지 일을 하게 되는데, 바로 공융을 도와 그를 북해의 포위에서 벗어나게 하는 것이었다.

공융은 어떤 사람이었을까? 그는 공자孔子의 20대손이었으며, 어려서부터 총명하고 발이 넓어 당대(동한 후기)의 명현으로 일컬어졌다. 공융은 여러 명문세가의 추천을 받으며 북해상에 오르게 된다.

그러나 공융은 문예에만 뛰어났지 군사 방면에는 약하였다. 동한 말은 전란의 시기였다. 이러한 시기에 공융이 아무리 재능이 뛰어나도 전시에서 그가 할 수 있는 일이 없었다. 무서운 일일수록 더 쉽게 만난다는 말이 있다. 공융에게 무서운 일이 벌어졌다. 공융이 북해 재상이 된 지 얼마 지나지 않아, 북해 지역을 공격하는 황건적의 군대를 만나게 된 것이다.

황건적의 수령은 관해管亥라는 사람이었는데, 십여 만의 군대를 이끌고 북해를 포위하였다. 공융은 쌍방의 전력을 따져 보지도 않고 군대를 이끌고 나갔다. 곧 공융의 군대는 전멸하였고, 영솔하던 장군마저 관해에게 살해당하였다. 참으로 비참한 참패였다. 할 수 없이 공융은 패잔병을 이끌고 성안으로 되돌아갔다. 성안에 있던 백성들은 성 밖의 수많은 적군을 보고 한숨을 쉬고 목 놓아 울기 시작하였다.

한편 북해성 20리 밖에 태사자太史慈라는 호걸이 살고 있었다. 밖으로만 떠돌아다니던 그에게는 늙은 노모가 있었는데, 생활이 매우 곤궁하였다. 공융은 평소 늘 사람을 보내 먹을 것과 입을 것을 그 노모에게 보내주고 있었다. 그래서 노모는 늘 공융에게 고맙게 생각하고 있었다. 이때 마침 태사자가 노모를 뵈러 갔는데, 노모는 북해성이 포위되었다는 소식을 듣고 태사자에게 공융을 도우라고 부탁하였다.

태사자는 홀로 말을 타고 적진을 뚫고 성안으로 들어갔다. 공융은 태사자에게 유비의 군대에 도움을 요청할 것을 부탁하였다. 이에 태사자는 다시 적군의 포위를 뚫고 밤낮을 달려 유비에게로 갔다.

당시 유비에게는 수천 명의 병사밖에 없었다. 그러나 유비는 공융의 부탁을 전해 듣고 관우, 장비와 함께 삼천 명의 정예부대를 이끌고 북해로 달려갔다.

관해는 유비의 삼천 기마병을 보고 가소롭게 여기고 일순간에 일망타진하려 하였다. 공융도 유비의 원군이 얼마 안 되어 내심 만족하지 못하고 있었다. 그러한 시점에서 관우가 나서 3합에 관해의 목을 쳐버렸다. 장군을 잃자 십만여 황건적군은 오합지졸이 되어 불과 삼천 명에 불과한 유비의 군대에게 지리멸렬되었다. 황건적들이 혼비백산하여 도망가는 것을 본 공융은 성문을 열고 친히 성 밖으로 나가 유비를 맞았다. 유비와 공융은 이렇게 서로 알게 되었다.

북해의 포위는 이렇게 하여 유비에 의해 풀리게 되었다. 이 전쟁에 관하여 소설 『삼국연의』에서는 그다지 큰 전쟁이라고 묘사하고 있지는 않지만, 당시 유비에게 있어서 북해전투는 매우 중요하였다. 그 연유는 무엇이었을까? 공융은 당시 명문세가였다. 한나라 말기는 개인 가문을 매우 중요시하던 시기였다. 위, 촉, 오 삼국의 수뇌를 보면 알 것이다. 조조의 조부 조등曹騰은 벼슬이 상시에까지 올라 황후의 심복으로 있었고, 조조의 부친 조숭은 태위에 있으면서 군사軍事를 관장하여 사도司徒, 사공司空과 더불어 "삼공三公"이라고 불리었다. 한편 손권은 장군 가문의 후예였다. 그의 부친과 형제들은 이미 손권을 위하여 필사적으로 싸워 기반을 마련한 상태였다. 그런데 유독 유비만이 돗자리와 짚신을 만들어 팔아 연명한 빈한한 가정 출신이었다. 이런 상황에서 유비가 황제 칭호를 얻으려면 공융 같은 왕족 세력에 기댈 수밖에 없는 상황이었다. 그렇지 않다면 유비가 어찌 잘 알지도 못하는 공융을 도와 출정할 수 있었겠는가! 유비는 그렇게 아무 사심 없이 도움을 베풀 사람이 아니었다.

물론 공융은 유비에게 은덕을 입은 만큼 많은 사람들에게 유비의 이름과 공로를 알려주었다. 이 일로 인하여 당시 오만하였던 제후들이 유비를 당대의 한 인물로 여기기 시작하였다. 북해의 전투는 이렇게 유비에게 공명을 떨치게 한 일대 사건이었다.

유비는 공융을 도와 북해전투에서 승리한 후 명성과 실리를 모두 챙기지는 못했지만, 명성을 얻었으니 그런대로 괜찮은 성과였다. 그렇다면 연이은 서주전투에서도 승리하여 수확을 챙길 수 있었을까?

조조군과 대치한 공융은 친히 유비를 청하였고, 이에 유비는 흔쾌히 응답하고 서주로 떠났다. 유비는 흔연히 관우, 장비, 조자룡과 수천 명의 군대를 이끌고 서주로 향하였다.

유비는 서주성에 도착하여 조조군과 솜씨를 좀 겨뤘는데, 첫 전투에서 쉽게 승리하였다. 이렇게 하여 오랫동안 조조군에 포위되었던 서주는 잠시 위기에서 벗어났다. 이에 도겸은 서둘러 성내로 유비를 맞이한 후 성대히 대접하였다. 도겸은 그 자리에서 서주를 유비에 넘기겠다고 약속하였다.

"지금처럼 천하가 혼란되어 있는 시점에 공은 한실의 종친으로 나라를 위하여 힘을 쓰고 있으니, 이 능력없는 늙은이가 그대에게 서주를 넘기려고 합니다. 내가 직접 표문을 써서 조정에 허가를 받으려 하오!"

그러나 유비는 이를 거부하고 다음과 같이 말하였다.

"나는 비록 한나라 왕실의 후예지만 공덕이 아직 부족하고 맡은 평원상의 관직도 제대로 수행할지 걱정되는 시점입니다. 나는 단지 의를 위하여 도와드린 것뿐입니다. 당신이 이렇게 하니 내가 서주를 삼키겠다는 마음을 품었다는 오해를 받을 것이 두렵습니다."

도겸이 다시 뜻을 반복하며 말하였다.

"이는 이미 이 늙은이가 그전부터 품고 있던 생각이오. 결코 가식이 아니니 내 뜻을 거절하지 마시오!"

그렇지만 유비는 끝내 서주를 받아들이기를 거부하였다. 미축麋竺이 그 광경을 보고 이렇게 말하면서 둘 사이를 중재하였다.

"지금 적군이 성 밑에 있으니 당장 적을 물리칠 대책을 강구하여야 합니다. 이러한 일은 사태가 진정된 후에 다시 논의하여도 늦지 않을 것입니다."

유비는 조조에게 서신을 전하며 국가의 대사를 위하여 물러갈 것을 권유하였다. 그때 마침 여포가 연주를 침공하여 복양濮陽 지역을 점거한 후 후방을 위협한다는 소식을 접한 조조는 유비의 제의를 수락하고 물러섰다.

도겸은 조조의 군대가 물러가자 유비, 전해, 공융이 한자리에 모인 곳에서 재차 서주를 유비에게 넘기려 하였다. 이에 유비가 말하였다.

"내가 공융의 부탁을 받아 서주에 온 것은 의를 위한 것입니다! 지금 내가 서주를 무단 점유한다면 세상 사람들이 나를 의가 없는 사람으로 생각할 것입니다!"

미축, 공융, 관우, 장비 등은 모두 유비에게 서주를 맡아 관리할 것을 권하였지만 유비는 또다시 거부하였다.

"여러분들은 나를 불의의 함정에 빠뜨리지 마십시오!"

도겸이 재차 권하였으나 유비가 거절하자 다시 이렇게 말한다.

"서주를 못 받으신다면 잠시 인근의 소패에 군사를 주둔하여 서주를 보호해 주십시오!"

곁에 있던 모든 사람들이 한목소리로 도겸의 건의를 유비에게 권하자, 유비는 하는 수 없이 소패에 잠시 주둔하기로 하였다.

유비가 운이 좋았던 것은 도겸이 조조 군대와의 전투에서 부상을 당하여 곧 죽게 될 운명이었다는 것이다. 죽기 전에 도겸은 다시 유비를 불러 서주를 양위讓位하였는데, 죽음을 앞둔 도겸 앞에서 유비는 서주를 받을 수밖에 없었다. 이것이 바로 유명한 "삼양서주三讓徐州(세 번이나 유비에게 서주를 부탁한 사건)"의 이야기이다. 죽음이 임박한 도겸의 부탁을 유비가 할 수 없이 받아들이는 모양새를 취한 것이었다.

유비가 도겸이 죽기 전에 서주를 받은 것은 정말로 부득이한 일이었을까? 사실 유비는 그 일로 인하여 민심을 얻었을 뿐만 아니라 세인들로부터 인의 군자라는 명성을 얻었다. 유비가 그렇게 세 번씩 거절하였던 또 하나의 이유는 현실 의식에 기인하였다. 당시 서주의 위치는 전략적 요충지에 위치하여 조조, 여포, 원술袁術, 원소袁紹 등이 호시탐탐 노리고 있던 지역이었다. 잠재적 위험성이 농후한 지역으로 잘못하면 큰 화를 입을 수 있는 지역이었던 것이다.

아울러 비록 서주목사 도겸이 유비에게 진심으로 양도하려 했더라도 그의 부하들도 같은 마음으로 유비에게 충성을 다할 것인가? 이러한 것들은 절박하고 심각한 현실적인 문제들로서, 유비가 깊이 고려하지 않을 수 없었다. 유비의 이러한 여러 가지 고민이 현실로 나타났다. 서주를 접수한 후 얼마 되지 않아 조조, 여포, 원술의 공격을 받았고, 도겸의 부하 조표曹豹가 반란을 일으켜 여포 편으로 돌아섰다. 이처럼 유비는 일반인과 달리 어떠한 문제를 고려함에 있어 매우 신중하고 노련하였다.

당연히 중요한 전략적 가치가 있는 서주 지역은 필경 유비에게 매우 거대한 매력을 지니고 있었다. 도겸이 죽자 유비는 밖으로는 북해상 공융, 안으로는 미축과 서주 군민의 광범위한 지지 아래 기회를 놓치지 않고 도겸의 서주목 자리를 물려받았다.

이로써 유비는 명목과 실리를 동시에 챙겼다. 세인의 호평을 받았을 뿐만 아니라 서주를 차지하기까지 하였다. 참으로 하늘에서 떡이 떨어진 것과 같이 유비에게는 좋은 일이었다. 당연하게 우리는 이 일로부터 유비의 인간성을 엿볼 수 있다. 유비는 부끄러움을 모르는 인의라는 외투를 쓴 위군자僞君子였다! 그 후에도 그는 여러 번 그러한 연극을 연출하였다.

조조가 북방통일의 대업을 완성하고, 천하통일을 위하여 남방의 군웅들을 소멸시키고 있을 즈음이었다. 당시 유비는 이미 서주를 잃고 유표劉表에게 의지하고 있었다. 이때는 제갈량이 이미 그를 돕고 있던 시점인데, 형주를 차지할 두 번의 기회가 있었다.

그 첫 번째, 유표가 중병을 얻자 유비를 불러들였다.

"내가 죽은 후 자네가 형주를 다스리게!"

어떤 이가 그 말을 따르라고 하자 유비가 정색하였다.

"유표가 나를 중히 여겨왔는데, 내가 지금 그의 말을 따르자면 사람들이 필경 나를 경시할 것이다. 그러므로 그의 말을 따를 수 없다."

이 일에 대하여 배송지裵松之는 사실이 아니라고 생각하며 다음과 같이 말한 적이 있다.

表夫妻素愛劉琮, 舍嫡立庶, 情計久定, 無緣臨終擧荊州以授備, 此亦不然之言.

유표 부부는 본래 유종劉琮을 총애하여 적자를 폐하고 서자를 세우려 하였다. 그들의 마음은 진작 정해져 있었다. 그런데 임종에 와서 형주를 유비에게 줄 리가 없었다. 이것 역시 사실이 아닌 말이다.

사실 유비는 평소에 유표가 자신을 경계해 왔으므로 그러한 유표의 말에 의심을 갖고 반신반의하고 있었다. 실질적으로 유비는 유표의 병을 틈타 형주를 취한다는 것은 당시의 정황상 거의 불가능하다는 것을 알고 있었다. 직접적인 위협은 유표의 친척 채모蔡瑁와 장윤張允인데, 그들은 유표의 후처 채씨蔡氏의 형제들이었다. 또 다른 한 무리는 유표의 생질과 당시 형주 군대를 장악한 괴월蒯越 등이 있었다. 그리하여 유비는 그 당시 형주를 차지하는 것은 지나친 욕망이라고 생각하여 포기하였다.

채모 등이 유종을 옹립하고 조조에게 투항하자, 조조 군대는 신속하게 완성宛城으로 진격해 들어갔다. 그 시점에 또 한 번의 기회가 있었다. 유비가 황급히 군대를 철수하여 막양襄陽을 지날 때 제갈량이 계책을 내놓았다.

"주공께서 지금 유종을 공격하면 형주가 우리 손안에 들어올 것입니다."

이에 유비가 회의적으로 대답하였다.

"조조가 완성에 있고 군세는 막강하다. 형주를 취할 수는 있으나 방어가 힘들다."

이 점에 대하여 훗날 청나라 때 왕무굉王懋竑이란 학자가 "당시 조조군은 이미 완성 지역을 점거하고 있었다. 그러한 상황에서 유비의 군대가 유종의 근거지를 차지하더라도 막강한 조조군을 상대로 지켜낼 수가 없었을 것이다"라고 말하였다.

유비는 하루라도 형주를 생각하지 않은 적이 없었다. 형주와 익주 두 곳은 융중대 구상의 핵심 지역이었다. 그러나 조조의 수십만 대군에 비하여 보잘것없던 자신의 군대로 인하여 생각이 복잡하고 모순에 싸여 있었다. 불리한 여건에 있던 유비가 장기간의 군벌 전쟁 틈에서 자신을 지키려면 시기에 맞는 적절한 지략이 필요하였다.

유비는 유장劉璋과는 가문의 형제로서 동족상잔하는 일이 없을 것이라고 항상 입으로 되뇌었지만, 유장의 근거지를 공격할 때는 전혀 우유부단하지 않고 곧바로 실행에 옮겼다. 최후에 유비는 손권으로부터 형주를 얻었다. 그는 형주를 빌리고도 뻔뻔스럽게도 돌려주지 않았다. 그것은 무뢰한 행위였지만 도리어 손권을 질책하였다. 유비는 정말로 겉과 속이 다른 사람이었다.

익주에 유비와 형제간으로 불리던 유장이 있었는데, 유비는 손님이라는 명분으로 호탕하게 병마를 이끌고 익주로 들어갔다. 가련한 유장은 유비의 거짓 뜻에 현혹되어 익주를 넘겼으니, 늑대를 자기 집으로 들인 꼴이 되었다. 유비는 익주 백성의 반항도 받지 않고, 도리어 열렬한 환영을 받으면서 무혈입성에 성공하였다.

유비의 모든 것은 실리에서 출발하였다고 말할 수 있다. 그는 부단하게 유언劉焉, 노식盧植, 유표와 같은 군웅들에게 의존하였다. 그 시기에 또한 부단하게 관우, 장비, 조자룡, 제갈량 등의 장군과 모사를 영입하였다. 그리고 기회를 놓치지 않고 서주, 익주, 형주 등의 지역을 차례로 탈취하였다.

진수의 『삼국지』나 나관중의 소설 『삼국연의』에서 언제나 유비는 인의와 충직한 군주로 독자들 앞에 선다. 무릇 동서고금에 걸쳐 개국군주들은 보통 인물들이 아니었고, 또한 진정한 충성심을 가진 사람은 드물었다. 유비는 충성심이라는 가면을 쓰고 세상 인심을 얻었다. 노신魯迅 선생께서 다음과 같이 말한 적이 있다.

"유비가 온후하였다는 것은 거짓이다. 그는 용맹하였고 정치 투쟁에 능하였다. 유비는 세인들의 원성을 입지 않고 남의 정치 기반을 탈취하는 데 수완이 있었다. 그는 정말로 양의 탈을 쓴 승냥이였다. 그는 허울이 좋았고 아무렇지 않게 배후에서 중상모략을 하였다. 그리고는 무고한 것처럼 행동하였다. 조조는 죽을 때까지 황제라 칭해본 적이 없었다. 조조가 황제로 칭하기를 원했다면 그것은 매우 쉬운 일이었다. 손권 역시 조조를 황제로 칭하고 자신을 신하로 칭하기를 원한 적이 있었다. 그러나 유비는 어떠하였는가? 조비曹丕가 동한의 헌제獻帝를 폐하고 낙양에 도읍하여 위나라를 건국하자마자 유비는 자신을 촉나라의 황제로 칭하였다. 여기서 우리는 유비의 충성과 인의는 단지 그의 겉모습이라는 것을 알 수 있다. 결론적으로 유비는 교활하고 위선적이었으며, 인의라는 이름으로 세상을 속였다. 역설적으로 이것은 유비가 총명하고 용맹스러우며 지능적이라는 것을 뜻한다."

4. 아들을 내던지고 충의忠義의 맹장을 얻다

유비가 아들 유선劉禪을 내던진 일에 대하여 언급하면, 사람들은 그가 그 일로 인심을 얻었다고 생각할 것이다. 유비가 과연 세상인심과 조자룡을 얻기 위하여 그렇게 하였을까?

위나라의 조조가 대군을 지휘하고 번성으로 진격하자, 유비는 할 수 없이 백성들을 거느리고 도망치기 시작하였다. 조조 군대가 사방에서 포위하여 형세가 매우 불리할 때, 유비는 수하 장군 조자룡에게 자신의 가족을 보호할 것을 명하였다. 조조군의 세력이 워낙 흉맹하여 유비는 포위망을 겨우 빠져나갔으나, 그의 가솔들은 조조군의 포위망 안에 있던 상황이었다.

당시 조자룡의 마음은 매우 초조하였다. 삼엄한 적진의 포위를 뚫고 나왔지만, 유비의 가족을 구하려고 다시 몸을 돌려 적진을 향해 돌진하였다. 그 과정을 얼핏 본 미방糜芳이 대경실색하여 황급히 유비에게 달려가 조자룡이 조조에게 투항하였다고 보고하였다. 그러나 유비는 이를 믿지 않았다. 이때 장비가 고함을 지르며 조자룡을 베어버리겠다고 말하였다. 그러자 유비는 관우가 안량顔良과 문추文醜를 죽인 일례를 들어 장비의 경솔함을 꾸짖었다.

장비가 20여 명의 뛰어난 기병을 데리고 장판長坂에 이르렀을 때였다. 조자룡이 넘어져 있던 간옹簡雍을 구하고, 그에게서 유비의 두 부인(감부인甘夫人과 미부인糜夫人)의 행방을 알아내었다. 조자룡은 곧 사람을 유비에게 보내 적의 진영에서 죽는 한이 있더라도 두 부인과 아들을 구하겠다는 맹세를 전하였다.

당시 장판파 언덕에는 십여 만의 조조 군대가 있었는데, 이를 뚫고 유비의 가족을 구한다는 것이 얼마나 힘든 일이었겠는가! 그러나 조자룡은 아랑곳하지 않고 오로지 두 부인과 유비의 아들(유선)을 구할 일념뿐이었다.

조자룡은 부상당한 사병의 인도로 군중 속에서 감부인을 찾아냈다. 감부인은 소리 내어 울면서 미부인과 유선은 모두 흩어졌다고 말하였다. 그러자 조자룡은 더욱 괴로워졌다. 이때 마침 조자룡은 조인曹仁의 부장 순우도淳于導가 미축糜竺을 끌고 지나가는 것을 발견하고 순우도를 칼로 찔러 죽였다. 그 즉시 주위에 있던 조조군의 두 필의 말을 빼어 타고 미축을 구해내었다.

조자룡은 감부인과 미축을 말에 태우고 빠져나왔을 때, 장비가 장판교 위에 있는 것을 보았다.

"조자룡, 너는 어찌하여 형님을 배반하였느냐?"

조자룡은 어리둥절하며 대답하였다.

"내가 무슨 배반을 하였단 말이오?"

"하하핫! 그냥 해본 소리요. 방금 자초지종을 다 들었소. 미리 말했으면 좋았을 것 아닌가? 진작 말했으면 아무런 오해도 없었을 것을……."

조자룡은 미축에게 감부인을 유비에게 데려가게 하고, 자신은 다시 미부인(미축의 여동생)과 유선을 찾아 나섰다. 사방을 뒤진 후 마침내 부상당한 채로 유선을 안고 있는 미부인을 찾아냈다. 조자룡을 만나게 된 미부인은 갑자기 유선을 부탁하면서 우물에 뛰어들어 죽고 말았다. 조자룡은 비통함을 참고 유선을 품에 안아 말을 타고 달렸다. 그는 죽음을 무릅쓰고 조조군의 포위망을 뚫고 나와 장판교에 이르렀는데, 장비는 아직도 그곳에 머물고 있었다.

장비는 “여기는 내가 있으니 안심하시오!”라고 하면서 조자룡이 무사히 장판교 다리를 건너가게 해주었다.

기진맥진한 조자룡은 한창 잠자고 있는 아기(유선)를 안고 유비에게 돌아가 두 손으로 건네주었다. 그러자 유비는 아기를 받아 들고 바닥에 휙 내던졌다.

“이 어린것 때문에 하마터면 나의 소중한 장수를 잃을 뻔했도다!”

그러자 조자룡은 땅바닥에 꿇어앉아 울면서 말하였다.

“이 한 몸 주군을 위하여 목숨을 기꺼이 다 바치겠습니다!”

이 장면은 매우 감동적이다! 조자룡은 유비의 대장군이고, 유비의 아들은 조자룡이 장래에 섬길 주군이었다. 천신만고 끝에 죽음을 무릅쓰고 유선을 구해온 것은 조자룡 입장에서 “극기복례克己復禮”였던 셈이다. 공적표에 탁월한 성적을 올려 차후 논공행상論功行賞에서 충분히 보상받으면 될 일이었다. 그런데 유비는 즉시 마음속에서 자신의 이익을 조자룡에게 떼어주었다. 그리하여 유비는 겉으로 아기가 조자룡보다 중요하지 않다는 것을 보여주었다. 그러니 조자룡이 어찌 감지덕지하지 않을 수 있겠는가? 현대적 용어로 응집력이 있었던 것이다. 이 부분은 공자孔子가 다음과 같이 말한 것과 상통하는 대목이다.

> “정사에서 인심이 중요하다. 이는 마치 북극성이 흡인력이 있는 것과 같다. 북극성은 우주에서 움직이지 않고 한자리에 있고, 다른 별들이 그를 둘러싸고 돌아간다.”

여기서 우리는 유비의 사람을 다루는 고난도 연기를 어렵지 않게 찾아볼 수 있다. 유비는 그렇게 하여 조자룡의 목숨을 거는 충성을 샀고, 현장에 있던 모든 사람들에게 감동을 주어 일석이조의 효과를 보았다. 동한 말기는 중원에 군웅이 각축하던 시기로써 인재가 중요한 시대였다. 조자룡은 당시 구하기 힘든 인재였고, 그러한 일로 조자룡이 유비의 심중에 깊이 파고들었다는 것은 쉽게 상상할 수 있다. 만약 당시에 조자룡의 행동에 실수가 있었다면 유비는 조자룡에 대하여 계속 저울질을 하였을 것이다.

중국의 CCTV 드라마 【삼국연의】에서 유비가 아기를 내던지는 장면은 더욱 흥미롭다. 극중에서 유비는 뒤에 있던 조자룡을 향해 아기를 내던지는데, 마침 뒤에 있던 조자룡이 아기를 땅바닥에 떨어뜨리지 않고 쉽게 받아낸다. 여기서 우리는 유비의 위선적인 행동을 엿볼 수 있다. 훗날 사람들이 유선이 무능하기에 유비가 내던졌다고 말하지만, 그렇게 쉽게 단정해서는 안 된다. 그렇지만 유비의 그런 행동으로 조자룡의 마음을 사로잡았다는 사실은 확실한 것 같다. 지금의 안목으로 봐서도 조자룡은 유비의 훌륭한 신하였다. 유비를 따른 날부터 조자룡은 시종 굽히지 않는 충절, 대의, 용맹으로 사람들의 존경을 받았다. 촉나라의 성립과 유지 과정에서 유비와 함께한 관우, 장비의 공로도 조자룡의 것에 비하면 못하다. 왜냐하면 촉나라 정권의 몰락과 붕괴 과정에서 적든 많든 간에 관우의 고집불통과 장비의 난폭함에서 나온 행동들은 책임을 면하기 힘들기 때문이다. 그래서 조자룡은 소설 『삼국연의』 중에서 도를 준수하고 의를 지키는 가장 모범적인 부하로 묘사되고 있다.

조자룡이 유비를 구한 것은 몇 번이었던가? 유비가 유표의 수하에 있을 당시, 채모蔡瑁와 장윤張允이 유비를 해치려고 한 적이 있었다. 그들이 막 유비를 독살하려고 하자, 조자룡이 유비 곁을 지켜 채모와 장윤이 겁을 먹고 독살 계획을 포기하였다.

유비가 오나라 손권의 사위로서 그곳에 머무를 때, 조자룡은 유비를 안전하게 강하江夏로 돌아오게 하여 주유의 마수에서 빠져나오게 하였다. 또한 손권이 유비가 서천에 가 있는 틈을 타 형주를 치려고 할 때, 미리 유비의 부인인 손상향孫尙香을 빼돌리려 하였다. 그래서 손권의 심복은 손부인을 몰래 만나 어머니가 위독하다고 속여 손부인과 유선을 데리고 오나라로 빠져나가려 하였다. 이때 조자룡이 나서서 손부인의 손에서 유선을 빼앗았다. 이는 모두 조자룡의 유비에 대한 충성심에서 일어난 일이었다.

유비가 관우와 장비의 죽음을 복수하고자 오나라를 치려고 군사를 일으킨 적이 있었다. 이때 제갈량도 감히 직언을 못하는 상황에서 조자룡은 유비의 뜻에 맞서 출병을 반대하였다. 이는 촉나라 정권의 앞날과 유비에 대한 충성에 기인한 것이었다. 결과적으로 효정전투(또는 이릉전투)에서 오나라 육손陸遜의 계책인 화공법에 의하여 촉군이 섬멸된 후, 조자룡은 죽음 직전에 있던 유비를 구하고 불과 100여 명의 군사를 데리고 백제성으로 피신하였다. 이때 조자룡은 혈혈단신으로 유비를 쫓던 수많은 오나라 군사들을 물리쳤다.

우리는 유비가 어려움에 처하고 촉나라 정권이 위험할 때마다 조자룡이 나타나 늘 선봉에서 용감하게 적군을 막아낸 것을 쉽게 알 수 있다. 조자룡은 항상 유비가 가장 위험한 시기에 출현하였고, 그의 마음속은 오직 유비 부자에 대한 절대 충성으로 가득하였다. 이러한 정신은 유교의 충군애국忠君愛國 정신으로서 매우 칭찬할 만하다. 그러나 가장 뛰어난 사람은 그러한 충성스런 부하를 만들어낸 유비 자신이었을 것이다. 만약 그가 유선을 내팽개치지 않았었다면 몇 번을 죽었을지 모를 일이었다.

돗자리를 짜고 짚신을 팔던 유비가 일대의 풍류 인물로 성장한 데는 사람을 놀라게 하는 기발한 용인술이 한몫을 하였다. 이에 관하여 옛사람은 다음과 같이 언급하였다.

> 조조의 군중에서 벗어난 조자룡의 품에는 소룡小龍이 잠자고 있었다. 유비는 충성심 많은 신하를 위로할 길이 없어 일부러 아들을 앞에 내던졌다. 인심을 움직이는 데 정보다 더 좋은 것이 없다. 정이 움직인 후에 마음이 움직이고, 마음이 움직인 후에 일이 순조로워진다. 부하를 사랑하고 정으로 다루면 군심을 얻고 승리의 목적이 달성된다.

유비는 그러한 이치에 매우 정통한 인물이었다. 그렇지 않다면 그렇게 세상을 놀라게 하는 행동이 나올 수가 있을까?

5. 촉의 진영을 불태우니 유비의 갖가지 과실이 드러나다

서기 222년에 벌어진 오, 촉 사이의 이릉전투는 삼국 시기의 매우 중요한 전투였다. 만약 적벽대전이 삼국정립의 국면을 처음으로 세웠다고 한다면, 이릉전투는 그러한 국면의 형성을 확정지었다고 할 수 있다. 이릉전투는 중국 고대 전쟁사에서 적극적 방어가 성공한 유명한 사례이다.

서기 221년, 유비는 성도에서 칭제하고 국명은 촉나라, 연호는 장무라 하였다. 한 달 후 유비는 관우의 원수를 갚고 형주를 수복하고자 오나라를 공격하기로 결정하였다. 당시 많은 문무백관들은 여러 차례 유비의 오나라 정벌을 만류하였다. 그렇지만 유비는 신하들의 의견을 조금도 들으려 하지 않았다. 위나라 문제文帝인 조비曹丕는 그러한 정황을 전해 듣고 표정 관리에 들어갔다. 오촉 간에 동맹이 와해되는 일이 발생하면 위나라 입장에서 그보다 좋은 일이 있겠는가!

한편 손권은 형주를 탈취한 후, 기득권을 공고히 하고 더 이상 촉나라와의 충돌을 피하기 위하여 두 차례 사신을 파견하였다. 그리하여 유비와의 평화 협상을 시도하였지만 실패하였다. 또한 제갈량의 형이자 오나라 남군태수인 제갈근諸葛瑾도 유비에게 전쟁을 중단할 것을 서신으로 요구하였지만, 그때마다 유비는 번번이 거절하였다. 그러한 상황에서 손권은 위나라에 서신을 써서 도움을 요청하였다. 그러나 그 당시 조조는 이미 병사하고 조비가 왕에 올랐는데, 조비는 마침 두 나라 사이의 전쟁으로 어부지리를 기대하던 터라 한 명의 군사도 파견하려 하지 않았다.

유비는 출병하자마자 무현巫縣(지금의 사천성 무중현 북쪽)과 자귀秭歸(지금의 호북성 서쪽) 지역을 차지하였다. 손권은 유비와 화친할 희망이 없는 것으로 판단되자, 육손陸遜을 대도독으로 임명하고 5만 군사를 주어 유비에 대항하게 하였다.

유비는 출병한 지 몇 개월 만에 오나라 영토 500리 이상을 점거하였다. 그는 자귀에서 출발하여 급하게 동쪽으로 계속 진군하였다. 이때 황권黃權은 조급한 유비를 말리며 말하였다.

"오나라 사람들은 싸움에 용맹하니 그들을 얕잡아보시면 안 됩니다. 우리의 수군은 조류를 따라 전진하기는 쉬우나, 만약 철병하려면 간단한 일이 아닙니다. 나에게 선봉을 맡기시어 길을 열게 하시고 폐하는 뒤를 따르는 것이 좋을 듯합니다."

당시 유비는 심적으로 매우 급하여 황권의 말을 듣지 않았다. 유비는 황권을 강북에 주둔시켜 위나라의 공격에 대비하게 하고, 자신은 손수 장강 남쪽 기슭을 따라 산 넘고 재를 넘어 효정猇亭(호북성 의도현 서북 방향)으로 진군하였다.

오나라 장수들은 촉군의 거침없는 진군에 그들과의 일전을 바랐지만, 대도독 육손은 촉군과의 즉각적인 전투에 반대하였다.

"이번 유비의 대군은 사기가 충천하고 전투력도 강하다. 그들은 또한 험준한 지대를 점령하고 있으니 공격하기도 쉽지 않다. 만일 그들과 맞붙어 싸워 패배하고 군마를 손실하면 보통 일이 아니다. 우리는 역량을 비축하고 전략을 짠 후, 그들이 피로해진 것을 틈타 공격하는 편이 나을 것이다."

유비의 강력한 공세에 육손은 방어와 지구전의 전략을 사용하였다. 육손은 군령으로 방어에 치중하고, 나아가 싸우는 것을 금지하였다. 이를 본 실전 경험이 많은 오나라 장수들은 육손이 서생 출신이라 나약하다고 비웃었지만, 대도독의 명이라 어쩔 수 없는 상황이었다. 사실 육손의 휘하 장수뿐만 아니라 유비도 육손을 비웃었다. 유비는 손권이 육손을 대도독으로 임명했다는 소식을 들은 때부터 육손을 안중에도 두지 않았다.

"나도 군을 지휘하여 다년간 싸웠는데, 그 애송이(육손)를 이길 수 없단 말인가?"

유비는 노약한 사병들을 앞에 내세우고, 육손군에게 욕설을 퍼부으며 유인책을 썼다. 일단 그렇게 하여 흥분한 오군이 성 밖으로 나오면 숨겨둔 군사들을 이용하여 포위하는 작전을 구사하려던 참이었다. 그러나 육손은 그 속임수를 알아차리고 출전하지 않았다. 그러면 유비는 하는 수 없이 매번 진영으로 돌아갈 수밖에 없었다.

유비 군대는 봄부터 여름을 지나 가을까지 7, 8개월 동안 오나라의 주력부대를 치지 못하고 수림 속에서 진을 치고 출전을 기다릴 수밖에 없었다. 그렇게 진을 친 것이 연속 수백 리에 달하였다. 마량馬良이 유비에게 성도에 있던 제갈량의 의견을 들어보자고 권하였으나 유비는 거절하였다.

"주군! 지금 사태가 불안합니다. 이러한 상황에서 승상이신 제갈량의 의견을 한번 들어보시는 것도 좋지 않겠습니까?"

"나는 병법에 능한데, 굳이 제갈량에게 물어볼 필요가 없다."

육손은 촉군의 진영이 칠백 리에 걸쳐 서로 이어진 것을 염두에 두었다. 그러한 진영은 매우 견고하지만 치명적인 약점이 있으니, 바로 화공법에 노출되어 있다는 점이다. 일단 불이 일어나면 걷잡을 수 없다는 것을 육손은 간파하고 있었다.

마침내 적당한 기회를 찾은 육손은 돌연히 군사들을 소집하여 촉군을 향해 진격하도록 하였다. 그러자 군사들은 불평을 늘어놓았다.

"유비를 치려면 미리 쳤어야 했습니다. 그들은 이미 5, 6백 리를 진격해 들어와 있고, 주요 관문은 그들이 모두 점거해 있습니다. 이러한 상황에서 그들을 친다 한들 승산이 없습니다.”

그러자 육손의 불호령이 떨어졌다.

“유비 군대는 처음에 사기가 왕성하여 우리가 이길 수 없는 상황이었다. 지금 저들은 오랜 기간 여기서 머물러 있어 지쳐 있다. 지금이 기회이다!”

육손은 우선 먼저 소규모의 병력을 촉군의 진영으로 보냈다. 선발대가 촉군의 목책木柵 부근에 접근하자, 촉군 병사들이 좌우에서 뛰쳐나와 공격하였다. 이어서 부근에 있던 몇 개의 촉군 진영에서도 병사들이 나와 합세하였다. 그러자 오나라 군사들은 그들을 당할 재간이 없어 손실을 입고 황급히 후퇴하여 돌아왔다.

선발대가 참패하고 돌아오자, 오나라 장군들은 모두 육손을 원망하기 시작하였다. 이에 육손이 그들을 달래며 말하였다.

“이번 작전은 그들의 허점을 좀 알아보고자 했을 뿐이다. 지금 나에게 이미 저들을 물리칠 방법이 있으니 곧 알게 될 것이다.”

그날 밤, 동남풍이 세차게 몰아쳤다. 육손은 대부대를 직접 이끌었는데, 볏짚과 불씨를 갖고 세 갈래로 나누어 촉군을 향해 진격하였다. 촉군의 모든 진영은 연결되어 있어서 한 진영이 불길에 휩싸이면 부근의 모든 진영이 불에 타게 되어 있었다. 오군으로서는 한 번에 유비의 40여 개 진영을 공격할 수 있는 형국이었다. 육손은 작심한 듯 일순간에 촉군 진영을 향해 불화살을 날려 보냈다. 유비가 불길을 발견할 때는 이미 수습할 수 없는 상태가 된 후였다. 유비는 조자룡의 보호 아래 화염을 뚫고 도망쳐 나와 기병과 함께 마안산馬鞍山으로 줄행랑쳤다.

촉군은 이때 군사, 선박, 군용물자, 무기 등을 모두 오군에게 빼앗겨 버렸다. 촉군은 이릉전투에서 궤멸될 정도로 많은 손실을 보았던 것이다. 유비는 실패한 후 땅을 치며 처량하게 말했다.

“내가 참패를 당한 것이 어찌 하늘의 뜻이 아니겠는가!”

패전의 충격으로 유비는 병석에 누웠다. 이릉전투가 끝난 다음 해인 서기 223년 4월, 유비는 63세의 나이로 조용히 눈을 감았다.

제갈량과 고생을 같이하며 한나라 황실을 부흥하고자 했던 유비는 그의 뜻이 막 이루어지려는 시점에서 좌절하고 말았다. 유비의 입장에서는 참 안타까운 일이었다.

지금부터는 유비가 통일의 대업을 완성하지 못한 원인을 분석하여 보자.

사람들은 그의 실패는 관우와 관계가 많다고 말한다. 만약 유비의 실패가 관우와 전혀 관계가 없다고 말한다면 이는 절대 불가능한 이야기이다. 유비와 관우는 알다시피 의형제 관계였다. 관우가 오나라에 피살당하자 유비는 손수 대군을 이끌고 오나라를 정벌하러 떠났는데, 이때 제갈량과 조자룡 등 많은 신하들은 작은 일로 대의를 저버린다는 이유로 출병을 반대하였다. 그리고 오촉 간 전쟁의 수혜자는 필경 위나라였을 것이다. 자칭 한나라 왕실의 후예라고 하는 유비가 황실 부흥이 아닌 개인적 복수심을 목적으로 출병한 것은 대장부의 기개를 저버리는 행위였다. 유비도 그 점을 잘 알고 있었지만, 도원결의의 정을 떨쳐 버릴 수 없는 상황이었다. 관우를 잃은 유비는 눈물로 나날을 보내던 참이었다.

출전하기 직전에 제갈량이 유비를 설득하여 말하였다.

"황상께서는 너무 슬퍼하지 마십시오! 생사는 정해져 있고 부귀영화는 하늘의 뜻입니다. 관우는 너무 고지식하여 화를 입은 것입니다. 황상께서는 옥체를 보중하시어 복수할 때를 기다리심이 옳을 줄 압니다. 그렇게 너무 서두르시는 것은 좋지 않습니다."

이에 유비가 다음과 같이 답하였다.

"관우와 장비는 나와 도원결의하면서 생사를 같이하기로 맹약하였다. 지금 관우가 죽었으니 내 어찌 홀로 부귀를 누리겠는가? 원한을 씻어 옛 맹세를 지키겠노라!"

이 말을 마친 유비는 땅에 엎드려 까무러치도록 통곡하였다. 문무백관들이 그를 일으켜 세웠지만 계속하여 대성통곡하였다. 하루에 세 번에서 다섯 번 정도까지 혼절할 정도로 울었으며, 3일 동안 식음을 전폐하기도 하였다. 종일 우는 것이 샘물이 끝없이 용솟음치는 것과 같았으며, 옷깃이 눈물에 다

젖고 피눈물로 얼룩덜룩할 정도였다. 관우를 위하여 하루를 출격하지 않으면 유비는 하루 종일 울어대었고, 밤에도 울음은 계속되었다. 그러기에 지략이 뛰어난 제갈량도 어찌할 방법이 없었다.

감정을 중시하는 유비로서 형제를 위하여 복수를 하지 못할 이유도 없었다. 하지만 일국의 임금으로서 신하들의 말을 듣지 않고 개인적인 복수에 집착한 것은 자기 목에 칼을 들이대는 것과 마찬가지의 상황이었다.

그리고 만약 당시 유비의 실패가 전적으로 관우 때문이었다고 한다면, 이 또한 정확한 표현이 아닐 것이다. 실패한 여러 가지 원인 중의 일부가 관우와 관련이 있다고 해야 맞지 않을까? 역사학자인 진수의 유비에 대한 평가는 비교적 공정하다. 진수는 유비가 패왕의 자태를 갖추고 있었지만, 반면 성격적으로 그에 반하는 단점을 지니고 있었다고 평가하였다.

또 다른 이유는 정책 결정상의 착오이다. 유비가 오나라를 정벌하려고 준비할 당시에 오나라의 장수 주유, 노숙, 여몽呂蒙은 모두 이미 죽은 뒤였다. 그러므로 유비는 특출한 적장들이 사라진 그때가 오나라를 치기에 가장 적기라고 판단하였을지도 모른다. 유비의 입장에서 생각할 때, 당시 위나라는 강대하였고 촉과 오는 약하였다. 촉과 오가 연합하더라도 위나라를 상대하기에 벅찼다. 그리고 오촉 연맹은 여러 가지 문제로 진행이 순조롭지 못하였다. 아무리 오나라와 연합이 잘되더라도 위나라에 항거할 수는 있지만 위나라를 멸망시키기에는 힘이 부족한 상황이었다. 그렇다면 굳이 연합을 할 필요 없이 오나라를 먼저 멸망시키면 국력이 더욱 강성해져 어느 정도 위나라와 균형이 잡힐 것이고, 그렇게 되면 촉나라로서는 위나라를 멸망시킬 수 있는 기회가 더욱 커진다는 계산을 하였다. 그리고 당시 오나라의 유명한 장수들이 없어진 뒤여서 무력으로 상대할 만하다고 여겼다. 그 절호의 좋은 기회를 놓치고 싶지 않은 유비의 마음이 관우의 복수와 맞물려 오나라에 대한 공격을 감행하게 되었던 것이 아닐까? 그러나 아쉽게도 유비의 군사 지휘 능력에는 한계가 있어 힘들게 정비한 군대를 한순간에 잃고 말았다. 이 정책상의 착오는 유비의 군사상의 실수로도 볼 수 있으며 실패의 가장 큰 원인이었다.

당나라 시인 두보杜甫가 쓴 『팔진도八陣圖』라는 시가 있다.

功蓋三分國, 名成八陣圖.
江流石不轉, 遺恨失呑吳.
공적은 셋으로 나뉜 나라를 뒤덮었고,
명성은 팔진도로 이루었네.
강물은 흘러가도 돌은 굴러 없어지지 않으니,
오나라를 평정하지 못한 것이 한으로 남아라!

이 시는 제갈량의 재능을 칭송하며 읊은 것인데, "강물은 흐르지만, 돌은 구르지 않는다"라는 표현은 사방으로 군사를 잘 배치하며 행렬이 정연한 제갈량의 팔진도를 당대에 유용하게 써보지 못한 안타까움을 두보가 노래한 것이다. 돌은 구르지 않는다는 대목은 후세의 시인이 천추에 남을 한을 지니게 된 제갈량을 추모하는 표현법이다. 다시 말하여, 성급하게 관우의 원수를 갚고자 오나라를 치면서 제갈량의 팔진도를 제대로 쓰지도 못하고 참패한 데 따른 후인의 안타까움을 표현하고 있다. 시인 두보는 무리하게 오나라를 정벌하겠다는 실책이 결국은 촉나라를 멸망의 길로 빠져들게 하였다고 아쉬움을 드러내었다.

유비가 일으킨 이릉전투에서 오군의 도독 육손은 정세를 잘 분석한 이후에 대담하게 후퇴하며 적을 유인하였다. 병력을 집중하고 물러나 있다가 적이 피로한 틈을 타 화공법을 이용하여 5만의 열세적인 군사로 병력이 더 많은 촉군을 섬멸시켰다. 이로써 육손은 방어에서 공격으로 전환하는 성공 전례를 만들었고, 뛰어난 지휘력과 군사 재능을 발휘하였다. 이릉전투에서 육손은 걸출한 군사 지휘관으로서의 탁월한 작전 능력을 보여주었다. 반면 유비의 실패는 우연한 것이 아니었다. 유비는 개인적인 노여움에 급작스럽게 군대를 일으킨 후, 힘을 믿고 무리하게 진격하여 병가의 금기를 어겼다. 또한 유비는 구체적인 작전에서도 지리를 살피지 않고 2, 3백 리나 되는 험준한 산악 속에 군대를 주둔시키는 우를 범하였다. 그리고 오군이 완강하게 저항할 당시 작전 변경을 제때 하지 못하였고, 중심이 없고 길게 늘어진 그릇된 진영 연결법을 채택하였다. 이는 상황을 피동적으로 만들어 결국 전멸을 자초하고 말았다.

이릉전투는 삼국 정립 구도에 많은 영향을 주었다. 촉나라는 그 전투로 국력을 소진하였고, 제갈량이 융중대에서 만든 국가전략 청사진이 기본적으로 무너져 버렸다. 결론적으로 우리는 이릉전투에서 유비에게 존재하던 약점을 찾아볼 수 있다. 육손의 불줄기는 유비의 갖가지 과오를 드러나게 하였다.

유비는 힘든 역정 속에서 분투하였고, 일생 동안 끊임없는 유랑 생활을 하였다. 그러나 어떠한 곤란한 상황에서도 죽거나 포로가 되지 않았다. 그리고 어떠한 곤란한 조건에서도 상심하지 않았다. 정사 『삼국지』의 저자 진수는 손권보다 유비를 더 강인하게 평가하였다. 심지어 진수는 고금에 걸쳐 유비보다 더 강인한 사람은 찾기 힘들 정도라고까지 말하였다. 그러한 유비가 이릉전투에서 크나큰 실수를 범하였던 것이다.

6. 백제성 탁고 이야기—복병을 매복시키다

삼국 역사에는 흥미진진한 전설이 많은데, 백제성 이야기도 그중 하나이다. 제갈량은 『출사표』에서 "백제성 탁고"를 이유로 남만과 중원 정벌에 나섰다고 말하고 있다. 한 시대의 미담으로 전해 내려오는 백제성 탁고와 관련한 이야기를 나누어보도록 하자.

앞에서도 언급하였지만, 유비는 관우의 복수를 위하여 주위의 반대를 무릅쓰고 오나라 정벌에 나섰다. 그러나 시운時運이 좋지 않아 육손陸遜에게 대패하고 많은 군마와 병사들을 잃고 말았다. 쫓기던 유비는 제갈량의 말에 따라 백제성으로 피신하였다. 제갈량의 석진石陣작전, 즉 팔진도八陣圖로 오나라 군대를 물러가게 하였지만, 유비는 이릉전투에서 참담한 대가를 치렀다.

나관중의 소설 『삼국연의』에서는 백제성 이야기를 다음과 같이 묘사하였다.

> 유비가 백제성으로 피신하였을 때 중병에 걸렸다. 밤마다 꿈에 관우와 장비가 나타났으며, 머지않아 죽음이 임박했음을 느끼고 있었다. 그리하여 급히 제

갈량 등 중신들을 불러 유선劉禪을 부탁하는 문제를 준비하게 되었다.

제갈량은 성도에서 이릉전투의 참패 소식을 듣고 탄식하여 말하였다.

"주공께서 오나라 정벌을 서두르지 않았다면 어찌 이러한 참담한 결과에 이르렀겠는가!"

제갈량은 아울러 허정許靖 등에게 다음과 같이 말하였다.

"만약 법정法正이 아직 살았다면, 반드시 주공을 제지하여 동진을 막을 수 있었을 것이다. 설사 동진하였더라도 그러한 참패는 당하지 않았을 것이다. 내가 주공을 막지 못하였던 것이 한없이 부끄러울 따름이다."

촉나라의 문무 대신들은 유비가 성도로 돌아오기를 기다리고 있다가, 뜻밖에 조자룡이 파견한 사람으로부터 유비가 중병에 걸린 사실을 듣게 되었다. 제갈량은 급히 백제성으로 향하였는데 조금만 늦었어도 유비의 임종을 보지 못할 뻔하였다.

제갈량은 유비의 중병 소식에 매우 놀랐다. 즉시 그는 조정의 대사를 분배하고 문무백관들에게 유선을 잘 보필할 것을 부탁한 후, 유선의 동생인 유영劉永과 유리劉理를 데리고 밤낮으로 달려 백제성으로 가 영안궁永安宮에서 유비를 만나게 되었다.

임금과 신하는 서로 만나 말을 잇지 못하고 눈물만 흘릴 따름이었다. 유비는 가까스로 일어나 제갈량의 손을 잡으며 말하였다.

"내가 당초에 승상과 조자룡의 권고를 들었다면 이러한 참패를 당하지 않았을 것이오! 나는 지금 병에 걸려 다시는 일어나지 못할 것 같으니 부득불 승상과 탁고의 대사를 의논하고자 하오!"

말을 마친 유비는 제갈량이 대답하기도 전에 한없이 눈물을 흘리며 통곡하였다. 제갈량은 총명한 사람이라 주군이 우는 까닭을 알아채고 같이 우는 수밖에 없었다.

"폐하께서는 옥체를 보중하시어 천하의 기대에 부응하십시오!"

한바탕 울고 난 유비는 급히 대신들을 불러 모아 유조遺詔를 받아쓰게 하고 제갈량을 향하여 말하였다.

"성인께서 '새는 죽음에 임하여 그 울음소리가 처량하고, 사람은 죽음에 임하여 그 말(유언)이 아름다워라!' 라고 말씀하셨다. 나는 경과 더불어 조조를 멸하고 한나라 왕실을 재건하고자 하였으나, 뜻을 이루지 못하고 먼저 이별을 고해야 할 것 같소! 승상은 나의 조서를 유선에게 전해주시고, 그에게 많은 가르침을 부탁하오!"

제갈량 등은 황급히 울면서 꿇어앉아 유비의 지우知遇의 은혜에 감사하였다. 유비는 제갈량에게 천천히 말을 이어나갔다.

"지금 마음속에 묻어둔 말을 하겠네."

이에 제갈량이 얼른 대답하였다.

"폐하께서 어떠한 말씀을 하시든 신이 경청하고 받들겠습니다."

유비는 한숨을 내쉬더니 계속 말을 이어갔다.

"당신의 재능은 위나라 조비曹丕의 열 배가 넘으니 반드시 나라를 다스려 천하를 통일시킬 수 있을 것이오. 만약 유선이 도와줄 만한 인물이면 돕고, 만일 재주가 모자라면 공께서 성도의 주인이 되도록 하시오!"

제갈량은 여기까지 듣고 더 이상 참지 못하고 눈물을 흘리며 말하였다.

"신이 어찌 감히 신하 된 도리로서의 노력과 충정을 다하지 않겠습니까? 충절을 다하여 죽을 때까지 후주를 돕겠습니다."

유비는 다시 두 아들인 유영과 유리를 불러 말하였다(당시 큰아들 유선은 성도에 있었다).

"그리고 너희 삼 형제는 내가 죽으면 승상을 부친처럼 모셔 태만함이 없도록 하라! 그렇지 않으면 나에게 불효를 저지르는 것과 같게 된다. 지금부터 반드시 내 말을 잘 명심하고 실천하거라!"

말을 마친 유비는 바로 혼절하더니, 며칠 만에 63세의 나이로 세상을 떴다.

이것이 나관중의 『삼국연의』에 기술된 백제성 이야기이다. 그런데 역사의 진상도 과연 그러하였을까? 유비는 진정으로 단지 후사를 위하여 유선을 제갈량에게 부탁하였을까?

유비가 임종하면서 제갈량에게 한 말은 여러 사람들로 하여금 많은 추측을 자아내게 한다. 이는 제갈량을 시험하기 위한 말이었다고 주장하는 사람들도 많다. 그 이유로 유비는 임종할 때까지도 제갈량을 완전하게 믿지 않고 있었다고 한다. 어떤 이는 그 일을 두고 주저없이 사실에 덧붙여 다음과 같이 묘사하기도 한다.

> 제갈량은 그 말을 듣고 황공무지하여 한편으로는 눈물을 흘리며 통곡하고, 한편으로는 꿇어앉아 머리가 땅에 깨지도록 조아렸다. 그러자 유비가 비로소 제갈량을 믿게 되었다.

사실 유비는 '인화人和'를 이용할 줄 아는 용맹한 인물이었다. 왜 그러한가? 유비는 유선이 연약하여 훗날 반드시 헌제獻帝의 전철을 되밟을 것이라는 걸 잘 알고 있었다. 그래서 생각해 낸 것이 제갈량에게 의탁하는 방법이었다. 그러나 유비가 유선을 제갈량에게 맡기는 장면은 『삼국연의』에 기술된 것처럼 그리 간단하지가 않았다. 그 일은 유비가 노심초사 세밀하게 고려한 후에 결정한 일이었다. 당연히 그는 제갈량을 우선 생각해 내었다. 제갈량은 유비의 "주객전도전략*"의 적극적인 옹호자이며 계승자였다. 그러나 유비의 안목으로 보면, 제갈량은 자신의 사후 조조와 같은 길을 가리라고 판단하였다. 그리하여 유비는 큰일을 위하여 작은 것을 희생하기로 결정하고 제갈량을 시탐하였다. 그는 제갈량으로부터 목숨을 건 2대에 걸친 충성 언약을 받아내고자 하였던 것이다.

"만약 유선이 도와줄 만한 인물이면 돕고, 만일 재주가 모자라면 공께서 성도의 주인이 되도록 하시오!"

---

*주객전도전략:유비는 조조에게 의탁하던 중에 슬그머니 서주성을 차지하고, 조조와 손권의 싸움을 이끌어내었다. 그 와중에 슬그머니 형주를 차지해 버렸고, 장로張魯의 위협에 도움을 청하는 유장劉璋의 부탁으로 촉으로 들어갔다가 촉을 삼켜 버렸다. 촉을 지키기 위해 들어갔던 유비군은 침략군으로 변해 수도인 성도를 함락시켜 버린 것이다. 손님으로 들어가 주인의 자리를 차지해 버리는 유비의 계략이다

사실상 유비가 그런 말을 한 목적은 제갈량의 위치를 굳혀주기 위한 것이 아니라, 나라를 위하여 온 힘을 다 바쳐 죽을 때까지 그치지 않는 충성심을 얻어내기 위한 고단수전략이었다. 유비는 제갈량이 설사 제왕이 되고자 하는 마음이 없더라도 군중이 원하면 받아들일 것이라고 생각하였다. 이에 유비는 오랜 시간 닦아온 촉나라를 다른 가문에게 넘겨주기 싫었을 것이다. 그래서 제갈량으로 하여금 만인 앞에서 유씨 천하를 넘보지 않는다는 충성 언약을 하도록 유도했을 것이다. 만약 제갈량이 유선의 능력이 모자라 대권을 이어받겠다고 응답하였다면 그는 현장에서 피살되었을 것이다. 왜 그렇게 추측할까?

유비는 제갈량을 만나기 전에 조자룡과 유선의 문제를 먼저 논의하였다. 사건은 다음과 같다.

어느 날 아침, 유비는 아침 식사를 한 후 답답함을 느껴 화원을 산책하였다. 그는 화원 안에 있는 정자에 잠시 앉아 유선의 장래를 걱정하고 있었다. 그때 갑자기 내시가 하늘을 쳐다보면서 말하였다.

"폐하! 하늘에 한 마리 용의 모양이 나타났습니다!"

고개를 들어보니 과연 용 모양의 구름을 볼 수 있었다. 유비는 이전에 허도許都에서 조조와 만났을 때도 하늘에서 그러한 모양을 본 기억이 떠올랐다. 그때 이후로 수많은 전쟁을 치르고 비로소 천하의 삼분의 일인 촉나라를 이루지 않았던가! '오늘 하늘에 다시 용이 나타났으니 이는 또한 무슨 징조이더냐!' 유비는 깊은 생각에 빠져들었다. 이때 유비는 돌연 한 사람을 생각해 내고 잠시 입가에 웃음을 띠었다.

그날 밤, 유비는 몰래 사람을 시켜 조자룡을 궁 안으로 불러들여 둘만의 밀담을 나누었다.

"그대는 일편단심으로 나를 위하여 보필하였다. 장판파 언덕에서 그대는 혼자서 적의 백만 대군 진영으로 들어가 내 아들 유선을 구해주었다. 그 은혜도 못 갚았는데, 이릉전투에서 다시 나를 구해주었다. 장군의 말을 듣지 않고 오나라를 정벌한 것은 나의 실수였다!"

"폐하의 크나큰 은혜는 사력을 다하여도 갚을 수가 없습니다."

“이 밤중에 내가 왜 불렀는지 알겠는가?”

“모르겠습니다.”

“나는 이제 더 이상 오래 살지 못할 것 같으니 장군과 유선의 문제를 의논하고자 불렀소!”

“황송한 말씀이옵니다! 폐하께서는 옥체를 보중하시어 중원을 회복하여 한나라 천하를 회복시켜야 하옵니다.”

“장군은 공명을 어찌 생각하시는가?”

“그는 재능이 걸출한 인재입니다. 이미 재야에 있을 때부터 삼국 정립을 예측하고, 폐하를 도와 촉나라의 기반을 잡은 충성스러운 신하입니다.”

“내가 염려하는 것은 바로 그 점이오. 공명은 나를 따라 다년간 전투에 참가하고 수많은 공을 세웠소. 더욱이 지모가 깊고 뛰어나 그를 따를 자가 없소! 그러한 공명이 나의 어린 자식을 따르지 않을까 두렵소!”

“공명을 못 믿겠다는 것입니까?”

조자룡은 유비가 탄식하며 아무런 대답을 하지 않자 다시 말을 이었다.

“저에게 폐하의 근심을 풀어줄 계략이 있습니다. 차후 공명과 조정대신들을 불러 유선의 문제를 논의하십시오. 복병을 매복시켜 먼저 공명을 시탐한 후, 반역의 뜻이 보이면 즉시 목을 베시고 그렇지 않으면 공명에게 대사를 기탁하십시오!”

유비는 그 말을 기다렸다는 듯이 조자룡의 말이 끝나자마자 베개 밑에서 미리 준비한 조서를 꺼내 들고 조자룡에게 넘기면서 말하였다.

“나는 조자룡 그대가 평소 행동이 신중한 것을 알고 있으므로 흉중의 일을 맡길까 한다. 이 조서는 내가 친히 쓴 것인데, 만약 어떤 이가 모반을 한다면 이 조서에 의거하여 누구든지 죽여도 좋다. 그대는 늘 나를 돌보아주었는데, 이번에도 나의 뜻에 어긋나지 않길 바란다.”

이에 조자룡은 재차 불굴의 충성을 다짐하였다.

여기서 알 수 있듯이, 유비는 우리가 알고 있는 정도를 뛰어넘는 지혜와 모략을 겸비한 인물이었다. 그러나 제갈량으로서는 다행히 유비의 계략에 빠져들지 않았다. 그렇지 않았다면 삼국 정립의 역사 국면은 다시 쓰여질 수밖에 없었을 것이다. 유비는 제갈량을 믿었지만 마음을 놓지는 않았다. 유선을 맡길 때에 또 하나의 중요한 인물이 있었는데, 바로 이엄李嚴이다.

다음은 진수의 『삼국지』에 적힌 내용이다.

> 유비가 위독하여 유선을 제갈량에게 위탁하고, 상서령 이엄을 부장으로 삼았다.

여기서 유비가 이엄을 부장으로 삼은 것은 제갈량과 상호 견제하에 서로 경거망동을 피하게 하고자 하는 목적이었다. 그러나 유비는 훗날 이엄이 제갈량의 적수가 되지 못한다는 것을 생각하지 못하였다. 뒤에 이엄은 제갈량에 의해 서민으로 강등되고, 촉나라의 군권과 대권은 모두 제갈량의 손에 들어가게 된다.

비록 이엄은 유비의 기대에 맞는 일을 해내지 못하였지만, 유비가 제갈량을 완전하게 믿지 못함과 동시에 부각되는 인물이었다. 사실 유비는 사후 제갈량이 정권을 탈취할까 걱정하였다. 만약 유비가 완전하게 제갈량을 믿었다면 많은 사람들 앞에서 충성 맹세를 하도록 유도하지 않았을 것이다. 제갈량이 충성을 공개적으로 맹세한 것은 유비의 사전에 계산된 행동에서 나온 결과였다. "신이 어찌 감히 신하 된 도리로서의 노력과 충정을 다하지 않겠습니까! 충절을 다하여 죽을 때까지 유선을 돕겠습니다." 이 말을 제갈량에게서 반강제적으로 이끌어내지 않았던가! 그러한 말을 제갈량이 함으로써, 유비는 목적의 반은 달성한 것이나 다름없다고 생각하였는지도 모른다.

유비는 그렇게 하고도 마음이 놓이지를 않아 조자룡에게 다음과 같이 재차 당부하였던 것이다.

"자네가 조조의 군대로부터 죽음을 무릅쓰고 유선을 구한지라, 유선의 문제에 대해서는 자네를 가장 믿네. 내가 죽은 후에도 계속 그를 보살펴 주시오!"

그래서 유비는 백제성 탁고에서 제갈량과 이엄이 지켜보는 가운데서는 자신의 진정한 목적을 직접 말로 하지 않았다. 무언 속에서 제갈량과 이엄을 서로 견제하게 만들고, 조자룡까지 그들의 감시자로 만들어 유선의 통치 지위를 확보하게 하였다. 이렇게 보면 유비의 백제성에서의 제갈량에게 유선을 맡기는 부탁은 단순하고 간단한 문제가 아니라, 살기가 도는 홍문연鴻門宴*과 유사한 사건이었다.

백제성 탁고의 진정한 대상은 조자룡이었지, 제갈량이나 이엄이 아니었다. 백제성 사건은 자기 사후 정권 투쟁에서 유선을 비교적 안전하게 지키기 위하여 유비 자신이 연출한 일이었다. 조자룡, 제갈량, 이엄 간의 상호 견제를 통하여 계파 간의 투쟁을 일정한 시기에 정치 안정으로 이끌어낸 후, 유선이 비교적 안정된 왕권을 유지할 수 있게 하는 것이 유비의 진정한 목적이었다.

유비는 난세에 태어나 일생을 그 속에서 종횡무진 활약하였고, 생명의 마지막 순간에 "백제성 탁고"라는 수단으로 그의 권모술수 인생에서 가장 찬란한 최고봉에 도달하였으니, 일대 효웅梟雄의 마지막 무대에서 완벽한 종지부를 찍었던 셈이다!

*홍문연鴻門宴:기원전 207년 12월, 진나라가 무너진 뒤 초나라 항우와 한나라 유방이 천하의 패권을 다투던 와중에 항우가 연회를 베푸는 척하면서 유방을 제거하려고 하였던 사건. 현장에서 항우는 우유부단한 태도로 기회를 잃었고, 유방은 부하의 필사적인 활약으로 손쉽게 호랑이 굴에서 벗어나게 된다

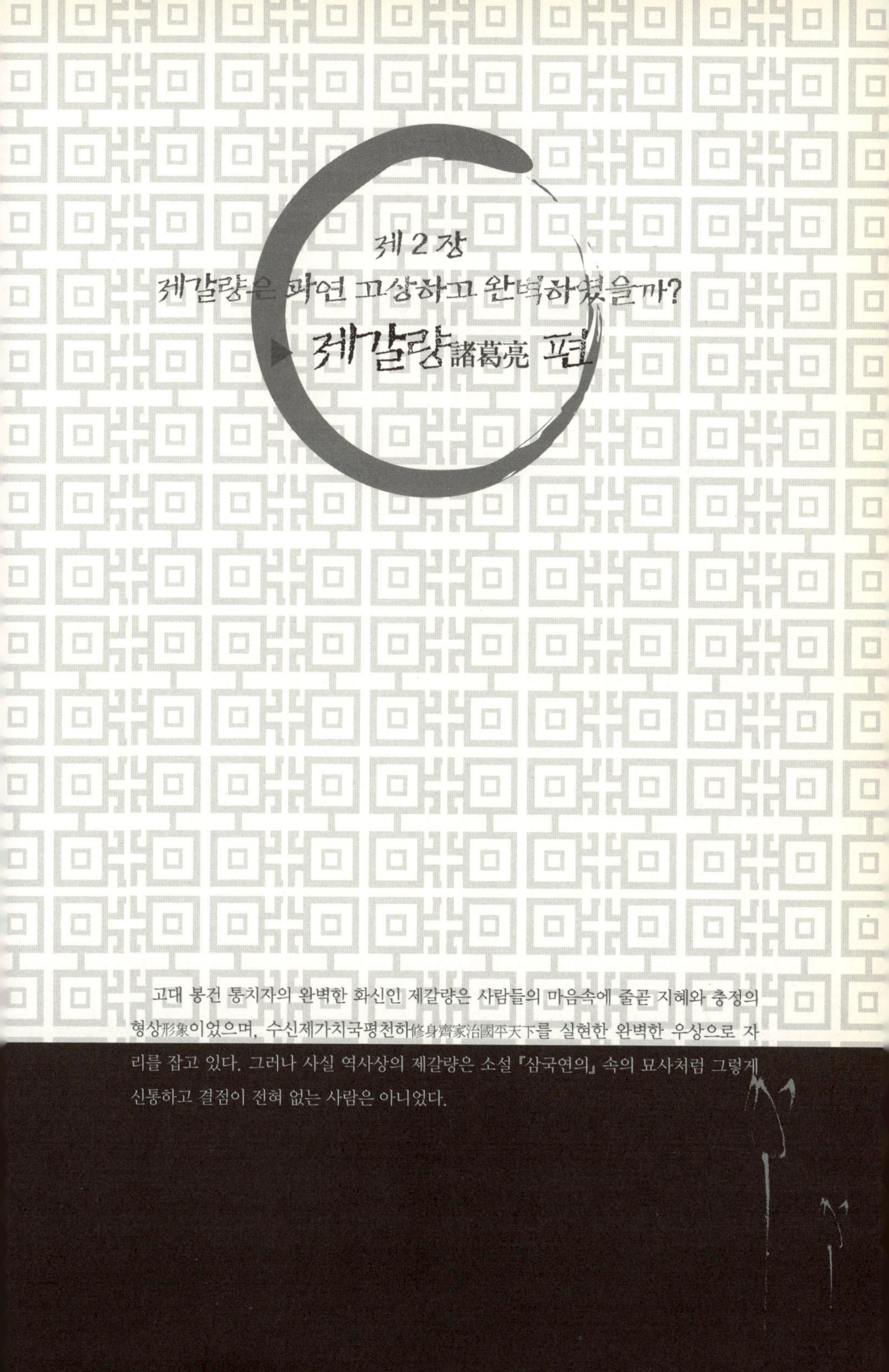

제 2 장
제갈량은 과연 고상하고 완벽하였을까?
▶ 제갈량諸葛亮 편

고대 봉건 통치자의 완벽한 화신인 제갈량은 사람들의 마음속에 줄곧 지혜와 충정의 형상形象이었으며, 수신제가치국평천하修身齊家治國平天下를 실현한 완벽한 우상으로 자리를 잡고 있다. 그러나 사실 역사상의 제갈량은 소설 『삼국연의』 속의 묘사처럼 그렇게 신통하고 결점이 전혀 없는 사람은 아니었다.

1. 제갈량은 추앙을 받을 만한가?

❖제갈량

예로부터 사람들은 제갈량에 대하여 지극한 관심을 가져왔고 아낌없이 그를 받들어왔다. 그리고 제갈량은 지모와 지략이 뛰어났으며, 천하에 누구보다 더 촉나라에 대하여 충성을 다하였다고 여긴다. 제갈량에 대하여 언급하면, 사람들은 허수아비를 실은 배를 띄워 적군의 화살을 얻은 초선차전草船借箭의 계책, 주유를 세 번 화나게 한 삼기주유三氣周瑜 등을 연상한다. 특히 그의 출사표는 많은 문인지사文人志士들로부터 감탄을 자아내게 하였는데, 두보杜甫는 「촉상蜀相」이란 시에서 그러한 제갈량을 다음과 같이 애도하였다.

출병하여 이기지 못하고 몸이 먼저 죽으니,
길이 후세 영웅들로 하여금 눈물이 옷깃을 가득 여미게 하네!

나관중의 소설 『삼국연의』로 인하여 제갈량은 수많은 숭배자를 끌어들였고, 남녀노소 지역 구분 없이 사람들의 마음속에 신선으로 자리를 잡게 되었다. 또한 사람들은 제갈량을 지혜의 화신으로 여기기도 한다. 소설 속에서 가장 황당한 것은 비단 주머니 이야기이다. 조자룡이 위험에 처할 때마다 비단 주머니를 꺼내 제갈량의 묘책을 따라 하면 문제가 해결되었다고 하였다. 그러나 과연 제갈량은 그렇게 위대한 인물이었을까? 나관중은 제갈량의 능력을 과대 포장하지는 않았는가? 실제로 제갈량은 그렇게 신통하였을까? 과연 그는 진정으로 추앙을 받을 만한가?

소설 『삼국연의』에서 제갈량은 예술 포장이 가미되어 더 말할 나위 없이 완벽하게 미화되고 있다. 그는 고상하고 전지전능한 영웅 인물로 묘사되었는데, 미화되고 신격화된 것이 더 이상의 경지에 이를 수 없을 정도이다. 제갈량은 나관중의 필력으로 보통 사람에서 신으로 격상되고 변화되었다. 그는 소설에서 민간 백성들이 사랑하는 신이자 가장 걸출한 지혜신이 되었다.

만약 휘황찬란한 묘사를 벗기고 냉정하고 침착하게 삼국시대의 역사를 읽는다면 어떠한 제갈량의 모습을 발견할 수 있을 것인가?

제갈량은 서기 181년에 태어나 234년 54세의 나이로 죽었다. 서기 207년 유비가 삼고초려를 할 당시 제갈량은 27세의 나이였다. 제갈량은 유비에게 천하의 대세를 명확하게 분석하였고, 손권과 연합하여 조조에게 대항한 후 통일로 나아가자는 유명한 『융중대隆中對』전략을 내보였다. 이는 후세 사람들이 제갈량을 존경하는 이유 중의 하나이다. 그렇게 어린 나이에 천하의 형세를 정확하게 분석했다는 점에 사람들은 존경을 나타낸다. 그런데 저명하다는 『융중대』전략은 정말로 그렇게 신통하였는가? 그것이 유비가 천하를 얻고 한나라 왕실을 부흥하는 데 가장 우수한 전략이었던가?

제갈량은 『융중대』전략에서 동탁이 한나라 황실을 전횡한 후, 호걸들이 봉기하여 천하를 다투는 형국을 다음과 같이 지적하고 해결책을 제시하였다.

조조는 원소袁紹에게 승리하여 백만 군대를 거느리고 천자를 끼고 제후들을 호령하고 있어 당장은 상대하기에 역부족인 상대입니다. 손권은 삼대에 걸쳐 강동 지역을 다스리고 있어 지역 백성들의 인심을 얻고 있는바, 그와 협력할 수 있으나 적대하면 안 되는 상황입니다. 그 외 나머지 도모할 수 있는 지역은 형주荊州와 익주益州 두 곳입니다. 익주는 험한 요새이고 옥토가 천 리에 펼쳐 있으니 하늘이 내린 땅이어서 고조께서 황제의 대업을 이룩하셨습니다. 지금 유장劉璋은 어둡고 약하나 백성은 잘살고 나라는 부강합니다. 그러나 제대로 지키지 못하여 지혜와 능력이 있는 자들은 현명한 군주를 갈망하고 있습니다. 장군(유비)께서는 형주와 익주를 차지하고, 서쪽으로는 융戎, 남쪽으로 이彝, 월越을 달래며 동으로 손권과 결맹하고 안으로 정사를 잘 돌보십시오. 그리고 난 후 천하에 변화가 있게 되면 상장上將에게 명하여 형주의 병력으로 완현과 낙양을 치게 하고, 장군은 친히 익주의 무리를 몰아 진천으로 나가면 어느 백성이 감히 장군을 환영하지 않겠습니까! 그렇게 되면 패업은 이루어지는 것입니다.

여기에서 제갈량이 유비에게 제시한 전략은 한나라 황실을 회복하고 천하를 통일하고자 함이었다. 우선 형주와 익주에 근거지를 마련하고 두 갈래로 중원을 치는 전략이었다. 그 전략은 유비가 초창기에 발판을 찾고 근거지를 만드는 데 적극적인 작용을 했다는 것을 부인할 수는 없다. 따라서 삼국시기의 전략 추이에도 중대한 영향을 끼쳤다. 하지만 그 전략에 존재하는 자체적인 결함은 유비와 촉나라의 발전을 속박하여 정권의 단명을 초래하였다. 바꾸어 말하여, 촉나라 정권을 멸망하게 만든 원인은 제갈량의 『융중대』 전략으로서, 촉나라가 흥하든 망하든 그 원인은 제갈량이라고 말할 수가 있다.

그리고 또 하나 제기할 만한 것은 제갈량이 촉나라의 병력을 분산시킨 사실이다. 유비는 형주를 점거한 후 서쪽으로 익주를 얻었다. 형주에는 관우를 주둔시켰고, 성도를 점거한 후 제갈량은 한중으로 진군하였다. 이렇게 관우, 유비, 제갈량 세 사람이 세 병력으로 나누어져 이미 국세가 약해진 촉나라 정권의 병력과 국력이 분산되었으며, 전쟁의 효과도 없이 결국 멸망하고 말았다.

유비는 공명을 얻고 나서 적의 주력을 피하고 약한 곳만 골라 치는 계책을 이용하였는데, 이는 천하의 일부를 점거한 후 삼국 정립의 국면을 형성하고자 하는 데 목적이 있었다. 여기에 『융중대』전략의 적극적인 요소가 있다. 그렇지만 더욱 중요한 요인은 당시의 역사 대세였다. 『융중대』전략은 중국 문화의 유구한 내공이나 병법 사상의 근원에서 모자람이 있어 결코 뛰어난 전술이라 할 수 없었다. 제갈량 역시 사람들의 마음속에 자리 잡은 것처럼 그렇게 위대한 전략가나 군사가가 아니었다.

제갈량의 전략상 착오에 대하여 당시에 사마의가 관찰한 적이 있었다(일반적으로 사람들은 사마의를 제갈량에게 패한 장수로 여긴다). 사마의의 동생 사마부司馬孚가 제갈량에 대하여 서신으로 물어와 사마의가 이렇게 답장한 적이 있다.

포부는 크지만 기회를 살펴 대처하지 못하고, 꾀는 많으나 결단력이 부족하다. 용병을 좋아하나 임기응변이 없으니, 비록 10만 군사를 이끈다 하여도 이미 내 계획 속으로 빠져들 뿐이니 반드시 격파할 따름이다.

또한 진수는 『삼국지』에서 제갈량에 대하여 이렇게 평가한다.

매년 백성을 동원하여도 성공하지 못한 것은 임기응변과 전략상에 문제가 있기 때문이었다.

역사적으로 그러한 평가는 많다. 일례로 북송 때의 하거비何去非는 이렇게 제갈량을 평가하고 있다.

공명에게는 입지立志의 뜻은 있으나 성공의 도량은 없다. 군중을 모으는 인덕은 있으나 군중을 부릴 줄 아는 지혜는 없다.

이러한 언급들은 매우 일리가 있다고 생각한다.

『삼국연의』에서 제갈량은 유비를 도와 피비린내 나는 전투 속에서 천하를 삼분하여 촉나라를 세웠고, 전공이 혁혁하여 그야말로 탁월한 업적을 남겼다고 기술하고 있다. 그러나 만약 사서를 잘 읽어본다면 제갈량은 백전백승하는 장군이 아니었다는 것을 발견할 수 있다. 그의 전략과 전술에서도 과오가 비일비재하였다. 오랜 세월 동안 사람들의 칭송을 받아온 적벽대전에서 동풍을 빌리는 이야기, 성을 비워서 적을 두렵게 하는 계책인 공성계전략 등은 제갈량을 신격화하기 위한 의도에서 허구적으로 만들어진 이야기이며 실제로 존재하지 않았던 사실들이다. 이는 단지 후세 사람들의 맹목적인 유비와 제갈량에 대한 숭배로 인하여 조작되어진 것이다.

유선劉禪의 피랍과 촉나라의 멸망은 제갈량의 사후에 발생한 일이지만 그에게도 책임이 있다. 유비가 죽은 후 유선이 어려 제갈량이 집정하였다. 하지만 유선이 성인이 된 이후에도 제갈량은 군사통치권을 자기 수중에 넣고 유선에게 이양하지 않았다. 유선이 대권을 돌려받고 싶어도 조정의 문무백관이 제갈량 편이어서 방법이 없었다. 그래서 유선은 할 수 없이 환관 황호黃皓에게만 의존하였는데, 이것이 천고의 한으로 남는 결과를 초래하였다. 촉나라가 천하통일을 이루지 못하고 멸망한 데 따른 책임을 제갈량은 회피하지 못할 것이다.

제갈량에 대하여 적극적으로 찬양하는 사람들은 역사 이래로 수없이 많았다. 진수는 "정치적인 수완은 관중管仲과 소하蕭何에 필적할 만하다"라고 평가하였고, 습착치習鑿齒는 "제갈공명이 강남에 몸을 숨기고 있을 때, 스스로 관중과 악의樂毅에 비교하며 무너져 가는 한나라를 구제할 꿈을 지니고 있었다. 이는 바로 근본을 회복하고자 하는 마음일 것이다"라고 하였다. 변방에 있던 국가의 일개 재상에 대하여 너무 높은 평가를 하는 것이 아닐까?

그렇지만 제갈량에 대하여 의심을 보내는 시각을 지닌 사람들도 계속 끊임없이 존재해 왔다. 그중 한 사람인 당나라 시인 설능薛能의 시에서 다음과 같은 구절을 볼 수 있다.

산길을 헤매 발자취를 따라가니
시내 건너 멀리 석양이 방아 찧듯 넘어가는 것이 보이네.
당시 제갈량이 이루어낸 일은 무엇이던가!
단지 평생 와룡臥龍의 신세일 뿐일세!

시인은 구체적인 역사의 사실을 들춰보고, 제갈량의 일생의 성취에 대한 회의를 하며 시를 썼던 것이다.

동서양의 전쟁사를 살펴보면, 동양에서 군사 발전상의 핵심은 모략에 있었으며, 서양은 줄곧 실력에 있었다. 동서양의 차이는 명확하다. 이러한 차이는 중국 고대 군사가에서 많이 찾아볼 수 있는데, 이는 제갈량으로부터 거대한 영향을 받았기 때문이다. 하지만 모략으로 승리하는 것은 오래가지 못하는 경우가 많았다. 그리고 실력이 없으면 아무리 좋은 모략이 있어도 승리하기가 쉽지 않다.

신의가 없는 사람은 일어설 수 없다는 말이 있는데, 왜 현재 많은 중국 사람들이 모두 신의를 중시하지 않는가? 그 이유는 무의식 속에 제갈량의 영향을 받았기 때문이다. 제갈량은 오나라에 형주를 돌려주겠다고 약속했지만, 질질 시간을 끌면서 여러 번 충실한 오나라의 노숙을 곤란하게 만들었다. 제갈량은 신의를 잘 지키지 않았던 사람이다. 이릉전투에서 촉나라는 오나라에게 참담한 패배를 맛보았는데, 만약 일찍 형주를 돌려주었다면 오나라에게 그렇게 당하지는 않았을 것이다. 이러한 비극은 제갈량이 형주를 돌려준다는 약속을 지키지 않아 신용을 잃은 결과로 생긴 것이라고 말할 수도 있다.

그 외에 제갈량은 촉나라의 능력을 생각하지 않고 매년 출병하여 국력을 쇠락시켰다. 그는 자신의 군사 재능을 증명하기 위하여 국가를 명목적이고 소모적인 전쟁에 빠뜨렸다. 만약 그가 조급해하지 않고 체력을 비축하면서

나라를 다스렸다면 촉나라가 그렇게 빨리 멸망의 길로 들어서지 않았을지도 모른다.

먼저 삼국을 정립시킨 후에 천하를 통일하겠다는 제갈량의 큰 이상은 결과적으로 일장춘몽이 되었다. 중원을 통일하지 못하였을 뿐만 아니라 그가 보좌하여 세운 촉나라조차도 그의 사후에 곧 소멸되었다. 이는 촉나라의 비극인 동시에 제갈량의 가장 큰 비애였다! 제갈량이 만약 구천에서 촉나라가 망한 사실을 알았다면 어떤 생각을 할까? 신통한 제갈량이 생전에 촉나라의 멸망을 예견하였는지 모르겠다. 그는 자신과 촉나라의 철저한 실패를 점쳤었을까?

"구두장이 셋이면 제갈량보다 낫다(보잘것없는 사람도 세 사람만 모이면 제갈량의 지혜가 나온다)"라는 말도 있듯이 사람들은 제갈량을 지혜의 화신이라고 부른다. 하지만 아쉬운 것은 제갈량의 지혜는 다른 사람을 위해서가 아니라, 사람을 사지로 몰기 위해 쓰였다는 점이다.

제갈량은 성실한 노숙에게 자신의 문서에 응낙하지 않으면 81개 주를 모두 빼앗아 버리겠다고 협박을 한 적도 있다. 그리고 여인의 옷을 보내 사마의를 성나게 하고, 상대방을 출전하게 만드는 지혜는 누구나 할 수 있는 일이다. 호기가 있어 박망파와 신야성전투에서 승리하였으나 나중에는 자기 자신의 처지를 불안해하였다. 그가 걱정한 것은 종묘사직과 많은 사람들의 흥망이 아니라, 단지 자기 자신의 목숨이었다.

제갈량은 충정이란 미명하에 수많은 무고한 백성들을 사지로 몰아넣었다. 제갈량은 교활한 살인자였다. 순수한 군사학의 각도에서 연구를 하면 이해할 수도 있다. 그렇지만 그 피해를 받았던 사람들, 그에 의해 하나의 도구로 전락하였던 힘없는 백성들을 생각하면 참담한 일이었다. 그러한 희생자들의 대가로 가장 성공한 사람은 바로 제갈량 자신이었다. 승부에서 공정하고 공개적인 전략은 쓰지 않고 음모적인 계략을 주로 이용하였는데, 보통 사람들은 생각하지도 못하는 경우가 많았다. 이런 의미에서 제갈량을 숭배하는 것은 일종의 나약한 약자의 콤플렉스가 아닐까?

제갈량의 출현으로 많은 산천이 초토화되었고, 제갈량의 계책 때문에 많은 사람들이 눈물을 흘렸다. 유비에게 좋은 세상을 안겨주기 위하여 제갈량은 백성들에게서 수많은 피와 땀을 탈취해 갔다. 지금의 민주주의 사상으로 논하지 않고 당시의 백성들의 시각에서 보더라도 대중에게 제갈량은 무슨 가치가 있으며 얼마나 의미가 있는 것일까?

현재 사람들의 심중에 있는 제갈량은 역사상으로 존재하였던 진정한 그가 아니다. 이미 너무 많은 작가가 제갈량의 초인적인 이미지 형성에 많은 공헌을 하였고, 그의 형상에 대하여 부단하게 신격화 작업을 해왔다. 유명한 노신 선생은 『삼국연의』의 제갈량에 대한 미화를 이렇게 평가한 적이 있다.

> 제갈량의 지혜로움이 마치 요괴처럼 형용되었다.

제갈량은 삼국 시기에 만들어진 가장 완벽한 인물로 인식되고 있지만, 역사적 사실과는 많이 동떨어져 있다. 지금 사람들이 제갈량을 맹목적으로 숭배함에 있어서, 규칙을 무시하고 수단을 가리지 않으며 역사를 기만하고 있는데, 이 점을 문제 삼고 되돌아볼 필요가 있다.

2. 제갈량은 과연 겸허하고 근신하였을까?

사람들은 제갈량이 중국 고대 정치가 중에서 특출한 인물이라고 말한다. 진수의 『삼국지』와 『진서晉書』 등의 사서에서는 그의 정치, 군사 재능에 높은 평가를 주고 있다. 소설 『삼국연의』와 여러 드라마에서 그는 이상적인 전지전능한 사람으로 묘사되고 있다. 그리고 전혀 결점이 없는 영웅으로 나타나고, 재능이 뛰어나고 굽히지 않는 의지를 지닌 것으로 묘사되어 왔다.

사람들은 줄곧 "충순, 근면, 겸허, 근신"이라는 여덟 글자가 가장 명확한 제갈량의 형상이라고 하여 그를 숭배하여 왔다. 제갈량은 사람들이 숭배하는 것처럼 그렇게 겸허하고 근신하였는가? 진수의 『삼국지』에서는 제갈량이 항상 자신을 관중管仲과 악의樂毅에 비유하였다고 했다. 그가 과연 관중과 악의에 비길 만한 재능이 있었을까? 송나라 사마광司馬光은 "제갈량이 자신의 재능을 자부하여 순리를 어겼으므로 스스로 패배를 자초하였다"라고 하여 그의 화려한 외투를 벗겨내었다. 그는 겸허하고 근신한 표면 속에 방자하고 오만스러우며 남의 의견을 듣지 않는 일면을 숨겼다.

손권과 유비가 조조에게 대항하여 연합한 적이 있는 사실은 다 알 것이다. 당시 손권의 참모 주유와 유비의 모사 제갈량은 서로 첨예하게 경쟁하는 관계였다. 조조와의 싸움에서 승리한 후 두 사람은 형주 문제로 다투었다. 제갈량은 유명한 "삼기주유三氣周瑜(주유를 세 번 화나게 하다)"로 결국 주유를 죽게 만들었다고 소설에서 묘사되어 있다. 아무튼, 오나라의 군신들은 제갈량을 죽여 복수를 하고자 하였다. 손권과 유비의 동맹 관계가 분열하게 된 것이다. 그러한 상황에서 오나라와의 동맹 파기로 조조에게 어부지리를 가져다주는 것을 막기 위하여 제갈량은 손수 주유의 조문을 가게 된다.

노숙은 그래도 예의를 갖추어 제갈량을 맞이하였다. 그러나 주유의 장수들은 모두 제갈량을 살해하여 주유의 원한을 풀고자 하였다. 그러나 조자룡이 칼을 차고 항상 제갈량을 호위하여 일이 마음대로 되지 않았다. 결국 조자룡 혼자서 변변치 못한 오나라 장수들을 겁주고 있던 형국이었다. 아마도 장판파에서 보여준 조자룡의 용맹이 그들로 하여금 경거망동하지 못하게 했을 것이다. 그러는 사이에 제갈량은 주유의 영전에 제물을 바치고 손수 술을 따른 후 꿇어앉아 제문을 읽어 내려갔다.

嗚呼公瑾, 不幸夭亡! 修短故天, 人豈不傷? 我心實痛, 酹酒一觴. 君其有靈, 享我烝嘗! 弔君幼學, 以交伯符. 仗義疏財, 讓舍以居. 弔君弱冠, 萬里鵬搏. 定建霸業, 割據江南. 弔君壯力, 遠鎭巴丘. 景升懷慮, 討逆無憂. 弔君豊度, 佳配小喬. 漢臣之婿, 不愧當朝, 弔君氣槪, 諫阻納質. 始不垂翅, 終能奮翼. 弔君鄱陽, 蔣干來說. 揮酒自如, 雅量高志. 弔君弘才, 文武籌略. 火攻破敵, 挽强爲弱. 想君當年, 雄姿英發. 哭君早逝, 俯地流血. 忠義之心, 英靈之氣. 命終三紀, 名垂百世. 哀君情切, 愁腸千結. 惟我肝膽, 悲無斷絕. 昊天昏暗, 三軍愴然. 主爲哀泣, 友爲淚漣. 亮也不才, 丐計求謀. 助吳拒曹, 輔漢安劉. 掎角之援, 首尾相儔, 若存若亡, 何慮何憂? 嗚呼公瑾! 生死永別! 朴守其貞, 冥冥滅滅, 魂如有靈, 以鑒我心. 從此天下, 更無知音! 嗚呼痛哉! 伏惟尙饗.

오호, 공근이여! 불행히도 일찍 돌아가셨구려! 명이 길고 짧음은 하늘에 달렸으니 어찌 슬프지 않겠습니까? 나는 실로 마음이 아프니 술 한잔 올리며 제를 지어 올립니다. 그대 어렸을 때 배울 적 일을 생각하니 슬퍼집니다. 일찍부터 백부(손책孫策)를 사귐에 오로지 의를 좇아 재물을 나누어 주고, 집을 나누어 백성들을 거처하게 하였습니다. 그대의 젊은 나이에 만 리를 대붕처럼 날아다닌 것을 생각하니 슬퍼집니다! 패업의 터전을 세워 강남을 할거하였는데, 그대의 굳세고 용맹스러움을 생각하니 슬퍼집니다. 멀리 파구巴丘를 보존하였으며, 유표劉表를 회유하고 역적을 격파하여 나라의 근심을 없앴습니다. 그대의 도량을 생각하니 슬퍼집니다. 그대는 아름다운 소교小喬를 아내로 맞이하였습니다. 한 나라 신하로서 조정에 부끄러움이 없었으며, 그대의 기개를 생각하니 슬퍼집니다. 처음에는 날개를 펼치지 못하다가 결국 훨훨 날아 뜻을 펼치었습니다. 파양에서 장간蔣幹이 찾아왔을 때를 생각하고 슬퍼하니, 그와 유유히 술잔을 기울이며 큰 뜻을 펴 보였습니다. 그대의 큰 재주를 생각하며 슬퍼하노니, 문무를 겸비하여 화공으로 적벽에서 적을 물리쳐 강자를 약하게 만들었습니다. 그대 살아 있을 때를 생각할진대, 자태가 웅자하고 인품이 높았습니다. 그대가 일찍 서거함을 슬퍼하고, 피 흘리며 떠난 그대를 슬퍼합니다. 그 피는 충의의 마음이요, 영웅의 넋이 서린 기품입니다. 비록 서른여섯에 명을 다했으나, 명성은 백세百世에 이를 것입니다. 그대의 죽음을 아파하는 이 마음, 창자가 끊어지는 듯하고 간담이 베인 것처럼 아픕니다. 그대의 죽음에 하늘은 빛을 잃었고, 삼군은 슬퍼하며 주군과 벗들도 울음이 그치지를 않습니다. 그대가 살아 있으면 좌우전후로 서로 도와 존망에 무슨 걱정이 있겠습니까! 오호, 공근(주유)이시여! 삶과 죽음이 우리를 영원히 갈라놓는구려! 그대의 곧은 정절 새기려 하니 넋이라도 있다면 이 마음 굽어 살피소서. 이제부터 천하에 나를 알아주는 이 없으니 오호통재라! 삼가 엎드려 잔을 올립니다.

제갈량은 제문을 다 읽은 후 땅에 엎드려 울기 시작하였는데, 눈물이 마르지 않았고 슬픔은 그치지 않았다. 제갈량의 제문과 그의 표정은 현장에 있던 모든 사람을 감동시켰다. 방금 전 제갈량을 살해하려고 하였던 사람들조차 그 감동적인 제문을 듣고 주유의 원한을 잊는 듯하였다. 그들은 "사람들이 공근(주유)과 공명(제갈량)이 맞지 않음을 다 아는데, 오늘 공명의 비통한 표정을 보니 사실이 아닌 것 같기도 하다"라고 생각하였다. 노숙마저 제갈량이 그토록 슬퍼하는 것을 보고 감동하여 마음속으로 이렇게 생각하였다.

"공명은 본래 정이 많은 사람으로서 주유가 도량이 좁아 스스로 죽음을 자초한 것은 아닐까?"

또한 주유의 부인인 소교마저 동요하기 시작하였다. 현장에 있던 오나라 사람들은 제갈량이 주유를 죽게 만들었다는 사실에 의문을 느꼈고, 심지어 주유의 죽음은 그의 안목이 좁아 생긴 것이라고 여기게 되기까지 하였다.

제갈량은 그처럼 특출한 면이 있었다. 그가 주유를 조문하면서 그렇게 서럽게 운 진정한 목적은 두 나라 간의 모순을 해결하고, 계속 연합하여 위나라에 대항함으로써 풍전등화 같은 촉나라를 살리는 데 목적이 있었다. 제갈량의 연출은 그렇게 독보적인 수준이었다.

소설 『삼국연의』에서 군령장軍令狀에 관한 일화가 자주 등장한다. 제갈량은 관우가 조조를 놔줄 것이라는 것을 알면서도 고의로 관우에게 군령장을 세우도록 하고, 그를 화용도華容道에 파견하였다. 제갈량은 관우를 파견하고 유비에게 "별자리를 보니 조조가 아직 죽을 운명이 아닙니다. 관우에게 한 번 인정을 베풀게 하는 것도 미덕입니다"라고 하였다.

제갈량은 실제로도 조조가 죽는 것이 당장은 두려웠다. 유비의 실력은 손권보다 못한데, 그런 상황에서 손권이 천하를 통일한다면 유비의 설 자리는 없어지게 되는 것이다. 그러한 그의 계산은 정확하였다. 제갈량은 관우가 군령장을 위반하고 조조를 놓아줄 것을 짐작하고 군령장을 사전에 쓸 것을 요구하였다. 그리고 그렇게 되면 여러 군신들이 관우의 선처를 호소할 것이며, 그때 가면 제갈량 자신의 재량이 더욱 커지는 상황이 오게 되는 것도 사전에 미리 예상하고 있었다. 그러한 일을 벌이는 제갈량의 목적은 어디에 있었을까?

비록 제갈량은 권력도 있고 유비의 신임을 얻고 있었지만, 진정한 지위는 관우와 장비에 미치지 못하고 있던 실정이었다. 제갈량은 그 기회를 타서 자신의 지위를 공고히 하려는 데 목적이 있었다. 제갈량은 미리 관우에게 화용도에서 조조를 놓아주면 군법으로 다스리겠다고 미리 엄포를 놓은 상태였다. 그러나 결국 관우는 제갈량의 예상대로 옛 은정을 생각하여 조조를 놓아주고 말았다. 관우가 돌아와 죽음을 청하였을 때, 제갈량이 기회를 포착하여 연극을 잘 꾸며댔다. 제갈량은 한편으로 거짓으로 관우의 목을 벨 것을 유비에게 청하고, 다른 한편으로는 유비로 하여금 관우의 선처를 바라는 요구를 이끌어냈다. 그러면서 제갈량 자신이 마지못하여 관우를 용서하는 듯한 결과를 이끌어내고, 그 기회를 빌어서 관우에게 빚지게 하여 더욱 자신에게 복종하게끔 유도하였다. 제갈량은 그뿐만 아니라 삼 형제의 의리를 지킬 수 있도록 하였는데, 유비의 체면을 세워주고 인정을 받아냈다. 여기를 통하여 보면 제갈량은 체면을 중요시하고 지위 권력을 탐내는 정객임을 알 수 있다.

제갈량은 명감독이자 뛰어난 연기자였다. 유비가 서천을 취하였을 당시 손권은 제갈근諸葛瑾을 성도에 보내어 형주를 되찾도록 하였다. 제갈근을 파견하기 전에 오나라에서는 장소張昭가 손권에게 계책을 내어 거짓으로 제갈근의 가솔들을 모두 가두어놓은 것처럼 연극을 꾸며댔다. 그런 사실을 제갈량이 알면 자신의 형의 체면을 생각하여 형주 문제에 있어 오나라에 협조적으로 나올 것이라고 기대를 한 것이었다. 그러나 제갈량은 그 당시 이미 그러한 정황과 자신의 형을 파견한 손권의 본심을 꿰뚫고 있었다. 그리고 그에 따른 완전하다고 생각하는 해결 방법을 생각해 냈다.

제갈근이 자신의 동생인 제갈량에게 울며 하소연하자 제갈량은 이렇게 거침없이 대답하였다.

"형은 걱정할 필요가 없소. 당신의 이 아우가 형주를 돌려줄 방법이 있습니다."

그렇게 말한 후 그는 제갈근을 데리고 유비를 찾아갔다. 우선 제갈근은 온 목적을 설명하였지만, 유비는 잠자코 묵묵부답일 뿐이었다. 그러자 제갈량은 형제의 정을 표시하기 위하여 땅에 엎드려 읍소하였지만, 유비는 여전히 반응이 없었다. 계속 읍소하는 제갈량의 체면 때문에 유비는 제갈근에게 마지못해 답변하였다.

"군사적인 상황을 보고 우선 형주의 반 정도 되는 장사長沙, 영릉零陵, 계양桂陽 세 곳을 넘기도록 하겠소!"

이때 제갈량은 유비로 하여금 당장 관우에게 서신을 보내 3군을 넘기라고 하였다. 유비는 그 뜻을 알아차리고 관우에게 3군을 넘기라는 서신을 쓰면서 제갈근에게 다음과 같이 부탁하였다.

"관우 아우는 성격이 불같으니 좋은 말로 잘 부탁하시구려!"

제갈근은 서신을 가지고 형주로 가서 관우를 만나보았다. 관우는 서신을 보고 유비의 참뜻을 알아차리곤 변색하며 말하였다.

"나와 나의 형제들은 도원결의로 한나라 왕실을 보전하자고 결의하였는데 어찌 이 땅을 다른 곳에 넘기겠습니까! 장수가 밖에 있으면서 군주의 명을 받지 않을 때도 있습니다. 당신이 비록 주군의 서신을 갖고 왔지만, 나는 이 형주 땅을 오나라에 넘길 수 없습니다. 그리고 당신도 오나라에 돌아갈 수 없게 하였을 것이나, 제갈 승상의 체면을 생각하여 여기에서 그치겠으니 조용히 돌아가십시오!"

이에 제갈근은 할 수 없이 다시 서천으로 가서 제갈량을 찾았으나 못 만나고 유비에게 자초지종을 설명하였다. 이에 유비가 이렇게 말하였다.

"우리 아우는 성격이 급하여 화합하기 어렵소. 잠시 돌아가 있으면 동천과 한중의 여러 군을 취하고, 관우를 그곳에 파견한 후 그때 다시 형주를 넘기도록 하지요!"

충후하고 성실한 제갈근은 동생도 찾지 못하고 다른 방도도 없이 잠시 돌아갈 수밖에 없었다.

제갈량은 특급 연기자였다. 유비가 잘 우는 연기자였는데, 제갈량도 만만치 않은 사람이었다. 앞의 예에서 자기 친형의 부탁을 기교로 거절한 것을 볼 수 있었는데, 제갈량은 그렇게 손권의 계책을 꿰뚫고 일 처리를 교묘하게 마무리하였다. 형주를 돌려주고 싶지 않았으면 왜 직접 말하지 않았을까? 그렇게 하여 자신의 형으로 하여금 먼 길을 다니는 수고를 끼치게 하였으니, 형제의 정이라곤 조금도 없었다. 이것은 또한 그가 쇼를 잘하는 사람이었다는 것을 설명한다.

훗날 제갈량은 위나라에 여러 번 출사표를 던졌는데, 이때마다 수많은 군신들이 반대를 하였다. 하지만 그는 반대자들을 죽이면서까지 자신의 뜻을 굽히지 않았다. 그러자 군주인 유선마저 어쩔 수가 없었다. 여러 번의 북벌은 제갈량 독단으로 밀어붙였는데, 그러한 옹고집의 결과는 단지 실패로 돌아갈 뿐이었다.

제갈량은 지략 면에서 대범하지가 않았고 소심한 편이었다. 촉의 1차 북벌에서 제갈량은 전군을 기산으로 이동하였다. 이때 장수 위연은 특공대를 조직하고 자오곡을 급습하여 장안으로 나아가자고 제안하였다. 그러나 제갈량은 위연의 계책을 듣지 않았다. 당시 사마의는 파직되어 위나라에는 위인이 없었다. 이때 위연의 주장을 받아들여 모험을 했다면 중원의 균형이 새로 섰을 것이다. 그러나 제갈량은 반드시 원래대로 천천히 진격하고자 하여 기회를 놓치고 말았다. 위나라도 결코 우둔하지 않은 나라였다. 사마의는 얼마 지나지 않아 복권되었다. 그리고 그가 복권된 후 참가한 전투가 바로 가정전투였다. 제갈량은 기어코 자기가 발탁한 심복인 마속馬謖을 그곳으로 보내 사마의와 전투를 벌이게 하였다. 마속은 이론에만 밝고 실전에서는 매우 약한 인물이었다. 결과적으로 사마의에게 크게 패하여 좋은 기회를 다 놓쳐버리고, 촉나라는 다시 중원을 제패할 수 있는 능력을 잃어버렸다. 과연 이러고도 제갈량이 겸허하고 근신하다 할 수 있겠는가?

제갈량은 결코 전반적인 대세를 중요시하지 않았고, 다른 사람들이 고분고분하게 자신을 따를 것을 요구하는 등 감정적인 면에 치중하는 경우가 많았다. 지용智勇을 겸비한 위연 장군을 계속 반골로 몰아 괴롭혔고, 그의 의견을 거들떠보지도 않았다. 제갈량은 자신의 사후에도 역시 양의楊儀와 마대馬岱로 하여금 위연을 곤란하게 만들었다. 고압적인 제갈량의 태도 아래서 위연은 본래 의도와는 상관없이 반골적인 행동으로 차츰 변해 나갔다. 위연이 반골의 나락으로 떨어진 것은 제갈량의 그에 대한 태도 때문이었다.

3. 제갈량은 충신이라기보다 단지 야심가였을 따름이다

역대의 문인과 소설가를 통하여 제갈량은 이미 성인으로 묘사되었고, 사람들로부터 천고의 으뜸가는 신하로 추앙받게 되었다. 그리고 나라를 위하여 죽을 때까지 힘을 다 바쳐 충성하는 모범적인 인물상으로 인식되었다.

그러나 그는 난세에서 법가의 엄격한 이론을 받든 인물이었고, 문인들이 묘사한 것처럼 그렇게 겸손하고 완벽한 인물이 아니었다. 제갈량은 권력과 실력을 제때 확실하게 휘둘렀으며, 중요한 문제에 봉착할 때 결코 누구에게도 인정사정을 봐주지 않았던 야심가였다.

정사와 소설 『삼국연의』에서 다루는 제갈량에 대한 묘사는 서로 다른 점이 많다. 정사에서 제갈량은 외교 능력과 후방 관리 능력에 뛰어난 실력을 보였다고 기재하고 있다. 정사에서 나타나는 제갈량의 전기 주요 업적은 적벽대전이 일어나기 이전 오나라와의 외교적인 수완이었다. 또한 수차례 유비가 출정하였을 때 후방에서 군수물자와 병력을 담당하였지만, 소설과 영화 속에서 나오는 적벽대전에서의 활약상은 허구에 불과하다. 정사에서는 그가 출사표 전까지 특별한 군사 지휘 능력과 전술 능력을 표현하는 장면을 보기 어렵다. 당시의 유비의 참모 역할을 담당하였던 사람은 방통龐統(178~213년)과 법정法正(176~220년)이었다. 이 두 사람이 죽기 전까지 제갈량은 그들에게 가려 전술상으로 특별하게 빛을 발하는 기회가 없었다.

제갈량이 촉나라 권력의 핵심으로 등장하는 계기는 백제성 탁고 사건이었다. 제갈량이 초기에 뛰어난 공로를 보여주지 못하였지만, 유비는 무슨 이유로 백제성에서 아들 유선을 제갈량에게 부탁하였을까? 여기에는 피치 못할 사정이 있었다.

유비가 유선을 제갈량에게 맡길 당시의 형국은 매우 복잡하였다. 유비가 막 이릉전투에서 패배하여 촉나라의 군사력은 많은 손실을 입었고, 익주는 경제적으로 피폐되어 있었다. 비록 오나라와는 잠시 소강상태를 보이고 있었지만, 언제 터질지 모르는 뇌관이 도사리고 있었다. 남쪽의 소수민족들은 반역의 기회를 엿보고 있었고, 촉나라 내부에서 한가태수 황원黃元이 반란을 일으켰다. 가장 중요한 점은 헌제獻帝가 조비曹丕에게 황제의 자리를 양위한 것을 기회로 유비도 황제로 칭하였는데, 이로 말미암아 대내외적으로 여론이 좋지 않았다. 강대한 위나라는 촉나라 정권을 인정하지 않고 침략할 기회를 엿보고 있었다. 이러한 형세에 아들인 유선은 너무 어려 대처할 능력을 갖고 있지 못하였다. 유비가 이런 사태를 수습하기에는 너무 늦었다.

또한 유비의 뛰어난 측근인 방통, 장비, 법정, 관우, 황충 등은 이미 사망하여 유비 곁에 있지 않았다. 오나라에 대한 공격이 실패한 후 형주 출신인 장남張南과 풍습馮習이 전사하였고, 형주의 유명 인사인 마량馬良은 변을 당하였으며, 유장 시기의 익주주부益州主簿였던 황권黃權도 위나라에 투항해 버렸다. 아울러 장무 2년(222년)에 명성이 있고 경험이 뛰어났던 허정許靖, 상서령인 유파劉巴, 그리고 표기장군驃騎將軍 양주목涼州牧인 마초, 유비의 처남이자 안한장군安漢將軍인 미축麋竺 또한 모두 죽고 없는 상태였다. 촉나라에는 유명한 인사들이 그렇게 모두 사망하여 이미 유선을 맡기는 시점에서 제갈량보다 명성과 자격이 높은 인물이 존재하지 않았다.

유비가 백제성에서 유선을 기탁할 때 단지 제갈량만을 찾았던 것이 아니라 이엄李嚴이 곁에 있었다. 당시 유비는 멀리 성도에 있던 제갈량을 불러서 탁고하였는데, 이것은 유비가 충분한 시간을 두고 고심하여 탁고 문제를 처리할 수 있었던 것을 설명한다. 유비는 제갈량과 이엄에게 동시에 자신의 아들을 탁고한 것이다. 이는 단지 이엄이 자신의 신변에 있어서 편의상 그렇게 한 것이 아니라 여러 가지 상황을 충분히 고려한 결과였다. 유비로서는 심혈을 기울인 결과라고 말할 수 있다.

유비가 임종하기 1년 전에 이미 이엄을 상서령으로 발령하였다. 이엄의 관직은 제갈량에 비길 만큼 높았다. 유비는 제갈량을 원래대로 승상의 업무를 보게 하고, 이엄은 대내외적으로 군사 업무를 담당하게 하였다. 이렇게 함으로써 두 사람에게 상호 견제를 유도하여 일방으로의 권력 집중을 막을 수가 있으리라고 생각하였던 것이다. 그 점으로 보아 유비가 비상한 사람이란 것을 알 수 있는데, 유선을 탁고하는 과정에서 이엄에게 막강한 임무를 부여하였다. 유비는 짧은 1년 동안 이엄을 태수에서 상서령까지 승진시켰다. 그렇게 짧은 기간에 이엄이 상서령까지 올라간 것은 그의 능력도 부분적으로 원인이 있었겠지만, 더 중요한 이유는 제갈량을 견제하려는 유비의 고민이 반영되었다고 볼 수 있겠다. 유비는 제갈량을 항상 경계하였지만, 이엄에 대해서는 어떠한 우려도 나타내지 않았다. 아무런 조건 없이 이엄을 믿을 수 있었기에 그를 순식간에 대내외적 모든 군사軍事 업무를 관장하게 하였다. 유비는 이엄을 매우 신임하였지만 제갈량은 경계하였다. 상호 견제의 목적은 제갈량의 독주를 견제하는 데 있었다.

유비는 이엄을 단지 제갈량과 함께 탁고대신으로만 여긴 것이 아니라, 이엄에게 최고의 권력인 병권을 부여하였다. “통내외군사統內外軍事”라는 직책을 주어 실질적인 군의 통수권자로 임명하였고, 모든 업무 수행에 있어 이엄의 뜻대로 처리할 수 있는 권한을 부여하였다.

제갈량은 어떠한 방법으로 그렇게 중요한 위치를 차지하게 된 이엄을 권력 핵심에서 한 걸음 한 걸음씩 물러나게 하였을까?

그러면 이엄은 또 어떻게 물러났을까?

건흥 3년(225년) 제갈량은 남만 정벌에 성공하는데, 이는 유비가 죽기 전에 정한 권력 분배를 깨뜨린 것과 마찬가지의 결과였다. 대내외적인 군사 업무는 이엄에게 맡겼는데, 제갈량이 그것을 어기고 또 다음 해에 직접 한중으로 군사를 이끌고 들어가고자 하였다. 제갈량은 이엄을 강주江州로 이동시켜 후방의 일을 맡게 하고, 군사적인 문제에 있어 전면에 나서지 못하도록 하였다. 그 후 이엄은 유비가 유선을 탁고할 때보다 직위는 올랐으나 실질적인 힘은 제갈량에 밀리는 상황이 나타나게 되었다. 이엄이 좌천되는 전후 상황은 『삼국지 · 이엄전李嚴傳*』에 잘 나타나고 있다.

제갈량은 북벌을 시작할 무렵, 북벌 후 한중 지역의 군사력 약화를 이유로 이엄에게 강동의 부대를 한중으로 이동하도록 요구하였다. 만약 이엄의 부대가 한중으로 갔다면 그의 부대는 속임을 당하여 제갈량의 북벌군 일부에 편입되었을 것이다. 이엄 또한 제갈량의 휘하 장수가 되어 유비가 부여한 대등한 지위를 철저하게 상실할 것이 뻔하였다. 이엄은 당시 총명하게 제갈량의 계책을 꿰뚫고 여러 구실을 대어 거절하였다. 제갈량은 더 이상 설득력 있는 이유를 붙이기가 어려워졌다. 왜냐하면 강동 지역은 오나라와 국경선이 겹치는 곳이었다. 종합적으로 판단해 볼 때 강동의 중요성은 북방 조조 세력과 마주한 한중 지역에 상당할 만하였다. 그러한 중요한 곳의 부대를 한중으로 옮겨 버린다면 촉나라의 운명이 위태로워질 것이 뻔하였다.

유장劉璋의 부하였던 이엄은 유비와 전투를 벌일 때 황충과 우열을 가릴 수 없는 무예를 뽐냈었다. 이엄은 유비에게 항복한 뒤 두터운 신임을 받았지만, 제갈량과는 사이가 좋지 못하였다. 뒤에 제갈량은 기산전투에서 군량미 보급 담당을 맡은 이엄의 책임을 물어 좌천시켰다. 그때는 연일 날씨가 좋지 않아 군량미 운송에 차질이 불가피하였다. 그리고 당시에 군량미를 운송했던 길이 보통 길이 아니라 험준하다고 소문난 촉도蜀道였다. 제갈량 자신도 여러 차례 그 길을 통한 군량미 수송이 너무 어려워 북벌에 승리할 수 없었다고 스스로 말한 적이 있었다. 제갈량이 뜨거운 고구마를 받기 힘들어 이엄

*이엄전李嚴傳:92p 참조

에게 던지는 꼴이 아니고 무엇이겠는가! 그런 상황에서 이엄이 뜨거운 고구마를 세숫대야로 받지 않고 직접 손으로 받아 화를 키운 점은 아쉬운 부분이다. 제갈량이 부여한 군량미 운송의 업무는 당시의 정황으로서는 완성할 수 없는 일이었다. 다시 부연하여 말하자면, 이엄은 어떠한 사람인가? 그는 뛰어난 무장이었으며 기반을 잡지 못하던 시절의 유비에게 많은 공을 세웠다. 그러한 그에게 군량미 보급이라는 후방 업무를 맡긴 제갈량의 의도가 무엇인지 궁금해진다. 제갈량이 그에게 맡긴 업무는 타당하지 못하였고, 이는 기산전투에서 패한 원인 중의 하나였다고도 볼 수 있다. 후방의 군량미 임무를 받은 이엄은 나름대로 제갈량의 의도를 간파하였다. 그리하여 이엄은 여러 가지 구실을 찾아 제갈량을 북벌에서 돌아오도록 하였다. 표면상으로는 거짓말을 하여 제갈량의 북벌에 좋지 않은 영향을 남겼다. 그러나 제갈량이 기산으로 출병하였다가 아무런 공도 없이 다시 촉으로 돌아온 일은 제갈량 자신에게 가장 책임이 있다. 이엄 등 남을 탓할 문제가 아니었다. 다른 각도에서 생각해 보자. 이엄은 원래 유비에게 투항해 온 장수였다. 그러나 유비는 그를 믿고 중용하였으며 탁고까지 하여 이엄을 매우 감격스럽게 하였다. 이엄의 마음은 어떠하였는지 몰라도 재능은 보통 사람에 비하여 출중하였다. 그러한 사람을 그러한 졸렬한 수단으로 제거하였다는 것은 납득이 가지 않는다. 이엄이 좌천된 후 제갈량은 이엄의 아들 이풍李豊을 중용하였는데, 무슨 연고에서 이렇게 하였을까? 이는 의심의 여지없이 자신의 악행을 덮고 인심을 얻어, 자신이 속 좁은 사람이 아니란 것을 보여주기 위함이었을 것이다.

결론적으로 이엄의 정치 인생은 끝났고, 제갈량은 순조롭게 촉나라의 일등 중신으로 자리매김하였다.

그 후 제갈량은 국가의 모든 권력을 휘어잡고 무소불위의 정치를 시작하였다. 그리고 보위를 지키지 못하는 유선에게 실질적인 권력을 사용하지 못하게 하고, 그가 직접 왕인 유선을 대신하여 중요한 정책을 결정하였다. 이것으로 미루어볼 때 제갈량이 야심가가 아니고 무엇이겠는가? 만약에 제갈량이 권력을 놓아 왕인 유선에게 국가를 다스릴 능력을 배양하게 하고 인재를 중시하였다면 결과는 어떻게 되었을까? 그랬다면 그도 그렇게 힘들지 않았을 것이고, 유비를 따라 그렇게 일찍 죽지도 않았을 것이다. 그가 무슨 면목으로 저 세상에서 유비를 만났을까? 제갈량이 인재를 키우지 않았기에, 그의 뒤를 따른 장수들의 면면을 보면 빈약하기 짝이 없었다. 장완蔣琬, 비위費禕, 양의楊儀 등 모두 무능한 인물들이었다. 그나마 강유가 재능이 있었는데, 제갈량이 1차 북벌 때 잡아 투항시킨 위나라 장수 출신이었다.

유비가 백제성에서 어린 아들인 유선을 제갈량에게 맡기면서 그를 아버지로 받들도록 하였다. 당시 제갈량은 그 시점으로부터 유선의 양아버지가 되었지만, 실제로는 촉나라의 진정한 황제가 되었던 것이다. 그 후 제갈량은 군정과 대권을 모두 손에 쥐어 독보적인 권력을 휘둘렀다. 국정의 단상에서 홀로 종횡무진하며 마음대로 일 처리를 하였다. 가정전투에서 패한 뒤 제갈량은 스스로 3등급을 강등하였다. 그러자 유선은 제갈량의 권위에 금이 가지 않게 하기 위하여, 그가 승리하여 공을 세울 때까지 기다렸다가 곧바로 원래의 직위를 회복시켜 주었다. 그만큼 유선은 제갈량에게 꼼짝하지 못하는 처지가 되었다. 그렇다면 촉나라에 제갈량의 독주를 막을 충신은 없었던가?

이엄, 요립寥立, 내민來敏, 위연 등은 제갈량의 그러한 행동에 불만을 갖고 있었지만, 감히 정면으로 맞서지 못하였다. 그러다 제갈량이 죽고 나서야 비로소 반대의 목소리가 나왔다. 그들은 생전의 제갈량에게 반대의 목소리를 낼 담력이 없었다. 제갈량이 죽자 승상참군丞相參軍이자 안한장군安漢將軍인 이막李邈이 즉시 후주에게 상소를 올려 여록呂祿과 곽우霍禹 등은 처음부터 한나라 왕실을 배반한 것이 아니었다고 말하고, 죽은 제갈량에게 "낭고호시狼顧虎視(이리가 돌아보고 호랑이가 노려본다)"라는 표현을 써서 그동안 하고 싶어도 하지 못하던 말을 하였다.

일반적으로 "낭고상狼顧相(이리가 돌아보는 얼굴상)"이라고 하면 "신하의 상相이 아니다"라는 것을 의미한다. 위나라의 사마의도 그러한 얼굴을 하고 있었다. 이막은 제갈량과 사마의 두 사람 모두 "낭고상"이라고 하여, 반드시 천하를 탈취하고 자신이 왕이 되려고 하는 인물들이라고 하였다. 또한 이막은 제갈량에게 "호시虎視"라는 표현을 썼는데, 제갈량이 군사권을 잡고 촉나라 조정을 위협하고 왕권을 탈취하였다는 의미로 사용하였다. "호시"라고 하는 표현은 일찍이 『후한서後漢書 · 반고전班固傳』에 수록된 『서도부西都賦』에서 보인다. "주나라는 용으로 흥성하였고[周以龍興], 진나라는 호랑이로 노려보았다[秦以虎視]." 이러한 문구를 이현李賢이라는 학자는 "용이 흥하고 호랑이가 노려본다는 의미는 풍성하고 강한 것"이라고 풀이하였다. 그렇지만 진정한 뜻은 이러하였을 것이다. "주나라와 진나라는 모두 강성하였다. 비록 그렇다 하더라도 주나라는 덕으로써 천하를 얻어 오래 지속되었지만, 진나라는 무력으로 천하를 통일하여 그 역사가 얼마 가지 않았다." 그리고 이막이 제갈량을 직접 여록과 곽우와 비교한 것은 제갈량이 야심이 있었다는 것을 후주에게 말하고자 하는 데 목적이 있었다. 제갈량에게 야심이 있었다는 것은 누구나 다 알았던 사실이지만, 단지 죽기 이전에는 누구도 감히 그에게 반대하지 못했을 따름이다. 그가 죽자 비로소 사람들이 말을 꺼내기 시작한 것은 촉나라의 충신들이 제갈량에게 억울함을 당하여도 감히 말을 하지 못하고 지내온 어려움이 있었다는 것을 반증한다.

제갈량이 죽은 후에 그의 사당을 건립하는 문제가 불거져 나왔는데, 유선도 제갈량의 사당을 지으려는 일부 신하들의 간청에 여러 번 반대하였다. 『삼국지 · 촉서蜀書』에 그러한 기록이 보인다.

> 제갈량이 죽자 그의 사당을 건립하자는 의견이 대두되었다. 조정 회의에서는 예법 질서를 이유로 반대하였다. 그러자 일부 백성들이 제갈량의 기일에 맞추어 길가에서 제를 지내는 일이 발생하였다. 사당 건립을 추진하는 사람들은 성도에 제갈량의 사당을 건립하고자 재차 간청하였으나, 후주 유선은 결코 승낙하지 않았다.

이는 일종의 복수인 셈이다. 왕인 유선이 제갈량에게서 받은 모욕을 죽은 후에라도 갚고자 하였을 것이다. 사당 건립을 추진하던 사람들은 촉나라 수도인 성도에 건립하는 것이 힘들면 면양沔陽에라도 지어달라고 주청하였다. 하지만 이것도 후주 유선이 군왕이 아닌 사람의 사묘는 금지되었다는 원칙을 내세우면서 반대하였다. 지금 성도에 있는 제갈량 사당인 무후사는 제갈량 사후 300년이 지난 6세기에 처음 건립된 것이며, 1672년 강희 11년에 중건된 것이다. 당시 사당 건립을 반대하던 유선의 속마음은 이러지 않았을까?

"생전에 당신이 나에게 백성들에게 하는 것처럼 훈교를 내렸다. 한 나라의 황제로서의 체면이 말이 아니었다. 이제 당신이 죽었으니 나도 이제 당신을 난감하게 만들겠다."

제갈량이 편찬한 『제갈량집諸葛亮集』에는 유비가 후주인 유선에게 이른 조서가 실려 있다.

射君到, 說丞相歎卿智量, 甚大增修, 過於所望, 審能如此, 吾復何憂! 勉之, 勉之!

사군(여기서 사군은 촉의 개국공신인 사원射援을 말함)이 도착하여 말하길, 승상 제갈량이 경(유선)의 지력을 칭찬하였는데, 심히 크게 수양하여 바라던 바를 넘어섰다고 하였다. 실로 그러하다면 내가 또 무엇을 근심하겠느냐! 힘쓰고 또 힘써라!

제갈량은 완벽주의자로서 다른 사람을 업신여기는 안하무인적인 성격을 갖고 있었다. 그러나 그러한 제갈량이 후주 유선에 대한 평가를 위에서처럼 좋게 한 적이 있었다. 이는 분명하게 그가 단지 가식적인 어구로 유선을 칭찬한 것은 아니었을 것이다. 이것은 유선이 그렇게 지력에서 모자라지 않았다는 것을 설명하는 것이기도 하겠다. 결국 그는 자신의 사심 때문에 유선에게 권력을 완전하게 넘기지 않았다. 더욱이 유선에게 권력의 훈련과 단련 과정을 거치게 하지 않아 촉나라 멸망의 화근을 제공하였다. 옛말에 자식이 불효하면 부모에게 그 책임이 있다고 하였다. 유선의 양아버지의 신분으로 행세하던 제갈량이 설마 그러한 도리조차 몰랐던 것일까? 제갈량의 생전에야 유선이 그에게 기대기만 하면 되었지만, 제갈량이 죽은 뒤에 유선이 무엇을 하기를 바랐단 말인가! 제갈량이 오장원에서 돌연히 죽자, 촉나라의 권력 중심에 피할 수 없는 구멍이 생기고, 역사는 그제야 비로소 유선을 촉나라의 권력 무대 중심에 갖다 놓았다. 제갈량의 개인적인 야심이 나라를 멸망시키는 근원이 되었다. 제갈량이 생전에 유선에게 군왕으로서의 덕목과 용맹을 가르치지 않은 것은 그의 사심 때문이라고 할 수 있다. 전적으로 제갈량에게 의지하던 유선이 갑자기 권력 중심에 서자, 촉나라는 걷잡을 수 없는 혼란에 빠져들기 시작하였다. 제갈량에 의하여 우매해지고 향락만을 즐기게 되어진 유선이 무엇을 할 수 있었겠는가? 제갈량의 개인적 야심이 한 걸음씩 촉나라를 멸망으로 이끌게 한 것이다.

---

*이엄전李嚴傳

장무 2년(222년)에 유비는 이엄을 불러 영안궁永安宮까지 오도록 하여 상서령으로 임명했다. 3년(223년)에 유비의 질병이 악화되자, 이엄은 제갈량과 함께 어린 유선을 보좌하라는 유조遺詔를 받았다. 이엄을 중도호中都護로 임명하고 안팎의 군사를 통솔하며 영안永安에 주둔하도록 했다. 건흥 원년(223년)에 도향후로 봉하고, 가절로 삼고 광록훈이란 관직을 더하였다. 건흥 4년(226년)에 전장군으로 전임됐다. 제갈량은 한중으로 출병하려고 하면서 이엄이 반드시 뒷일을 맡아줄 것으로 생각하고 강주江州로 옮겨 주둔시키고, 호군 진도陳到를 남겨 영안에 주둔시켜 모두 이엄의 통솔하에 두었다. 건흥 8년(230년)에 표기장군으로 승진했다. 조진이 세 갈래 길로 나누어 한천漢川으로 진격해 왔으므로, 제갈량은 이엄에게 2만 명의 병사를 이끌고 한중으로 가도록 명령했다. 제갈량은 표를 올려 이엄의 아들 이풍李豐을 강주도독독군江州都督督軍으로 임명하고, 이엄의 후방 일을 담당하도록 했다. 제갈량은 다음 해 출병을 확정 짓고, 이엄에게 중도호의 신분으로 승상부의 일을 맡도록 명령했다. 이엄은 이평李平으로 개명했다. 건흥 9년(231년) 봄에 제갈량의 군대는 기산에 주둔하였고, 이평(이엄)이 수송 업무를 재촉하며 감독했다. 여름부터 가을에 걸쳐 계속 장맛비가 쏟아져 식량 운반이 지속되지 못했으므로, 이평은 참군 호충狐忠과 독군督軍 성번成藩을 파견하여 그의 뜻을 설명하고 제갈량에게 후퇴하여 돌아오도록 하라고 했다. 이평은 군대가 후퇴했다는 소식을 듣고, 거짓으로 놀란 척하면서 말했다. "군량미는 아직 충분하거늘, 어찌하여 돌아옵니까?" 이평은 이렇게 하여 자기가 일을 제대로 처리하지 못한 책임을 벗어나고 제갈량이 진군하지 않은 잘못을 분명하게 나타내려고 했다. 또 유선에게 표를 올려 말했다. "우리 군대가 거짓으로 퇴각한 것은 적을 유인하여 함께 싸우려고 하는 것입니다." 그러나 결국 제갈량이 이평이 앞뒤로 쓴 편지를 처음부터 끝까지 모두 공개하였다. 그러자 이평의 잘못은 분명해지게 되었다. 이평은 죄를 자백하고 사죄했다. 제갈량은 이평의 일을 상주하여 말했다. "선제께서 붕어하신 이후부터 이평은 임지에서 기산을 다스리며 작은 은혜를 베푸는 일을 하기를 원했고, 자신을 지키고 명예를 추구하며 나라의 일을 걱정하지 않았습니다. 신이 북방으로 출병하면서 이평의 병사들에게 한중을 지키도록 하려고 했습니다. 그러나 이평은 이 일을 직접 하기에는 어려우며, 올 의사가 없었으므로 다섯 개 군을 주어 파주자사로 임명할 것을 요구했습니다. 작년에 신은 서쪽을 정벌하면서 이평으로 하여금 한중을 관리하도록 했는데, 이평은 사마의 등이 관서를 설치하여 자신을 초청했다고 말했습니다. 신은 이평이 계산으로 출병한 기회를 틈타 신을 핍박하여 자신에게 이익을 얻도록 하려고 했음을 알았습니다. 이 때문에 표를 올려 이평의 아들 이풍에게 강주를 관리하도록 하고 융성한 대우를 해줌으로써 한 시기의 정무를 처리하도록 했던 것입니다. 이평이 한중에 있을 때, 모든 일을 그가 책임지도록 했으므로 신하들은 지위의 높고 낮음을 불문하고, 모두들 신이 이평을 너무 후하게 대우한다며 질책했습니다. 그때는 국가의 대사가 아직 확정되지 못했으며 한나라 왕실이 기울어 위험하였으므로, 이평의 잘못을 문책하는 것은 그를 칭찬하는 것만 못한 일이었습니다. 그러나 이평의 마음은 영예와 이익에만 있을 뿐이라고 생각했지, 이평의 마음이 시비를 전도시키는 데 있다고는 생각지 못했습니다. 만일 일의 처리를 늦추게 된다면 재화와 실패를 초래하게 될 것입니다. 이것은 신이 민첩하지 못한 결과이며, 설명을 많이 할수록 허물은 늘어날 것입니다." 이러한 상소를 접한 유선은 곧바로 이평의 관직을 폐하여 서민이 되게 하였으며, 재동군梓潼郡으로 방축시켰다.

4. 제갈량이 엄하게 촉나라를 다스린 배후

제갈량이 이엄李嚴을 강직시키고 마속馬謖을 읍참한 것을 두고 사람들은 그가 촉나라를 엄하게 다스렸다는 증거라고 한다. 그리고 촉나라는 법치국가로서 제갈량의 엄정한 법의 집행으로 좋은 국면을 맞이했었다고 여긴다. 그러나 이는 『삼국연의』에 근거한 신화일 뿐이고 사실은 이와 다르다. 『삼국연의』는 단지 소설로써 많은 이야기가 사실과는 다르다. 제갈량이 촉나라를 엄하게 다스린 배후에는 알려지지 않은 목적이 있었다.

역대의 정치가들은 백성을 엄하게 다루거나 혹은 그와는 반대로 관용하게 다스렸다. 엄한 법인 "엄법嚴法"과 그 반대인 "관법寬法"은 백성을 상대로 만들어졌다. "엄법"과 "관법"의 병폐는 모두 법률 제정자를 포함한 권력자의 목적과 관계가 있다. 따라서 그 법 자체의 문제점은 근본적으로 백성과 무관하며, 그 법을 만든 주체에 법 자체의 병폐가 달려 있다. 그에 따른 병폐는 군주의 통치 수법과 관계가 깊다. 만약 군주가 심성이 바르지 않다면 법은 통치자의 목적을 이루는 수단일 뿐이었다. 제갈량의 엄치嚴治는 자신의 정적을 공격하기 위한 수단일 뿐이었고, 전권專權 통치의 수단일 뿐이었다.

제갈량의 엄치는 법치法治가 아니라 숨은 목적이 있는 인위적인 통치였을 뿐이다.

제갈량은 대권을 독점하였을 뿐만 아니라, 조그만 일도 간과하지 않았다. 곤장 50대 이상의 형벌에 해당하는 모든 일에 친히 관여하여 쉴 틈이 없었다. 그는 그러한 이유로 과로사하였을 것이다. 제갈량은 조정의 신하들로 하여금 자신에게 순종하도록 강요하여, 누구도 자신에게 맞서지 못하게 하였다. 자신에게 맞서는 사람이 나타나면 '엄정하게 법을 집행' 한다는 구실로 그들을 처리하였다. 그는 절묘한 정치 표현 기법으로 정적들을 배척하였을 뿐만 아니라, 엄정하게 법을 집행한다는 미명 아래 만인이 자신에게 무조건 복종하게 만드는 수단을 썼다. 실례로 제갈량은 이런 식으로 이엄, 요립廖立을 파면시켰고, 팽양彭羕 등을 죽음으로 몰아넣었다. 제갈량은 이른바 "엄치"의 악의적인 적용으로 자신의 정적을 제거하였던 것이다.

이엄은 건흥 9년(231년)에 축출되었는데, 건흥 5년까지만 하여도 유비가 탁고하면서 내린 제갈량 다음의 지위를 유지하고 있었다. 제갈량은 이엄을 일찍이 사리가 바르고 훌륭한 인물이라고 치켜세웠다가 나중에는 그를 혹독히 비판하였다. 이와 같은 말 바꾸기는 무엇을 설명하는가? 소인배들만이 쓰는 방법으로 제갈량이 자기의 말을 뒤집은 목적은 이엄을 축출하고 자신만의 천하를 이루기 위함이었다. 제갈량은 이엄의 병권을 없애고, 그에게 현실적으로 성공하기 힘든 군량미 조달의 책임을 부여하였다. 후에 이엄은 군량미 조달을 원활하게 하지 못하고 거짓말을 하여 제갈량을 북벌에서 철군하게 하였다. 이런 기회를 놓칠 제갈량이 아니었다. 제갈량은 즉시 이엄의 결점을 잡고 그를 서민으로 강등시켰다.

제갈량에게 그렇게 당한 인물로 팽양과 요립이 있다.

팽양의 자는 영년永年이며 광한廣漢 사람이었다. 같은 고향의 진복秦宓이 당시 태수였던 허정許靖에게 그를 천거하였다. 그러나 팽양의 관운은 뜻처럼 순조롭지 못하였다.

팽양은 유비가 사천 북쪽으로 진격할 때, 기회를 보면서 유비의 밑에 들어가 일을 하고 싶어하였다. 우선 그는 유비의 주요 참모인 방통龐統에게 접근하여 호감을 샀다. 방통이 유비에게 팽양을 천거하였는데, 유비는 팽양을 자세히 관찰한 후 그의 재능에 매우 만족하였다. 그 후 유비는 익주를 탈취하자 파격적으로 팽양을 익주를 관할하는 고급 관리로 임명하였다. 그때까지만 해도 팽양은 유비의 신임을 얻어 관운이 순탄한 듯 보였다. 그러나 그 후 제갈량에게 배척을 당하고 강양태수江陽太守로 좌천되었다가 나중에 모반을 꾀하였다는 이유로 죽임을 당하였다. 촉나라로서는 우수한 인재 한 사람을 잃은 격이 되었다.

제갈량과 팽양은 처음에 그럭저럭 잘 지내는 것처럼 보였지만, 제갈량은 유비에게 여러 차례 사석에서 팽양의 야심을 경고하였다. 유비는 제갈량의 말을 믿고 팽양을 강양태수로 강등시켰다. 팽양은 이에 매우 분하여 마초와 술을 마시다가 취중에 모반을 도모하자고 말해 버렸다. 그 후 마초는 팽양을 고발해 버렸는데, 결국 팽양은 체포되고 구금되었다. 팽양은 감옥에서 제갈량에게 편지를 써서 자신의 취중 실언을 인정하였다. 팽양의 죄목은 크게 두 가지였다. 유비를 욕보인 것과 마초를 선동하여 모반을 꾀한 점이었다. 팽양은 첫째 죄목에 대해서는 인정을 했지만, 모반을 꾀한 점에 대해서는 극구 부인하였다. 제갈량도 팽양이 실제로 모반을 하고자 하였던 것이 아니라 취중에 한 말임을 명백히 알고 있었다. 그러면서도 유비가 팽양의 처리에 대하여 상의하자 "팽양은 미치광이로서 반드시 모반을 꾀할 인물입니다"라고 답변하였다. 이에 유비는 팽양을 감옥에 가둔 후 독살시켰는데, 당시 나이는 불과 37세였다.

팽양의 죽음에 제갈량의 음모가 깃든 것은 분명한 사실이었다. 사람의 심기가 불편하면 취중에 실언을 하는 것은 다반사인데, 이것을 빌미로 제갈량은 그를 죽음으로 몰아갔으니 인정이 없다 하겠다. 하물며 팽양은 유능한 인재였지 아니한가!

그러면 전도가 유망했던 팽양이 진정 무엇 때문에 죽게 되었을까? 그 진정한 원인에 대해 사람들의 많은 궁금증을 자아내게 하였는데, 그가 몰락하였던 주요 원인은 제갈량에게 있다.

제갈량은 처음부터 팽양을 속으로 달갑지 않게 생각했다. 비록 겉으로 다른 사람들에게 표현을 하지 않았지만, 유비에게는 계속 그의 험담을 하고 나중에 반드시 모반을 일으킬 인물이라고 주의시켰다.

제갈량이 그렇게 했던 것이 정말로 팽양이 반골상이라고 생각해서일까?

당연히 그것은 아니다. 왜냐하면 팽양은 방통과 법정法正이 유비에게 천거하였던 인물로 촉나라의 정치 그룹에서 중요한 인물이었다. 게다가 재능이 뛰어났으니 제갈량에게는 위협적인 존재임이 분명하였으리라!

실제로 팽양에게는 무슨 문제점과 착오가 있었을까? 『삼국지 · 팽양전彭羕傳*』에 구체적인 내용이 나와 있다.

주석에 인용된 정사의 내용으로 볼 때, 팽양은 약간 오만하고 떠들기 좋아하는 성격을 가지고 있었던 것 같다. 이는 역으로 말하여 자신의 진면목과 속내를 감출 줄 몰랐던 사람이라는 뜻이기도 하다. 일단 사람이 갑자기 출세하면 좀 우쭐하고 오만해지는 경향은 있다. 그렇다고 팽양이 한 행동이 도를 넘어 죽음에 이를 정도까지는 아니었다. 결론적으로 팽양은 제갈량과의 세력 싸움에서 희생양이 되었다고 볼 수 있다. 제갈량은 팽양을 축출하는 과정에서도 앞서 말한 "엄정한 법 집행"이라는 수단을 썼다.

요립은 어떠한 인물인가? 진수의 정사 『삼국지 · 요립전廖立傳**』에 그에 관한 내용이 실려져 있다.

그는 또한 무엇 때문에 제갈량의 미움을 사서 평민으로 강등되었을까? 요립은 형주 출신으로서 매우 뛰어난 인물이었다. 일찍이 손권이 촉나라 양양에는 어떠한 인물이 있느냐는 질문에 제갈량은 방통과 요립을 거론하였다. 제갈량의 눈에 요립은 방통에 버금가는 인물이었다. 유비가 적벽대전 승리 후 형주를 점거하여 인물을 찾을 때, 제갈량은 다음과 같이 유비에게 말한 적이 있었다.

"두 사람만 찾으면 충분한데, 하나는 방통이고 또 한 사람은 요립입니다."

---

*팽양전彭羕傳:99p 참조

**요립전廖立傳:101p 참조

유비는 제갈량의 말에 따라 곧 두 사람을 자신의 참모로 불러들였다. 유비는 사천 지역으로 들어갈 때, 이 중 방통만을 데리고 갔었는데, 불행하게도 방통이 죽자 제갈량을 시켜 요립을 형주에 머물게 하였다. 그 후 유비는 요립을 매우 중용하여 장사태수, 파군태수, 시중, 장수교위 등을 역임시켰다. 이때 요립의 나이는 불과 삼십도 안 넘은 때였다. 당시 요립은 득의양양하여 촉나라에서 자신보다 강한 사람은 제갈량뿐이라고 생각하였다. 그리하여 자신보다 상관인 이엄마저 우습게 여겼다. 요립이 이소와 장완에게 시국에 대하여 의견을 피력한 적이 있었는데, 이것이 화근이 되어 쫓겨나게 되었다. 이소와 장완은 이 일을 제갈량에게 보고하였는데, 선제를 비방하고 중신을 모독하였다는 죄목을 들어 요립을 평민으로 강등시켰다. 이소와 장완은 소인배들이었다. 하물며 장완은 요립과 같은 고향 친구가 아니었던가! 요립은 장완이 제갈량에게 자신을 밀고하리라고는 생각을 못하였을 것이다. 요립에게 잘못이 있다면 친구를 잘못 사귄 죄일 것이다! 그리고 젊은 혈기에 자신을 치켜세우는 버릇이 화를 자초한 또 다른 이유 중의 하나였을 것이다! 당시 요립은 자긍심이 강하여 스스로를 제갈량 다음이라 칭하고 다녔다. 그리고 세인들의 평가도 그다지 나쁘지 않았다. 제갈량은 이러한 요립이 마음에 들지 않았고, 차후 자신에게 위협적인 존재가 될 것이라고 생각하여 즉시 기회를 타서 그를 강등시켰던 것이다.

요립은 단지 말을 실수한 잘못 때문에 평민으로 강등되었는데, 이는 제갈량이 권력을 이용하여 정적을 숙청한다는 것을 잘 설명해 준다.

제갈량이 이엄, 팽양, 요립 등을 숙청한 것은 내부적인 신구 세력 간의 갈등과 군신 간의 분열을 사전에 차단한다는 의미도 있었지만, 개인적인 독단이 지나쳤고 공평하지 않게 일을 처리하였다는 것을 보여주는 것이기도 했다. 신중한 성격인 제갈량은 정치 투쟁 수단에 있어 매우 잔혹하였다. 후환을 남기지 않게 하기 위하여 일의 전말이 밝혀지기도 전에 대신들을 먼저 죽이기도 했다. 제갈량은 내부 모순을 처리함에 있어 쓰지 말아야 할 방법들을 이용한 것이다.

부채를 든 고상한 차림을 하고 유유자적하는 표정을 지었던 제갈량의 웃음 속에는 비수가 숨겨져 있었다. 그의 언행은 일치하지 않았고, 정적을 제거할 때는 사전 준비가 철저하였다. 정적이 실언하였거나 조그마한 실수를 범하면 지체없이 기회를 놓치지 않고 그들을 죽음으로 몰아넣었다. 이엄 같은 경우에 그는 제갈량의 그런 비열한 면을 알고 있었다. 조그만 잘못을 저지른 것이 발각되자 제갈량이 그것을 이용하여 자신을 숙청할 것을 짐작하고 궁지에 몰려 모험적인 행동을 마다하지 않았다. 이는 더욱 제갈량에게 약점이 잡히는 결과를 초래하였다. 제갈량의 고압적인 정치 스타일로 인하여 당시에 서로 상대방을 견제하는 밀고가 성행하였다. 이런 분위기 속에서 희생된 인물이 바로 요립과 팽양이었다. 심리적으로 압박받던 상태에서 사석에서 늘어놓은 불평이 밀고자를 통해 밝혀지고 처벌을 받았다. 제갈량은 그러한 처벌을 하면서 표면상으로는 법을 엄정하게 다스리는 것처럼 하였으니, 제갈량의 정치 표현 기술은 매우 뛰어났다!

---

*팽양전彭羕傳

팽양彭羕은 천한 신분에서 기용되어 하룻밤 사이에 백성들의 위에 서게 되었으므로 오만해졌고, 스스로가 우대받고 있음을 자랑하는 모습이 점점 심해졌다. ……(중략)……. 팽양은 멀리 전출 가게 되었다고 듣자 속으로 즐겁지가 않아 마초를 만나러 그의 처소로 찾아갔다. 마초가 팽양에게 물었다. "그대는 재능이 무척 뛰어나 주군께서도 지극히 신임하고 있었소. 공명, 효직(법정)과 발걸음을 같이하며 활약하는 것이 당연하다고 생각하고 있었는데, 밖으로 나가 작은 군의 태수가 되어서야 원래의 소원에서 벗어나는 일이 아니오?" 그러자 팽양은 이렇게 대답하였다. "저 늙은이가 멍하고 황당하여졌으니 말할 바가 없소." 게다가 마초를 향해 이런 말까지 하였다. "그대가 밖을 맡고 내가 안을 맡는다면 천하는 간단하게 원하는 대로 될 것이오!" 마초는 떠돌던 끝에 유비에게 의탁한 사람이라 언제나 자기 몸의 위험과 두려움을 생각하고 있었기 때문에 팽양의 말을 듣고 크게 놀라 입을 다문 채 아무런 대답을 하지 않았다. 그 후 마초는 팽양과의 있던 일을 유비에게 자세하게 말해 버렸다. 그 결과 팽양은 체포되어 담당 관리에게 건네졌다. 팽양은 옥중에서 제갈량에게 편지를 보내어 말했다. "저는 과거에 제후에게 임명된 일이 있었습니다. 조조는 포악했고 손권은 무도無道했으며, 진위장군 유장劉璋은 우매하고 연약했습니다. 오직 주공만은 패왕의 자질을 갖추고 있었으므로 함께 공업을 일으키고 평화를 이룰 수 있다고 생각했습니다. 그 때문에 마음을 바꿔 주공이 있는 곳으로 날아가 뜻을 펼치려고 했습니다. 마침 주공께서 서쪽에 오셨고, 저는 법효직法孝直을 통해 저 자신을 빛나게 했으며, 방통은 그 사이에서 협조해 주어 마침내 가맹에서 주공을 만나게 되었습니다. 손바닥을 손가락으로 나누며 말하면서 세상을 다스리는 요점에 대해 논의했고, 패자와 왕자의 의미에 대해 말했으며, 익주를 탈취할 방법을 건의했습니다. 주공 역시 이전부터 명확하게 생각한 것이 있었으므로 저의 건의에 찬성하고 칭찬하였고, 그래서 거사를 일으켰습니다. 저는 고향 주(익주)에서 평범한 지위를 벗어나지 못했고, 형벌을 받아 걱정해야 했었습니다. 화살이 나는 풍운의 시대를 만나 군주를 찾았을 때, 주공을 얻어 제 뜻은 펼쳐지고 명성은 빛나게 되었습니다. 평범한 백성의 신분 속에서 발탁되어 국사國士가 되었고, 무재의 지위를 차지했습니다. 주공께서는 아들에게 주는 것 같은 두터운 은정을 저에게 나누어 주었는데, 누가 또 이런 과분함을 얻었겠습니까? 저 팽양은 하루아침에 반역을 하고 스스로 살을 소금에 절여야 되는 죄행을 범하여 불충불의한 망자가 되게 되었습니다. 이전 사람들의 말에, 왼쪽 손으로 천하의 지도를 쥐고, 오른쪽 손으로 인후咽喉를 자르는 것은 어리석은 사람도 하지 못하는 것이라고 하였습니다. 하물며 저는 콩과 보리를 잘 식별하는 사람인데 어떠하겠습니까! 제가 원망하는 마음을 갖게 된 것은 자신의 역량을 헤아리지 못하고 오히려 처음으로 대업을 일으킬 수 있다고 생각하였기 때문입니다. 강양으로 방축되자 주공의 마음을 이해하지 못하여 결국 감정이 과격하게 일어났으며, 게다가 술까지 마셔 '노老' 자를 말하는 실언을 하게 된 것입니다. 이것은 저의 어리석음이며, 사려가 얕음으로 인해 이르게 된 것으로, 주공께서는 실제로 늙지 않았습니다. 그리고 공업을 세움에 어찌 나이의 많고 적음에 있겠습니까! 서백西伯이 90세가 되어 뜻이 쇠약해졌습니까? 저는 자애로운 아버지를 저버렸으니 그 죄는 백 번 죽어 마땅합니다. 제가 안과 밖을 말한 것에 이르러서는 맹기(마초)로 하여금 북방의 주에서 공을 세우도록 하여 주군에게 협력하고, 함께 조조를 토벌하고자 했을 뿐, 어찌 감히 다른 뜻이 있었겠습니까? 맹기(마초)가 전한 말은 옳지만, 그 사이의 의미를 구별하지 않아 사람의 마음을 아프게 했습니다. 과거에는 항상 방통과 함께 서로 서약을 하였는데, 그대를 따르고 주공의 사업에 마음을 다하여 훌륭하였던 고인의 이름을 좇고, 공훈이 역사책에 기록되기를 희망했었습니다. 방통은 불행하게도 전사했으며, 저는 스스로 재앙을 취해 패망했습니다. 저 스스로 이곳까지 떨어졌는데 장차 또 누구를 원망하겠습니까! 그대는 당대의 이윤伊尹(탕왕湯王을 보좌한 하나라 인물)이고 여망呂望(무왕武王을 보좌한 주나라 인물)이니, 주공과 대사를 잘 상의하여 그를 도와 큰 계획을 확정해야만 됩니다. 천지는 분명하게 살필 수 있고, 신지神祇에게는 영험이 있으니, 또 무엇을 말하겠습니까! 원하는 것은 그대에게 저의 본심을 밝히는 것뿐입니다. 노력하여 일을 하십시오! 자애自愛하십시오! 자애하십시오!"

---

*요립전廖立傳

요립은 자가 공연公淵이고, 무릉군武陵郡 임원현臨沅縣 사람이다. 유비가 형주목을 겸임하고 있을 때 초빙되어 종사로 임명됐으며, 30세가 되기 전에 장사태수로 발탁되었다. 건안 20년(215년)에 손권은 여몽呂蒙을 파견하여 주의 남쪽에 위치한 세 군인 장사, 영릉, 계양을 급습하도록 하였다. 그때 요립은 탈출하여 유비가 있는 곳으로 갔다. 유비는 평소부터 그를 알고 있었으므로 예우해 주고 심하게 문책하지 않았으며 파군태수로 임명하였다. 건안 24년(219년)에 유비는 한중왕이 되었고, 요립을 불러 시중으로 삼았다. 유선이 지위를 계승한 후, 장수長水교위로 전임되었다. 요립은 자신의 재능과 명성이 제갈량 다음간다고 자부했지만, 다시 한직에 임명되어 이엄 등의 아래에 위치하게 되자 내심 항상 불만스러워했다. 후에 승상연 이소李邵와 장완蔣琬을 만나자 요립은 자신의 생각을 말했다. "군대는 원정을 나서려고 하는데, 당신들은 이 일을 주의 깊게 생각해 보십시오. 옛날에 유비는 한중을 손에 넣지 못하고 오나라로 달려가 그 나라 사람들과 남쪽의 세 군을 다투었는데, 결국 세 군은 오나라 사람에게 주게 되었고, 헛되이 관리와 병사들을 수고롭게 하였을 뿐 이익 없이 돌아온 적이 있습니다. 한중을 잃은 후, 하후연夏侯淵과 장합張郃으로 하여금 파군巴郡으로 깊숙이 들어가게 하였다가 한 주를 거의 잃었었습니다. 후에 한중으로 진군한 결과 관우는 죽고 한 사람의 생존자도 없었으며, 상용은 패배하여 헛되이 한쪽 지방을 잃었습니다. 이것은 관우가 자신의 용맹함과 명성에 기대어 병사들을 인솔하는 정확한 법칙이 없었으며, 자신의 기분에 따라 돌발적으로 공격하였기 때문에 앞뒤로 여러 차례에 걸쳐 많은 병사들을 잃게 된 것입니다. 관우도 상랑向朗과 문공文恭처럼 평범한 인간이었을 뿐입니다. 문공은 치중이 되었지만 기강이 없었고, 상랑은 이전에 마량馬良 형제를 숭상하여 그들을 성인이라고 하였으므로 현재 장사가 되어서도 항상 도에 부합될 수 있었던 것입니다. 중랑中郎 곽연장郭演長도 다른 사람들을 따라 했을 뿐이므로 큰일을 함께 도모하기에는 부족합니다. 현재는 약소한 시대입니다. 이 세 사람을 임용하려고 하는 것은 적당하지 못한 생각입니다. 왕련王連은 세속에서 흘러가는 자로서 세금을 가혹하게 거둬 백성들을 피폐하게 만들었기에 오늘 같은 상황에 이르게 된 것입니다." 이소와 장완은 이러한 말을 전부 제갈량에게 고자질해 버렸다. 이에 제갈량은 요립의 일을 유비에게 상주하여 다음과 같이 말했다. "장수교위 요립은 국가에서는 현명하고 달통한 인물을 임용하지 않고, 평범하고 속된 사람들을 임명하였다고 공개적으로 말했습니다. 또한 현재 만인을 인솔하는 자는 모두 소인이라고 말했습니다. 이것은 황제를 비방하고 여러 신하들을 헐뜯고 명예를 훼손시킨 것입니다. 어떤 사람이 국가의 병사들은 훈련을 통해 정예가 되었으며 대오는 조직화되고 군령을 준수한다고 말하자, 요립은 머리를 들고 지붕 끝을 보며 분연히 안색을 바꾸어 말하기를, '무슨 말할 가치가 있습니까!' 라고 했습니다. 이와 같은 일은 그 수를 헤아릴 수 없을 정도입니다. 양이 무리를 어지럽히면 해롭게 할 수 있습니다. 하물며 요립은 높은 지위에 기대고 있으니, 보통 사람들조차 그의 진위眞僞를 식별할 수 있을 것입니다." 그래서 결국 요립은 서민으로 강등되면서 문산군으로 쫓겨났다. 요립은 직접 처자를 데리고 농경에 종사하여 스스로 생계를 꾸려 나갔는데, 훗날 제갈량이 세상을 떠났다는 말을 듣고 눈물을 떨구며 탄식하여 말했다. "나는 이제 서민의 신분으로 인생을 마치게 되겠구나! 제갈량이 없으면 누가 나를 다시 써주겠는가?" 후에 감군監軍 강유가 부대를 이끌고 문산을 통과하여 요립이 살고 있는 곳으로 찾아왔는데, 강유는 요립과 한참을 한담하고 나서 "요립은 의기가 쇠하지 않았고 논의하는 것도 진정 자연스럽다"라고 칭찬했다. 요립은 그 유배지에서 생을 마쳤다.

5. 가정전투에서 엿볼 수 있는 제갈량의 진실

제갈량이 가정전투에서 마속馬謖을 읍참한 일은 역사적으로 슬프고도 웅장하게 전해지고 있다. 평론서나 경극 등에서 모두 그 일과 연관시켜 제갈량이 인재를 아끼고 법을 엄격하게 다스렸다고 칭송하고 있다. 마속과 가정 지역을 잃는 과정에서 발생한 사태를 통하여 우리는 제갈량이 일반 대중과는 다른 면이 있다는 것을 볼 수 있다. 그러한 면은 제갈량이 실패하였던 원인이기도 하였다.

제갈량의 1차 북벌 당시 촉나라 군대의 선두 부대가 위나라 군대와 첫 번째 교전한 것이 가정전투였다. 서기 227년 겨울(촉 건흥 5년), 제갈량은 남만의 반란을 진압하고 군대를 정비한 후 한중에 집결하여 북진을 준비하였다. 봄이 되자 제갈량은 사곡도斜谷道로부터 미성 지역을 공략하도록 명령하였다. 조자룡과 등지鄧芝에게 명하여 기곡 지역을 먼저 점거하고, 의병疑兵(적을 속이는 가짜 병력)을 주둔하도록 하였다. 그리고 난 후 제갈량은 직접 군사를 거느리고 기산으로 진격하였다. 당시 촉군은 위풍당당한 기세로 천수天水, 남안南安, 안정安定 지역을 모두 그들의 수중에 넣었다.

그러자 위나라 명제明帝 조예曹叡는 신속하게 명령하여 대장군 조진曹眞으로 하여금 기곡 지역으로 가서 조자룡과 상대하게 하였고, 장합張郃으로 하여금 서진하여 가정 지역에서 촉군의 선봉장 마속에게 대항하게 하였다. 그리고 조예 자신은 직접 대군을 이끌고 장안에 진을 쳐서 일거에 제갈량의 근거지를 섬멸하고자 하였다. 조자룡은 결국 조진에게 패하여 돌아가고, 마속은 장합과 가정 지역에서 맞붙게 되었다. 그 과정에서 마속은 장합을 당하지 못하고 산 위에 올라가 진을 치고 제갈량의 대군이 북진하기를 바랐다. 이때 장합은 마속의 보급로를 끊어 마속을 고립시켰다. 결국 마속은 장합에게 제대로 싸워보지도 못하고 패하고 말았다. 그 결과 제갈량의 대군은 기산에서 위나라 군대와 제대로 싸워보지도 못하고 패퇴하게 되었다. 이에 제갈량은 마속을 참하고 가정전투의 책임을 물었다.

당시 위연은 기습병을 이용하여 관중 지역을 치는 계책을 제출한 적이 있었다. 그러나 제갈량은 이를 받아들이지 않았고, 조자룡과 등지에게 기곡을 맡기고, 마속과 왕평王平에게는 가정 지역을 치게 하였고, 자신은 대군을 이끌고 기산으로 진격하였다. 이러한 전략은 촉군의 병력을 분산시켜 강력했던 군대를 약하게 만드는 결과를 초래했다. 이는 결국 마속이 가정전투에서 패하게 되는 결과를 낳게 하였다. 사실, 마속의 죽음은 완전하게 제갈량 한 사람이 만든 일이었다. 가정 지역을 빼앗긴 마속은 대체 어떤 인물이었을까? 과연 가정전투의 패배를 그에게만 돌릴 수 있을까?

마속은 재능이 뛰어나고 군사 이론에 밝은 참모형 인물이었다. 일찍이 형주에서 유비를 따라 촉나라에 들어간 후 성도령成都令, 월태수越太守 등을 역임하였다. 제갈량은 마속의 재능을 알아보았고, 평소 서로 관계가 좋았으며 낮부터 밤까지 담론을 즐겼다. 마속은 "제갈량은 나를 아들처럼 여기고, 나는 제갈량을 아버지처럼 섬겼다"라고 말할 정도로 서로 사이가 좋았다. 제갈량은 또한 마속을 자신의 수족과 같은 존재로 여겼다.

"나와 너의 뜻은 형제와 다름없으며, 너의 자식은 곧 나의 자식이나 다를 바 없다."

종합해 보면 둘 사이의 관계는 보통 관계가 아니었던 것 같다. 제갈량이 마속을 높이 여겼던 것은 그가 어려서부터 병법에 밝고 재능이 보통 사람보다 뛰어났기 때문이다. 제갈량이 남만을 정벌할 당시 계책을 묻자 마속이 다음과 같이 답변하였다고 사서에 기록되어 있다.

南蠻恃其地遠山險, 不服久矣. 雖今日破之, 名日復叛. 丞相大軍到彼, 必然平服. 但班師之日, 必用北伐曹丕. 蠻兵若知內虛, 其反必速. 夫用兵之道. 攻心爲上, 攻城爲下. 心戰爲上, 兵戰爲下.

남만 지역은 지세가 멀고 험하여 정복하지 못한 지 오래되었습니다. 만일 지금 그들을 제압하지 않으면 후환이 있을 것입니다. 승상께서 대군을 그곳으로 보내어 반드시 그들을 평정해야 할 것입니다. 그러나 그곳에서 개선하여 돌아온 후에는 반드시 조비曹丕를 치러 북벌하여야 합니다. 그런데 남만 오랑캐들이 그 틈을 타서 신속하게 반란을 일으킬 것입니다. 무릇 용병하는 도리에서 마음을 굴복시키는 것이 우선이며 성을 쳐 굴복시키는 것은 그다음입니다. 그러므로 마음을 공격하는 것이 우선이며 병사로 공격하는 것은 그다음입니다.

제갈량은 마속의 계책에 탄복하고 곧 그것에 따라 남만을 평정하였다. 또한 촉나라의 병마가 피폐하고 원성이 자자할 당시 마속은 "지금은 백성을 구휼하는 데 힘써야 하지, 원정하는 것은 옳지 않다"라는 휴전 책략을 제시하였다. 그리고 북벌하기 전에 마속은 위왕과 사마의 간에 이간책작전을 썼는데, 사마의가 모반을 꾀한다는 유언비어를 흘리게 하여 사마의를 관직에서 파면시키는 데 성공하였다. 촉나라로서는 전쟁 전에 큰 우환 하나를 없앤 셈이 되었다.

그처럼 마속은 재능과 지략이 출중한 천재였다! 그렇지만 마속은 줄곧 참모장 자리에 머물렀고 주장主將을 맡아보지 못하였다. 마속은 가정전투에서 처음이자 마지막으로 주장의 임무를 부여받았다. 그런데 마속은 이론적인 전략에는 능하였지만, 실전에 쓰이는 전술에는 약하고 행동보다 말이 앞서는 결점이 있었다. 이런 면을 제갈량은 이미 정확하게 간파하고 있었다. 일찍이 유비도 제갈량에게 마속은 말이 행동보다 앞서 크게 쓸 인물이 못 된다고 언급한 적이 있었다.

그러나 제갈량은 당시 어떠한 행동을 취하였는가? 그는 마속과의 개인적 교분 때문에 유비의 뜻을 따르지 않았다. 독자적으로 여러 사람의 뜻을 무시하고, 위연이나 오의吳懿 등과 같은 인물을 대장으로 쓰지 않고 마속을 선봉장으로 내세웠다. 그리고 마속에게 단독으로 적의 진영으로 침투하게 하였다. 그러한 목적에는 마속으로 하여금 첫 번째 전공戰功을 이루어 그를 중용하려는 제갈량의 사심이 깔려 있었던 것이다. 그런데 마속은 가정의 전투에서 제갈량의 명령을 따르지 않고, 그가 배워왔던 병법서에 따라 고집스럽게 행동했다. 왕평 등의 정확한 건의도 묵살하고 주둔지를 산 위에 고집하여 결국 가정 지역도 빼앗기고 겨우 목숨만 건져 도망쳤다. 그리고 결과적으로는 제갈량에게 읍참을 당하였다.

제갈량은 마속이 군령장을 세워달라는 부탁에 북벌 계획에서 큰 갈림길이 되는 중요한 가정의 전투에 마속을 주장으로 선발하였다. 가정의 전투는 워낙 중요하여 제갈량은 충실하고 성실한 왕평을 같이 보냈다. 백발노장인 왕평을 주장으로 삼지 않은 것은 제갈량이 마속에게 승전이라는 선물을 안기기 위함이었고, 공과 사를 구분하지 못한 조치였다. 결과적으로 마속은 가정 지역을 빼앗겼을 뿐만 아니라, 이러한 제갈량의 배려에 대한 기대를 저버리고 체면에 손상을 입혔다. 평생 체면을 중시했던 제갈량의 입장은 어떠하였을까? 마속의 실패 자체보다 더 큰 손실은 제갈량 자신의 체면이 손상되는 문제였다. 그리하여 제갈량은 자신의 체면을 회복시키기 위하여 공개적으로 마속을 처형하기에 이르렀다. 마속의 죽음은 이치적으로 당연한 일이었다.

제갈량이 만약 여러 사람의 의견에 따라 위연 등을 선봉에 세웠다면 가정 전투의 참패는 없었을지도 모른다. 가정전투의 패배는 촉나라를 중대한 위험에 빠뜨려 첫 북벌 계획을 수포로 만들었을 뿐만 아니라 나아가 한 명의 우수한 인재를 잃게 했다. 가정전투 패배의 주요 책임은 제갈량에게 있다.

그 후에 제갈량이 벌인 행태를 살펴보자. 제갈량은 유선이 그의 지위를 박탈할 능력이 없는 것을 알고 일부러 자신의 세 등급 강등을 상소하였다. 유선도 할 수 없이 그의 뜻에 동의하여 강직시켰지만, 제갈량은 승상의 하던 일을 계속하였다. 이것은 단지 겉으로 보이기 위한 조치에 불과하였는데, 이로써 제갈량의 소인배적인 계략을 엿볼 수 있다.

마속은 얻기 어려운 지략가였는데, 제갈량은 인재를 재능에 따라 적절하게 사용하지 못했다. 그래서 하거비何去非는 제갈량에 대하여 다음과 같이 지적한 적이 있다.

> "제갈량은 뜻은 세웠으나 성공하는 아량이 없었고, 군중을 모으는 인仁은 있었으나 군중을 통솔하는 지략이 없었다."

마속이 실패한 표면적 이유는 고집불통인 성격에 있었지만, 실제적인 이유는 제갈량의 용인술에 중대한 과실이 있었기 때문이다. 그 이유는 마속이 제갈량과 이론적으로 병술과 도에 대하여 밀담하는 가까운 사이였기 때문이다. 단지 개인적인 교분 때문에 맡기지 말아야 할 임무를 부여한 것은 용인술의 기본을 지키지 않은 처사였다. 가정전투의 패배로 제갈량은 촉나라가 중원의 제후국이 될 좋은 기회를 놓치게 하였고, 전국통일의 기회를 잃게 하였다. 제갈량은 눈앞의 단기적인 일에만 집착하였고, 기산으로 일곱 번이나 출정하였지만 실패하여 백성들을 힘들게 하였다. 제갈량은 진작 다른 사람들의 의견을 따라야 했었다. 방어를 위한 공격이라 하지만 그는 구차하게 목숨을 유지해 나갔다. 그러나 결국 제갈량은 멸망의 운명에서 벗어나올 수 없었다.

제갈량은 읍참마속泣斬馬謖한 뒤 다음과 같이 자신을 반성하며 눈물을 흘렸다.

"일찍이 선제(유비)께서 마속은 말이 앞서 중용할 수 없다고 했거늘, 결과는 선제께서 말씀하신 대로 되어버렸다."

일반적인 정황에서 사람들은 제갈량의 눈물은 마속을 할 수 없이 죽였다는 인재를 아끼는 마음에서 우러나는 것이라고 생각한다. 그러나 사실 그것은 자책의 눈물이었고, 자신의 고집스러움에 대한 후회의 눈물이었다. 마속은 가련한 장수였다. 만약 그가 지하에서 제갈량의 눈물의 참 의미를 알았다면 야속했을 것이다. 생전에는 매우 친하게 지내다 자기가 죽자 애도의 눈물이 아닌 후회의 눈물을 흘리고 있으니, 자신의 죽음이 가치가 없게 되어버린 것이기 때문이다. 마속은 실제적으로 억울하게 제갈량의 희생양이 되었다. 제갈량 입장에서는 마속을 죽이지 않았다면 군중을 복종시킬 수 없었고, 촉나라를 통치하는 데 있어 문제가 생기게 되어 있었다. 당시의 정황에서 마속의 죽음은 필연적이었다.

마속이 죽은 후부터 제갈량의 용병술은 그전보다 훨씬 못해졌는데, 이는 주변에 지략에 능한 인재가 적어졌기 때문이다. 제갈량은 자신의 심복인 마속을 잃고 난 후 만년에 식사도 제대로 하지 못하면서 격무에 시달려 비참하게 과로사하는 지경에 이르게 되었다. 죽음에 임박하여 제갈량은 주위에 믿을 만한 지략가가 없음을 한탄하였는데, 여기에서 제갈량의 마속에 대한 특별한 애정을 엿볼 수 있다. 마속이 죽지 않았다면 강유보다 더 적합한 제갈량의 후계자가 되었을지도 모른다. 천하의 뛰어난 마속이 제갈량에게 밟혀 죽은 사실은 애석한 일이다.

제갈량의 용인술 실패는 위연에 대한 인식에서도 나타난다. 위연이 유비에 투항하였을 때, 제갈량은 그의 관상을 보고 모반을 꾀할 인물이라 하였다. 이 얼마나 황당한 일인가! 비록 위연을 직접 죽이지는 않았지만, 위연에 대하여 불충불의하다는 선입관을 지녔으며 그를 줄곧 괴롭혔다.

제갈량은 위연의 능력을 충분히 발휘하지 못하게 하였을 뿐만 아니라 위연과 다른 장수와의 관계도 바르게 처리하지 못하였다. 그리하여 최후에 억울하게 죽게 만드는 결과를 초래하였다. 사실 위연은 매우 뛰어난 장수였는데, 유비에 투항한 후 부강涪江과 성도 등지에서 많은 전공戰功을 세웠다. 위연은 유비가 살아 있을 때 한중태수漢中太守의 임무를 맡아 국경을 무사히 잘 관리하여 촉나라 정권에 거대한 공헌을 하였다. 제갈량이 위나라를 공략할 당시 위연은 여러 차례 그를 따랐다. 비록 위연은 부단하게 제갈량으로부터 배척을 받았지만, 촉나라에 대한 충성에는 변함이 없었다. 왕쌍王雙을 죽이고 장합과의 싸움에서 이긴 것만 보아도 무시할 수 없는 인물임을 알 수 있다. 위연은 군사를 잘 이끄는 용맹스럽고 실전 경험도 풍부한 장수였다. 그러한 위연 장군이 제갈량에게 배척을 당한 이유에는 안하무인적인 성격도 어느 정도 관계가 있다.

제갈량이 강유를 후임자로 선택한 것은 잘한 일이었다. 하지만 제갈량은 강유에게도 단련할 기회를 주지 않았다. 강유는 본래 문무를 겸비한 장수였다. 제갈량이 평시에 강유 장군을 믿고 실전에 강하게 만들었다면 1차 북벌 때의 우두산전투처럼 어이없는 실패는 하지 않았을 것이다. 강유는 제갈량이 죽자 후임자가 되었지만, 실권을 장악하지 못하여 군사들을 완전하게 통솔하지 못하였다. 위나라는 그 기회를 타서 촉나라를 공격하였다. 촉나라는 그러한 내우외환으로 말미암아 쇠망의 길로 들어섰다고 해도 과언이 아니다. 강유는 혼신의 힘을 다하였지만, 아쉽게도 군신들의 협조를 얻지 못하여 촉나라의 운명을 되돌릴 수 없었다.

마속을 잃은 가정전투에서 우리는 제갈량의 과오가 정말로 적지 않다는 것을 알 수 있다. 이러한 제갈량의 진정한 모습들을 보면 실망하지 않을 수가 없다.

6. 『출사표出師表』의 이면裏面

출사표出師表는 주장主將이 출병하기 전에 황제에게 바치는 상주문上奏文이다. 통상적으로 장수는 출병하면서 군주에게 애국충정을 표시하거나 전쟁의 계책을 바친다. 역사상 유명한 승장은 많고 그 출사표를 후대에 남긴 장군들은 무수하게 많았다. 그런데 왜 제갈량의 출사표가 유독 돋보이는 것일까?

두보杜甫(712~770년)의 시에 다음과 같은 구절이 있다.

出師未捷身先死, 長使英雄泪滿襟
출병하여 뜻을 이루지 못하고 먼저 죽게 되었으니
오래도록 영웅들 옷깃에 눈물을 적시게 하였다

그리고 육유陸游(1125~1210년)는 『서분書憤』이라는 시에서 이렇게 표현하고 있다.

早歲那知世事艱, 中垢北望氣如山.
樓船夜雪瓜洲渡, 鐵馬秋風大散關.
塞上長城空自許, 鏡中衰鬢已先斑.
出師未捷身先死, 誰人堪稱伯仲間?
젊을 때야 어찌 세상일 어려운 줄 알리오?
중원을 북으로 바라보아 기상은 산과 같았다오
다락배 타고 홀로 과주도에서 밤눈을 맞았고
철마 타고 대산관에서 가을바람 맞았다네
변방의 긴 성에서 공연히 스스로 뽐내었는데
거울 속 노쇠한 머리는 벌써 반백이 되었구나
출사표 한 작품은 진정 세상에 이름났으니
어느 누가 그와 우열을 겨룰 수 있으리오!

출사표에서 제갈량이 직접 말한 "공경으로 전력을 다하여 죽을 때까지 충성을 다하겠습니다[鞠躬盡瘁, 死而後已]"와 같은 구절은 여러 시인과 문인들의 작품에 회자되면서 제갈량은 민중의 마음속에 우상으로 현재까지 자리매김하고 있다.

어떤 문인은 제갈량의 출사표를 읽고 눈물을 흘리지 않는 자는 불충하다고까지 하였다. 그러한 말은 독자들의 사상 자유를 박탈하고 있다. 그렇다면 출사표를 읽은 사람들은 모두 눈물을 흘렸을까? 눈물을 흘리지 않는 사람은 곧 불충하단 말인가? 그것은 이치에 맞지 않는 말이다. 하지만 여기서 우리는 제갈량에 대한 사람들의 숭배가 뿌리 깊다는 사실을 엿볼 수 있다.

사실 제갈량의 출사표는 깊은 뜻을 내포하고 있다. 유선을 제압하기 위한 수단의 하나이기도 하였으며, 야심의 표출이기도 하였다. 출사표는 전체 촉나라의 정계와 백성들에 대하여 제갈량의 입장을 표현한 것인데, 우리는 그 속에 중요한 이면들이 숨겨져 있는 사실을 알아야 한다.

제갈량의 출사표를 자세히 들여다보면, 문장의 시작과 앞부분 구절마다 선제先帝라는 두 글자를 찾아볼 수 있다. 700여 자 되는 짧은 문장 중에 선제라는 단어가 십여 번 나타나 가장 많은 어휘를 구성하고 있다. 제갈량은 선제라는 기치를 내걸고 누구도 자신의 행동을 거스를 수 없다는 메시지를 전하고 있다.

그리고 출사표에는 "의宜"와 "불의不宜"라는 어휘가 연속적으로 나온다. "의"는 "응당 이것은 이렇게 해야 한다"는 의미이고, "불의"는 "황제인 당신을 포함하여 모든 사람들은 그것은 그렇게 하면 안 된다"는 뜻으로 쓰인 것이다.

誠宜開張聖聽, 以光先帝遺德, 恢弘志士之氣. 不宜妄自菲薄, 引喩失義, 以塞忠諫之路也. 宮中府中, 俱爲一體, 陟罰臧否, 不宜異同. 若有作奸犯科, 及爲忠善者, 宜付有司, 論其刑賞, 以昭陛下平明之治. 不宜偏私, 使內外異法也.

진실로 마땅히 성스러운 폐하의 귀를 열고 펴시어, 그것으로써 선제가 남기신 덕을 빛나게 하여 뜻있는 선비의 의기를 넓고 크게 해야 합니다. 망령되이 스스로 덕이 없다고 여겨 비유를 끌어내 의를 잃고, 그것으로 충간의 길을 막아서는 안 됩니다. 궁중과 승상부가 모두 일체이니 선과 악을 척벌함에 달리해서는 아니 될 것입니다. 만일 간사한 짓을 꾀어 죄과를 범하는 자가 있거나 충성스럽고 선량한 자가 있으면, 마땅히 관아에서 그 형벌과 상벌을 논하여 그것으로써 폐하의 공정하고 밝은 다스림을 밝혀야 합니다. 사사로움에 치우쳐 내외로 하여금 법을 달리해서는 안 될 것입니다.

이렇게 제갈량이 쓴 출사표는 마치 아버지가 말을 듣지 않는 아들에게 타이르는 것과 같은 내용을 담고 있다. 이것이 어찌 신하가 왕에게 바친 상주문이라고 할 수 있겠는가? 아무리 유비가 탁고하면서 유선에게 제갈량을 양아버지로 받들라고 당부하였다 해도 내용이 좀 지나친 감이 있다. 제갈량은 왕인 유선을 자신의 한 급 위인 상사 정도로 여기고 있고, 자신을 전혀 신하로 여기고 있지 않은 어투이다. 우리는 여기서 당시 왕인 유선은 꼭두각시에 불과하고, 유비를 이어 제갈량이 대리 아버지 격으로 대권을 장악하고 있음을 엿볼 수 있다.

위의 문구 중에서 특이한 부분이 있다. “궁중부중宮中府中, 구위일체俱爲一體, 척벌장부陟罰臧否, 불의이동不宜異同”에서와 같이 유선의 “황궁”과 제갈량 자신이 속한 “승상부”를 같이 묶어 동일시하고 있다. 승상부는 엄연히 신하가 속한 부서인데 어찌 왕이 속한 궁중과 같이 취급할 수가 있단 말인가? 실제적으로 황권을 능가하는 것으로, 이는 분명하고 엄중하게 봉건 체제에서 정한 군신의 도리를 위반하고 있는 것이다. 그렇게 패도에 관한 말을 함부로 하고 있는데 그의 충심은 과연 어디에 존재한단 말인가? 이래도 우리는 여전히 제갈량을 죽을 때까지 나라를 위하여 충성을 다한 대충신으로 보아야 할 것인가!

제갈량은 북벌을 떠나면서 여러 가지 임무를 다른 사람에게 맡겼고, 유선에게는 듣지 않을 수 없는 건의를 하였다. 그것은 그가 떠난 후 조정의 인사 문제를 거론한 것이다.

侍中, 侍郎 郭攸之, 費禕, 董允 等, 此皆良實, 志慮忠純, 是以先帝簡拔以遺陛下. 愚以爲宮中之事, 事無大小, 悉以咨之, 然後施行, 必能裨補闕漏, 有所廣益.

시중과 시랑들인 곽유지郭攸之, 비위費禕, 동윤董允 등은 모두 선량하고 성실한 인물들로서 그들의 뜻과 사려는 모두 충성스럽고 순수합니다. 그리하여 선제께서는 그들을 선발하여 폐하께 남겨주신 것입니다. 제가 생각하건대, 궁중의 일은 대소사를 막론하고 그들과 상의하여 시행하시면 잘못을 충분히 보충할 수 있고, 빈틈없이 더 많은 성과를 얻을 수 있을 것입니다.

제갈량은 또한 장군 향총向寵을 “위독爲督”으로 천거하여 수도 근위군 책임을 맡겼다. 이전에 그 업무를 맡았던 사람은 유비의 심복인 조자룡 장군이었다. 유비는 조자룡을 매우 신임하여 그를 익군翊軍장군으로 봉하였는데, 여기서 익翊은 보좌한다는 의미로써 왕의 호위대장을 의미한다. 제갈량은 그러한 조자룡을 북벌에 데려가고 자신이 천거한 향총으로 하여금 그 업무를 맡게 하였다. 여기에는 또 다른 목적이 있었다. 향총은 제갈량 친구의 아들인데, 그렇게 자신의 심복을 끌어들여 주요 업무에 배치하는 치밀함을 보였다.

제갈량이 출사표에서 언급한 곽유지, 비위, 동윤 등은 과연 선제인 유비가 진정으로 선발하여 유선에게 준 인물들인가? 여기에서 동윤을 예로 들어 말하자면 사실과 다르다. 그는 본래 유선의 곁에서 시중을 들거나 말을 씻는 일을 하였는데, 제갈량이 직접 천거하여 자신의 직계로 만든 후 임업을 총괄하는 임무를 수여하였다. 그러므로 출사표에서 나오는 언급은 사실이 아닌 거짓말인 것이다. 고대에 황제에게 거짓을 고하면 죽음을 면치 못하였지만, 누가 감히 제갈량에게 죄를 물을 수 있었을까? 제갈량은 자신을 유비를 이은 유선의 계부로 생각하고 있었다. 그런데 그렇게 늘 선제인 유비를 언급하면서 선제가 정한 탁고託孤의 중신 이엄李嚴에 대해서는 어찌하여 언급하지 않았던 것인가!

이엄은 제갈량과 더불어 유비에게서 대내외적으로 군사를 통솔하라는 임무를 수여받았지만 북벌 과정에서 철저히 소외되었다. 국가 대계大計인 북벌을 진행함에 있어 이엄의 의견은 무시되었다. 순리적으로 말하면, 제갈량이 북벌에 나섰다면 이엄이 마땅히 조정을 관할하여야 했다. 그러나 제갈량은 왕인 유선에게 곽유지, 비위, 동윤 등을 측근으로 두라고 하였다. 그들이 과연 충심이 있었는가에 대하여는 잠시 논의를 접어두자. 그러나 그들은 전 삼국사에서 크게 이름을 날린 적도 없고, 특별하게 출중한 재능을 겸비하지도 않았다. 중류의 인물인 셈이다. 현신賢臣의 필수 조건은 덕과 재능을 겸비하여야 한다. 그러한 기준에 비춰보았을 때 곽유지, 비위, 동윤 등은 특출한 신하라고 말하기 매우 어렵다. 그런데 왜 제갈량은 그들을 언급하였을까? 여기에도 제갈량의 어떠한 다른 의도가 숨어 있으리라고 여겨진다.

제갈량은 유선에게 그들을 심복으로 두라고 요구했을 뿐만 아니라, 심지어 노골적으로 그들의 말을 들으라고 압박을 넣었다. 곽유지, 비위, 동윤 등의 신분은 시중侍中과 시랑侍郎에 불과하였는데, 어찌 왕더러 이렇게 하찮은 관직에 있는 사람들의 말을 들으라고 하였단 말인가? 이엄의 말은 관직이 높아서 듣지 말란 말인가? 제갈량이 북벌과 북벌 후의 조정의 관리 임무 배정과 같은 일을 진행하면서 이엄을 배제한 진짜 이유는 무엇이었을까? 당시 제갈량에게 가장 위협적이었던 존재는 바로 이엄이었다. 제갈량의 북벌의 가장 중요한 목적 중의 하나는 이엄이 갖고 있던 병권을 탈취하는 것이었다. 그렇게 해야 조정의 패권을 확실히 장악하는 이상을 실현할 수 있었을 것이다.

제갈량은 늘 자신을 만인지상의 위치에 배치하였다. 그리고 그는 유비가 자신과 이엄을 동시에 유선의 보좌로 임명한 이유가 이엄을 이용하여 자신을 견제하고자 하는 의도였다는 것을 매우 잘 알고 있었다. 제갈량은 자신의 이익을 위하여, 정치적으로 자신에게 위협이 될 만한 소지를 사전에 배제하였다. 그래서 이엄이 권력 중심에 들오는 일이나 군사 실권을 장악하는 등의 자신에게 위협적인 일은 하지 못하도록 철저하게 배제하였던 것이다. 그는 줄곧 이엄이 정치 중심인 성도로 들어오는 것을 반대하였고, 북벌을 시작하기 전에 이엄의 세력을 약화시킬 수 있는 모든 실질적인 조치를 하였다. 출사표에서 유명한 이엄 장군을 한마디도 언급하지 않는 이유도 그러한 맥락에서 이해하면 될 것이다.

한 나라의 국왕더러 대소사를 자신이 천거한 신료들과 논의하라는 것이 현명한 조치였는가? 이것은 국왕인 유선의 체면을 손상시키는 행동이 아니었는가?

願陛下托臣以討賊興復之效, 不效則治臣之罪, 以告先帝之靈. 若無興復之言, 則責攸, 褘, 允等之咎, 以彰其慢.

폐하께 원하건대, 저에게 임무를 맡기어 적을 물리치고 한나라를 부흥하도록 하시옵소서. 공적을 이루지 못하면 저의 죄를 다스려 선제의 영전에 바치십시오. 곽유지, 비위, 동윤 등이 잘못이 있을 때는 꾸짖어 그 태만함을 드러내십시오.

출사표 속의 위 문장은 제갈량이 자신의 북벌에 대한 충성심을 드러내고, 정치적으로 대립적인 면에 있는 사람들에게 자신이 북벌을 성공적으로 마칠 수 있는 능력을 지니고 있음을 나타내고자 하는 데 그 목적이 있었다. 그는 또한 군령장까지 세워 곽유지, 비위, 동윤 등은 자신과 한 배를 탄 심복임을 밝히고자 하였다. 당시 실질적으로 남만 정벌에 성공한 제갈량은 매우 자신감에 차 있었다. 그리고 북벌을 떠나면서 출사표를 쓰고 허장성세虛張聲勢를 부리며 출발하였다. 그러나 제갈량은 결과적으로 용인술에 실패하여 가정 지역과 마속을 잃고 북벌에 실패한 후 체면이 손상되었다. 그래서 제갈량은 할 수 없이 유선에게 죄를 청하여 세 등급 강등하며 "우장군右將軍"이라는 직책을 스스로 맡게 된다. 하지만 실제적으로 그는 그전과 똑같은 업무를 하였다.

제갈량과 유비 간의 군신 관계는 사람들에게 줄곧 칭송을 받아왔다. 하지만 제갈량과 유선의 관계는 어떠하였는가? 우리는 출사표에 숨겨진 이면을 통하여 제갈량은 후주 유선을 안중에도 두고 있지 않았다는 것을 엿볼 수 있었다. 이 점이 제갈량이 죽은 후에 사당을 세우는 데 유선이 극구 반대하였던 이유였다.

제갈량이 출사표를 쓴 이유는 진정 무엇인가? 제갈량의 북벌은 많은 반대 압력을 무릅쓰고 진행되었다. 당시에 많은 사람들이 반대하자, 제갈량은 출사표를 통하여 촉나라의 진정한 주인은 자신이며, 그러한 자신이 하는 일에 누가 반대를 하여도 소용이 없음을 나타내고자 하였다.

천고에 길이 전해지는 출사표는 단지 전쟁을 알리는 선언문에 불과한 침략과 살인의 신청서였다. 그리고 많은 백성들에게서 천륜의 행복을 빼앗아 갔고, 많은 건장한 젊은이들을 사지로 몰고 간 표문表文(신하가 임금에게 올리는 글)에 불과한 것이었다. 출사표에는 연약한 백성을 생각하는 애민 사상이 결여되어 있기도 하였다. 이렇게 백성들을 힘들게 한 행동이 어찌하여 역사

이래 수많은 문인과 고상한 사람들의 눈물을 자아내게 하였고, 또한 무엇 때문에 대대로 이어지는 수많은 국가의 영도자들에게 이를 통하여 감격하고 그렇게 행동하도록 유도하는 것인가? 이것은 무엇을 의미하는가? 도대체 후대 사람들은 제갈량의 어떠한 정신을 본받아야 된단 말인가?

제3장 간웅奸雄의 진면목

▶ 조조曹操 편

사람들은 조조에 대하여 잔악하고 간사하며 교활하다는 어휘로 그를 묘사하여 왔다. 그러나 그것은 단지 문학작품에서나 희극 무대에서 만든 예술 형상에 불과하다. 그렇다면 역사적으로 조조는 어떠한 진면목을 가지고 있었는가?

1. 인불위기人不爲己, 천주지멸天誅地滅
—사람은 자기 자신을 위하지 않으면 천벌을 받는다

❖조조

나관중의 『삼국연의』에서 유비와는 상반되는 잔혹하고 간사하며, 음험하고 교활한 간웅이 등장한다. 그는 바로 조조이다. 나관중이 『삼국연의』에서 조조에게 부여한 형상은 교활, 사악, 거짓, 허위, 음험, 흉악 등등이다. 나관중은 소설 속에서 조조를 악의 대표적 인물로 묘사하였다. "호랑이도 제 말하면 나타난다"는 속담을 중국에서는 "설조조說曹操, 조조도曹操到(조조도 제 말 하면 나타난다)"라고 하고 있다. 그처럼 사람들에게 조조는 무서운 존재로 인식되어 왔다. 그렇지만 근대에 들어와서 조조에 대한 새로운 관점들이 나타나는데, 곽말약(1892~1978년) 선생이 비교적 정확한 평가를 하였다. 곽말약 선생은 "조조는 동한 말 풍운의 정치가였으며, 혼란하고 쇠약한 북부 중국을 통일시키는 데 뜻을 두었던 영웅"이라고 묘사하였다.

나관중의 소설 『삼국연의』에서 조조는 많은 현인들을 살해하고 어진 신하들의 간언을 듣지 않았다고 묘사되었다. 만약 정말로 그가 그렇게 난폭한 군주였다면 어찌 중국 북방을 통치할 수 있었단 말인가? 조조는 높은 안목과 식견을 가지고 있었으며, 사람을 잘 다루었고 용인술에 강하였던 인물이다. 곽가郭嘉, 장료張遼, 순욱荀彧, 장합張郃 등 조조 밑에서 활약하던 영웅호걸은 너무 많아 헤아릴 수 없을 정도였다. 중국에 이러한 속담도 있지 않은가?

> 良禽擇木而栖, 賢臣擇主而事.
>
> 좋은 새는 나무를 가려 깃들고, 지혜로운 신하는 주인을 가려 섬긴다.

조조에게 장점이 없었다면 그 많은 영웅들이 어찌 목숨을 걸고 섬겼겠는가? 사람들이 조조가 흉악하다고 말하는 가장 주된 원인은 나관중이 『삼국연의』에서 다음과 같이 묘사한 여백사呂伯奢 사건 때문일 것이다.

> 동탁에 쫓겨 도망가던 조조가 친구인 여백사의 집으로 숨었을 때의 일이었다. 여백사의 가족들은 조조를 반갑게 맞이하며 돼지를 잡아 대접하려고 했다. 그런데 한밤중에 조조가 그들 가족의 말을 엿듣게 되었는데, 칼 가는 소리와 함께 어떻게 죽일 것인지에 대하여 말하는 것이었다. 조조는 돼지가 아닌 자신을 죽이려는 것으로 오해하여 그 가족을 몰살시켰다. 당시 조조 뒤에는 수천 명의 병사가 그를 뒤쫓고 있어 경황이 없던 처지에서 벌어진 일이었다. 사태가 벌어진 후 조조는 황급히 길을 나서는데 여백사를 만나게 되었다. 여백사가 돼지를 잡아 준비하고 있는데 왜 그냥 가느냐고 묻자, 그제야 조조는 자신의 잘못을 알아차렸다. 그렇지만 물은 이미 엎질러져 수습할 수 없는 상태였다. 이에 조조는 비밀이 탄로날까 두려워 자신의 친구인 여백사마저도 현장에서 살해하였다.

이 연의소설의 이야기를 통하여 보면 조조의 행동이 지나치다는 것을 느낄 수 있다. 그러나 정사 『삼국지三國志』에는 이에 대한 기록이 없어 정확한 사실 확인은 하기 힘들다. 그리고 만약 그러한 상황이 있었다면 그것은 궁지에 몰린 조조가 살기 위하여 저지른 행동이었을 것이다. 그리고 당시 조조의 입장은 동탁에게 쫓기고 있어서 자기 자신을 지탱하기도 힘든 상황이었다.

한편, 유비가 조조군에 쫓겨 도망갈 때는 어떠하였는가? 빨리 가고 싶어도 인자仁者라는 이미지 때문에 할 수 없이 몇십만 명이 되는 백성들과 함께 동행하였다. 그렇지만 유비는 상수湘水에 도착하자, 결정적으로 먼저 배에 올라 강을 건너가 버렸다. 그 후 유비를 따르던 수많은 백성들은 서로 배에 먼저 타려고 다투었는데, 현장은 그야말로 아비규환이었다. 유비가 진정한 성인군자였다면 그러한 행동을 하지 않았을 것이다. 유비도 난처할 때는 백성들보다 자기 자신을 먼저 챙기는 이기적인 사람이었다.

그렇다면 정사에서 나타나는 여백사 사건과 관련된 기록들은 어떠할까? 진수의 정사 『삼국지』 본문에는 여백사와 관련한 언급이 없으나, 위진시대의 서적에 다음과 같은 내용들이 보인다.

태조(조조)는 동탁이 끝내 패망하리라 생각해 관직을 받지 않고 달아나 향리로 나갔다. 몇 기騎가 함께 수행했는데, 옛 친구인 성고成皐의 여백사를 방문했다. 여백사는 부재중이었는데, 그 아들이 빈객들과 함께 태조를 협박해 말과 재물을 빼으려 했다. 이에 태조가 손수 칼로 공격해 몇 사람을 죽였다.

위, 왕침王沈의 『위서』

태조가 여백사를 방문했을 때, 여백사는 외출 중이었으나 다섯 아들이 모두 집에 있어 손님을 접대할 준비를 했다. 태조는 스스로 동탁의 명을 어겼기에 그들이 자신을 죽이려고 하는 것으로 의심하였다. 그리하여 밤중에 몸소 여덟 명을 죽이고 그곳을 떠났다.

진, 곽반郭頒의 『위진세어』

태조는 부엌에서 칼을 가는 소리를 듣고 이를 자신을 죽이려는 것으로 생각해 밤중에 이들을 죽였다. 그리고 태연하게 "차라리 내가 천하를 저버릴망정, 천하가 나를 배신하게 하지 않을 것이다"라고 말하고서 길을 떠났다.

동진, 손성孫盛의 『잡기』

많은 사람들은 조조가 그러한 사건을 저지른 후에 반성하기는커녕 “차라리 내가 천하를 저버릴망정, 천하가 나를 배신하게 하지 않을 것이다”라고 말하였다는 점에 더욱 경악한다. 사실 그 말은 정사 기록 중에 손성의 『잡기』에서만 보이는 기록이라 신빙성이 없다. 그러나 역사적 사실을 떠나서 위에서 인용한 동진시대 손성의 『잡기』 때문에 조조의 이미지는 심각한 타격을 받아왔다. 그리고 위에서 인용한 정사의 내용은 각기 조금씩 다르다. 다만 공통되는 부분이 있다면 조조가 직접 여백사를 죽인 적이 없다는 것이다. 당시 여백사는 외출 중이었는데, 돌아오다 조조를 만났다는 기록도 없다.

자신이 죽인 여러 명의 시체 앞에서 극히 이기적인 말을 했다는 것이 조조의 이미지를 더욱 나쁘게 고착화시키는 결과를 가져왔다. 그 후 소설 속에서 조조는 더욱 사악해지고 변덕이 심해진다. 부친의 복수를 위하여 시비를 가리지 않고 살육을 하였고, 복황후伏皇后와 그녀의 가족들을 무참히 살해했다고 하였다. 그리고 그는 자신의 목숨을 위하여 조금이라도 의심이 되면 잔혹하게 살육했다고 연의소설에서는 언급하였다. 불만이 많던 사병들을 달래기 위해 양식 담당 관리에게 모함을 씌워 죽이기도 하는 등, 그러한 예들은 소설 곳곳에서 보인다. 그리고 조조는 격렬하고 첨예한 싸움의 선봉에서는 생명을 보전하기 위하여 조그마한 의심이 되는 일도 가만히 두지 않았다고 하였다. 그래서 사람들이 조조를 잔혹하고 변덕스럽다고 평가해 왔는지도 모르겠다.

세상 사람들이 조조를 간웅이라고 부르는 데 근거가 전혀 없는 것은 아니다. 그러나 돌이켜 생각해 보면, 중국과 세계 역사상 오해로 말미암은 살인은 흔하게 발생하였다. 조조는 그의 대문학가적 재능으로 여백사의 일에 구실을 붙여 진궁陳宮*에게 변명할 수 있었을 것이다. 그러나 조조는 자신의

*진궁陳宮:중모현의 현령으로서 동탁 암살에 실패한 조조를 붙잡았다가 그 뜻을 알고 풀어주었다. 그리고 자신도 후환이 두려워 관직을 버리고 조조와 동행하였다. 그러다가 여백사의 일로 조조를 떠나 여포의 참모가 되었다

감추고 싶은 내심을 세상에 모두 내보였으니 대가의 풍취가 느껴진다.

세계 문학에서 세 사람의 『참회록』이 유명하다. 로마의 성어거스틴, 프랑스의 대사상가 루소, 러시아의 대문학가 톨스토이가 그들이다. 그중에서 루소의 참회록이 가장 유명한데 경전으로 추대받고 있다. 참회록이라고 하는 것은 자신의 알려지지 않은 잘못된 과거를 알려 위선자로부터 벗어나려는 고백이다. 세간에 그러한 사실을 알리는 데 있어 겪는 심리적 고뇌는 이루 말할 수 없을 것이다. 위 세 사람의 참회록은 매우 감동적이어서 지금도 여전히 많은 사람들의 입에 오르내리고 있다. 중국의 대정치가이자 군사가, 문학가인 조조는 위 세 사람보다 더 많은 용기를 지녔다. 조조는 늘 자신의 과거를 솔직하게 드러내었는데, 그런 점에서 그는 존경을 받을 만한 인물이다.

역사상 여백사 사건과 같은 일을 저지른 사람은 많았다. 그러나 조조처럼 용기를 내어 사실을 말하는 사람은 매우 드물었다. 속담에 사람이면 모두 사리사욕을 밝히는 특징이 있다고 하는데, 이는 종종 자신의 이익만 고려하고 타인과 공익은 무시하는 결과를 낳기도 한다. 조조도 일반 사람처럼 남보다 자신을 먼저 생각하고 행동하였다. 이는 또한 일반적인 중국인의 특성이기도 하다.

조조는 많은 사람을 죽였다. 일반 백성들은 거론하지 않고, 유명한 인물만 열거하여도 복황후, 동귀비董貴妃, 공융孔融, 최염催琰 등이 있다. 그러나 조조는 무고한 사람들을 아무 이유 없이 죽이지는 않았다. 모두 자기 자신을 구하기 위한 방편이었는데, 구체적으로 그러한 과정들을 살펴보자.

조조가 복황후를 죽이게 되는 과정은 다음과 같다.

> 복황후가 비장한 어조로 헌제獻帝에게 말했다. "저의 아비인 복완伏完은 늘 조조를 죽일 마음을 가지고 있습니다. 제가 은밀히 아비에게 편지를 보내 일을 도모하도록 하겠습니다." 복완은 그 이전에 동승董承을 시켜 조조를 죽이라는 밀조를 내리라고 헌제에게 권한 적이 있었다. 헌제가 복황후의 말을 들으

니 동승 생각이 나지 않을 수 없었다. "예전에 동승도 조조에게 대항하다가 비밀이 새어나가 큰 화를 입고 말았소. 이 일이 누설되면 황후와 짐 모두 무사하지 못할 거요." 그렇게 말하면서도 헌제는 은밀히 목순穆順을 불렀다. 불길한 생각에 사로잡힌 황후가 흐느끼는 가운데 헌제는 목순에게 황후의 밀서를 내주었다. "역적 조조가 이제 위왕이 되고자 할 것이다. 짐은 황후의 부친인 복완에게 이 역적을 은밀히 살해하라고 영을 내리고자 한다. 그러나 측근에 이 일을 믿고 맡길 만한 사람이 없구나. 네가 황후의 밀서를 복완에게 전달해 준다면 짐은 네 충의를 결코 잊지 않을 것이다." 목순은 이처럼 엄청난 일을 자신에게 맡겨주는 황제의 믿음에 감격하여 눈물을 흘리며 말했다. "폐하의 크신 은혜에 감사드립니다. 신이 어찌 죽음을 두려워하겠습니까? 이것은 당연히 제가 맡아서 해야 될 일입니다!" 그러자 복황후가 밀서를 내주었다. 목순은 밀서를 상투 속에 숨겨 궁 밖으로 나가 무사히 복완에게 전달할 수 있었다. 복완은 황후의 친필 밀서를 읽고 나서 목순에게 말했다. "조조에게는 심복들이 많다! 이 일은 당장 도모하기가 쉽지 않을 것이다. 강동의 손권과 서촉의 유비가 쳐들어오면 조조는 심복을 데리고 나가 싸울 것이다. 그 틈을 이용해 조정의 충신들과 함께 일을 도모해야 할 것이다. 안팎에서 공격을 가하면 뜻을 이룰 수 있을 것이다." 이에 목순이 말했다. "지금 말씀하신 것을 글로 써주십시오. 제가 폐하와 황후마마께 전하겠습니다. 오나라와 촉나라에 일자를 맞춰 거병하게 밀조를 내려 역적을 토멸하고 폐하를 구해야 합니다." 하긴 오와 촉이 쳐들어오기를 마냥 기다릴 수 없는 처지였다. 복완은 목순의 말이 그럴듯하다고 생각하여 즉시 회답 밀서를 써서 목순에게 내주었다. 목순은 이번에도 상투 속에 밀서를 숨겨 궁궐로 들어가려다 문 앞에서 기다리고 있던 조조에게 붙잡히고 말았다. 조조가 어디서 사전 정보를 입수한 모양이었다. 조조가 목순에게 물었다. "어디를 다녀오는 거냐?", "황후께 병이 있으셔서 약을 구하러 다녀오는 길입니다." 그러자 조조는 몸수색을 시켰다. 철저히 몸을 뒤졌지만 아무 물증도 나오지 않았다. 뻔히 거짓말을 하는 것이 분명했지만 증거가 없으니 어쩔 수가 없었다. 조조가 입궁을 허락했다. 그러나 이때 바람이 불어 목순의 모자가 날아갔다. 목순이 황급히 달려가 모자를 썼다. 혹시 머리칼 사이로 밀서가 보일까 두려운 마음 때문에 손이 떨렸다. 예리한 조조의 눈은 그 점을 놓치지 않았다. "그 모자를 가져와라!" 그러나 모자 속에는 아무것도 없었다. 모자를 돌려주자 목순은 당황한 나머지 모자를 뒤집어쓰고 말았다. 조조가 보기에 틀림없이 뭔가가 있었다. 조조는 목순의 머리카락 속을 뒤지게 했다. 이번에는 피해갈 수 없었다. 복완의 밀서가 탄로나고 말았다. 조조는 목순을 고문하여 일의 전말을 실토받고자 했다. 그러나 뜻밖에도 목순은 모진 고문에도 불구하고 아무것도 이야기하지 않았다. 조조는 더 이상의 심문은 시간 낭비라는 것을 알았다. 그날 밤 조조는 군사 3천 명을 복완의 집으로 보냈다. 복완의 식솔들을 모두 끌어내고 철저히 수색한 끝에 황후의 밀서를 찾아냈다. 조조는 즉시 복완의 삼족을 모두 옥에 가두고 복황후도 잡아들였다. 그러자 헌제가 가슴을 치며 통곡을 했다. 헌제 옆에는 황후의 옥새를 빼앗은 치려郗慮가 서 있었다. 헌제는 치려를 보고 한탄하며 말했다. "치공! 천하에 어찌 이런 일이 있소!" 헌제가 기가 막혀 땅에 쓰러지자 치려는 헌제를 궁으로 모시고 들어가게 했다. 그는 아무 위로의 말도 하지 않았다. 화흠華歆이 복황후를 포박하여 조조 앞으로 끌고 오자 조조가 말했다. "나는 성의를 다해 황실을 섬겼다. 그런데 너희들은 오히려 나를 해치려 들었다! 내가 널 죽이지 않는다면 네가 날 죽이리라." 조조는 좌우에 고함을 쳐 복황후를 몽둥이로 쳐 죽이게 했다. 그 뒤 궁으로 들어가 복황후 소생의 두 왕자에게 독주를 먹여 죽였다. 이날 밤에 복완, 목순을 비롯해 그 집안 200여 명이 모두 저잣거리에서 참수형에 처해졌다. 건안 19년(214년) 11월에 있었던 비극이다.

복황후는 죽기 전에 적극적인 활동으로 많은 장수들을 포섭하고 있던 상태였다. 복황후의 그러한 행동은 은밀하게 진행되었지만, 조조는 이미 눈치를 채고 의심 가는 한 장수를 심문하여 내막을 어느 정도 파악하고 있는 상태였다. 그러한 피비린내 나는 과정에서 조조는 자신의 정적들도 구실을 붙여 같이 숙청했다.

동귀비는 어떻게 죽었을까?

헌제는 동귀비의 오빠인 거기장군車騎將軍 동승에게 밀령을 내렸다. 그것은 군사를 일으켜 조조를 포위하라는 내용이었다. 그런데 동승의 부하 한 명이 배신하여 그 사실을 조조에게 알려 버렸다. 조조는 분노하여 동승을 죽이고, 동승의 누이인 동귀비가 임신하였음에도 불구하고 후궁에서 그녀를 끌어내 참살하였다.

조조는 또한 자신의 수하로 있으면서 복종하지 않던 공융을 죽여 버렸다. 공융은 평소에 매우 오만하고 조조의 명에도 잘 따르지 않았다. 그리고 그는 항상 조조를 성을 팔아먹은 자, 보위를 찬탈하려는 자, 나라를 팔아먹으려 하는 자라고 욕하고 다녔다. 조조는 여러 차례 공융의 행동에 제동을 걸었으나, 계속 말을 듣지 않아 할 수 없이 그를 제거해 버렸다.

다음은 최염*에 관한 이야기이다.

---

*최염:동한東漢 말년, 원소의 측근에 최염이라는 식객食客이 있었다. 그는 어려서부터 무술을 좋아하였는데, 23세가 되어서야 비로소 스승을 구하여 논어와 시경 등을 공부하기 시작했다. 그는 매우 열심히 공부하였으므로 지식도 점차 증가하게 되었다. 당시 원소는 병사들에게 횡포를 자주 부렸는데, 종종 무덤을 파헤치게 하기도 했다. 최염은 원소의 이러한 행동을 만류하였는데, 원소는 최염의 말이 옳다고 생각하고 그를 기도위騎都尉로 임명하였다. 최염은 당초 원소의 이복형제인 원술袁術의 일을 돕기도 하였다. 원소가 죽자 두 아들 간의 정권 찬탈 싸움이 벌어졌다. 두 아들은 서로 최염을 자기편으로 끌어들이려 하였지만, 최염은 어느 편에도 서지 않았다. 결국 최염은 감옥에 갇히는 신세가 되었다. 조조가 처음 기주를 얻고 나서 이런 상황에 있던 최염을 구출해 주었다. 이후, 최염은 조조를 수행하며 조조에게 여러 차례 묘책을 제공해 주었다. 최염이 위나라의 상서尙書로 있을 때, 조조는 셋째 아들인 조식曹植을 태자로 세우려고 생각하고 있었다. 최염은 조식이 자신의 조카 사위였음에도 불구하고 단호하게 반대하며 말했다. "예로부터 장자를 태자로 세우는 법인데, 어찌 조식을 태자로 세울 수 있겠습니까?" 조조는 그의 공정함에 크게 감탄하였다. 그런데 최염에게는 최림崔林이라는 동생이 있었다. 그 동생은 이루어놓은 것도 없었을 뿐만 아니라 명망名望도 없어 친구들이나 친척들이 그를 경시했다. 그러나 최염은 항상 그를 존중하여 다른 사람들에게 이렇게 말했다. "내 동생은 앞으로 대기만성할 것이다(속담 '대기만성'은 여기서 유래하였다)." 최림은 과연 훗날 기주주부冀州主簿, 어사중승御史中丞 등을 지냈으며, 위 문제文帝의 휘하에서는 사공司空을 지냈다

조조가 원소袁紹를 물리치고 기주를 얻은 후, 감옥에 갇혀 있던 최염을 구출해 주었다. 그런 후에 두 사람이 정식으로 처음 대면하던 날, 조조는 기주의 호구를 기록한 문서들을 살펴보고 있었다. 조조는 기주의 많은 인구와 튼실한 재정을 기록한 서류들을 보면서 기분이 좋아졌다. 최염이 들어와 인사를 하자 조조는 아무 생각 없이 말을 건넸다. "호적을 조사해 보니 삼십만의 병력은 징발할 수가 있겠구려. 그러니 기주는 과연 큰 주라 할 수 있겠소." 그러자 최염은 정색을 하며 길게 찢어진 눈을 치뜨고 넉 자나 되는 수염을 부르르 떨며 말을 받았다. "지금 천하는 붕괴되어 분열되었고, 구주九州는 갈기갈기 찢어져 있습니다. 원씨의 두 형제는 혈육끼리 싸움을 벌이고 있어 기주 지방의 백성과 서민들은 들판에 뼈를 드러내 놓고 있는 형국입니다. 그럼에도 불구하고 천자의 군대가 가는 곳마다 풍속을 살피고 도탄에 빠진 백성들을 구한다는 소리를 들어본 적이 없습니다. 당신께서 갑병들의 수를 헤아려 계산하는 일만을 최우선으로 하고 있으니, 어찌 이것이 기주 사람들이 명공께 바라는 것이겠습니까!" 조조는 자세를 고쳐 앉고 그 즉시 최염에게 사과하였다. 최염은 풍채가 좋고 위엄이 있었다. 게다가 항상 엄숙한 표정으로 말을 가려 했다. 조조는 쑥스러운 기분이 들었지만, 처음 대면하는 자리여서 부드러운 얼굴로 사과했다. 그러자 오히려 그 자리에 배석했던 조조의 빈객들이 가슴을 쓸어내렸다. 자존심 강하고 팔팔한 조조의 성격을 잘 알고 있던 그들의 입장에서 볼 때, 기주의 유명인사인 최염의 장래 운명이 걱정되는 상황이었다.

『삼국지 · 최염전崔琰傳』

최염의 도덕과 능력을 높이 산 조조는 그를 자신의 아들인 조비曹丕의 스승으로 삼았다. 조조는 자신의 아들 교육을 최염에게 맡겼음에도 불구하고, 여전히 그에 대하여 방심하지 않았다. 조조가 최염을 경계하는 데는 이유가 있었다. 최염은 다른 사람들의 의견에 귀를 기울이지 않는 안하무인적인 성격을 지니고 있었는데, 조조와의 처음 대면에서부터 만만치 않은 성격을 드러내 보였다. 그리고 조조는 비단옷을 입고 다닌다는 이유로 조식의 처를 죽였는데, 박명한 그 여자가 바로 최염의 조카딸이었다. 또한 조조는 조비를 세자로 세울 당시, 최염이 평소에 조식을 더 좋아한다는 것을 알고 있었다. 비록 최염이 겉으로 조식보다 조비 편에 있다고 말했지만, 조조는 여전히 최염에 대한 주의를 놓지 않았다. 평소에 최염이 조조에게 충성을 다하는데도 불구하고 줄곧 의심을 받았다. 결국 최염이 쓴 한 통의 편지 속에 있던 "시대는 때가 되면 변하게 마련이다"란 구절 때문에 최염은 죽임을 당했다. 이는 평소에 조조가 최염에 대하여 얼마나 민감하게 반응하고 있었는가를 여실히 보여주는 것이었다.

당시 조조의 심리 상태는 대단히 불안하였다고 한다. 조조는 최염을 감옥에 가두면서 스스로 목숨을 끊으라고 암시하였다. 그러나 최염은 그것을 잘못 이해하고 여전히 평소처럼 담소하고 옥중에서 손님을 맞았다. 그러자 조조는 이렇게 중얼거렸다.

"저놈을 내 손으로 직접 죽여야 한단 말인가?"

이 말을 옆에서 들은 옥졸이 그 말을 그대로 최염에게 전했다. 그러자 최염은 옥졸로부터 칼을 전해 받고 그대로 자결하였다.

조조가 복황후와 동귀비를 죽인 것은 자신을 지키기 위함이었고, 공융을 죽인 것은 귀를 깨끗하게 하기 위함이었다. 그리고 최염을 죽인 것은 그가 언사를 조심하지 않았기 때문이다. 이러한 이유들은 죽임을 당하기에 부족하게 들리겠지만, 사실은 그렇지 않다. 지금에도 감히 자신의 상사보다 위에서 노는 사람을 훌륭하다고 말할 수 있겠는가? 지나치게 뽐내며 자신을 과시하고 다니는 사람에게는 후환이 있게 마련이다.

지금도 그러한데, 하물며 1,800년 전의 조조는 어떠하였겠는가? 봉건시대에 군왕 앞에서 지나치게 자신을 뽐내고 과시하다가 죽임을 당한 경우는 수없이 많았다. 조조의 살인은 자신을 보호하는 측면이 있었으며, 무고하게 함부로 죽인 것은 아니었다. 인생은 불과 수십 년에 불과한데, 단순히 남을 위하기만 하고 자신을 위하지 않을 수 있겠는가? 모든 사람은 결국 자신의 이익을 위해 움직인다. 일반적으로 자신의 이익이 위협받으면 이기적 본색이 절로 나타난다. 조조도 이 점에서 평범한 사람과 같았다. 조조 자신도 성인은 아니며, 단지 보통 사람보다 많은 일을 겪었을 뿐이라고 말한 적이 있다. 조조의 성격은 그가 경험한 이력에서 형성되었다고 볼 수 있겠다.

사실, 이기적인 것보다 노골적이고 허울 좋으며 능청맞은 위선자가 더 문제이다. 조조는 이기주의자일지는 모르겠지만 위선자는 아니었다. 그는 가면을 쓰지 않았다. 그는 비록 소인배적인 행동을 취한 적은 있지만, 유비와 같은 위선적인 행동은 하지 않았다. 이러한 관점이 필자가 느끼는 보통 사람과 다른 조조에 대한 평가이다.

2. 조조의 인격상에서 빛나는 점

조조에 대하여 거론하면, 사람들은 곧 소설 『삼국연의』 속의 적벽대전에서 패하고 혼비백산하여 화용도를 지나는 장면을 떠올리거나, 채모蔡瑁와 장윤張允을 무고하게 죽인 부정적인 인물로 연상한다. 혹은 경극 무대에서 얼굴을 온통 흰색으로 분장하고 음흉하고 간사한 표정으로 등장하는 조조를 연상한다. 최근 중국 사학계에서는 이미 조조에게 새로운 평가를 내리기 시작하였다. 그것은 지금까지 있어왔던 조조에 대한 인식과는 사뭇 다르다. 이 장에서는 조조의 생활 속의 기풍으로부터 그의 가려져 있던 면모를 살펴보도록 하겠다.

정사 『삼국지 · 위서 · 무제기』에서 조조의 면모에 대하여 다음과 같이 기술하고 있다.

> 雅性節儉, 不好華麗, 後宮衣不錦繡. 侍御履不二采, 帷帳屛風, 壞則補納, 茵蓐取溫, 無有緣飾. 攻城拔邑, 得美麗之物, 則悉以賜有功. 勳勞宜賞, 不吝千金, 無功望施, 分毫不與. 四方獻御, 與群下共之…….

본성이 검소하고 화려함을 좋아하지 않으니 후궁들도 비단옷을 입지 않았다. 곁에서 시종하는 이들도 두 가지 이상으로 채색된 신발을 신지 않았다. 휘장과 병풍이 헐면 기워서 쓰고, 이부자리는 따뜻함을 취할 뿐 장식하는 일이 없었다. 성읍을 함락하여 좋은 물건을 얻으면 이를 모두 공을 세운 자들에게 나누어 주었다. 공로가 있는 자들에게는 상을 주고 천금을 아끼지 않았지만, 공이 없으면서 상을 바라는 자들에게는 한 오라기 실조차 나누어 주지 않았다. 사방에서 진상된 물건들은 여러 신하나 따르는 무리들과 나누어 가졌다…….

조조는 평소에도 검소하게 행동했다. 그는 관직 생활 초년에 『도관산度關山』이란 시를 썼다.

천지간의 만물 중에 우리네 인간이 가장 귀하다
임금을 세우고 백성을 다스리려고 모범이 되는 법을 만들었네!
천자의 수레 자국과 말의 발굽이 온 사방에 두루 미쳐
그릇됨 물리치고 올바름을 드높여 뭇 백성들 잘살게 만들었네!
세상 사람들 백이伯夷를 칭송함은 풍속을 장려코자 함이려니
사치의 해란 참으로 큰 것, 검약이야말로 우리 모두의 덕일세!

조조는 또한 『대주對酒』란 시에서 "예법을 어기면 그 경중에 따라 형을 내린다"라고 하였는데, 실제로도 그렇게 행동하여 언행일치를 이루었다.

조조는 평소 옷에 신경 쓰지 않았다. 소박하고 검소하게 의복을 입었으며, 다른 생활용품들도 10년 이상이 되어 낡아도 수선하여 계속 사용하였다. 본인이 직접 "옷과 이불 모두 10년이 지나도 고치고 기워서 입고 덮는다"는 말을 하였다. 옷과 이불은 따뜻하고 실용적이면 된다고 여겼다. 집안에서도 규율을 만들어 사치품을 못 쓰게 하였고, 부녀들에게 사치스러운 치장을 금지시켰다. 그가 입던 옷과 쓰던 이불 등에 자수로 장식된 물품은 없었다. 또한 그는 네 개의 상자를 만들어 춘하추동의 옷을 따로 보관시켰고, 전쟁에 나갈 때는 계절에 맞는 상자를 들고 나갔다.

특히 그가 임종할 무렵, 부인이 새 수의를 준비하려고 하자 이를 단호히 거절하고 평소 겨울에 입던 옷으로 수의를 대신하게 했다. 서기 220년 정월 23일, 조조는 병으로 낙양에서 서거하였다. 그가 숨이 가빠할 때 부인이 무릎을 꿇고 수의를 지을 것을 재차 간청하였다. 그렇지만 그는 평소에 입던 옷을 고집하였다. 조조 자신의 유언에 따라 업성(지금의 하남성 임장현)의 서쪽 고릉에 묻혔는데, 장례는 생전에 직접 작성한 『종령終令』과 『유령遺令』에 따라 진행되었다.

> 고인들은 모두 척박한 땅에 묻혔다. 나도 그러한 예를 따라서 업성의 서문표西門豹 사당 서쪽 언덕에 무덤을 만들어라. 그곳은 지대가 높으니 사방을 가리지 말고 나무도 심지 말라! 천하는 아직 혼란하고 안정되지 않았으니, 내 장례를 전통적으로 치르지 말라. 장례가 끝나면 옷을 모두 없애라. 진영에 주둔하는 장병은 모두 진영을 떠나지 말라. 군사를 비롯한 벼슬아치들은 모두 맡은바 임무에 충실하여라. 장의는 평상복으로 하며, 금은보화로 무덤을 장식하는 일은 없도록 하라.
>
> 조조 『유령遺令』

조조는 생애 최후의 순간까지도 백성을 우선으로 생각하였다. 그것은 전국통일의 염원이 이루어지지 않았으니 백성들은 계속 노력하라는 의미이기도 하였다.

그는 위세 당당하게 한 시대를 풍미하며 재상으로 일생을 마쳤다. 그러나 장례를 그렇게 검소하게 치렀으니 감동을 줄 만하다. 고대의 제왕과 재상들은 후하게 장례를 치르는 것을 미덕으로 여겨 많은 돈과 인력을 자신들의 능묘 건설에 썼다. 서주시대 전의 목조관, 토관, 벽돌관에서 동한 시기에는 규모가 크고 구조가 엄밀한 지하 궁전으로 발전해 갔다. 그러나 조조는 당시의 혼란한 상황을 이유로 자신의 장례를 검소하게 치르라고 하였다. 많은 역사가들은 이러한 조조의 면모를 칭송하여 "보통 사람과는 사뭇 다른 기개를 지닌 초인이었다"라고 평가하고 있다.

조조가 죽자 모든 백성들은 목 놓아 슬피 울었고, 그 비통함은 말할 수 없을 만큼 컸다. 장례식은 그의 유훈대로 치러졌다. 하관할 때 그의 부장품을 보니 온통 낡은 옷과 물품밖에 없었고, 금은보화는 전혀 보이지 않았다. 수장 물품은 단지 가공하지 않은 장식품과 채색되지 않은 도자기 몇 점에 불과했다.

조식曹植은 그의 부친인 조조를 애도하며 다음과 같이 말하였다.

"성실하고 검소하였고, 옛것을 숭상하였다. 금은보화를 탐내지 아니하고 솔선수범하여 백성들로 하여금 검소하게 하였다. 부친이 안장될 때 꿰맨 옷을 두르고, 몸에는 옥새를 지니지 않았고, 허리에는 관인官印을 매는 철사로 만든 복대를 두르고 있었다. 금은보화는 일체 부장하지 않았다. 부장품은 질박하고 소박한 도기들이었는데, 아무런 가공이나 장식도 없는 것들이었다."

조조가 죽은 후에 서진의 육운陸雲이 그의 유물遺物을 보고 형인 육기陸機에게 서신을 보내 다음과 같이 말한 적이 있다.

> 그가 입고 쓰던 물건들은 다음과 같이 일반인과 다를 바 없었다. 옷, 담요, 모자, 관, 빗, 베개, 괘, 대그릇, 부채, 붓, 벼루…… 그리고 많은 옷은 기워져 있었다.

중국의 역대 유명한 정치가 중에서 조조는 가장 솔선수범하여 근검절약한 대표 인물이라 할 수 있겠다.

조조는 입는 것뿐만 아니라 먹는 것에도 사치하지 않았다. 조조 밑에서 상서랑尙書郎을 지냈던 위기衛覬는 조조를 회고하며 이렇게 말했다.

"조조의 후궁에서조차 고기를 거의 먹을 수 없었다."

조조는 식기도 소박한 것만 사용하였다. 채색을 입히거나 화려하게 장식한 식기는 쓰지 않았다. 빗이나 솔, 칼 등 일상 용품을 담은 상자 역시 가죽이 떨어지면 그 위를 기워 사용하였다. 전쟁 때는 이마저도 없어 대나무로 상자를 만들어 썼는데, 밖으로는 검은 가죽을 씌우고 안으로는 두꺼운 천을 넣고 칠을 하여 사용했다.

조조는 두통이 심하여서 항상 머리를 담그는 물대야가 필요했다. 사람들이 사치스럽다고 할까 두려워 처음에는 은대야를 쓰다가 나중에는 동대야, 나무대야 순으로 바꾸었다. 그는 몸에 늘 검은색의 포대기를 차고 다녔는데, 그 속에는 가위와 수건 등 일상 용품이 들어 있었다.

조조는 자기가 먼저 실천하여 백성들을 이끌었던 지도자라고 할 수 있다. 모든 것을 최대한 절약하여 낭비하지 않았다. 재물에 사심이 없어 금은보화를 취하지 않았고, 솔선수범하여 절약과 근검이라는 풍토를 세웠다. 그리고 법을 집행할 때에는 결코 사사로운 정에 이끌리지 않아 정확한 법치에 따라 치국하는 새로운 풍토를 이루어냈다. 『세설신어世說新語 · 첩어捷語』에서도 조조는 조그만 대나무 그릇을 버릴 때도 몇 번 생각하였다고 기재하고 있다.

조조는 수많은 성곽과 영토를 공략하여 얻은 전리품을 공이 있는 장수와 병사들에게 나누어 주었다. 그리고 투항한 항복자들이 바치는 공물을 모두 그의 부하들과 함께 나누었다. 조조는 관리들의 근검절약을 임용하고 승진시키는 기준의 척도로 삼았다. 그가 먼저 실천하고 강력하고 일관되게 시행하였기 때문에 검소하고 청렴한 정책은 많은 성과를 나타냈다. 당시 위나라의 관리들은 도시락을 싸서 등원하였고, 새 옷을 입지 않았으며, 좋은 수레를 타지 않았다. 조조의 동향이자 친한 친구인 정비丁斐는 마음대로 관가의 소를 바꾸었다가 면직당하였다. 노수路粹라는 사람은 법령을 어기고 저가로 당나귀를 사서 잡아먹었다가 가장 엄중한 벌을 받았다. 이러한 예들은 모든 이들에게 검소하게 지내라는 경고였다. 그리하여 조조의 통치하에 있던 조정에서는 절약하고 청렴하며 부패를 받아들이지 않는 새로운 풍속도가 형성되었다.

조조는 검소하고 청렴함을 숭상하였는데, 세 가지 방면에서 보충 설명을 할 수가 있다.

1. 조조는 검소한 성격과 도리에 어긋나지 않는 인격을 지녔다

조조는 평생 근검절약을 주장하여 가족과 관리들에게 엄격히 이를 지킬 것을 요구하였다. 며느리인 조식의 부인이 비단옷을 입자 규정에 따라 처벌하기도 하였고, 궁중의 각종 의복들이 해어지면 기워서 입도록 하였으며, 함부로 새로운 옷으로 바꾸지 못하도록 하였다. 한때 재난을 입어 물자가 부족해지자 조조는 가죽 제복을 입지 않았으며, 겨울에는 조정의 관원들에게 가죽 모자조차 쓰지 못하도록 하였다.

2. 조조는 사치와 부패의 위험을 매우 경계하였다

『설원說苑 · 반질편反質篇』에 "순 임금이 도색한 식기를 사용하자 반란을 일으킨 나라가 10국이 되었다"라는 문구가 있다. 조조는 어릴 적부터 그 책을 여러 번 숙독하여 그 의미를 잘 알고 있었다. 즉, 요 임금이 토기에 밥을 먹고 흙그릇으로 물을 마시자 천하가 그에게 복종하였는데, 그 후 순 임금이 즉위하여 그릇에 목각을 새기고 검은 무늬의 그릇을 사용하자 13개 국의 제후가 그에게 반란을 일으켰다. 그 후에도 사치가 계속되어 결국 나라는 망하게 되었는데, 조조는 항상 신하들에게 그러한 사실을 강조하였다.

3. 조조는 장기간의 전쟁으로 생산 분야에서 전례가 없는 크나큰 손실을 입어 물자가 심각하게 부족하다고 여겼다. 근검하고 절약해야 되는 이유가 여기에 있다고 생각하였다

당시는 오나라의 손권과 촉나라의 유비 세력이 멸망하지 않아 계속 전쟁을 해야 되는 시기였다. 그래서 전쟁 물자를 준비하고, 백성들의 기본적인 생활을 유지하게 하기 위해서는 반드시 절약이 필요하다고 여겨 조금의 사치와 낭비도 허용하지 않았다.

조조는 대외적으로 뿐만 아니라 집 안에서도 똑같은 원칙을 적용하였다.

조조는 『사시식제四時食制』와 『내계령內誡令』으로 일가의 사치와 낭비를 금하였을 뿐만 아니라, 치장하고 비단옷을 입는 등의 행위를 금지하였다. 조식의 처는 비단옷을 입은 죄로 자살하였다. 딸이 시집갈 적에도 혼수가 매우 간단하여 일반 백성들이 사용하는 검은색의 장포를 보냈고, 딸려 보낸 시녀도 열 명을 넘지 않았다. 조조는 죽기 전 『유령』에서 "내가 죽고 나서 여러 부인과 첩들이 집 안에서 할 일이 없으면 신발 짓는 법이라도 배워서 저잣거리에 나가 팔아서 스스로 생활해 나가라. 아무런 일도 하지 않고 국가의 재산을 낭비하여서는 안 된다"라고 분부하였다. 위나라의 왕인 조조의 아량과 심지가 이렇게 곧았던 것이다. 조조의 그러한 행동들은 낭비와 사치, 부패에 대한 철저한 배척을 나타낸 것이며, 동시에 전 사회적으로 제창한 절약, 청렴에 대한 굳은 결의를 드러낸 것이라고 하겠다.

조조는 당대의 걸출한 군사가이자 정치가였다. 그 기개가 호탕하고 도량이 넓어 성을 공략할 때마다 얻은 전리품을 공이 있는 신료들에게 나누어 주었다. 공을 세운 사람에게는 천금을 마다하고 상을 내렸으며, 다른 나라에서 들어온 공물은 모두 백성들과 나누어 가졌다. 이러한 행동들은 조조의 금전과 부귀영화에 집착하지 않는 면모를 반영한 것이었다. 이 점이 바로 조조의 위대한 점이다. 범엽范曄은 『후한서後漢書』에서 "자신의 욕망을 억제할 수 있고, 품성과 인덕 수양에 전력을 하면, 자신으로 하여금 뜻을 잃지 않게 할 수 있다"라고 하였다. 조조가 중국의 북방을 통일할 수 있었던 이유 중의 하나가 그러한 점에 있었다.

당시 조조의 신분은 위나라 최고의 권력자였다. 그러한 조건을 갖추고도 그는 왜 향수를 누리지 않았을까? 설사 좀 사치하였더라도 누가 그를 비난하였겠는가? 조조는 어찌하여 그토록 개인적인 욕망을 억누르고 여러 가지 유혹을 뿌리치며 온 힘을 다하여 나라를 다스렸을까? 조조가 수백 년 동안 사람들의 마음속에 간신으로 인식된 것은 『삼국연의』를 쓴 나관중처럼 촉나라를 떠받드는 사람들 때문이었을 것이다. 나관중은 황실의 적통만을 중시하여 사실에 입각하지 않고 조조를 폄하하고 유비를 부각시켰다. 조비曹丕가 헌제獻帝를 폐하고 황제로 등극한 후, 조조에게 '무제武帝' 라는 시호가 주어졌다. 이것은 조조 사후의 일로 조조가 결정한 것도 아니었으며, 그 본인 또한 황제라고 칭한 적이 없었다. 만약에 조조가 『삼국연의』를 쓴 나관중과 같은 시대에 살았다면 그와 명예훼손을 놓고 송사를 벌였을 것이다. 그럴 경우 반드시 조조가 그 송사에서 이길 것이다. 일생 동안 조조가 수많은 잔인하고 악랄한 일을 하였다고 사람들은 말한다. 또한 간사한 사람이라고 평가한다. 그렇지만 그 간사하게 보이는 외면 속에 숨겨진 조조의 참된 인격은 긍정적으로 평가하고 배울 만한 가치가 있다고 생각한다.

3. 조조는 진정 잔인하고 흉포한 인물이었을까?

『삼국연의』는 변화무쌍한 삼국시대의 흥망성쇠 과정을 묘사하면서, 영웅이 흥하면 나라가 흥성하고, 영웅이 흩어져 사라지면 나라가 멸망한다는 것을 보여주고 있다. 나관중은 소설 『삼국연의』에서 조조를 매우 비중있게 다루면서도 왜곡하여 묘사하고 있다. 중국 역사에 등장하는 풍운아 중에서 조조만큼 인물 묘사가 복잡하며 진실에서 벗어나고, 세인의 평가가 심하게 일치하지 않는 인물도 없을 것이다. 오랜 세월 동안 조조를 평가하는 사람들의 목소리는 대략 다음과 같다.

"천자를 끼고 여러 제후를 호령한 대간신!"

"황제를 기만한 도적!"

사실, 사람들이 그렇게 말하는 것은 단지 문학작품 『삼국연의』 중의 조조일 뿐이다. 그렇다면 역사상 조조의 진면목은 어떠하였을까?

잔인한 것은 조조의 한 단면이었지만, 그의 주요한 성격이 그러하지는 않았다. 그에게도 연약한 면이 있었다. 만약에 그를 제대로 평가하자고 한다면, 사학계에서 기본적으로 공통된 인식을 이룬 부분을 간과할 수 없다. 그것은 조조의 역사적 공로가 우선이며, 다음으로 그의 성격에 관한 문제라는 것이다. 역사적 인물을 판단함에 있어 성격보다 공로가 우선적으로 평가의 대상이 되어야 한다. 노신魯迅 선생은 다음과 같이 말하였다.

"조조는 매우 수완이 있었던 인물로서, 최소한 영웅이라고 칭할 만한 가치가 있다."

노신 선생의 말이 맞다. 그는 영웅이었다. 하지만 소설 『삼국연의』 때문에 조조의 역사적이고 진실된 모습은 감추어지고 있다. 조조의 예술 형상이 역사 형상을 덮어버린 것이다. 그리하여 세인들의 눈에 조조는 매우 탐욕적이고 흉악 무정하며 임금을 기만하는 봉건주의 간신으로 그려지고 있다. 그러나 조조의 사실적인 모습은 매우 다정하고 정분을 중시 여겼다. 진궁陳宮이 중모현에서 동탁에 쫓기던 조조를 잡았다가 놓아준 사건은 독자 여러분이 다 알고 있을 것이다. 이 일을 계기로 진궁은 조조를 따르게 되었는데, 조조가 연주목이 된 것도 진궁의 공로였다. 그러나 훗날 진궁은 조조를 떠나 여포에게 투항하고 여포를 도와 조조와 싸우게 되었다. 진궁은 백문루에서 조조에게 잡혀 투항을 요구받았지만 항복을 거절하였다. 만약 진궁이 투항했다면 조조는 그를 용서했을 것이다. 그러나 진궁은 결코 조조에게 투항하려고 하지 않았다. 조조는 이때 그의 자字를 호칭하며 이렇게 말하였다.

"공대야! 공대야! 지금 내가 너를 죽이는 것이 문제가 아니고, 앞으로 너의 늙은 모친은 어찌할 것이냐!"

이에 진궁이 장탄식을 하며 대답하였다.

"당신은 효를 바탕으로 나라를 다스린 사람으로서 남의 무고한 모친을 죽이지 않을 것입니다. 나의 모친이 죽고 사는 것은 명공인 당신이 결정할 뿐입니다."

조조가 다시 물었다.

"그렇다면 너의 마누라와 자식은 또 어찌할 것인가?"

이에 진궁은 대답한다.

"당신은 인으로 세상을 다스린 사람입니다. 절대로 남의 후대를 죽이지 않을 것입니다. 나의 마누라와 자식이 죽고 사는 것은 당신 하기 나름입니다."

진궁은 이 말을 마치고 고개를 돌리지도 않고 머리를 쳐들고 가슴을 펴면서 사형장으로 향하였다. 조조는 눈물을 흘리며 그를 사형장으로 보냈다. 진궁이 죽은 후 조조는 그의 노모를 부양하였을 뿐만 아니라, 진궁의 여식이 시집을 갈 때는 혼수까지 챙겨서 보내주었다. 조조는 진궁의 집안에 대하여 그와 친하게 지냈던 때보다 몇 배 잘 보살펴 주었다.

조조는 우정을 매우 중시 여겼다. 일상생활에서뿐만 아니라 나라를 다스림에 있어서도 좋은 친구들이 많기를 희망하였다.

조조의 『단가행短歌行』은 많은 사람의 심금을 울린다.

對酒當歌, 人生幾何. 譬如朝露, 去日苦多. 慨當以慷, 憂思難忘. 何以解憂, 唯有杜康. 青青子衿, 悠悠我心. 但爲君故, 沈吟至今. 呦呦鹿鳴, 食野之苹. 我有嘉賓, 鼓瑟吹笙. 明明如月, 何時可掇. 憂從中來, 不可斷絶. 越陌度阡, 枉用相存. 契闊談宴, 心念舊恩. 月明星稀, 烏鵲南飛. 繞樹三匝, 何枝可依. 山不厭高, 海不厭深. 周公吐哺, 天下歸心.

술잔을 앞에 두고 노래로 마주하니 인생을 살면 얼마나 살 것인가!
아침이슬과 마찬가지 인생길! 지난날 고통도 너무나 많았네
하염없이 강개에 젖어 있지만 마음속의 근심 떨칠 길 없네
무엇으로 이 시름 떨칠까? 오직 술이 있을 뿐이로다
푸른 그대의 옷깃! 아득히 그리는 이 마음!
오직 그대 향한 생각에 읊조리네!
사슴의 무리 슬피 울며 쑥을 뜯는구나
나에게 귀한 손님이 오면 거문고와 피리로써 맞으리라
밝고 밝은 저 달빛! 어느 날에 수그러들까!
달빛 따라 오는 듯한 시름 수그러들지 않는구나

멀리서 오신 손님들 멀고 먼 길을 돌아 나에게로 오셨으니

오랫동안 못다 한 이야기를 나누고 마음속으로 옛 은혜를 생각하네

달은 밝고 별은 드문데 까마귀와 까치는 남으로 날아가네

나무를 세 번 둘러보아도 의지할 가지조차 하나 없구나

산은 높음을 싫어하지 않았고 물은 깊음을 싫어하지 않았네

주공은 입에 문 것을 뱉어가며 손님을 접대하여 천하 인심 얻기에 온 힘을 쏟았네!

위 시에서 우리는 조조가 매우 감정을 중시하는 인물이었다는 것을 엿볼 수 있다. 그렇지만 많은 문학작품에서는 조조를 매우 간사하고 악한 인물로 묘사하고 있다. 경극에서도 조조의 얼굴은 모두 흰색으로 칠하여 모연수毛延壽*와 같은 급의 사악한 인물로 취급한다. 일반인들도 조조에 대하여 그리 좋은 평가를 내리지 않고 있다. 그렇지만 현재 대부분의 중국 대륙 사학가들은 조조를 매우 높이 평가하여, 역사적으로 몇 번째 안 가는 위대한 군왕으로 여기고 있다. 그리고 그에 대한 연구도 매우 활발하다. 진정한 인물의 평가는 오랜 세월이 흐른 뒤 제자리를 찾는데, 조조는 위대한 정치가, 군사가, 대시인이었다.

적벽에서 그는 웅장한 장강과 아름다운 오촉의 대지를 앞에 두고 곁에 있던 신료들에게 말하였다.

"나는 군사를 일으킨 후, 오직 나라를 위하여 해로운 세력을 제거하고 천하를 평정하였다. 지금 얻지 못한 것은 강남뿐이로다. 지금 나는 수많은 용맹한 군사를 거느리고 있으며 제군들의 도움을 받고 있으니 성공 못할 것이 무엇인가! 강남을 수복하면 천하가 태평할지니, 모든 부귀영화는 그대들과

---

*모연수毛延壽:중국 전한 시기의 화가. 궁녀의 초상화를 그려 왕으로 하여금 간택하게 하는 일을 하였다. 중국의 4대 미인인 왕소군王昭君과의 이야기로 유명하다. 왕소군은 그에게 뇌물을 주지 않아 추녀로 그려져 나중에 정략적인 이유로 흉노 수령에게 시집을 가게 되었다. 한漢 원제元帝는 나중에 왕소군의 미모를 직접 보고 자신을 속인 모연수를 참형하였다

같이 나누리라!"

이 시기 조조의 나이는 54세였다. 천하통일을 앞두고 자신의 살아왔던 지난 일들이 주마등처럼 스쳐 갔으리라! 그리하여 그는 감정을 이기지 못하고 『단가행』을 읊었을 것이다!

이 시기의 조조는 승상의 신분으로 여러 제후들을 호령하였다. 그러한 외형에 그의 감정적이고 인간적인 진실은 묻혀 있었던 것이다. 조조는 사실 매우 재능이 있고 매력이 있는 지도자였다. 지금의 잣대로 당시의 유비 및 손권과 비교하자면, 조조는 그들보다 한층 더 정감있는 인물이었다.

조조가 호색한이라는 것은 역사적으로 널리 알려진 일이다. 그는 여자를 매우 좋아하여 많은 부인을 두었다. 조조는 대장군 하진何進의 부하로 일한 적이 있는데, 뒤에 하진의 며느리까지 취하고, 심지어 하진의 손자인 하안何晏까지 양육하였다. 한때 관우와 여포의 부장인 진의록秦宜祿의 부인(초선)을 쟁탈하기 위하여 싸운 적도 있었다고 소설 속에서 묘사되고 있다. 진의록의 아들인 아소阿蘇까지 거두어들이는데, 그가 바로 훗날 위나라 장수인 진랑秦郎이다. 옛 사람들은 호색한 행위를 매우 비천하게 여기었고, 성현의 책을 읽고 공을 얻는 인재만을 정도를 걷는 영도자로 보았다.

조비의 『전론典論』에 의하면, 노국魯國의 공융孔融, 광릉廣陵의 진림陳琳, 산양山陽의 왕찬王粲, 북해의 서간徐幹, 진류陳留의 완우阮瑀, 여남汝南의 응창應瑒, 동평東平의 유정劉楨을 건안칠자建安七子라 일컬었는데, 그들은 늘 이러한 말을 하였다.

"나는 단지 술만을 좋아하지, 조조처럼 호색하지는 않다!"

그리고는 그들은 호탕하게 웃었다. 이는 한편으로 그들의 고상함을 드러내고자 한 것이며, 또 한편으로는 조조를 경멸하고자 하는 데 목적이 있었다. 여자를 좋아하는 것은 남자의 본성인데, 조조는 이 점에 있어서 떳떳하게 행동했다. 그는 동작대라는 누각을 지어 여희呂姬와 첩들을 모이게 한 후 같이 즐겼다. 차라리 이러한 면은 속으로 좋으면서 겉으로 싫은 척하는 위선자들보다는 몇 배 더 나은 점이라고도 볼 수도 있겠다.

조조의 본성은 숨기지 않고 위장하지 않는 것이었다. 호색하면 호색하다고 하였고, 자신의 착오를 다른 사람에게 뒤집어씌우지 않았다. 그는 설령 다른 사람들이 자신을 욕할지언정 자신의 인생 신조를 지키는 성격을 지녔다. 역사적으로 이러한 면에서 조조와 비할 자가 드물었다.

조조는 정을 중시하고 여자를 좋아했던 인물이었다. 조조가 완성宛城에서 장수張繡의 투항을 받은 때의 일이었다. 조조가 술에 취해 침대에 든 후 주위에 있던 하인에게 조용히 물었다. "여기에 기녀가 있느냐?" 이 말을 전해 들은 조카 조안민曹安民은 장수의 삼촌 장제張濟의 미망인인 추부인鄒夫人을 데리고 들어왔다. 이 일은 곧 장수의 귀에 들어가 그를 매우 화나게 만들었다. 이에 그는 밤중에 조조에게 습격을 가했다. 조조는 자신의 행동이 크나큰 화를 부른 것을 알아차렸지만, 때는 이미 늦은 상태였다. 조앙曹昻이 황급히 조조에게 자신의 말을 건네주며 먼저 도망치라고 하였다. 조조가 도망친 후 조앙은 장수의 화살에 맞아 죽었다. 이 일은 바로 조조의 부인인 정부인丁夫人에게 알려졌다. 조앙은 원래 조조의 유부인劉夫人의 아들이었다. 유부인이 일찍 죽고 나서 정부인은 조앙을 자신의 아들로 여기고 키워주었다. 정부인은 훗날 이 일을 두고 항상 이렇게 되뇌었다.

"이 나쁜 늙은이! 나의 아들을 죽였으니, 내가 이제 더 살아 무엇하리요!"

그리고는 나날이 울음으로 세월을 보냈다. 조조는 이에 정부인을 친정으로 돌려보냈다. 어느 정도 시간이 흐른 뒤 조조는 정부인을 찾아가 잘못을 뉘우치며 집으로 돌아가자고 권했다. 그러나 정부인은 옷을 짓던 일을 계속할 뿐 상대도 해주지 않았다. 조조는 정부인의 등을 쓰다듬으면서 말하였다.

"나를 한 번만 봐주시오. 함께 집으로 돌아갑시다."

그렇지만 부인은 돌아보지도 않고 대꾸도 하지 않았다. 조조는 여러 가지 방법을 써보았지만 이미 엎질러진 물을 다시 담을 순 없었다.

정부인이 계속되는 조조의 권유에도 불구하고 뜻을 굽히지 않고 친정에 머물게 되자, 조조는 정부인의 집안에 일러 재가를 권유하였다. 그러나 정부인은 조조의 신분을 생각하여 그 권유를 받아들이지 않고 여생을 쓸쓸하게 보내었다. 조조는 결코 사람들이 생각하는 것처럼 각박하고 매정하며 배은망덕한 사람은 아니었다. 조조는 자신의 행동을 뉘우치고 성심껏 정부인을 집으로 데려오려는 노력을 많이 하였다. 그렇지만 정부인이 결코 뜻을 굽히지 않아 조조의 뜻대로 되지 않았던 것일 뿐이었다. 이에 조조는 평생 그 일을 마음속에 담아두고 살아갔다. 정부인의 일은 늘 조조의 마음속에 근심이 되게 하였다. 조조가 임종할 때의 한 말은 사람들을 놀라게 하였다.

"나는 일생 동안 좋은 일도 해봤고 나쁜 일도 해봤다. 성공이나 착오는 개의치 않는다. 다만 한 가지 마음에 걸리는 일이 있다. 내가 황천에 가서 큰아들 조앙을 만난다고 생각해 보자. 그가 울면서 어머니인 정부인을 거론한다면 어찌 대답을 할 것인가!"

문무에 능한 영웅호걸이 마지막으로 숨을 거두면서 정부인에 대한 죄책감을 드러낸 것이었다.

성격이 포악하고 남에 대하여 흉악하다고 하는 조조가 그처럼 행동했다면 기존의 인식이 잘못된 것이 아니겠는가? 하물며 그는 정부인에게 개가를 하여 과부로 살지 말라고까지 하였다. 단지 정부인이 개가를 원하지 않았고, 정부인의 부모 또한 그러기를 바라지 않았을 뿐이었다. 설사 개가를 하려고 한들 어느 누가 감히 조조의 처를 취하겠는가?

조조가 자신의 일생 중에서 가장 큰 실수를 범했다고 생각한 일이 정부인과 관련된 일이었다는 것은 이례적이다. 조조처럼 한 나라의 원수로서 여러 해 동안 밖에서 전쟁을 치르면서 그 정도 잘못을 범하는 것은 고대에는 흔한 일이어서 크게 비난받을 정도가 되지 않는다. 그러나 그 일에 대하여 조조는 평생 정부인에 대한 죄책감을 지니고 살았다.

조조는 임종할 적에 한 시대를 풍미했던 영웅으로서 호언장담과 같은 말을 하지 않았다. 단지 가족과 관련된 유언만 하였다. 이것은 영웅의 마음속의 깊은 곳을 드러낸 것인데, 가정사에 대한 미안함의 표시였다. 그가 죽음에 임하면서 자신의 공과득실에 대하여 크게 마음에 두지 않았다는 것은 『유령遺令』에 남긴 유언으로 알 수 있다. 한 시대를 풍미하였던 걸출한 정치가가 예상외로 가정사를 가장 유감으로 생각하고 있었던 것이다.

그는 또한 임종 시에 중신들에게 다음과 같은 유언을 남기기도 하였다.

"나의 시첩侍妾과 계집종들, 그리고 가희歌姬들이 매우 고생하였다. 그녀들을 계속 동작대에서 머물게 하고 보살펴 주어라!"

중신들이 조조의 그러한 분부를 잘 받든 것은 당연한 일이었다.

『유령』 중의 대부분은 바로 이러한 내용들이었다.

"그대들은 동작대 위에 육 척의 침상을 올려놓고 휘장을 잘 치거라. 그리고는 아침마다 음식을 올려라! 매월 1일과 15일에는 그 침상 앞에서 아침부터 낮까지 내가 살아 있을 거라고 생각하고 춤을 추고 악기를 연주하여라."

그리고 조조는 또 하나의 특별한 부탁을 하였다.

"그대들은 항상 동작대에 올라 나의 묘가 있는 서릉을 향하여 바라보아라!"

조조는 또한 죽기 전에 소장하였던 향분을 그의 여자들에게 나누어 주었다. 향료와 향분은 당시에 일종의 매우 귀한 소비품이어서 귀인의 부인과 첩만이 사용할 수 있었던 물건이다. 조조는 자기가 모아두었던 향료를 여러 희첩姬妾들에게 나누어 주었는데, 그들에게 유산을 나누어 주는 것처럼 하였다. 조조는 그의 여자들이 항상 자기를 생각하고 자기를 그리워하기를 바랐다. 조조는 자신의 여자들이 아들인 조비와도 정이 없으며, 사후 의지할 곳이 없는 것을 잘 알고 있었다.

조조는 또한 자신이 죽은 후 그녀들의 생계 문제를 걱정하였다. 그리하여 다음과 같은 말을 하였다.

"너희들이 동작대에서 아무 할 일이 없거든 신발 짜는 것을 배우고 익혀서 팔아도 무방하다."

그러한 유조를 남기며 조조는 건안 25년(220년) 정월에 향년 66세의 나이로 세상을 떠났다.

조조가 임종 시에 여러 희첩들에게 신발을 만들어 팔아 생계를 꾸리라고 한 점은 예상외의 일이었다. 영웅호걸인 조조가 세상을 뜨기 전에 마음에 두고 있던 일이 정부인과 매일같이 지내던 희첩들이었던 점은 세인들에게 조조의 또 다른 일면을 보여준 것이다. 영웅호걸인 조조가 보통 사람과 같은 감정과 심리를 지녔으며, 또한 많은 다정한 면이 있다는 것을 말해주는 대목이다.

그러나 후세 사람들은 조조의 이와 같은 일에 대하여 비판적이었다. 진나라의 육기陸機는 완곡한 어투로 조조를 비난한 적이 있는데, 대장부가 사소한 규방 일에 너무 얽매었다고 비판했다. 남송의 시인 소동파蘇東坡는 좀 더 직설적이었다. 소동파는 어떠한 사람이든지 어려움을 만나 두려워하지 않고, 죽음에 임하여 웃음을 잃지 않는 자가 진정한 영웅이라고 하였다. 그러면서 그는 조조에 대하여 비꼬는 어조로 비판하였다. 조조가 죽음에 임하여 울면서 부녀자들을 걱정한 것을 두고, 소동파는 이렇게 말하였다. "평생 간웅으로 지내다 죽음에 임박하여 본모습을 보였는가?" 이 말의 뜻은 무엇인가? 간웅이 호방한 척하고 지내다가 죽음에 임박하여 그의 본성을 드러냈다는 의미인가? 또한 당나라 시인 나은羅隱은 "영웅이 희첩들과 향락을 나눌 때 보통 사람보다 얼마나 더 고명하단 말인가?"라고 하였다. 이렇게 많은 사람들이 조조의 행동을 비난하였다.

그렇게 보통 사람의 정을 많이 지닌 조조가 경극에서는 하얗게 분장한 얼굴의 간신으로 역할을 하고 있다. 어찌하여 제갈량처럼 사람들의 칭송을 받지 못하고 있는가? 그는 어찌하여 사람들의 비난을 감수해야 하는가? 만약에 독자들이 진정으로 조조의 사람됨을 이해한다면 진정한 조조의 모습을 발견할 수 있을 것이다. 사실 그의 진면목은 나관중의 『삼국연의』에서 그려지는 모습이 아니다. 우리는 조조에 대하여 전체적이고 자세한 관찰력으로 평가할 필요가 있다. 조조의 역사로부터 1,800여 년이 지난 지금, 우리는 조조에 대하여 나관중의 시각을 떠나 객관적이고 정확한 평가를 내려야 할 시기에 와 있다. 조조는 진실하고 다정다감한 인물이었다!

4. 겉은 소인배, 속은 재상

소설 『삼국연의』에 등장하는 조조의 모습은 누구나 다 알고 있다. 나관중의 작품 속에서 조조는 간사한 인물로 묘사되었다. 소설 속에서 조조는 황건적을 토벌하고, 동탁을 멸망시켰으며, 천자를 끼고 제후들을 호령하였고, 당시의 중국 북방을 통일하여 위나라의 기초를 세웠다.

나관중은 그의 작품 『삼국연의』에서 유비를 부각시키고 조조를 폄하하였다. 유비와 그의 참모들을 과대 포장한 반면, 그에 대비되는 조조는 간사하고 교활한 사람으로 격하시켰다. 중국의 민간 예술인 경극 또한 기본적으로 나관중의 『삼국연의』에 기초하고 있다. 보통 일반인들은 나관중의 『삼국연의』에 익숙하게 되어 조조의 형상 역시 그렇게 소설 속의 인물처럼 평가하게 된다.

그러나 조조는 확실하게 천하를 제패하고 호령하는 기개를 지니고 있었다. 그러면서 이해득실을 많이 따지고 자부심이 강하며 의심이 많았던 것은 사실이었다. 원래 의심이 많은 것이 중국인의 특성이 아니겠는가! 그렇지만 조조는 너그럽게 아랫사람을 대하는 태도를 지니고 있었다. 조조는 관도대전에서 열세에 처해 있었지만, 자신의 지혜로 결국 원소袁紹를 격파시켰다. 조조가 원소와 한창 전쟁을 치르던 도중, 자신의 부하인 증사曾私가 원소와 내통한다는 사실을 발견했다. 증사는 원소에게 투항할 참이었다. 이 일은 분투하고 있던 조조의 여러 장수와 신하들을 매우 화나게 만들어, 그를 즉시 참수하라고 조조에게 주청하였다.

"지금 원소의 세력이 저렇게 강하니, 나조차 우리가 실패할까 의심스럽다. 하물며 그야 오죽하겠는가?"

조조는 그렇게 말하고 증사를 살려주었다. 그러자 몰래 원소와 내통하던 자들은 매우 감격하여 원소와의 관계를 끊고 조조에게 충성을 다하였다. 또한 많은 천하호걸들이 분분히 조조를 찾아와 투항하였다. 조조는 그렇게 문무 대신들을 단결시키고 역량을 증대하여 결국 북방을 통일하는 대업을 이루어냈다.

여기서 우리는 관용이라는 것은 일종의 사람에 대한 이해이자 존중이라는 것을 알 수 있다. 일종의 인내와 격려의 과정에서 관용이 나올 수 있다. 사람이 인생을 살면서 타인과 접촉하는 도중에는 충돌과 모순을 피할 수 없다. 그러한 경우 관용으로 처신하고 타인에게 너그럽게 대한다면 상대방에게서 더 많은 신임과 사랑을 받을 수 있다.

조조는 상대방이 어떤 식으로 나오든지, 아니면 과거에 어떠한 잘못을 자신에게 저질렀더라도 관용을 베풀었다. 상대방이 능력이 있고 자신에게 충성을 바치는 인재라면 과거사를 묻지 않고 관용으로 대하였다. 그러한 구체적인 예가 위중魏仲, 장수張綉, 허유許攸, 진림陳琳, 필심畢諶 등을 대하였던 것에서 찾아볼 수가 있다.

위중은 본래 조조가 가장 신임하던 인재였다. 장막張邈이 반란을 일으키자 많은 사람들이 조조를 떠나 장막에게로 갔다. 조조는 그 당시 자신있게 다른 사람들에게 위중만큼은 자신을 떠나지 않을 것이라고 장담하였다. 하지만 위중은 예상외로 장막을 따라 떠나갔다. 그러자 조조는 이를 갈며 위중을 증오하였다. 그리고는 세상 끝까지라도 쫓아가서 위중을 잡아 용서하지 않겠노라고 다짐하였다. 하지만 조조가 위중을 잡았을 당시, 조조는 탄식을 하면서 말하였다. "위중 같은 인재를 내가 어찌 죽이겠는가!" 그리고는 그를 하내河內태수로 임명시켰다.

조조가 연주자사로 있을 때, 동평東平 사람 필심을 별가別駕로 임명했었다. 장막이 모반을 일으켰을 때, 장막은 필심의 어머니, 동생, 아내를 볼모로 붙잡았다. 조조는 필심을 장막에게 떠나보내면서 말했다.

"그대의 노모老母께서 붙잡혀 있으니 그곳으로 떠나가는 편이 좋겠소."

필심이 머리를 조아리고 다른 마음이 없음을 나타내자, 조조는 그를 칭찬하며 감동의 눈물을 흘렸다. 필심은 조조에게 인사도 제대로 하지 않고 물러나온 후 곧장 장막에게 갔다. 나중에 필심이 다시 조조군에게 사로잡히자 사람들은 모두 걱정하였다. 그렇지만 조조는 이렇게 말했다.

"부모에게 효도하는 사람이 어찌 자기 임금에게 충성하지 않겠는가? 그는 바로 내가 찾고 있는 그런 사람이다."

조조는 필심의 죄를 묻지 않았을 뿐만 아니라, 그로 하여금 공자孔子의 고향인 곡부로 보내 노나라 재상에 임명되도록 하였다.

조조는 또한 신분이 낮은 자나 하급 관리도 능력에 따라 중용하였다. 명장 악진樂進과 우금于禁은 신분이 낮은 사람이었고, 모사 모개毛玠도 원래는 현의 관리에 지나지 않았다. 이렇게 조조에게 발탁된 이들은 또 조조의 기대에 부응하려고 노력하여 많은 공을 세웠다. 또한 조조는 항복한 자도 그 재능에 따라 발탁하였다. 건안 13년(208년) 형주가 조조의 수중에 떨어졌을 때, 조조는 순욱荀彧에게 보낸 편지에서 "형주를 얻어서 기쁜 것보다 괴이도蒯異度를 얻은 것이 더 기쁠 뿐이다"라고 썼다.

완성전투에서 조조는 큰아들 조앙曹昻, 용맹한 심복 전위典韋, 조카인 조안민曹安民 등을 모두 한꺼번에 잃었다. 그들은 대단한 인재들이었지만, 한 전투에서 목숨을 잃고 삼국의 무대에서 일찍 사라졌다. 이 전투에서 돌아온 조조는 모든 책임은 자신에게 있다고 여기고 어떠한 부하에게도 책임을 묻지 않았다. 조조는 완성의 전투에서 자신을 배신한 장수 등에 대하여 피맺힌 깊은 한을 지니고 있었다. 조조 이외의 어떠한 사람이라도 그와 같은 사람들과는 화해를 할 수 없는 상황이었다. 하지만 조조는 그들과 화해했다. 그것은 조조 같은 사람만이 할 수 있는 일이었다. 조조는 장수더러 다시 투항하라고 연락했다. 장수는 이때 조조와 크나큰 원한이 있어 감히 나서지 못하고 있었다. 많은 사람들이 장수에게 조조 측에 다시 투항할 것을 권하자, 그는 심리적으로 매우 불안해하며 조조를 찾아갔다. 장수는 조조를 보고 땅에 엎드려 일어나지를 못하고 어쩔 줄을 몰라 했다. 이때 조조는 황망히 그를 일으켜 세우고 손을 잡으면서 말했다. "작은 실수가 있었거든 마음에 두지 말라!" 그리고는 장수를 양무揚武장군으로 임명하였다. 조조는 완성에서 일어났던 일을 한마디도 거론하지 않고 예의로 장수를 대하였으니, 이 얼마나 도량이 넓은 인물인가! 장수가 누구던가? 조조의 큰아들을 죽인 인물이 아니던가! 이때 조조는 아들을 죽인 적, 자신의 심복들을 죽인 적, 자신을 패장으로 만든 장본인인 장수를 대하고 속으로 분하여 가슴을 치고 발을 굴렀을지도 모른다. 아니면 그를 갈기갈기 찢어 죽이고 싶었으리라. 하지만 그는 당시의 형국을 의식하고 모든 것을 참았다. 당시 조조의 주위에는 원소, 원술, 유표, 여포 등이 호시탐탐 그를 노리고 있었던 것이다. 한 사나이 대장부로서 그는 울고 싶어도 한밤중 아무도 모르게 눈물을 흘렸을 것이다. 그리고 겉으로는 여전히 강인함과 완강함을 드러냈을 것이다!

만약 그 당시 원소, 원술, 유표, 여포 등이 조조의 입장이라면 틀림없이 장수를 곧바로 죽여 원수를 갚았을 것이다. 여기에는 성격이 좀 다르지만 유비도 포함된다. 그는 도원결의한 형제의 죽음으로 인하여 때에 맞지 않는 군사 행동을 감행하여 나라를 망치게 하지 않았던가! 그들과 비교하여 조조는 매우 현실적이며 배포가 크고 대대손손 이름을 날릴 만한 영도자의 조건을 갖추었다고 볼 수 있겠다.

적장 가후賈詡를 자신의 심복으로 만든 조조의 용병술도 눈여겨보아야 한다. 가후는 동탁의 참모를 거쳐 이각李傕과 곽사郭汜의 군사軍師를 지낸 사람이었다. 그는 한수韓遂와 마등馬騰의 근위병을 물리치고, 이각과 곽사를 도와 장안을 회복하였다. 이때 가후는 이각과 곽사를 설득하여 황제와 대신들을 보호하였다. 그 후 이각과 곽사 사이에 권력 투쟁으로 난이 일어나자 가후는 이들을 중재하기 위해 노력하였다. 이각과 곽사가 실각하자 가후는 장수의 밑에 있으면서 신출귀몰한 병법으로 조조군을 대파하였다. 그러한 가후가 나중에는 장수를 설득하여 함께 조조에게 귀순하였다. 그 후 조조 밑에서 가후는 순욱과 더불어 관도대전의 승리에 크게 기여하였다. 또한 가후는 조조의 가장 큰 우환거리였던 마초와 한수 연합군을 물리치고, 장노張奴를 공격할 때 큰 공을 세워 방덕龐德을 조조의 휘하로 끌어들이는 데 결정적 역할을 하였다. 그리고 조조가 후계 문제로 고민하자 원소의 예를 들어서, 장자인 조비에게 물려주도록 권하여 이를 성사시키기도 하였다. 그렇게 가후는 조조를 위하여 많은 공헌을 하였다. 가후가 투항할 당시 조조는 그의 손을 어루만지며 "나의 신의가 천하에 중요하게 된 것은 바로 당신 때문이군요"라고 하며 즉각 가후를 도정후에 봉하고 기주목에 임명하였다. 훗날 조비(문제)가 즉위하자 가후를 태위로 삼았는데, 태위란 최고위직 삼공三公의 하나로 국방 관련 업무를 전담하는데, 보통 대장군이 겸임했던 직책이었다. 조비는 가후의 맏아들인 가목賈穆을 부마도위로 삼았고, 둘째 아들 가방賈訪을 열후로 삼았다.

다음은 허유와 관련된 사실을 살펴보도록 하자. 허유는 본래 원소의 모사로서 거만하고 돈을 많이 밝히는 사람이었다. 서기 188년, 허유는 기주자사冀州刺使 왕분王芬 등과 함께 합비후合肥侯를 옹립하려 하였으나 실패하였다. 허유는 젊을 때부터 조조와 친교가 있었다. 관도대전에서 조조가 양식이 떨어진 사실을 순욱에게 보낸 편지가 있었는데, 허유는 원소에게 그 편지의 내용을 알렸다. 그때 허유는 원소에게 그 기회를 타서 조조를 치자고 건의하였다가 거절당하자 조조에게 달라붙은 기회주의자였다. 조조는 그의 정보로 원소의 양식 창고인 오소烏巢를 야습하여 원소 부대를 격멸시켰다.

그러한 허유를 조조는 어떻게 받아들였을까? 허유는 순수하게 조조에게 투항하지는 않았다. 원소가 자신을 중용해 주지 않자 군사를 이끌고 조조의 본영인 기주성으로 향하였다. 허유는 기주성에 다다르자 말채찍을 성문을 향해 치켜들고 조조의 아명을 불렀다.

"아만아! 네가 나를 얻지 않으면 어찌 원소를 감당하겠는가?"

조조는 당시 북방의 최고 실력자로서, 일반 사람들은 모두 그를 겉으로는 무서워하고 존경하는 어투로 대하였다. 그런데 허유에게서는 공손함이라고는 전혀 찾아볼 수 없었고, 게다가 조조를 향해 무례하게 아명으로 불러댔다. 그것은 대단히 오만한 행동이었다. 그러한 허유의 자극적인 행동에 주위 사람들은 모두 속이 불편하여 못마땅하게 쳐다보았다. 그런데 조조는 껄껄 웃으며 성문으로 나온 후 맨발로 뛰어나와 그를 맞이하였다. 그리고 그의 표정에는 전혀 노기가 서려 있지 않았고 태연자약하였다.

이러한 예들이 조조의 주변에서 발생한 것은 결코 특별한 상황이 아니었다. 허유도 어쩌면 조조의 드넓은 아량을 시험했었는지도 모르겠다.

자신의 부하에게 관용을 베푼다는 것은 일반적으로 비교적 쉬운 일이다. 하지만 자신에게 죄를 지은 인재에게까지 관용을 베풀 수 있는 사람은 드물다. 조조는 이러한 방면에 있어 가히 독보적이라 할 수 있다.

그러한 예는 여러 곳에서 찾을 수 있는데, 진림과 관련된 이야기도 그중의 하나이다. 진림은 하진何進 휘하에서 벼슬을 했던 인물이었다. 진림은 하진이 환관주멸을 도모하여 각지의 호걸들을 낙양에 모을 당시 이를 극렬히 반대했던 인물이었는데, 하진이 죽은 후 기주로 도망쳐 원소 밑으로 들어갔다. 서기 200년 원소가 전국에 보낸 조조 타도 격문을 쓴 이가 바로 진림이었다. 진림은 건안칠자의 한 사람으로 기록되는데, 이는 조조를 잘 만나 그렇게 된 것이다. 그는 바로 유명한 "필간자筆杆子"로 기억되는 인물이다. 관도대전이 시작되기 직전 원소는 진림으로 하여금 조조를 타도하는 격문을 쓰게 하였다. 진림이 당시에 쓴 격문의 내용은 지극히 자극적이었다. 그것은 바로 조조의 조상을 욕하는 내용이었다. 조조의 조부인 조등曹騰에 대하여서는 혹세무민하였다 하였고, 조조의 부친인 조숭曹嵩에 대하여서는 관직을 도적질한 간신이라고 묘사하였으며, 조조는 무도리하고 무도덕하며 탐욕스럽고 잔인하다고 묘사하였다. 조조는 이렇게 조상까지 욕보이는 굴욕적인 욕을 전해 들었다. 일반인으로서는 결코 용서가 안 되는 상황이었다. 이 후 진림은 원소가 패전한 후 조조에게 귀순해 왔다. 그러자 조조는 그렇게 자신을 욕보인 진림을 책망하지 않았을 뿐만 아니라 인재로 받아들였다. 조조는 진림으로 하여금 문서를 관장하게 하였는데, 훗날 조조 휘하의 문인 그룹인 건안칠자의 한 사람으로 거듭나게 하였다.

"필간자"라는 호칭은 진림의 전문가적 사실과 학술적 위치를 나타낸다. 재간이 뛰어났던 진림은 그를 알아주는 현명한 군주를 만나 자신의 재능을 더욱 발휘할 수가 있었다. 한 시대를 풍미하였던 영웅 조조는 그처럼 관대하고 너그러운 도량으로 인재를 대하였다. 조조같이 넓은 도량을 가진 이는 중국 역사적으로도 드물다. 조조는 드넓은 도량으로 많은 인재를 끌어들였으니, 그의 인생 역정에 인재가 모자랐던 상황은 없었다. 이는 유비 진영이 제갈량, 관우, 장비, 조자룡이 죽자 공황 상태에 빠졌던 점과 대비되는 점이다. 자신의 사리사욕과 무관하게 오직 국가 이익을 위하여 인재를 중용하는 조조의 곁에는 늘 수많은 인재가 모여들었다.

자신의 마음속으로 내키지 않아도 나라에 이익을 가져다줄 수 있는 인재라면 모두 등용하는 조조야말로 진정으로 재상의 배짱을 가졌다고 할 수 있다. 대부분의 군주들은 자신보다 능력이 뛰어나고 자신의 마음속에 내키지 않으면 중용은커녕 질투하거나 죽여 버리기까지 하였다. 그러나 조조는 재능이 있고 국가에 도움이 되는 인물이면 자신의 개인적 감정을 버리고 중용하였다. 또한 그들의 의견을 존중하여 재능을 마음껏 펼치게 하였다.

유비가 여포에게 패하여 조조에게 의탁했던 것은 다 아는 사실이다. 그 당시 조조의 수하에 있던 많은 모사들은 유비를 죽여 후환을 없애라고 권유하였다. 정욱程昱 또한 조조에게 "유비는 계속 남의 밑에 있을 인물이 아니니 빨리 그를 처단함이 좋을 듯합니다"라고 재촉하였다. 조조 또한 유비가 유약한 겉모습과는 달리 내면적으로는 대범한 인물임은 알고 있었고, 나중에 자신의 적이 될 것이라는 것도 짐작하고 있었다. 그리하여 자신의 의도를 숨기지 않고 유비에게 다음과 같은 말을 하였다.

"지금 천하에 영웅은 그대와 나뿐입니다."

조조는 당시 곤궁에 처한 유비를 죽이는 것은 대장부의 도리가 아니라고 생각하였다. 그는 부하들에게 곤궁에 처한 인재를 죽여 천하의 인심을 잃는 것은 영웅이 할 일이 아니라고 대답하였다. 조조는 유비를 예주목豫州牧에 임명시키고, 3천 병마와 많은 양식을 곁들여 그를 예주로 보내었다. 자신의 적수에게 그러한 대우를 할 줄 알았다는 점에서 조조는 타인과 비교할 수 없는 배포를 지녔었다고 말할 수 있다.

조조가 관대하다는 것을 가장 잘 알 수 있던 사건이 바로 관우를 놓아준 일이다. 조조는 관우를 놓아주면 자신이 매우 불리함을 알면서도 관용을 베풀었다. 관우가 내건 세 개의 조건에 따르면 조조는 관우를 계속 그의 곁에 머무르게 할 수 없었다. 그리고 관우가 당시 가려고 하는 곳은 바로 조조와 관도대전에서 맞붙은 원소의 진영이었다. 유비가 그곳에서 원소에게 의탁하고 있었기 때문이다. 만약 관우가 원소 진영으로 건너가 자신과 맞붙는다는 것은 조조에게 크나큰 손실임이 분명하였다. 조조는 일찍이 유비가 자신에게 위험한 인물임을 짐작하면서도 선심을 베풀었다. 그리고 또다시 관우를 풀어준다면 조조 자신에게 패배하여 원소에게 기탁하고 있던 유비에게 오른팔을 붙여주는 꼴이 되는 것이었다. 그럼에도 조조는 관우를 놓아준 것이다. 만약 조조가 당시 구실을 갖다 붙여 관우를 죽이고, 원소로 하여금 유비를 죽이게 하는 계책을 썼다면 삼국의 역사는 쉽게 바뀌었을 것이다. 그랬더라면 삼국 역사에 제갈량이란 인물도 등장하지 않았을 것이다. 어떤 이들은 당시 조조가 관우를 놓아준 것은 부하들에게 인기를 얻기 위한 조치라고 하는데, 그것은 잘못된 생각이다. 가장 중요한 원인은 인재를 아끼는 조조의 드넓은 아량이었다.

조조는 원소를 격파하고 원소의 큰아들 원담袁譚을 죽였다. 그리고 그의 목을 성문에 내다 걸고 어느 누구도 울지 못하게 하였으며, 이를 어기면 참수형에 처한다고 명령하였다. 그럼에도 불구하고 청주青州의 왕수王修는 통곡했다. 그러자 조조는 죽음을 두려워하지 않는 그의 충성심을 높이 샀다. 이번에도 조조는 왕수를 죽이지 않고 오히려 손님으로 청하여 접대한 후 그를 사금중랑장司金中郎將이란 관리로 임명하였다. 그리고 난 후 조조는 성심성의껏 왕수를 대하면서 어떻게 하면 원소의 나머지 두 아들을 공략할 수 있을지에 대하여 물어보았다. 그러나 왕수는 일체의 반응을 보이지 않았고 조조에게 어떠한 대꾸도 하지 않았다. 조조는 이에 화를 내지 않았을 뿐만 아니라 오히려 그의 충성심에 탄복하며 말하였다.

"과연 충신이로다! 하북에는 왜 이다지 인재가 많단 말인가! 안타까운 것은 원소가 그를 다시 중용할 수 없음이랴……. 만약에 그가 다시 살아나 왕수를 등용한다면 차마 그것을 어찌 보겠는가!"

자신에게 어떠한 태도를 보였든 간에 자신의 부하에게 용서와 관용을 보인 것은 역사적으로 흔한 일이다. 그런데 조조는 자신이 쓰려고 해도 쓰지 못한 인재들에게까지 존경과 관용을 나타내었다. 심지어 관우 사건에서처럼 호랑이를 호랑이 굴에 놓아주어 자신에게 화근을 만드는 일까지 자초하기도 했다. 중국 역사상 단지 조조 같은 대영웅만이 그렇게 대담한 일을 해낼 수 있을 것이다. "장군의 드넓은 이마에서 말을 탈 수가 있고, 재상의 넓은 배에서 노를 저을 수 있다"는 말이 있다. 이는 위인의 드넓은 아량을 나타낸 것으로서, 조조와 같은 인물의 사람됨을 나타내는 것이기도 하다. 조조는 그와 같은 도량이 있었기에 북방의 패주가 될 수 있었다. 진정한 군자 및 대장부는 덕량과 재능을 지녀야 한다. 진정한 대장부는 독毒으로 만들어지지 않으며, 독으로 세상을 다스리지도 않는다.

5. 우도소시牛刀小試—영웅을 논하는데 어찌 출신을 따지랴!

삼국 시기에 군웅이 할거하였고, 중원에서는 끊임없는 전쟁이 일어났다. 이러한 혼란한 형국에서 현명한 인재를 예의로 받아들이고 명장을 중용한 군주만이 살아남았다. 조조는 웅대한 꿈을 가지고 인재를 중시하였던 난세의 영웅이었다.

조조가 성공한 이유는 인재를 잘 등용하였기 때문이다. 그의 주위에는 각종 등급의 핵심적인 부하가 102명이나 있었다. 어떻게 그렇게 많은 인재가 조조의 주위에 집중될 수 있었을까? 그 수많은 인재들은 한 가지 척도로 판단을 못할 만큼 각자 장단점을 지니고 있었다. 또한 서로 간의 가치관도 제각각이었다. 조조에게는 백 갈래의 하천을 받아들일 수 있는 바다와도 같은 드넓은 아량이 있었기에 그러한 여러 종류의 인재를 모두 곁에 두고 포용할 수가 있었다. 조조는 여러 지역에서 온 여러 종류의 인재들을 자신의 주위에 두고 국가의 이익을 위하여 그들을 활용하였다.

동한 말기의 봉건 통치자들은 인재를 등용함에 있어 대부분이 가문과 품행을 우선 덕목으로 삼았다. 그에 따라 선비들에게 등급을 나누어 관직을 주는 것은 당시의 불문율이었다. 특히 당시에 외척과 환관은 두 개의 큰 파벌을 형성하여 서로 간의 권력 다툼을 하고 있었다. 인재를 등용함에 있어 능력은 무시되고 파벌이 중시되었다. 어떤 파벌이 정권을 장악하면 자신들의 파벌에 속한 인재들만 등용하고, 상대의 파벌에 소속된 인재는 일률적으로 배척하였다.

그와 반대로 조조는 널리 인재를 등용함에 있어 출신과 결점을 묻지 않았다. 상대방이 누구 밑에서 있었던 것도 상관하지 않았고, 그에 따른 공적도 따지지 않았다. 그리고 이전에 자신에게 해를 입혔던 과거도 묻지 않았고, 국가를 위해 이익이 될 것 같으면 자신의 인재로 받아들였다. 그리고 특정한 인재에 너무 많은 집착도 하지 않았다. 특별한 사정이 생겨 부하가 떠난다고 하면 할 수 없이 보내주었다.

조조는 용인술에 뛰어난 정치가라고 말할 수 있다. 그는 적벽대전에서 패배한 뒤 여러 차례 인재를 구하였다. "능력만 있으면 천거한다"는 실용적인 원칙을 세우고, 누가 오명을 날렸었더라도 웃음을 보이기만 하면 된다고까지 하였다. 심지어 인仁과 효孝가 부족한 인재더라도 치국용병에 능력이 있는 사람이라면 일률적으로 임용하였다. 촉나라가 인의의 유교를 바탕으로 나라를 유지하였다면, 조조의 위나라는 실용적인 법가 사상에 국가 정책의 기본 방침이 있었다. 훗날 명나라를 개국한 주원장(1328~1398년)도 조조의 사상을 본받아 "현명한 인재는 나라의 보배이다", "천하를 다스리는 것은 천하의 인재들이다", "군주가 정치를 잘하려면 현명한 신하가 옆에서 그를 도와야 한다", "현명한 인재가 없으면 나라를 다스림에 부족하다"와 같은 말을 남겼다. 바꾸어 말하면, 번창하는 시기는 반드시 인재가 필요하다는 의미와도 유사하다. 무릇 흥성하고 발달한 국가나 민족에는 필연적으로 인재를 끌어당기는 능력이 있다. 그리고 무릇 탁월한 영도자는 필연적으로 용인술에 강한 면이 있다.

허소許劭는 『후한서後漢書』에서 조조를 평하여 말하였다.

清平之奸賊, 難世之英雄.

태평성대라면 간사한 도적이 될 것이요, 난세를 만난다면 영웅이 될 것이다.

그러한 허소의 말처럼 조조는 난세를 만나 영웅이 되었다. 사실 그는 명문세가 출신이라고 볼 수 없다. 당시의 명문귀족들은 출신이 그다지 화려하지 않은 조조를 멸시하고 상대하지 않았던 적이 있었다. 이러한 사실들이 조조로 하여금 당시 전통적인 예법에 강렬한 반대를 하도록 하였을지도 모른다.

조조는 누가 뭐라고 해도 평소 소신껏 처신하였는데, 인재 선발에서도 오직 능력만을 우선시하고 권문세가와 귀족들을 경멸하였다. 조조는 황건적의 난을 진압한 이후로 여포, 원소 등을 제압하고 북방을 장악하고 나서 동남쪽으로 천하를 종횡하였다. 결국 그는 북방을 통일하고 일세의 패업을 이루었다. 그러한 과정에서 조조는 보통 사람들과 달리 출신 성분, 파벌을 따지지 않고 능력에 따라 인재를 쓰는 인본 사상을 실천하였다.

조조는 많은 인재를 선발하기 위하여 봉건덕행과 가문의 배경에 근거하는 기존의 인사 정책을 타파하였다. 그는 "유재시거唯才是擧(능력 위주의 인재 등용)"라는 인사 정책을 실시하였다. 그러한 원칙에 따라 서기 210년 봄, 천하에 『구현령求賢令』을 선포하였다. 조조는 그 포고문 서문에서 역사의 선례를 총결하면서, 자고 이래의 모든 개국 황제들은 반드시 현명한 인재를 얻었다고 기술하였다. 현명한 인재들은 때로 시골에 묻혀 중앙으로 나가려 하지 않아 기회를 못 잡는 경우도 있어 힘들게 초빙한 적도 적지 않았다. 조조는 이 점을 안타깝게 생각하였다. 조조는 아직 천하가 통일되지 않은 그 시점에서 인재가 간절히 필요하였다. 그는 각 지역의 인재들이 출신 성분과 빈천을 가리지 않고 발견되고 천거되기를 바랐다. 그리하여 그들에게 능력만 있으면 중용하려 하였다.

조조는 사람을 쓸 때 그릇 다루듯이 하였다. 인재라고 생각되는 인물은 어느 곳이라도 달려가 그릇을 가져오듯 소중하게 데려왔다. 그 일례로 서

서서徐庶에 관한 이야기가 있다. 서서는 유비와 동문수학한 사이로서, 유비 밑에서 조조를 격파하는 데 많은 공헌을 하였다. 조조가 형주 토벌에 나섰다가 번성전투에서 서서의 계책에 당하고 대패한 적이 있는데, 이때 조조는 적군의 뛰어난 지략가인 서서를 초빙하려고 결심하였다. 이때 정욱程昱이 나서서 서서가 매우 효성이 깊은 것을 알아차리고, 그의 어머니를 인질로 잡는 작전을 쓴다. 서서는 모친이 잡혀 있다는 정욱의 서신을 접하고, 유비에게 작별하고 곧장 허도로 달려갔다. 할 수 없이 조조 밑에 있게 된 서서는 그 후 어떠한 계책도 올리지 않고 지냈다. 그렇지만 그것은 조조에게 많은 이익을 주었다. 왜냐하면 서서가 유비 곁을 떠났기 때문에 촉나라로서는 뛰어난 전략가를 잃은 셈이 되었기 때문이다. 이처럼 조조는 목적을 위하여 수단과 방법을 가리지 않는 면이 있었다. 관우의 예에서도 보듯이, 조조는 관우에게 극성으로 대하였다. 관우가 유비 곁으로 갈 것을 짐작하면서도 혹시나 하는 생각에 많은 노력을 기울였다. 영웅은 출처를 따지지 않는다! 이것이 조조의 용인술이었다.

또한 조조는 가문과 파벌 등을 따지지 않았다. 그는 항상 출신과 상관없이 뛰어난 인재를 선발할 것을 주장하고 이를 실천하였다. 출신이 미약한 악진樂進을 절충장군折沖將軍으로, 우금于禁을 호위장군虎威將軍으로, 장료張遼를 탕구장군蕩寇將軍으로 각기 임명하였다. 악진 등의 인물들은 본래 조조의 하급 관리이거나, 그의 장사들에게 귀속되어 들어온 사람들이었다. 그러나 조조는 그들에게 지혜와 용기가 겸비된 것을 알아차리고 선발하여 중임을 맡겼다.

또한 조조는 합리적으로 인재를 임용하고 적재적소에 배치하였다. 이 점이 조조의 용인술에 있어 가장 뛰어났던 점이다. 그리고 한두 명의 인물에 의존하지 않고 여러 부류의 인재들을 널리 이용하였다. 유비는 제갈량에 너무 의존하였는데, 그것이 제갈량을 과로사하게 만들었다. 이 점이 유비보다 뛰어난 조조의 용병술이다.

예로부터 전해지는 "영웅불문출처英雄不問出處"라는 말의 의미는 영웅은 출신 성분과 가난함을 두려워하지 않는다는 것이다. 즉, 출신 성분과 상관없이 노력하면 대업을 이룰 수 있다는 뜻이다.

조조는 다른 봉건 영주들보다 광범위한 여론 형성과 실제 행동을 중시하였다. 현대적인 의미로 말하자면, 이론과 실천의 조화로운 결합을 추구하였다. 그의 전반기와 중반기 이후의 용인술에는 약간의 차이가 있었다. 전반기에는 실제 행동, 즉 실천을 중시 여겼다. 출신 성분의 귀천을 따지지 않았고, 자신과의 친분도 중시하지 않았으며, 과거의 오점도 따지지 않았다. 조조 자신을 욕보였든 칭찬하였든 상관하지 않았으며, 단지 능력이 있으면 때와 장소 그리고 수단을 가리지 않고 데려다가 이용하였다. 인재를 등용함에 있어 하나의 격식에 구애되지 않고 모든 이를 다 받아들였던 것이다. 중반기 이후에는 수중의 권력을 운용하는 데 중점을 두고 여러 부류의 인재를 끌어들였다. 조조는 권력 기간 동안 세 차례에 걸쳐서 "구현령求賢令"을 내렸다. 의식이 있는 인재들은 그러한 조조가 대위업을 이룰 수 있다고 판단하여 분분히 그의 집단 속으로 흘러들어 왔다. 조조의 그룹에는 문에 밝은 모사 집단과 무에 뛰어난 맹장들이 균형있게 조화를 이루어 발전해 갔다. 이와 대비하여 손권과 유비에게도 각기 뛰어난 문무백관이 있었지만, 질과 양에서 조조와 비길 데가 못 되었다. 유비와 손권도 사람을 뽑고 씀에 있어 적지 않은 세속의 편견을 극복하기도 하였으나, 전체적이고 개혁적인 측면에서 살펴보면 조조에게는 상대가 되지 않았다. 인재를 얻는 자가 천하를 얻는다는 관점으로 조조는 전국 각지의 많은 인재를 흡수하였다. 그리고 이전과는 전혀 다른 개혁적인 인사 제도를 시행하였다. 이러한 그의 흡인력으로 인하여 당시 전국에 흩어진 우세한 인재의 2/3 이상이 조조 곁으로 모여들었다.

조조는 도덕적인 표준의 수준을 낮추어 인재를 판단하였다. 그리하여 성현의 표준으로 인재를 판단하지 않고, 실용적인 입장에서 인재를 적재적소에 배치하는 원칙으로 일관하였다. 그 예로 관도대전에서 원소를 격파한 이후에 그가 보여주었던 사례가 있다. 관도대전에서 획득한 전리품 중에는 많은 서찰도 포함되었다. 그 속에는 조조의 조정대신과 장군들이 원소와 암통한 서찰도 들어 있었다. 당시 참모진에서는 양다리를 걸친 사람들을 색출해 처형하도록 권고하였다. 그렇지만 조조는 그 서신들을 불 질러 버렸다. 그리고 이렇게 말하였다.

"사람이 모두 신성할 수는 없다. 그리고 결점이 없을 수도 없다. 그들의 장점만을 취하고 과거의 과오를 용서한다면 많은 사람들이 나를 더욱 따를 것이다."

조조의 파벌에 속했던 사람들은 당연히 신상필벌과 신분에 따라 관리를 임명하라고 제청하였다. 그러나 조조는 자신의 원칙대로 가문과 품행에 거리를 두고 능력을 우선으로 하는 용인술을 지켜 나갔다. 이것은 하층 계급과 많은 평민들에게 문호를 개방하고자 함이었다. 그러나 조조가 신분을 중시하지 않았다 하여 귀족을 무시하기까지 한 것은 아니었다. 품행에 얽매이지 않는다 하더라도 인과 효를 무시하지는 않았다. 조조는 봉건시대의 통치자로서 사상 의식은 필연적으로 시대의 제약을 받게 마련이었다. 그는 출신이 미천한 사람을 임용하고 난 뒤에는 항상 귀족들에게 지지를 받을 수 있도록 노력하였다. 사마의는 본래 귀족 출신이었다. 그는 처음부터 실력만을 중시하는 조조가 마음에 들지 않았다. 그래서 조조의 부름을 받고도 병을 핑계로 관직에 나가지 않았는데, 조조의 끈질긴 협박에 가까운 부탁 때문에 할 수 없이 등원하였다. 효를 중시하면서도 과거의 전적을 따지지 않았던 대표적인 예는 앞서 나온 필심畢諶의 경우이다. 조조는 자신을 떠났던 필심도 능력만을 보고 다시 노나라 재상에 임용하였다.

출신을 따지지 않고 등용하는 유재시거 사상은 조조로 하여금 중원을 평정하게 하였다. 조조는 평생 현명한 인재들을 존중하였지만, 한차례 이를 어기고 큰 대가를 치른 적이 있다. 즉, 서촉西蜀의 신하 장송張松을 몽둥이로 난타한 사건이 바로 그것이다. 유장의 신하 장송이 위기에 빠진 익주를 구한다는 명분으로 조조를 만나러 떠나면서 서천西川의 산세와 지형, 군사 수까지 기록된 군사지도를 몰래 가지고 갔다. 사실상 익주를 조조에게 통째로 바치겠다는 계산이었다. 그 지도는 결국 조조가 아닌 유비에게 건네지며, 이를 계기로 유장은 몰락의 길을 걷게 되고 조조는 호기를 놓치게 되었다. 조조는 장송을 난타한 죄로 천혜의 땅 서촉을 유비에게 양도하게 된 것이나 마찬가지의 결과를 스스로 초래하였다. 조조는 그 일로 후회막급에 처하게 되었는데, 그러한 한 번의 인재에 대한 경시가 없었다면 제갈량의 천하삼분 논의는 환영幻影이 되었을 것이다.

장송이 사신으로 조조에게 간 때는 유종劉琮이 항복하여 조조가 이미 양양을 점령하였고, 뒤이어 유비를 쫓아버리고 강릉江陵까지 차지하였을 무렵이었다. 형주 지역의 인재와 무장들이 조조의 수하로 들어가던 시기였다. 큰 힘 안 들이고 형주 땅과 인재들을 손에 넣었으니, 조조의 기분은 이미 세상을 다 얻은 듯 한껏 부풀어 있을 때였다. 이런 때 장송이 사신으로 왔으니 그에게 관심을 가질 이치가 없었다. 그리고 조조는 장송의 외모를 보고 사람을 판단하는 실수를 저질렀다. 조조는 처음부터 장송을 전혀 볼 생각이 없었다. 그렇지만 유장이 미리 그의 형 장숙張肅을 보내온지라 장숙의 체면을 봐서 그 동생을 한번 만나주기로 한 것이다. 그런데 장송의 외모가 보잘것없어 아무 생각 없이 던진 첫마디에 장송도 부아가 나 말대꾸를 시작하니 두 사람 간의 대화는 처음부터 빗나갔던 것이다. 그리하여 서로 상대방에게 상처만 남겼는데, 조조는 그 한순간의 실수로 매우 큰 대가를 치러야 했다.

조조는 자신을 주공周公에 비겼지만, 세상 사람들은 그에게 간웅이라고 말하여 왔다. 조조가 주공과 같은 인물로 평가될 것인지, 아니면 간웅으로 계속 남을 것인지는 더 훗날 제대로 평가되어질 것이다. 조조는 조조 나름대로의 업적이 있는 것이다. 그는 천하통일의 꿈을 위하여 불철주야 노력하였다.

"술잔을 앞에 두고 노래하니, 인생을 살면 얼마나 살 것인가!"

인생의 황혼기에 접어들어서도 천하를 통일하지 못한 영웅은 비통한 감개에 젖어들곤 하였다!

"밝고 밝은 저 달빛, 어느 날에 수그러들까!"

"산은 높음을 싫어하지 않았고, 물은 깊음을 싫어하지 않았네. 주공은 입에 문 것을 뱉어가며 손님을 접대하여, 천하 인심 얻기에 온 힘을 쏟았네!"

그러한 태도에 어찌 천하의 인재들이 조조 곁으로 모여들지 않겠는가! 훌륭한 인재를 구하고자 열망하는 마음 끝이 없네!

英雄發穎在今朝
一試矛兮一試刀
初出便將威力展
三分好把姓名標
滾滾長江東逝水
浪花淘盡英雄
是非成敗轉頭空
青山依舊在
幾度夕陽紅
髮漁樵江渚上
慣看秋月春風
一壺濁酒喜相逢
古今多少事
都付笑談中
영웅들이 이 시대에 꽃을 피우며
창 한 번 써보고 칼 한 번 시험한다
첫 출전한 편장들이 위력을 떨치니
셋으로 나뉜 나라에 세 영웅이 드날린다
장강은 도도하게 동으로 흐르는데
거품처럼 사라져 간 숱한 영웅들

뒤돌아보니 그들의 옳고 그름, 성패가 한갓 꿈이로다!
청산은 의구한데
몇 번이나 석양이 붉게 물들었던고!
백발 성한 어부들은 낚싯대를 드리우고
늘상 세월 가는 것을 보는구려!
한 병의 탁주 병을 두고 기꺼이 서로 만나
하고많은 고금의 이야기를
술잔과 웃음 속에 부쳐 버리네!

조조의 발자국 소리는 이미 멀리 갔지만, 그의 용병술은 영원히 사람들 마음속에 남아 길이 전해질 것이다.

6. 많은 책략과 인재로 천하를 호령한 조조

소설 『삼국연의』 제13회에서는 조조와 원소가 관도에서 한 달여 동안 대치하는 상황을 묘사하고 있다. 조조는 군량미가 고갈되어 관도를 포기하고 수도인 허창으로 돌아가려 했지만, 막상 결정은 쉽지 않았다. 그래서 조조는 허창에 머물고 있던 순욱荀彧에게 해결책을 물어보았는데, 순욱이 이에 대한 답장을 보내왔다.

공(조조)께서 지금 관도에서 원소와 그보다 적은 수의 병력으로 대치하고 있는 걸로 알고 있습니다. 지금 당장은 병력과 식량이 부족하여 원소를 제압하기 힘들지만 기다리면 좋은 기회가 반드시 올 것입니다. 원소의 군대는 많지만 군법이 정비가 잘 되지 않아 실전에 약합니다. 하지만 공은 이와 달리 군대를 잘 정비하고 인재를 잘 쓸 줄 아는 장점을 지니고 있습니다. 지금 군대에 비록 군량미는 부족하지만, 초나라 항우項羽와 한나라 유방劉邦이 형양과 성고에서 싸울 때만큼 심각하지는 않습니다. 공께서 원소를 경계하고 지키면서 그들을 전진하지 못하게 한 지 벌써 반년이 지났습니다. 정세를 살펴보니 반드시 변화가 생길 것이고, 이는 바로 좋은 계략을 사용할 기회가 생기는 것이므로 그때를 놓쳐서는 안 됩니다. 계속 기다리며 형세를 살피는 것이 현명합니다.

그리하여 조조는 순욱의 의견대로 계속 버티기로 결심하였다. 그렇지만 계속 초조한 것은 군량과 병력에서 원소보다 절대적으로 열세인 조조 진영이었다. 마침 이때 허유許攸가 원소에게 불만을 품고 조조에게로 의탁해 왔다. 당시 조조로서는 천군만마를 얻은 기분이었다. 허유는 일단 원소의 군량미 창고인 오소를 치라고 권하였다. 이 소식을 전해 들은 원소는 매우 화가 나 일부 군대를 보내 오소를 지키게 하고 전력으로 조조를 총공격하였다. 그러나 조조는 약 올리기만 하면서 수성만 할 뿐 좀처럼 나와 싸우려 하지 않았다. 그사이 조조의 또 다른 부대는 오소를 급습하여 군량미를 불태워 버렸는데, 이 일을 계기로 원소의 군사들은 동요하기 시작하였다. 장합張郃이 조조에게 투항한 것을 계기로 조조군은 비로소 총공세로 원소군을 공격하였다. 2만여 명의 군사로 10만 명의 원소 부대를 물리쳤는데, 원소의 부대는 7만 명 이상이 전사하는 완패를 당하게 되었다. 관도대전에서 승리한 조조는 식량 부족 등의 이유로 남방의 유표劉表는 공격하였지만, 원소의 잔당을 소거하는 일은 소홀히 하였다. 이때 순욱이 다시 나서 계속 원소 부대를 공격해야 한다고 주장하였다. 조조는 다시 순욱의 주장을 받아들여 201년 4월 황하를 건너 북상하여 창정倉亭에서 퇴각하는 원소의 부대를 공략하였다. 조조는 그곳에서 그동안 계속 자신을 위협하였던 원소를 완전히 제압하게 되는데, 원소는 업성으로 도망갔다가 이듬해 5월 피를 토하고 죽게 된다. 이처럼 조조는 원소와 달리 참모들의 의견을 잘 들어주었다.

조조는 관도에서 대승을 거둔 후인 건안 11년(206년) 『구언령求言令』을 발표하였다. 이는 조조의 부대에서 발생하는 모든 문제점을 공개하고, 이에 따른 조치를 취하기 위함이었다. 당시에 선발된 인재들은 그 후 조조군이 여러 차례 전투에서 승리하는 원동력이 되었다. 건안 13년(208년) 조조는 적벽대전에 패배한 뒤에도 또다시 널리 인재를 구하고 군사들을 격려하였다. 건안 15년(210년), 19년(214년), 22년(217년)에 걸쳐 각기 『구현령求賢令』, 『칙유사취사무폐편단령敕有司取士毋廢偏短令』, 『거현물구품행령擧賢勿拘品行令』을 차례로 공표하였다. 조조는 그러한 칙령에서 허심탄회하게 인재의 중요성을 역설하고 다양한 인재를 모집하였다.

다음은 조조가 오환烏桓으로 북정을 떠난 때의 일이다. 많은 사람들이 그곳은 지역이 험난하고 길이 좋지 않아 성공하기 힘들다면서 조조의 북정을 반대하였다. 그러나 조조는 아랑곳하지 않고 건안建安 12년, 즉 서기 207년에 대군을 이끌고 오환을 정벌하여 일거에 20만여 명을 포로로 잡는 큰 전과를 올렸다. 이때 조조의 나이는 이미 53세였다.

조조는 비록 승리하였으나 그것은 매우 힘든 과정이었다. 과연 출발하기 전에 한 참모들의 말처럼 오환의 지형은 험난하였는데, 조조군은 도중 군량미가 부족하여 병마를 잡아먹기도 하였다. 귀환하고 나서 조조는 북정을 반대한 참모들을 모아놓고 상을 주며 말했다.

"과연 그대들의 말이 사실이었도다! 그대들은 나보다 더 고명하다. 내가 다행히 성공한 것은 하늘이 도왔을 따름이다."

조조는 비록 승리하였으나, 자만하지 않고 자신의 고집과 정보의 미숙함을 반성했다. 그리고 부하들에게 앞으로 더욱 대담하게 자신에게 귀한 의견을 제시해 달라고 주문하였다. 이것이 바로 조조의 하늘과 땅을 삼킬 만한 도량이 아니겠는가!

조조는 인재를 다루는 데 있어 매우 능수능란하였다. 부하들의 장단점을 잘 파악하여 그들을 적재적소에 배치하였다. 그리고 조조는 부하들의 부족함을 알아내면 격려하고 교육하여 그들의 장점을 살리고 단점을 보완하게 하였다. 인재들의 장점을 잘 활용하는 데 있어 조조는 일가견이 있었다.

"용인술의 중점은 그 사람의 단점을 줄이는 데 있는 것이 아니라, 그 사람의 장점을 어떻게 발휘시키는가에 달려 있다.*"

조조의 사촌 동생 조홍曹洪은 용맹하고 충성심이 강하며 전투에 능한 장수였다. 또한 공적도 탁월하였다. 그러나 그에게는 치명적인 약점이 있었으니, 재물을 탐하고 여자를 밝히는 면이 있었던 것이다. 그리하여 조조는 조홍을 중용하는 대신, 자신의 종친인 조휴曹休와 모사 심비尋毗를 파견하여 그의 참군參軍으로 임명시켰다. 그것은 조조가 조홍을 감시하고 그의 단점을 바로잡아 용맹한 장점을 발휘하게 하기 위한 조치였다.

조조군의 명장 하후연夏侯淵은 용맹하고 두려움이 없었다. 하후연은 마초와 송건宋建을 격파하고, 농서隴西 지역을 점거한 적이 있는 등 전쟁에서 공이 많았다. 그러나 조조는 그의 경솔하고 무모한 단점을 매우 걱정하였다. 하후연은 조조의 외가로 팔촌 정도 되는 사람이었다. 하후연의 의기는 남달랐는데, 젊었을 때 조조를 대신하여 옥살이를 한 적도 있었다. 하후연은 장수로서의 능력이 아주 빼어나 조조와 원소의 싸움인 관도대전에서 신출귀몰한 활약을 보여 그를 보는 사람마다 혀를 내두르게 하였다. 또 조조가 원소를 격파한 뒤 하후연에게 연주, 예주, 서주의 군량미를 관장하게 하였는데, 당시 군중에 식량이 모자라 병사들의 사기가 떨어질 때 하후연이 끊임없이 식량을 수송해 와서 군대의 사기가 다시 진작되는 일도 있었다. 하후연은 무용이 출중하고 물러설 줄 모르는 기개를 지녔다. 구름처럼 몰려오는 오랑캐를 보고 다른 장수들은 겁을 먹었지만, 하후연은 그대로 돌진해 상대방이 그 기세에 눌릴 정도였다. 또 포한과 송건이라는 자들이 반란을 일으켜 스스로 한왕이라고 하였는데 그 기세가 만만치 않았다. 조조는 하후연으로 하여금 여러 장수를 거느리고 나아가 그들을 치게 하였다. 하후연은 포위작전을 벌인 지 한 달 만에 송건의 무리들을 모두 참해하고 그 지역을 평정하였는데, 그러한 보고를 받은 조조는 하후연에게 후한 상을 내리고 치하하며 다음

---

*미국의 유명한 경영학자 피터 드러커Peter F. Drucker(1909~2005년)가 조조의 용인술을 보고 한 말

과 같이 말하였다.

"송건이 난리를 일으킨 지 30년이나 되는데, 하후연이 하루아침에 없애 버렸으니 무예가 누구도 따를 수 없는 경지에 올랐다."

하후연은 그렇게 남과 다른 기개와 용맹으로 많은 전투에서 혁혁한 공을 세웠지만, 조조는 하후연의 단점을 항상 경계하여 말했다.

"대장이 된 자는 상대방을 두려워할 줄도 알아야 하며, 자신의 용기에만 의지할 수는 없는 것이오. 대장은 마땅히 용기를 근본으로 삼아야 되지만, 행동으로 옮길 때는 지혜와 계책을 사용할 줄 알아야 한다. 만일 오직 용기에 의지할 줄만 안다면 일개 필부의 적수에 불과할 뿐이다!"

그렇게 조조가 우려하던 일이 실제로 벌어졌다. 하후연은 건안 24년(219년)에 양평관에서 촉군과 일전을 벌였는데, 자신도 위태로운 상황에서 동쪽 경계선을 지키던 장합張郃이 고전한다는 소식을 듣고 자신의 병사 중 반을 떼어 그곳으로 보내었다. 결과적으로 그렇지 않아도 위태롭던 하후연의 군대는 괴멸되고, 마침내 하후연도 황충에게 목이 달아나는 신세가 되고 말았다. 결과적으로 하후연은 조조가 우려한 대로 큰 뜻을 다 이루지 못하고 전사한 것이다.

조조는 북방의 근거를 공고하게 하기 위하여 지역의 경제 발전에 힘쓰기도 하였다. 그러기 위하여 군사적인 인물뿐만 아니라 각 방면에 정통한 인재들도 널리 중용하였다. 조조는 황건적의 난을 진압한 후, 황건적의 정예부대를 다시 정비하여 청주병青州兵이라 명명하고 자신의 무력 기반으로 삼았다. 병력이 갑자기 대량 증가하자 군량미 문제가 급선무로 대두되었다. 조조는 이때 그 문제에 대한 조지棗祗와 한호韓浩의 건의를 받아들여 둔전제를 실시하였다. 당시 황하 유역에 홍수와 전쟁의 영향으로 대량의 토지가 주인 없이 방치되고 있었다. 이에 대량으로 둔전 활동을 강화하였고, 농업에 밝은 임준任峻을 책임자로 삼아 그 지역을 개간시켰다. 몇 년이 지나자 다량의 농산물이 수확되어 군량미 창고가 가득하였다. 그러자 군량미 문제가 해결되었을 뿐만 아니라 동시에 백성들의 먹고사는 문제가 해결되었다. 『삼국지 · 두기

전杜畿傳』에도 이와 관련된 내용이 기재되어 있다.

> 두기杜畿는 지방을 다스리는 데 뛰어났다. 그리하여 조조는 그를 하동河東의 태수로 임명하였다. 두기는 과연 예상대로 하동에서 16년 동안 그 지방을 잘 다스렸다. 정치는 안정되고 경제는 발달하였다. 이것은 두기의 뛰어난 업적인 동시에 조조의 탁월한 인재 기용술이기도 하였다. 조조는 자신의 수하 인물들을 그들의 능력에 따라 적재적소에서 일하도록 배치하여 많은 효과를 거두었다.

조조는 인재를 기용함에 있어 여러 가지 의견을 폭넓게 수용하였다. 현대의 민주주의 원칙과 상통한다. 조조는 일이 잘못되면 그에 따른 탁월한 해결책과 대책을 신속하게 세우곤 하였다. 전쟁에서 패하면 즉각적으로 안정적인 조치를 취하여 피해를 최소화하였다. 여포에게 연주를 빼앗긴 때, 완성에서 장수 장군에게 습격을 당할 때, 적벽대전에서 참패를 당한 때 모두 조조는 최대한 빠른 시기에 형세를 안정시켜 정권이 하루아침에 붕괴되는 사태를 피하였다. 이에 비하여 유비는 어떠하였던가? 이릉전투에서 육손陸遜이 진영을 불사르자 혼비백산하여 백제성으로 숨어들어가 막 회복한 영토마저 모두 오나라에 넘겨주지 않았던가? 유비는 또한 패할 때마다 가족까지 버리고 혼자 도망치곤 하였다. 결과적으로 유비 본인이 스스로 분을 참지 못하여 죽음을 자초하였다. 이 두 진영의 모습은 확연하게 대비된다. 조조에게는 많은 참모가 있어 후속 대책이 빠른 반면, 유비는 오로지 제갈량과 같은 특정인에게만 의지하여 일을 망치곤 하였다.

지략적인 면에서 조조는 매우 뛰어난 인물이었다. 그렇지만 그는 국가의 대사가 있으면 많은 참모들을 불러 모아 중지를 모았다. 조조의 수하에 있던 참모들은 제각각 특징이 있었다. 순욱과 순유荀攸는 침착하고 중후하였고, 정욱程昱은 사람을 잘 판단하였으며, 곽가郭嘉는 기발한 아이디어를 잘 생각해 냈다. 조조는 여러 상황에서 그러한 여러 부류의 참모들의 의견을 수렴하였다. 조조의 참모들도 두려움없이 자신이 하고 싶은 의견을 소신껏 제출하였다. 많은 상황에서 여러 가지 의견을 모두 듣다 보니 결단성이 부족하다고 하는 견해도 있는데, 그것은 조조에 대하여 모르고 하는 말이다. 조조는 결정이 늦어지더라도 부하들에게 의견을 피력할 수 있는 자신감과 시간을 주었다. 그리고 최후로 가장 합당한 결론을 도출하여 실행하였다. 조조는 그 많은 참모들을 거느리고 가장 효율적이고 지혜로운 방법으로 통치하였다. 반면에 유비는 반드시 제갈량의 계책을 따라야 했고, 제갈량의 말에 복종해야 했으므로 다른 참모의 말을 들을 기회가 적었다. 이는 촉나라 말기의 인재 고갈 현상으로 귀착되었다. 문제는 유비가 조조와 달리 인재 양성에 소홀히 하였다는 점이다. 조조는 거병한 당초부터 여러 참모들과 뜻을 같이하였다. 조조는 많은 참모들의 특징을 하나하나 이해하면서 그들을 존중하고 신임하였다. 조조는 또한 종친과 외척 간의 모순도 잘 해결하는 등 수준 높은 인력 관리 능력을 나타냈다. 반면 유비는 마치 생명의 벼이삭을 주운 것마냥 제갈량과 소수 측근의 의견에만 따르고, 다른 모사들은 그다지 신임하지 않았다. 당시 촉나라에는 삼척동자도 다 아는 다음과 같은 속담이 있었다.

蜀中無大將, 廖化作先鋒.
山常無老虎, 猴子稱大王.
촉나라에는 대장감이 없어 요화와 같은 인물이 선봉에 서네!
호랑이 없는 산에서 살쾡이가 호랑이 노릇을 한다네!

이러한 속담이 생긴 것은 결코 이상하거나 우연한 일이 아니었다.

다시 관도대전에 대하여 언급하자면, 원소는 조조에게 반드시 패할 운명이었다. 원소가 용병술에서 조조의 적수가 되지 못하는 점이 가장 큰 참패의 원인이었다.

개인과 개인 간의 지혜에는 차이가 있다. 그런데 군중과 군중 간의 지력에는 얼마나 차이가 있을까? 화북의 운명을 결정지은 관도대전은 조조와 원소 간의 개인이 아닌 집단 간의 대결이었다. 서로 비교되는 것은 원소와 조조 간의 개인적 역량이 아니라 서로 간의 집단의 힘이었다. 원소의 집단이 조조의 그것보다 그렇게 열등하였을까? 아니다. 오히려 훨씬 강력했다.

관도대전의 과정에서 원소에게 많은 참모들이 계책을 내놓았다. 전풍田豊, 저수沮授, 허유, 장합 등은 진군 속도의 완급 조절, 적군의 교란작전, 하남 경제의 훼멸작전, 오소 방어작전 등등 많은 전략을 원소에게 주문하였다. 그러한 부하들의 계책을 하나만이라도 제대로 들었다면 원소가 그렇게 철저하게 무너지지 않았을 것이다.

조조의 승리는 혼자서 완성한 것이 아니었다. 순욱의 철저한 수성작전, 순유의 뛰어난 계략, 곽가의 기습작전, 조인曹仁의 원소 측면 공략작전, 하후돈夏侯惇의 수비 방어 대책 등이 없었다면 조조는 그렇게 쉽게 관도대전에서 승리할 수가 없었을 것이다.

이 두 라이벌 간에 지혜의 차이는 그다지 크지 않았다. 단지 효율적인 면에서의 차이가 있었을 뿐이다. 그 효율성을 조율한 것은 당연히 조조와 원소였다. 조조는 관도대전에서 혼자의 힘으로 승리한 것이 아니라, 수많은 전략들을 원소보다 효율성 있게 추진하였기에 대승할 수 있었던 것이다. 그 효율은 속도에 있는 것이 아니라 단체 역량의 발휘에 있었다. 조조에 비하여 원소는 개인적 고집이 강하였다. 그리하여 참모들의 계책이 유명무실하게 되는 경우가 많아 좋은 작전이 효율적으로 펼쳐지지 못하였다. 모사는 많았지만 결국 원소 혼자 싸우는 것과 같은 결과를 초래하였다. 이 같은 원소의 독단적인 처리에 맞선 조조군의 단체 역량은 우수하였다. 원소의 병력은 많았지만 결과적으로 한 사람의 지략으로 움직일 수밖에 없었다. 한 사람의 지략으로 어찌 여러 사람의 지략과 상대할 수 있겠는가!

많은 사람이 합심하면 대단한 위력을 발휘할 수 있다. 그리고 영도자는 겸허하게 충고를 받아들여야 부하들의 지혜를 발휘시킬 수 있다. 부하들의 사상이 활발하게 개진되고, 그들의 마음이 트이고 통하게 되면 서로 한마음이 되어 적을 물리칠 수가 있게 되는 것이다. 반대로 비민주적으로 군주의 독단이 전횡되면 그 조직 구성원의 재능과 적극성은 억압받게 된다. 그러면 인재들의 마음이 얼어붙게 되어 조직에서 이탈하고 도덕을 상실하게 된다. 조조는 진정으로 여러 사람의 의견을 모을 줄 알았고, 대중의 힘을 다스릴 줄 아는 영도자였다. 그는 자신의 주장만을 고집하지 않았고, 여러 사람에게 기회를 주고 그들의 계책을 수렴하여 성공을 이룰 수 있었다.

7. 조조는 미치도록 인재를 사랑하였고, 재능을 위주로 인재를 선발하였다

삼국 전쟁의 시기에 조조는 조그만 교위校尉라는 직위로부터 시작하여 동탁, 여포, 원술, 원소, 마등, 유표 등의 강대한 제후들을 차례로 소멸시켰다. 그리하여 그는 북방을 통일한 후 다음과 같은 말을 하였다.

"나는 천하를 삼십여 년을 종횡으로 누비며 수많은 영웅들을 물리쳤지만, 아직 강동의 손권과 서촉의 유비는 소탕하지 못하였다."

한편, 소설 『삼국연의』에서 유비는 인재를 중시하는 것으로 유명하다. 삼고초려의 일화는 현대에까지도 이름을 떨치고 있다. 그 반면 조조는 자신의 휘하에 있던 주부主簿 양수楊修를 죽였던 이유 등으로 인재를 질투하는 사람의 대명사로 여겨져 왔다. 그렇지만 진수의 정사 『삼국지』를 자세하게 읽어본다면, 우리는 조조가 인재를 중시함에 있어 유비보다 뛰어났음을 알 수 있다.

조조의 휘하에는 여러 명의 참모와 용맹한 장수들이 있었다. 용감무쌍한 장수로는 조인曹仁, 조홍曹洪, 하후연夏侯淵, 하후돈夏侯惇, 허저許褚, 전위典韋, 우금于禁, 장료張遼, 서황徐晃, 이전李典, 악진樂進 등이 있었으며, 모사로는 순유荀攸, 정욱程昱, 곽가郭嘉, 유엽劉曄, 만총滿寵, 여건呂虔, 허유許攸, 가후賈詡 등이 있었다. 조조에게는 어느 제후보다도 많은 인재가 있었는데, 조조가 전쟁에 승리할 수 있었던 것은 그러한 훌륭한 인재들에게 의존하였기 때문이다.

소설 『삼국연의』에서 조조가 기주冀州를 정벌한 후의 이야기를 나관중은 다음과 같이 기술하고 있다.

> 조조가 진심인 것처럼 원소의 무덤 앞에서 제사를 지내고, 울면서 두 사람이 기병할 당시 천하를 얻기 위한 쟁론을 회상하였다. 당시 조조는 "나는 천하를 지력智力에 맡기고 도로서 그들을 다스리면 가능하지 않은 것이 없다"고 하였는데, 지智는 모신謀臣을, 역力은 무장武將을 의미한다.

여기서 우리는 조조가 여러 영웅들을 제압하는 데 가장 중요하게 생각하였던 점이 인재였다는 것을 알 수 있다.

조조는 장강에서 연회를 즐기다가 밤낮으로 인재를 갈망하는 자신의 심정을 시로 읊었다. "산 높음을 싫어하지 않고, 물 깊음을 싫어하지 않는다." 조조는 그렇게 자신의 인재를 품을 수 있는 넓은 도량을 표현하면서 인재가 갈수록 많아지기를 희망하였다.

조조의 『구현령』은 비록 소설 『삼국연의』에서는 언급되어지지 않지만, 지금까지 널리 읽혀 내려오고 있다. 많은 사람들은 조조의 『구현령』을 보면서 고대 인재 사랑의 모범서로 여기고 있다. 때를 만나지 못하고 주인을 만나지 못한 인재들은 그것을 읽으며 자신의 신세를 한탄하여 왔다.

많은 사람들은 모두 유비의 인재 사랑을 익히 알고 있다. 유비가 관우와 장비에게 "형제는 수족이요, 처자는 의복과 같다"라고 한 것과 그의 삼고초려 일화는 지금까지 유명하다. 그러나 조조의 인재 사랑은 유비보다 결코 뒤지지 않는다. 특별하게 재능이 많고 충성스러운 인재에 대한 정감은 유비에 비하여 조금의 손색도 없다.

조조가 수차례 전위와 곽가 때문에 통곡한 아름다운 일화는 『삼국연의』에서도 묘사되어 있다. 이러한 것을 보면 우리는 조조가 인재를 미치도록 사랑하였다는 사실을 알 수 있다.

전위는 조조가 기병한 지 얼마 되지 않아 연주에서 투항한 장수였다. 그는 수많은 전쟁을 치르면서 구사일생으로 살아남은 무장이었다. 전위는 조조가 여포와 교전할 당시에 조조의 목숨을 두 번이나 구해주었다. 조조가 장수張繡와 맞붙은 완성전투에서 위태로움에 처했을 당시, 전위는 갑옷도 입지 않은 채 물러서지 않고 조조를 구하려다가 전사하였다. 당시 완성전투에서 조조는 아들과 조카도 같이 잃었다. 조조는 자신의 혈육을 잃은 것보다 전위를 잃은 것에 대하여 더욱 애통하여 직접 전위의 제단을 차리고 울면서 말하였다.

"나의 아들과 조카를 잃은 것이 전부가 아니다. 나는 지금 전위를 위하여 울부짖는다."

이듬해 조조가 그곳을 지나가다 갑자기 말에서 내려서 통곡을 하였다. 부하들이 영문을 몰라 하자, 조조는 작년에 이곳에서 전위를 잃었다고 말해주었다. 그리고 조조는 즉석에서 명령을 내려 전위에게 제사를 지내게 하였고, 직접 향불을 붙이고 울면서 절을 하였다. 조조는 먼저 전위의 제를 지낸 후 자신의 아들과 조카의 제를 올렸다. 이를 지켜본 장수들은 조조의 태도에 탄복하였다.

조조의 전위에 대한 태도는 남들에게 보여주기 위한 가식이 아니라 진심에서 우러나온 것이었다. 전위는 조조 수하 중에서 가장 용맹하였던 장수로서 조조를 도와 수많은 공헌을 하였다. 조조에게 전위의 전사는 크나큰 손실이었으므로 그에 대한 비통함을 짐작할 만하였다. 그러나 어쨌든 한 장수의 죽음을 아들과 조카에 비하여 더 크게 본 관점은 확실히 일반인에게는 볼 수 없는 것이었다.

조조가 인재를 아낀 또 하나의 예는 곽가의 이야기에서도 볼 수 있다. 요서遼西 지방을 정복하기 위하여 곽가는 전략을 세우고 조조와 원정을 떠났는데, 현지 풍토에 적응하지 못하고 병이 나서 마차에 드러누웠다. 이에 조조는 곽가에게로 가서 눈물을 흘리며 말하였다.

"나의 전쟁터를 평정하려는 과욕이 그대를 힘들게 만들어 병이 들게 하였다. 참으로 애통하다!"

조조가 개선하여 돌아가는 무렵에 곽가는 병사하였다. 조조는 친히 제를 지내고 관을 붙잡고 울부짖었다.

"봉효奉孝(곽가)의 죽음은 하늘이 나를 버린 것과 마찬가지이다. 운명이 참으로 얄궂구나! 우리들 가운데 가장 젊어 후사를 부탁하려고 한 곽가가 38세의 젊은 나이에 요절하다니 하늘이 무너지는 것과 같구나!"

조조의 그와 같은 행동은 좌우에 있던 대신들에게 충성심을 일깨워 주었다. 곽가는 죽기 바로 직전에 조조에게 마지막 계략을 남기었다. 조조는 그의 계략대로 실천하여 원소의 두 아들 원희袁熙와 원상袁尙을 소탕할 수 있었다.

조조는 두 적장을 물리치고 나서 곽가의 계략에 다시 한 번 탄복했다. 조조는 곽가를 향한 애통함에 슬픔을 참을 수 없어 문무백관에게 눈물의 제를 지내도록 명령하였다.

훗날 조조는 적벽대전에서 대패하여 남쪽으로 도망가다가 갑자기 대성통곡을 하였다.

"봉효(곽가) 생각에 애통하다! 봉효가 살았더라면 내가 이렇게 대패하지는 않았을 것이다. 애석하다. 봉효야! 오호통재라! 봉효야! 서글프다. 봉효야!"

조조의 인재에 대한 마음은 주공周公이 식사를 하다가 하찮은 선비가 찾더라도 씹는 것을 뱉어내고 맞이한 주공토포周公吐哺의 이야기와 같은 것이었다. 그리하여 조조의 주위에 모사는 구름과 같이, 무장은 숲과 같이 모여들었다. 그들은 모두 조조와 생사를 같이하기를 원하였다.

조조의 그러한 면은 현대의 관리자들에게 귀감이 될 만한 가치가 있다. 사업을 진행함에 있어 여러 가지 풍파가 닥친다. 이런 경우 진정으로 인재를 잘 활용해야 난국을 벗어날 수 있다. 진정함만이 인재들의 마음을 붙잡아 사업을 성공으로 이끌 수 있는 것이다.

조조의 인재에 대한 사랑은 여러 가지 감동을 불러일으켰다. 조조는 기주를 공략한 다음에 현지의 유능한 인물을 구하였는데, 당시 얻은 인재가 최염催琰이었다. 당시 조조는 자신에게 대하여 시종일관 무례하던 적장 최염을 구해주고 중용하기도 하였다. 그리고 조조는 주동적으로 자신의 사람들에게 예의를 갖추어 중용하였을 뿐만 아니라 적진의 인재까지 맞을 준비가 되어 있었다. 허저를 보자 위풍이 늠름하여 속으로 기뻐하였고, 서황을 만나자 태도가 당당하면서 은근히 기묘함을 갖춘 것을 칭찬하였다. 또한 가후의 유창한 달변에 반하였다. 그 후 조조는 여러 가지 방법을 이용하여 세상의 호걸들을 자신의 인재로 만들었다.

허유가 심야에 원소로부터 조조에게로 투항할 당시 조조는 이미 잠들어 있었다. 허유가 왔다는 소식에 조조는 신발 신는 것도 잊은 채 맨발로 뛰어나가 맞이하였다. 멀리서 허유가 보이자 박수를 치며 대소하였다. 그리고 허유의 손을 이끌고 군막으로 들어가 그에게 절을 하였다. 이러한 조조의 행동에 허유는 놀라는 기색을 하였다. "재상인 공이 평민인 나에게 어찌 이리 겸손하신가!", "자네는 나의 오랜 벗이 아니던가! 이 시점에서 무슨 지위를 따지겠는가!" 조조의 이러한 태도는 유비의 삼고초려에 비하여 손색이 없었다. 역사적 사실에 가공을 가미한 이야기이지만, 조조의 관우에 대한 예우는 많은 사람들의 입에 전해 내려지고 있다. 이는 인재를 사랑하는 아름다운 이야기로 천고에 전해지고 있다. 그 외에 조조가 관우를 대한 것같이 인재를 중시한 여러 가지 이야기들은 너무 많아 일일이 다 거론하기 힘들 정도이다. 조조는 믿음, 중용, 관대로써 인재를 대하였기 때문에 수많은 인재들이 그의 곁으로 다가설 수 있었다. 일국의 지도자로서 인재를 극단적으로 갈망한 점은 『구현령』의 내용으로도 충분히 설명할 수 있다.

조조가 인재를 아끼는 이유는 그가 바로 성공한 인재이기 때문이다. 능력을 가장 우선시하는 것은 인재를 볼 수 있는 천성에서 비롯되었다. 삼국이 정립한 당시 상황에서부터 인재 확보는 더욱 긴박한 일이 되었다. 삼국통일의 전쟁은 곧 인재 전쟁이었으며, 인재와 인재의 쓰임이 삼국을 제패할 수 있는 시대적 요구였다. 조조와 유비, 손권 중에 누가 가장 현명하게 인재를 등용했는가에 대해서는 의견이 분분할 수 있다. 하지만 여러 정황으로 보아 조조가 군사 지휘 능력, 임기응변이나 정부 체제 구축 능력 등에서 손권과 유비에 비하여 월등하였다. 그의 군사적 재능은 만능적인 수준이어서, 수많은 전쟁에서 승리하면서 북방을 평정하여 천하통일의 굳건한 기초를 다져 놓았다. 그의 전적 중에 진정한 참패는 적벽대전이 유일할 정도이다. 한중 일대에서의 패배는 패전이라 말할 수 없고 주동적인 후퇴라고 볼 수 있다. 철군하면서 그곳의 많은 백성들을 같이 이주시켰는데, 훗날 제갈량이 북벌하면서 병력과 인재의 부족을 가져다준 원인이 되었다. 그러므로 한중에서 조조는 유비에게 참패했다고 볼 수 없다.

조조는 인재를 다룸에 있어 책임을 추궁하는 태도를 보이지 않았다. 이는 인재를 포용하고 다루는 넓은 도량과 자신감에서 비롯되었다. 그는 자신의 도덕 원칙과 이익 원칙이 서로 상충하는 과정에서는 창조적인 영감으로 문제를 해결해 나갔다.

조조의 첫 번째 『구현령』은 건안 15년(210년)에 있었는데, 적벽대전 다음 해의 일이었다. 당시의 상황은 오나라 대도독 주유가 병사하였고, 유비는 남부 지역을 점령하고 형주에 근거지를 둔 시점이었다.

그 후 건안 19년(214년)에 조조는 두 번째 『구현령』을 공표하였다. 이때는 유비가 성도를 공략하고 사천 지방을 점령하여 삼국이 정립된 시점이었다. 당시 조조는 나이가 이미 63세에 이르렀지만 대업을 완성하지 못함을 근심하며 인재를 계속 구하던 시기였다. 그러나 조조가 이렇게 시대적 상황이 급박하였을 때만 인재를 구한 것은 아니었다. 집권 내내 능력 있는 인재를 모으는 일은 일관적인 사상이었다. 이러한 사상이 없었다면 어찌 일개의 도망 다니던 관리가 몇 안 되는 수족과 조그만 땅으로 성공하여 수많은 군웅들을 물리치고 북방을 통일할 수 있었겠는가?

조조는 특이하게도 적 진영에서 많은 참모와 장군들을 자신의 휘하로 끌어들였다. 정욱과 허저는 조조의 난세를 평정하는 명성과 전략에 이끌려 들어왔다. 그리고 조조는 곽가와 순욱의 뛰어난 실천력을 높이 평가하여 끌어들였다. 또한 만총滿寵과 동소董昭 등은 조조가 적진에서 포로로 잡아들인 인물이었다. 장료와 장합은 각각 여포와 원소 휘하에서 전투 중 조조에게 투항한 인물들이었다.

만약 조조가 인격적으로 매력이 없거나 배포가 작았다면 그들이 투항해 올 수 있었겠는가?

조조는 인재를 아꼈기 때문에 여러 사람들의 반대에도 불구하고 관우를 돌려보내 주었다. 그는 항상 인재에 대하여 깊은 동정심을 나타내었는데, 곽가나 전위에 관한 이야기는 독자들로 하여금 눈물을 흘리게 한다. 조조의 인재를 아끼고 동정하는 태도는 널리 인물을 구하는 데 도움이 되었는데, 맹장은 구름처럼 모여들었고, 모사는 비처럼 밀려들어 강대한 진영을 구축하였다. 수많은 인재들은 적지 않은 상대를 제압하고 천하를 평정해야만 했던 조조의 정치적 포부에 튼튼한 기초를 쌓게 해주었다.

평생 종군한 조조는 걸출한 문학가이자 시인이기도 했는데, 건안문학의 형성과 발전에 중요한 공헌을 하였다. 유명한 문학가인 채문희蔡文姬가 흉노족에 포로로 잡혀간 적이 있었는데, 조조는 사람을 파견하여 돈으로 대가를 치르고 그녀를 구해왔다. 이렇게 조조는 인재를 아꼈으므로 많은 문인들이 그의 곁으로 모여들어 중국 문학 사상 인재가 넘쳐 난 건안문학 시기가 출현할 수 있었다.

조조의 용인술에서 우리는 그의 인재 등용에 관한 방침을 살펴볼 수 있다.

초창기에 그는 순욱이 천거하는 방식대로 인재를 등용하였다. 순욱은 일찍이 남양의 하옹何顒으로부터 "왕을 보좌하는 재주를 가졌다"라는 칭송을 받았다. 인재를 알아본 조조는 순욱을 중용하여 모든 군사 업무는 그와 논의하였다. 후에 순욱이 천거한 인물들은 모두 능력이 우선시되었는데, 순유, 종요鍾繇, 진군陳羣, 희지재戲志才, 곽가, 두기杜畿 등이 그렇게 천거되었다. 특히 희지재와 곽가 등은 당시 사회에서 도덕적으로 문제가 될 소지가 있는 사람들이었지만, 능력 우선으로 선발되어 조조를 위하여 일을 하게 되었다. 당시에 희지재는 출신이 좋지 않았으나, 순욱의 천거를 받고 조조를 위하여 활약하다 젊은 나이에 요절하여 많은 공을 세우지 못하였다. 그가 죽자 순욱은 곧 그 후임으로 곽가를 추천하였다. 곽가(봉효, 170~207년)는 평소에 품행이 좋지 않다고 전해졌으나, 조조의 적극적인 신임으로 38세에 요절하기까지 많은 공훈을 세웠다. 곽가는 원소와 여포를 멸망시키는 데 일등공신 역할을 하였고, 오환족烏丸族을 섬멸시킬 때에도 주도적인 역할을 하였다.

조조는 인재를 능력에 따라 적재적소에 배치하였다. 순욱이 투항하자, 조조는 그의 능력을 곧 알아보고 크게 기뻐하였다. "그대는 나의 장자방張子房이로다!"라고 하면서 그를 곧 행군사마行軍司馬에 임용하였다. 장자방이 누구던가? 유방을 도와 항우를 물리치는 데 일등 공헌을 한 한나라 최고의 모사인 장량張良이 아니던가?

조조의 예측은 빗나가지 않아 과연 순욱은 장량과 같은 역할을 하였다. 서황과 곽가의 임용 또한 모두 그와 같았는데, 이와 유사한 예가 너무 많아 일일이 모두 거론할 수 없을 정도이다.

그래서 진수는 『삼국지 · 무제기武帝紀』에서 조조의 인재 배치에 관하여 다음과 같이 평가하였다.

> 漢末, 天下大亂, 雄豪併記, 而袁紹虎視四州, 彊盛莫敵. 太祖運籌演謀, 鞭撻宇內, 攬申, 商之法術, 該韓, 白之奇策, 官方授材, 各因其器. 矯情任算, 不念舊惡, 終能總御皇機, 克成洪業者, 惟其明略最優也. 抑可謂非常之人, 超世之傑矣.
>
> 한나라 말기는 천하가 크게 어지러워 영웅호걸들이 동시에 군대를 일으켰다. 그중에서 원소는 4주를 근거로 하여 호시탐탐 노리고 있었으며, 그의 강성함은 대적할 자가 없었다. 그러한 시기에 조조는 책략을 이용하고 계략을 세워 무력으로써 천하를 정복하였다. 조조는 신불해申不害와 상앙商鞅의 치국 방법

을 받아들이고, 한신韓信과 백기白起의 기발한 책략을 사용하였다. 관직은 재능에 따라 수여하되, 각기 그 사람의 그릇에 맞게 기용하였다. 용인술에 있어 조조는 자기의 감정을 자제하고 냉정한 계획에 따랐고, 옛날의 악행은 염두에 두지 않았다. 마침내 국가의 큰일을 완전히 장악하고 대사업을 완성시킬 수 있었던 것은 오로지 그의 명석한 책략이 다른 사람에 비해 가장 우수했기 때문이다. 따라서 그는 비범한 인물이며, 시대를 초월한 영웅이라고 말할 수 있다.

조조는 널리 인재를 구하기 위하여 여러 가지 계략과 수단을 가리지 않을 정도였다. 그는 인재를 아끼고 동정하였고, 능력 위주의 용인술을 썼다. 그리하여 많은 인재를 끌어들여 그들을 능력에 맞는 곳에 배치하여 인재들의 역량을 최대한 발휘하게 하였는데, 이는 조조의 역량과 권력을 증강시키고 통치적 기반을 공고하게 만들었다.

삼국 시기에는 인재가 무성하였는데, 각각의 영웅들이 뛰어난 인재를 구하고 잘 활용하는 것이 중요하였던 시기였다. 조조는 그러한 시기의 정치가이자 군사가로서 용인술에 뛰어났다. 그는 기존의 규격화된 인재 등용 방식에서 벗어나 능력 위주의 인사 정책을 폈다. 이러한 전략은 조조의 정권 유지와 권력을 공고히 하는 데 중요한 요소가 되었다.

조조는 능력을 위주로 인재를 선발하는 "유재시거" 사상을 무조건적으로 밀고 나갔다. 개인의 능력을 어떠한 원칙보다도 우선으로 삼았다. 당돌하고 예의에서 벗어난 인재라도 등용시킨 예는 아주 많았다. 명예에 오점을 남긴 인재, 도덕적으로 남들이 비웃는 인재, 이기적이고 탐닉한 인재, 처와 부모에 도리를 다하지 못한 인재 등도 능력만 있으면 조조의 부름을 받을 수 있었다. 예법을 중시하는 당시 사회에서 조조의 이러한 용인술은 특이한 것이었고, 시대적인 압박을 받은 것도 사실이었다. 명성을 중시하고 친인척을 중시하는 당시의 풍토에서 인재풀은 극히 한정적인 데 반하여, 조조의 능력만을 우선시하는 인재전략은 다른 영웅들을 제압할 수 있는 기반이 되었다.

8. 조조는 진정한 영웅이었다

소설 『삼국연의』는 한 편의 정의와 악의 싸움을 다룬 작품이라고 하는데, 유비는 정의의 상징이고 조조는 악의 축인 것처럼 잘못 묘사되어 있다. 사람들은 일찍이 조조를 난세의 간웅이라고 칭하는 데 습관이 되어 있다. 『삼국연의』에서 조조는 간사하고 교활하며 군주를 기만하고 조정을 능멸한 인물로 나타나고 있다. 나관중은 그의 작품에서 조조를 탐욕, 자만심, 음흉, 난폭함이 가득한 사람으로 묘사하여 독자들을 질식하게 만들었다.

나관중은 조조를 과대망상에 젖고 유아독존적인 간사한 사람으로 묘사하였고, 또한 파렴치한 인물로 세인들에게 기억되도록 만들었다.

소설 『삼국연의』는 성공한 작품으로서, 다양한 인물과 걸출한 영웅들의 종횡무진한 활약상을 생동감이 있게 표현하였다. 군사가는 군사가 나름대로 전쟁터에서 적을 물리쳤으며, 정치가는 그 나름대로 지략과 용맹을 다투었다. 또한 유세자遊說者는 그들 나름대로 뛰어난 책략과 계책을 쏟아내었다. 삼국은 무수한 영웅을 배출한 시기였다. 난세에 영웅이 나며, 영웅은 난세에 더욱 빛이 난다. 그렇지만 작가 나관중은 『삼국연의』에서 지나치게 촉나라에 주관이 편향되어 있다. 촉나라의 유비, 장비, 관우, 조자룡, 제갈량 등은 대담하고 지혜와 용기가 뛰어났지만, 조조와 주유는 사욕적인 지혜와 계략을 위하여 존재하는 것처럼 묘사하였다. 그렇다고 무조건 작자가 잘못하였다고 하는 것은 아니다. 소설을 더욱 생동감과 호소력이 있게 하기 위해서는 실록에 수정을 가미해야 목적이 달성될 수 있다는 점은 이해한다. 이것을 크게 비난할 수도 없는 일이다. 그렇지 않다면 서사문이지 소설이 아니기 때문이다.

『삼국연의』는 한 편의 소설로써, 그 나름대로의 주관적인 가치 편향이 있게 마련이다. 역사적인 사실에 여러 가지 각색이 가미되는데 선악이 구분되어진다. 통상적으로 악역에는 강자가, 주인공은 약자에게 돌아가야 독자들에게 동정심을 유발시킬 수 있다.

소설 『삼국연의』에서 조조는 고대 윤리학적으로 비난을 받는 사람이지만, 유비는 존경을 받는 인덕이 갖추어진 인물로 단정 짓는다. 그렇지만 정치 투쟁에서 선과 악은 존재하지 않는다.

고대 사회에서는 난세를 만나면 생존이 우선이고 백성은 차후의 일이었다. 부국강병을 위해 다른 나라를 수시로 쳐들어가야 하는 상황에서 도덕적이고 윤리적인 선과 악은 지금과는 의미를 다르게 해석해야 한다.

그러므로 조조를 간웅의 전형적인 인물로 간주하는 것은 불공평하다. 그렇게 불공평한 인식이 형성된 데는 원인이 있다. 일반적으로 중국 역사에서 북방에 수도를 정한 왕조는 조조를 승계한 서진과 사마염司馬炎의 진나라를 정통으로 여긴다. 반면 남방에 수도를 정한 왕조는 모두 유비의 촉나라를 정통으로 여긴다. 명나라의 초창기 수도는 남경이었다. 그러므로 명나라의 나관중은 남방의 유비를 정통으로 삼아 『삼국연의』를 집필하였던 것이다. 봉건 왕조에서 왕족과 성이 다른 인물이 왕권을 찬탈하는 것은 간신이라고 하였다. 조비는 한나라를 폐하고 위나라 호칭을 사용했기 때문에 부친인 조조 또한 명성이 좋지 않게 되었다. 나관중은 『삼국연의』에서 허소許劭라는 작품 중의 인물을 이용하여 이렇게 조조를 평가하고 있다.

"조조는 치세에 능한 인물이자 난세의 간웅이다."

이는 나관중이 조조에 대한 편견은 있지만, 조조의 능력은 인정해 주고 있는 셈이다. 치세라 함은 글자 그대로 태평성세를 의미하는데, 조조 같은 인물은 태평성세든지 혹은 난세든지 간에 역사적으로 지우기 힘든 족적을 남길 수 있는 인물이었다. 이는 무엇을 의미하는가? 우선 조조가 매우 능력이 있는 인물이라는 뜻인데, 그에 대한 어떠한 반대론자도 그 점을 인정하지 않을 수 없다. 조조의 사회에 대한 태도는 적극적이어서 전면에 나서기를 좋아하였고, 세상에 대하여 숨거나 뒤로 물러서지 않았다. 이러한 점은 제갈량이 조조를 따르지 못한다. 제갈량은 난세에 태어나 제후들에게 조언을 구하지 않는 사람이었는데, 태평성대에 태어났다면 무슨 일을 해냈겠느냐는 의구심마저 드는 인물이다. 사람이 훗날 영웅이 될 수 있는지는 영웅에 맞는 태도와 능력을 가졌는지의 여부로 판가름된다.

조조는 어릴 적부터 임기응변에 능하고 민첩하며 총명하였다. 사냥을 좋아하였고 종일 호탕한 생활을 하였다. 그러한 행동을 삼촌이 꾸짖자 거짓으로 병든 것처럼 행동하고 다녔는데, 그 후로 삼촌은 더 이상 조조를 간섭하지 않았다.

한나라 때 무제武帝가 각 군국에서 매년 효성스럽고 청렴결백한 사람을 뽑았는데, 조조는 불과 20세의 나이에 추천되었다. 50세가 되어 뽑혀도 늦지 않은 편이었지만, 조조는 정치적인 계산으로 젊은 나이에 효렴에 들었다. 20세에 효렴에 뽑힌 조조는 낙양북부위洛陽北部尉라는 관직을 제수받았다.

조조는 젊은 나이에 관리가 되면서 강직하고 편애하지 않는 태도를 취하였다. 미혹이 있으면 곧고 인정에 구애됨이 없이 공평무사하게 일을 처리하였다. 그는 오색곤봉을 여러 개 만들어 관청의 좌우에 각각 10여 개씩 두고 법을 어기는 자는 아무리 권세가 있고 귀한 사람이더라도 몽둥이로 그 죄를 물었다. 그리하여 조조를 무서워하여 감히 범법자가 나타나지 않을 정도에 이르렀다. 하물며 군주가 총애하는 신하의 죄도 가차없이 물었다. 그 시기에 조조는 군주가 총애하는 건석蹇碩의 숙부를 몽둥이로 때려 죽였는데, 이를 보더라도 그가 바라는 것은 탐욕이 아니라 선정임을 알 수 있다.

조조는 효렴을 통하여 관리가 되었고, 황건적의 난을 진압하면서 권력의 핵심으로 다가갔다. 당시 동한 왕조는 이미 멸망의 단계로 향하고 있었다. 외척과 환관은 전횡을 일삼고 군벌은 도처에서 할거하여 민생은 도탄에 빠져 있었다. 그 무렵 조조는 황건적의 난을 진압하면서 서서히 자신의 세력을 세워 나갔다. 그 과정에서 군벌 사이의 합병도 진행하면서 세력을 불려 나갔다.

간웅이라고 세간에 일컬어지는 조조는 그 시대의 가장 위대한 영웅이었다. 위선적이지 않고, 법에 근거하여 공정하게 나라를 다스리고, 능력 위주의 인재를 선발하였다. 조조가 일을 처리함에 있어 수단과 방법을 가리지 않고 민심을 고려하지 않았다고 하는 것은 잘못된 속설이다. 자고 이래로 큰일을 하는 사람이 작은 일에 얽매여 민족 전체의 안위를 생각하지 않는다면 이야말로 본말이 전도되었다고 할 수 있겠다.

『삼국연의』에 나오는 인심은 나관중의 주관적인 것으로서 진실과 거리가 멀다. 백성들은 평화롭고 전쟁이 없는 생활을 원하였고, 이전보다 더 나은 생활을 원하였다. 백성들 앞에서 위선적인 울음으로 위기를 모면하였던 유비보다 조조가 훨씬 백성들을 위하는 군주였다.

비록 조조는 의심이 많고 극단적인 인물이었지만, 삼국시대에서 가장 위대한 영웅이었다.

예로부터 독자들은 적벽대전에 대해서도 너무 많은 흥미를 가지고 있다. 하지만 조조가 원소袁紹와 싸운 관도대전도 그에 못지않은 전투였다. 적벽대전에서 장수들은 천문과 지리의 요인들을 잘 이용하였고, 그 위에 나관중의 필체가 더해져 신화나 전설적인 이야기로 자리 잡았다.

관도대전은 조조의 명성을 드높인 전투였다. 당시의 조조 진영은 병력과 물자가 부족하여 크나큰 곤경에 처해 있었다. 그의 상대는 당시 가장 권세가 강하였던 하북의 원소였다. 모든 방면에서 열세였던 조조에게 우연하게 좋은 사건이 발생하는데, 당시 원소의 참모인 허유가 조조에게 투항한 것이었다. 허유는 조조에게 앞으로 얼마나 버틸 양식이 있는가를 물었다. 조조는 1년이라고 대답하였다가 허유가 재차 묻자 6개월이라고 고쳐 말했다. 허유는 조조에게 영웅이라고 들었는데 직접 상대해 보니 그렇지 않다고 화답하였다. 그제야 조조는 허유의 귀에 대고 석 달 동안의 양식밖에 남지 않았다고 이실직고하였다. 이에 허유가 소매를 치켜 올리고 양식이 다 된 급박한 상황과 정세를 돌파할 수 있는 계책을 말하였는데, 그다음에 벌어진 일은 조조의 성격과 능력을 보여주는 대목이다.

조조는 크게 기뻐하고 조홍曹洪과 순유荀攸더러 군영을 지키라고 명령한 다음, 손수 5천 명의 군사를 이끌고 나갔다. 깃발은 모두 원소군의 것을 사용하고 말 울음소리가 들리지 않도록 입마개를 하고 한밤중에 출격하였다. 원소 진영의 순우경淳于瓊은 조조의 군사가 적게 보이자 진영을 나와 상대하였다. 조조는 이때 급하게 공격하였는데, 순우경이 진영으로 후퇴해 들어가자 조조는 그대로 진격하였다. 원소는 기병을 보내 순우경을 구해냈다. 조조의 군영에서 이렇게 진언하는 자가 있었다. “적의 기병이 점점 가까이 다가오고 있습니다. 병사를 분산시켜 그들을 감당하라고 하십시오.” 이 말은 들은 조조는 대노하여 말했다. “적이 등 뒤에 오면 다시 보고하라!” 이에 사졸들은 모두 필사적으로 싸워 적을 대파하고 순우경을 참수하였다. 조조는 원소군의 군량미를 모두 불사르고 죽인 병사만 천여 명에 이르렀다.

『삼국지 · 무제기』

이러한 상황을 보면 당시의 정황을 다시 한 번 생각하게 만든다. 한 나라의 삼군 통치자가 직접 선발대를 이끌고 밤에 적진을 향해 습격하였다? 이러한 일은 아마 중국 5천 년 역사 중에 찾아보기 힘든 일일 것이다. 그러하니 병사들이 어찌 죽을힘을 다해 싸우지 않을 것이며, 또한 어찌 승리를 하지 못할 것인가?

관도대전은 조조에게 북방의 지위를 공고히 하고, 아울러 더 나아가 중국을 통일하는 기초를 세우게 만들었다.

관도대전을 돌이켜 보자면, 이는 완전한 계략의 성과였다. 허유의 반역은 이미 예견된 일이었다. 원소의 '자만에 가득하고 남의 의견을 무시' 하는 성격은 타인의 의견을 받아들일 수 없었다. 원소는 일이 잘못되면 남에게 죄를 씌우기 일쑤였다. 전풍田豊이 그러한 예로 원소에게 당하였다.

비록 조조는 중국을 통일하지 못하였고, 전란을 마무리하지 못하였지만 그의 중국통일에 대한 공헌은 지대하였다. 그에 비하여 초인적인 지혜로 많은 사람들로부터 존경을 받는 제갈량은 중국통일의 역사 발전에 방해가 되었다는 의구심을 떨쳐 버릴 수가 없다.

전쟁에 관한 이야기는 덮어두더라도, 조조는 정치, 경제, 문화 방면에서 누구도 따라올 수 없는 많은 성과를 남기었다. 둔전제는 군량미를 해결하였을 뿐만 아니라 수많은 백성들의 식량 문제를 개선시켰다. 그리고 둔전제는 많은 황무지를 옥토로 개량하게 하여 후세들에게 좋은 일을 남겨주었다.

비록 조조는 황제라는 칭호를 못 받아보고 죽게 되지만, 그가 남긴 업적이 중국을 통일하게 만들었다고 봐야 한다. 삼국통일의 역사는 실질적으로 조조의 손에 의해 이루어졌다는 점에 대해서는 의심의 여지가 없을 것이다.

조조를 평가함에 있어서 정치와 군사적 재능 이외에 그의 문학적 재능을 무시할 수 없다. 진정한 영웅이란 업적 이외에 인간적인 매력과 탁월한 개인적 능력이 필요하다. 조맹덕(조조)이 바로 그러한 사람이었다. 문단에 있어 그는 건안문학建安文學을 창시하였고, 무공武功은 한 편의 천하를 열었다. 이러한 조조는 진정한 영웅이었다.

조조와 그의 두 아들 조식, 조비는 역사상 "삼조三曹"라고 함께 일컬어진다. 그들의 문학은 생명 의식이 있어 후대 문인들에게 많은 영향을 끼쳤다. "삼조" 중에 조조가 의심할 여지없이 가장 뛰어났는데, 그의 두 아들은 어느 방면에 있어서나 부친의 재능을 따라잡을 수 없었다. 조조의 시는 주로 고대

악부시樂府詩의 정수를 취하였고, 그 위에 기세가 드높은 문풍文風을 창조하였다.

전해지는 조조의 시는 그리 많지 않지만 영향력은 대단하다. 그의 『관창해觀滄海』, 『귀수수龜雖壽』, 『단가행短歌行』, 『호리행蒿里行』 등은 모두 천고에 남을 좋은 작품들이다.

동쪽으로 갈석에 이르러 창해를 바라보니
물결이 갑자기 출렁이고 산 섬은 우뚝 솟았네
수목은 빼곡히 자라고 온갖 풀이 우거졌는데
가을바람 쓸쓸히 불고 큰 파도 용솟음치니
해와 달이 오고 감이 마치 그 속에서 이뤄지는 듯하네!
그 얼마나 다행한가! 노래 불러 그 뜻을 읊노라!

『관창해』

신령스러운 거북이는 비록 장수는 하나 필경 죽는 날이 온다
하늘을 나는 뱀은 구름 타고 하늘로 비상한다고 하나 끝내 흙이 되고 말거늘!
늙은 천리마는 엎드려 있어도 마음만은 천 리를 내달린다
영웅은 늙어도 포부는 그대로이네
인간 수명은 하늘 뜻에 달린 것만은 아니라네
기쁨으로 얻은 복은 영원하리
이 한없는 즐거움을 노래로 읊어보리!

『귀수수』

돌이켜 보면 한나라도 20대가 지나면서 정성으로 소임을 다하지 않는 자들이 나타나는구나!
원숭이가 관복 입은 꼴로 아는 것도 적고 모략에만 능하구나
군왕은 우유부단하고 사냥에만 빠져 있네

흰 무지개가 해를 관통하니 재앙이 찾아올 징조로다

역적의 무리가 국권을 잡고 국왕을 죽이고 수도를 멸망케 하네!

분탕한 짓은 광무제의 터전을 없애 버리니 종묘에 제사조차 하지 않는구나

어가는 서쪽으로 옮겨가고 사람들은 울며 따라가는구나!

지금 낙양의 성곽을 바라보고 있자니 은의 패망을 슬퍼한 미자微子와 같은 심정이로다

『호리행』

이렇게 수많은 명작 속에서 우리는 당시 조조의 심정을 느낄 수 있다. 조조 부자가 이룬 "건안칠자"는 의심할 여지없이 당시 문화의 대표라고 할 수 있다. 옛 사람들은 "위진시대의 인물과 당나라 말기의 시"를 풍류의 대표라 할 수 있다고 말하는데, 여기서 위진시대의 인물이란 대부분 조조와 관련된 인물이라고 할 수 있다.

난세를 살아간 조조는 분명 고독하면서도 강인한 인물이었다. 내심은 고독하면서도 감성이 풍부하였다. 그리고 그의 사상과 감정은 어떤 사람보다도 뛰어났다. 그의 초월성은 보통 사람들이 이해하기 힘든 것이었다. 조조는 영웅적 재질을 갖추어 힘든 싸움에서도 제왕의 기초를 닦았고, 시름 속에서도 생명 극한의 비애를 몸소 체험하였다. 그러한 와중에서 망망한 우주 속을 살아가는 인생의 미약함과 가련함을 느껴 주옥같은 작품을 남겼으니 사람들에게 감동을 줄 만하다.

조조는 충실한 신하로 지낸 것이 아니라, 철학자 니체가 말하는 강인하고 진실한 인물로 살아갔다.

조조는 한나라 왕실에 반역을 꾀하지도 않았고, 주 문왕文王이 주왕紂王에게 했던 행동의 범위를 넘지도 않았다.

그가 아니었다면 헌제獻帝는 제후들에게 일찍 살해되었을 것이다. 노신魯迅 선생은 조조를 평가하면서 "사실 조조는 매우 탁월한 능력을 지닌 인물로서 최소한 영웅이라 칭할 수 있다. 나는 비록 조조의 일당이 아니지만 그를 존경하지 않을 수 없다"라고 하였다.

조조는 어떠한 난관에도 굴하지 않았던 영웅이며, 명분이 정당하고 사리에 맞는 사람이었던 것을 인정하지 않을 수 없다. 그에게는 호기가 있었으며, 담력과 식견이 뛰어났다. 그리고 지혜와 용기를 겸비하였으며, 주도면밀하고 생각이 원대하였다.

조조는 밑바닥에서 일어나 혼자의 능력으로 전쟁에서 혁혁한 공을 세우니, 그의 세력을 누구도 감당하기 힘들었다. 조정에서 그는 "천자를 받들어 모시고 천하를 다스린다"라는 기치를 내걸고 계획대로 차근차근 권력의 핵심에 접근하였다. 조조는 휘황찬란한 업적을 세웠는데, 바로 위나라 개국이라고 할 수 있겠다.

다른 사람들이 기회만 엿보는 동안에도 조조는 극소수의 병력으로 직접 동탁을 토벌하였다. 당시의 상황은 계란으로 바위를 치는 격이었는데, 그 두려움이 없고 늠름하며 죽음을 두려워하지 않는 정신은 세상 사람들을 놀라게 할 만하였다.

조조가 군사를 이끌고 유표와 원소를 물리쳤을 당시에도 그 위세는 당당하였다. 하지만 그도 패전을 겪었는데, 그때마다 자신을 반성하며 실패의 원인을 찾았다. 삼군을 잘 살피며 다른 장수의 건의도 잘 받아들여 결국은 승리를 이루어냈다. 그는 훌륭한 선비를 모시는 도리를 실천하였고, 그 시대에 인재가 근본이라는 것도 알았다. 이런 사람을 두고 영웅이라고 말할 수 있지 않겠는가!

조조를 영웅이라고 하는 원인에 다음과 같은 것들이 또 있다.

첫째, 그에게는 뛰어난 정치 감각과 기교가 있었다. 군웅이 각축하던 당시 무명인 조조의 건의는 매번 묵살당하였고 심지어 업신여김을 당하였다. 그러나 그는 끝까지 포기하지 않고 황제의 주위에서 맴돌았다. 하진과 동탁이 권력을 잡고 있었지만, 조조는 권력의 중심에서 떠나려 하지 않고 그것을 향해 서서히 나아갔다. 동탁이 전횡을 일삼아 잠시 권력의 중심에서 떨어져 있었지만, 조조는 곧 황제 곁으로 돌아갔고, 천자를 받들며 제후를 호령하는 시기를 열었다.

둘째, 인물과 시국에 민감하게 대처하였다. 유비를 초청하여 그의 드러내지 않은 내심을 향해 영웅이라고 표현한 일을 보면 알 수 있다. 이런 점에서 원소나 원술은 조조와 비길 바가 못 된다.

셋째, 굴신(몸을 굽히는)할 수 있는 성격을 가졌다. 조조는 현명한 인재는 물론, 심지어 적에게까지 존중하는 태도를 취하였다. 조조를 독선적이라고 비난하는 것은 옳지가 않다. 다만 초기에 여백사呂伯奢 사건 후에 자신을 따르던 진궁陳宮을 떠나가게 했던 점은 논란의 여지가 있다.

삼국시대의 난세에서 조조는 비록 간교하고 계략이 다양하였다는 평가를 받지만, 영웅의 재능을 지니고 있었다. 조조는 지혜와 용기를 겸비한 걸출한 정치가이자 군사가, 시인이라고 말할 수 있다. 비록 그의 출신은 비천하였지만, 영웅은 출신을 따지지 않는다! 그는 난세의 영웅이었다.

총괄하자면, 조조는 역사적으로 보기 힘든 대영웅이었다.

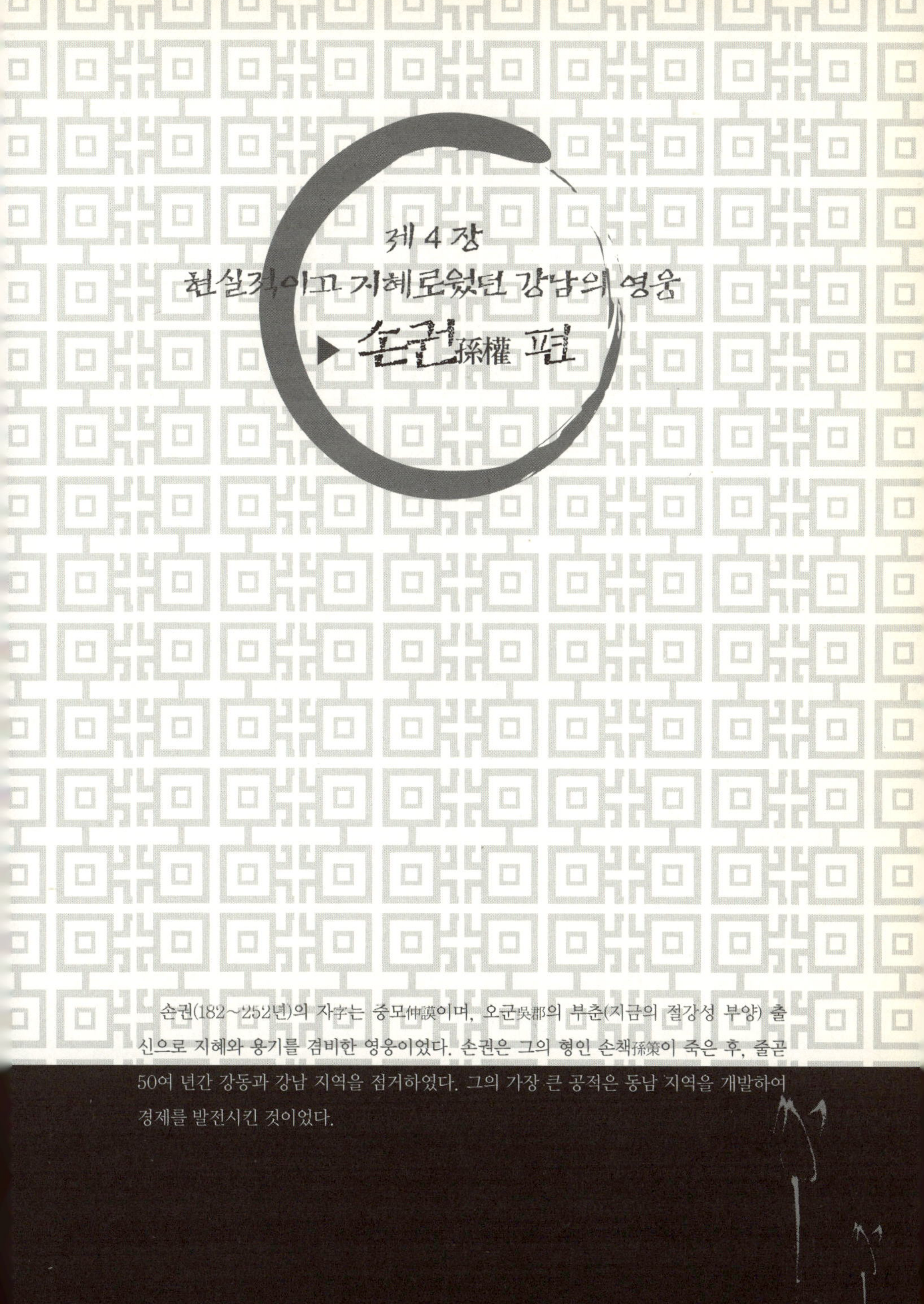

제 4 장
현실적이고 지혜로웠던 강남의 영웅
▶ 손권孫權 편

손권(182~252년)의 자字는 중모仲謀이며, 오군吳郡의 부춘(지금의 절강성 부양) 출신으로 지혜와 용기를 겸비한 영웅이었다. 손권은 그의 형인 손책孫策이 죽은 후, 줄곧 50여 년간 강동과 강남 지역을 점거하였다. 그의 가장 큰 공적은 동남 지역을 개발하여 경제를 발전시킨 것이었다.

1. 지략과 판단 능력이 뛰어났다

❖손권

손권은 어릴 때부터 부친과 형을 따라 여러 전지를 돌며 견문을 넓혀갔다. 손권은 독서를 매우 좋아하여 역사와 문학 등 각 방면의 지식을 습득하였고, 천성이 낙관적이고 관용적인 인물이었다. 부친이 전사한 후에 손권은 손책에게 뛰어난 전략을 여러 차례 제시하였다. 이에 손책은 매우 기뻐하며 늘 자신의 동생인 손권을 칭찬하였고, 15세에 불과한 손권에게 한 개의 현을 맡겨 관리하게 하였다.

서기 200년에 손책은 자객에게 살해되었다. 그는 죽기 전에 당시 18세였던 손권을 장소張昭에게 맡기면서 동생에게 이와 같은 말을 하였다.

"강동의 군사들을 이끌어 영토를 넓히고 천하의 호걸들과 겨루어 중원을 도모하는 데 있어 나의 능력이 너에게 미치지 못한다. 그리고 인재를 다루는 데 있어서도 내가 너보다 부족하다. 지금 대임은 너의 어깨에 있으니 부디 스스로 노력하여라!"

손책은 26세라는 젊은 나이에 그렇게 죽음을 맞았다.

18세에 불과하던 손권이 권좌를 이어받자 오나라의 정권은 매우 불안정해졌다. 오나라는 당시에 이미 강동6주를 통치구역으로 하였지만, 완전하게 안정된 상태가 아니었다. 게다가 손책마저 급사하니 많은 이들이 새로운 군주를 찾아 떠나 버렸다. 이러한 시기에 장소와 주유는 힘을 합쳐 손권을 보필할 것이라 여러 사람들을 설득하였다. 손권도 그들의 기대에 어긋나지 않는 행동을 보였다. 그러자 정권은 급속도로 안정을 되찾았다.

손권은 다른 영웅호걸에 비하여 비교적 독특한 인물이었다. 다른 삼국의 영웅들과는 달리 스스로 일어서지 않고 부친과 형을 계승했다는 점에서 개척력은 약간 뒤떨어진다. 그러나 삼국 시기에 부형을 계승한 인물들 중에 손권만이 성공하여 훗날 조조마저도 감탄할 정도였다. 이는 훗날 사마씨 집안의 본보기가 되었다.

손권은 비록 형인 손책을 계승하였지만, 두 사람의 개성은 완전히 달랐다.

손책의 성미는 불과 같았다. 그는 격정적으로 행동하며 강동 지역을 호령하고 천하를 다스렸다. 그에 반하여 손권은 얼음과도 같았다. 손권은 모든 것을 내면에 감추고 냉정하고 심오하며 깊이있는 태도를 지녔다. 그는 분란한 세상에서는 냉정한 생각만이 가장 정확한 결정을 내릴 수 있다고 판단하였다.

손권이 영웅이 될 수 있었던 것은 지략과 판단력이 뛰어났기 때문이었다. 그의 자字는 중모仲謀였는데, 임기응변과 결단의 능력을 지니고 있었다. 그리고 깊이 생각한 후에 결정하는 책략이 뛰어났는데, 이는 모두 그의 이름에서 나타나는 특징이기도 하다. 이는 손권이 명실상부한 인물이라는 것을 증명한다.

정치인들 중에는 이론적인 형세 분석과 계략에 뛰어나 많은 해결책을 제시하는 사람들이 있다. 그러나 그러한 사람들은 임기응변과 결단, 실행에 옮기는 능력이 부족하여 실전에서는 약해지고 결단력이 부족해지기도 한다. 그들은 이론에 비하여 실천 능력이 모자라는 부류이다.

반면에 어떤 정치인들은 기회를 포착하는 데 강하여 일단 기회가 오면 과감하게 실행한다. 그들은 일단 결정을 하면 조금의 망설임도 없이 즉시 실천에 옮긴다. 그들의 단점은 복잡한 형세를 분석하는 능력이 모자라고 한쪽에 치우치는 급작스런 결단을 자주 한다는 것이다. 이들은 실천보다 이론에 약하다.

그런데 손권은 위의 두 가지 장점을 두루 지녀 정책을 결정하고 실천에 옮겼다. 이는 현실적으로 매우 힘든 일이었다. 오나라는 삼국시대에는 힘이 강하지 못한 국가였지만 가장 오랜 시기 동안 명맥을 유지하였다. 이는 손권의 50여 년간의 통치와 밀접한 관계가 있다. 손권은 비록 매우 어린 나이에 집권하였지만, 뛰어난 능력을 발휘하여 군사적인 중대한 실패를 하지 않았다. 그래서 그를 매우 성공한 정치인이라고 평가할 수 있다.

국가에 중대한 일이 닥치면 부하들은 통치자에게 많은 의견을 제출한다. 이때 통치자가 어떤 의견을 받아들여 제때에 합리적인 결정을 하는지에 성공의 여부가 달려 있다. 이러한 방면에서 손권의 능력은 특출하였다. 조조가 대군을 이끌고 적벽에 도착하였을 당시, 노숙은 서둘러 제갈량과 함께 손권을 만나 조조의 병력과 아군의 병력을 비교하고 대책을 논의하였다. 그리고 조조군의 장기전에 따른 불리한 요인과 수중전에서의 약점을 파악하고 그에 따른 전략을 제시하였다. 손권은 노숙의 계책이 괜찮다고 판단하고 대신들을 불러 조회를 소집하였다. 이때 조조가 서신을 보내왔는데, 자신의 80만 대군으로 강동의 세력과 자웅을 겨루자는 내용이었다. 그러한 조조의 위협에 내부의 인심은 동요하여 왕실과 백성의 안위를 위하여 투항하자는 의견이 많았다. 당시 가장 영향력을 지닌 장소 또한 항복을 주장하였다. 그러나 손권은 이에 굴하지 않고 조조와의 일전을 결정하였다. 그 결과 손권은 적벽대전에서 조조군에게 승리하여 삼국 정립의 국면을 형성하였다. 만약 당시에 손권이 다수의 의견을 받아들여 투항하였다면 삼국의 역사에서 오나라는 빨리 막을 내렸을 것이다. 그처럼 통치자의 결단력은 중요한 것이다.

2. 겸손하게 처신하였다

손권은 또한 시세에 순응하여 큰일을 위해서라면 일시적인 치욕을 참을 줄 아는 인물이었다. 그는 위, 촉 두 나라에 각기 다른 책략을 사용하여 좋은 효과를 보았다. 손권의 굴신하는 자세는 장기적인 이익을 위해 일시적인 굴욕을 참는 것으로서 일종의 현명한 방법이었다. 일시적인 굴욕을 참지 못하면 자신의 웅장한 뜻과 포부를 펼치지 못하는 경우가 많다. 이것은 운동선수가 목표를 향해 힘찬 도약을 하기 전에 몸을 웅크리고 전신의 힘을 축적하는 것과 마찬가지인 이치다. 손권은 그러한 도리를 잘 파악하고 있었다.

적벽대전에서 오촉 연맹이 승리하여 조조가 물러간 후에 손권은 강동 지역을 보전하였고 유비 또한 생존의 기반을 마련하였다. 이와 동시에 그들에게 하나의 과제가 남게 되었는데, 바로 형주 문제였다. 형주는 삼국 모두에게 가장 중요한 전략적 위치를 지닌 민감한 지역이었다.

적벽대전이 끝나자 손권과 유비는 전리품을 나누기 시작하였다. 유비가 손권에게 서주목을 권하자, 손권은 유비에게 형주목을 제안하였다. 그러나 자존심이 강한 주유는 결코 강릉 지역을 유비 수중에 넘기려 하지 않았다.

이것은 마치 나중에 관우가 형주를 손권에게 넘기지 않았던 도리와 같았다. 2년여가 지나도 주유는 여전히 강릉을 넘기지 않아 유비를 곤란하게 만들었다. 이에 유비는 위험을 무릅쓰고 친히 손권을 찾아갔다. 이때 주유와 여범呂範 등은 손권에게 유비의 위험성을 알렸지만, 노숙은 도리어 손권에게 형주 땅을 유비에게 빌려주라고 건의하였다.

결국 손권은 노숙의 의견을 따랐는데, 그것은 현명한 선택이었다. 비록 명목적으로는 형주 지역을 양보하는 것 같은 형국이었지만, 실제로는 유비를 전쟁터의 최전선에 보내 조조와의 소모전을 치르게 하고자 하는 의도가 깔려 있었다. 전진을 위한 일보 후퇴였다. 이러한 일시적인 굴욕은 장기적인 이득을 위한 것으로서 영웅적인 행동이었다.

손권은 형주 문제에 있어 인내심을 가지고 대처하였다. 손권은 215년에 여몽呂蒙을 파견하여 형주의 삼군 지역(장사, 영릉, 계양)을 점령하고 유비와 형주를 양분하였다. 그리고 217년에는 노숙이 죽자, 여몽으로 하여금 육구 지역에서 관우에 대항하게 하였다. 219년에는 위나라와 연합하여 관우를 제거하였다. 그 후 손권은 줄곧 굴신하는 자세로 위나라를 자극하지 않았고, 유비와의 이릉전투를 승리로 이끌었다. 조비가 오나라를 통제하려고 손권에게 아들을 인질로 보낼 것을 요구하자, 손권은 그제야 단호하게 위나라와의 관계를 정리하였다.

형주를 빼긴 유비는 관우의 복수를 위하여 오나라를 공격하였다. 이때 손권은 위나라의 협공을 피하기 위하여 조비에게 많은 금은보화를 건네었다. 그렇게 손권은 굴신이 필요할 경우 대신들의 반대를 무릅쓰고 실천에 옮겼는데, 그것은 대사를 그르치지 않기 위한 가장 현명하고 지혜로운 행동이었다.

3. 현실적이고 실천적인 대세관을 지녔다

손권은 굴신할 줄 알았을 뿐만 아니라 배포도 크고 견식이 원대한 인물이었다. 손권은 넓은 안목으로 정세의 큰 흐름을 잘 읽어 뛰어난 전략으로 작은 것으로부터 큰 것에 이르는 업적을 개척해 나갔다.

손권이 강하에 머물던 황조黃祖를 공격할 때의 일이다. 당시 손권의 부장 능조凌操가 황조의 부하인 감녕甘寧의 화살에 맞아 전사하면서 승리를 거두지 못하였다. 그 후 손권은 황조와 감녕의 관계에 모순이 있어서 감녕이 오나라에 투항하고 싶어도 망설인다는 정보를 입수하였다. 이때 손권은 즉시 방법을 써서 감녕을 자신의 수하로 끌어들이며 지난날의 원한은 묻지 않았다. 이처럼 손권은 자신의 정치적 목적을 위해서는 대세를 중요시하고 개인적인 과거의 원한은 고려하지 않았다. 손권은 설사 자신의 부하가 자신에게 개인적인 원한을 품고 있더라도 국가의 장래를 위한 일이라면 용서하고 협력을 구하였다. 결국 감녕은 황조를 물리치고 오나라를 위하여 큰 공을 세워 손권의 기대를 저버리지 않았다.

손권은 조조와 유비와의 관계에 있어서도 대세를 중요시하여 모든 행동에 명확한 전략 관념을 드러냈다. 손권은 세력이 가장 강력한 조조에게는 예의보다는 무력으로 맞섰고, 형주 문제에 있어서는 유비에게 무력보다 예의를 우선시하였다. 손권은 적벽대전이 끝난 뒤 철수를 망설이는 조조에게 위협적인 서신을 보내 그들을 철수시켰다. 그리고 손권은 조조와 결탁하여 관우가 지키던 형주를 공격할 당시에는 먼저 사람을 보내 관우에게 정략결혼을 제의하였다. 관우가 만약 자신의 제안에 동의한다면, 조조와의 약속을 깨고 관우와 함께 조조를 공격할 심산이었다. 그러나 관우가 결국 손권의 제안을 거부하면서 모욕적인 언사를 늘어놓았는데, 이는 결국 손권으로 하여금 관우를 공격하는 결심을 굳히게 만들었다.

손권은 조조와 적벽대전을 치르고 난 후에도 수십 차례 전투를 벌였는데, 줄곧 직접적인 군사 대결의 방식으로 문제를 해결하였다. 그러한 반면에 유비와의 형주 문제에 있어서는 줄곧 평화와 외교 수단으로 문제를 해결하려고 노력하였다. 손권은 여러 차례 노숙을 유비에게 파견하여 의견을 타진하였고, 나중에는 유비를 가두면서 미인계까지 써보았다. 아울러 관우를 달래기도 하였고, 제갈근諸葛瑾과 제갈량의 형제 관계를 통하여 형주 문제를 해결하려고도 하였다. 손권은 이릉전투가 끝난 후에는 적극적으로 제갈량과 양국의 관계 개선을 도모하였고, 제갈량의 사후에는 후주 유선에게 자신은 결코 이전의 동맹관계를 파기할 뜻이 없음을 알리기도 하였다. 여기에서 우리는 손권이 자신의 눈앞의 이익만 추구하였던 인물이 아니었음을 짐작할 수가 있다.

손권은 주도면밀하고 생각이 넓으며 지략에 능한 효웅이었다. 그리고 그의 목표는 명확하였고, 배포가 크고 뜻이 원대한 위인이었다.

4. 현명한 인재관을 지녔다

손권은 부하들과 정으로 군신관계를 맺어 형제처럼 대하였다. 손권은 평소 주유와의 관계를 군신 사이가 아닌 혈육의 정으로 생각하였다. 여몽이 아파서 누웠을 때, 손권은 방해가 될까 봐 창문에 구멍을 뚫어 병세를 살폈다. 손권은 또한 대신들과 어울려 허물없이 술을 마시기도 하였고, 대신이 자신의 수염을 만지고 싶다고 하면 즉시 허락하기도 하였다. 그리고 손권은 의견이 뛰어난 인물이 있으면 과거의 전력을 따지지 않고 흔쾌히 받아들였다. 그렇게 인화를 중요시한 손권에게 많은 사람들이 충성을 다짐한 것은 당연한 일이었다.

손권은 노숙의 재능을 알아보고 장소의 반대를 무릅쓰고 자신의 신변에 두었고, 주유가 전사하자 곧 노숙을 도독으로 임명하였다. 노숙은 전략적인 통찰력에 있어서는 오나라 제일의 인물이었다. 그리고 노숙은 촉과의 주전파가 우세한 오나라에서 손권의 화친 전략의 대변인 역할을 자임하였다.

여몽은 사병에서 장군으로 출세한 입지전적인 인물이었는데, 이것은 전적으로 손권의 도움을 받아 이루어낸 성과였다. 손권은 배우지 못한 여몽에게 문화적 소질과 병법을 전수하여 필부에서 삼군 통솔자로 이끌어주었다.

손권은 주유에게는 너그럽게, 노숙에게는 관용으로, 여몽에게는 가르침으로 각각 대하여 오나라의 기반을 공고하게 하였다. 이러한 오나라의 주요 인재들은 손권을 도와 황조를 격파하고, 적벽대전과 이릉전투를 승리로 이끌었다.

손권은 인재를 잘 알아보고 적재적소에 배치하였고, 인재 양성에 힘써 그들의 부족한 점을 보충시키고 능력을 재고시켰다. 손권의 뛰어난 인재관은 다음과 같이 몇 가지로 요약할 수 있다.

1. 인재를 받들고 존중하고 적극적으로 그들의 의견을 받아주었다

손권은 주유의 추천을 받아들여 노숙을 자신의 심복으로 받아들였고, 노숙의 주장을 대부분 받아들여 오나라의 발전 전략으로 삼고 진행하였다. 조조가 남침을 강행하자 손권은 오나라 신하들은 물론 촉나라 모신들의 의견도 종합적으로 받아들여 조조군에 대처하였다.

2. 일단 인재를 믿고 기용한 후에는 의심하지 않았다

오촉연맹이 파괴되고 유비가 결전을 준비하자, 손권은 제갈근을 성도로 파견하여 유비와의 관계 개선을 도모하였다. 이때 장소 등이 나서 제갈근의 변절을 두려워하고 손권의 결정을 반대하였다. 그러나 손권은 제갈근에 대한 무한한 신뢰를 드러내면서 여러 신하들을 안심시켰다. 과연 제갈근은 제갈량과의 형제의 정보다 손권과의 군신 관계를 우선시하는 외교 활동을 끝까지 견지하였다. 손권의 그러한 신하에 대한 신뢰감을 주는 용인술은 오나라에 성공을 가져다주었다.

3. 일단 부하를 신뢰하면 전권을 맡겼다

손권은 조조군과의 결전을 결심한 후 주유에게 군사상의 모든 권한을 일임하였다. 그리고 유비군이 오나라를 공격할 당시에는 경험이 많지 않은 육손陸遜에게 전권을 맡기고 모든 이의 복종을 명령하였다. 그것이 바로 주유와 육손이 적벽대전과 이릉전투에서 각각 대승을 거두게 되는 가장 중요한

요인이었다.

4. 부하들의 요구를 만족스럽게 받아주었다

감녕은 황조를 물리치고 손권에게 큰 공을 세웠다. 그 당시 손권이 생포된 황조의 도독인 소비蘇飛를 참수하려 하자, 감녕이 나서 자신의 은인이었던 소비를 살려달라고 애원하였다. 그러자 손권은 그 자리에서 즉시 감녕의 부탁을 받아들여 소비를 사면하였다. 또한 노숙이 전쟁에서 승리하고 돌아오자, 손권은 직접 말에서 내리며 마중하였다. 그런 후에 그러한 손권의 행동에 부족함을 표시하며, 국왕의 마차까지 요구하는 당돌한 노숙의 부탁에 손뼉을 치며 좋아하였다. 그렇듯 부하들의 여러 가지의 요구를 허물없이 받아들일 줄 알았다.

손권은 인재를 받아들임에 있어 격식에 구애받지 않고 능력을 우선시하여 여러 분야의 인재를 얻었다. 그렇게 함으로써 부하들에게서 여러 가지 전략을 얻어 가장 좋은 성과를 나타내었는데, 그것이 바로 손권이 50년 이상(200~252년) 집권할 수 있었던 가장 중요한 요인이었다.

5. 오만한 태도를 버리고 상대방의 의견을 존중하였다

손권은 허심탄회하게 타인의 의견을 듣고, 겸손하게 상대방의 의견을 받아들일 줄 아는 인물이었다. 손권은 당시의 다른 통치자와는 달리 권력을 부형에게서 물려받은 상태였다. 그럴 경우 자칫 잘못하면 구관들과의 관계가 어려워질 수도 있고 통제하기 힘든 상황에 처해질 수도 있었다. 손권은 그러한 문제를 두 가지 방법으로 해결해 나갔다. 즉, 여러 사람의 의견을 두루 수용하고, 겸손한 태도로 상대방의 의견을 듣고 자아비판도 마다하지 않았다. 손권은 신하들의 직언을 허심탄회하게 받아들였는데, 그러한 태도는 부하들에게 많은 의견과 전략을 제출하도록 만들었다.

손권이 오왕에 등극한 후 군신들을 초대하여 연회를 벌였다. 연회가 막바지에 다다르자 손권은 일어나서 대신들에게 건배를 청하였다. 그때 우번虞翻이라는 대신이 술에 취하여 행패를 부렸다. 이에 손권은 매우 화가 나서 칼을 뽑아 들고 그를 죽이려고 하였다. 그러자 유기劉基라는 신하가 술에 취하여 그릇된 행동을 할지라도 재능이 있는 인재를 함부로 해쳐서는 안 된다고 간청하였다. 그러자 손권은 더 이상 화를 내지 않고 우번을 용서하였다. 그리고 대신들에게 말하였다.

"앞으로 설령 내가 술에 취해 또다시 살인을 저지르려 한다면, 내 명을 따르지 말라!"

이러한 예는 고대의 통치자에게서는 찾아보기 힘든 일이다.

또한 손권은 자신의 잘못을 인정하면 지체없이 진지하고 철저하게 자신을 비판하였다. 합비전투에서 손권은 구원병을 일부러 받아들이지 않아 대장인 송겸宋謙이 전사하고 결국 패배하고 말았다. 그러자 손권의 부하인 장굉張紘이 적군을 너무 경시했다는 이유를 들어 손권을 비난하였다. 이에 손권은 자신의 실책을 인정하고 공개적으로 사과를 하였다. 이는 일국의 통치자로서 용기있는 행동이었다.

다음은 또 다른 하나의 일화이다. 손권이 무창에서 문무백관과 더불어 흥겹게 술을 대취하도록 마시고 신하들과 더불어 아무런 격식 없이 어울렸다. 이에 손책 때부터 중책을 맡아온 장소는 매우 심기가 불편해졌다. 장소는 현장에서 손권을 질책하는 것은 군왕에 대한 도리가 아니라 생각하고 화가 나서 자리를 떴다. 손권은 사람을 시켜 장소를 급히 불러들이고 조용하게 연유를 물었다. 그러자 장소는 군왕의 체통을 지키라는 따끔한 질책을 하였다. 이에 손권은 아무런 말 없이 곧바로 연회를 중지시켰다. 손권은 그렇게 겸손한 인물이었다.

6. 말년에는 아둔하여 시비를 가리지 못하였다

손권은 대권을 이어받았을 때부터 줄곧 인재를 잘 기용하고 여러 사람들을 단결시키며 국가를 발전시켜 나갔다. 당시 손권의 영도력은 지금의 국가 지도자들이 본받을 만한 것이었다. 그러나 노년에 들어서면서 영웅의 기개는 없어지고 판단력이 흐려지기 시작하였다. 이러한 점들은 오나라 내부 모순들을 더욱 복잡하게 만들어 당쟁이 격렬해지고 폭정이 나타나게 되었다. 그 후로부터 오나라의 정권은 쇠락기에 접어들기 시작하였다. 손권은 무창에 있던 수도를 건업(지금의 남경)으로 이전하며 스스로 운신의 폭을 좁히는 일을 자초하였다.

전반기의 손권은 조조에 비길 만한 뛰어난 용인술을 보여주었다. 무명의 여몽을 발굴하여 형주를 수복하였고, 서생 출신인 육손을 중용하여 유비의 수십만 대군을 물리쳤다. 그처럼 탁월한 실력을 보여준 손권이 말년에 접어들면서 의심이 많고 아둔한 군주로 성격이 변해갔다. 그러한 구체적인 예를 들어보자.

손권은 경솔하게 공손연公孫淵의 술책에 넘어갔다. 당시 요동 지역을 관할하던 공손연이 사신을 보내 손권의 부하가 되기를 자청하였다. 당시 손권은 부하들로부터 황제에 오르기를 권고받을 때여서 공손연의 그러한 부탁에 매우 기뻐하였다. 이듬해 봄, 손권은 장미張彌라는 신하로 하여금 수많은 병사들과 귀중한 금은보화를 지니고 요동으로 들어가게 하여 공손연을 연왕으로 추대하였다. 손권의 그러한 행동에 대부분의 대신들은 반대하였다. 신하들은 손권에게 오나라를 이용하여 조조에게 대항하고자 하는 공손연의 불손한 의도에 속지 말라고 간청하였다. 그러나 손권은 그러한 신하들의 의견을 무시하였다. 장소 또한 손권의 행동이 못마땅하여 병을 핑계로 두문불출하였다. 과연 손권은 공손연에게 속임을 당하였다. 장미가 이끄는 일행들은 요동 지역에 들어가자 곧바로 살해되었고 귀중한 재물들은 모두 빼앗기고 말았다.

또 다른 사건은 태자인 손화孫和를 폐한 일이다. 손권은 황제로 등극한 후 장자인 손등孫登을 태자로 삼았다. 서기 241년 손등이 죽자, 이듬해에 손화를 태자로 정하였다. 그런데 그 후 태자인 손화가 동생인 손패孫覇와 당쟁을 벌이자, 서기 250년에 손화를 태자 자리에서 물러나게 하고 서민으로 강등시켰다. 그와 동시에 8세에 불과하였던 손량孫亮을 태자로 삼았다. 이러한 일들은 오나라 정권의 내부 혼란을 불러일으켰다.

손권은 말년에 의심이 많아져 관리들을 감시하는 기능을 지닌 두 개의 관직을 신설하였다. 즉, 교사校事와 찰전察戰이라는 관직이다. 이로 인하여 육손, 오찬, 주거 등 많은 관리가 무고한 피해를 입었다.

서기 252년 4월, 손권은 71세의 나이로 건업의 황궁에서 병사하였다. 지금의 남경 장릉에 묻혔으며, 묘명은 태조 익대황제謚大皇帝이다.

삼국시대의 위대한 영웅 손권은 강동을 호령하며 좋은 정치를 펼쳤으나, 나이가 많이 든 말년에 아둔해진 점이 아쉬울 뿐이다.

제5장 삼국의 명장 재고再考

영웅 인물은 역사, 민간, 문학이라는 세 가지 형상을 갖추고 있다. 소설과 역사를 통해 역사 인물의 형상은 이미 사람들 마음속에 격식화되어 있다. 진정으로 객관적이고 정확하게 역사 인물을 평가하려면 민간 형상과 문학 형상만을 따지지 말고, 일정한 역사 자료에 대하여 심도 깊은 분석과 평가를 해야 정확한 결론을 도출해 낼 수 있다.

1. 관우關羽—인신人神의 실체

❖관우

삼국시대의 명장 관우의 용맹은 고금을 통하여 인정받고 있다. 관우의 역사적 지위와 민심 중의 형상은 영원하여 많은 세월이 지났음에도 변함이 없다. 관우는 용맹보다 유비에 대한 충성심 때문에 더욱 인기가 높은데, 이런 충정은 "도의道義"라고 해석된다.

그렇지만 나관중의 소설에서 관우를 너무 과대 포장한 면이 있다. 사서의 자료를 참조하여 판단하자면, 관우는 그렇게 역사적으로 으뜸을 차지할 정도의 인물은 아니었다. 사실 그는 비록 용맹하였으나, 거칠고 경솔하였으며, 배포가 작고 중요한 이치를 몰랐다. 진수는 『삼국지 · 장비전』에서 관우를 "병사들에게는 잘대해 주나 사대부들에게는 교만하였다"라고 평하였다. 그의 실패는 성격 결함에서 나타났다고 할 수 있다. 그의 성격적 결함은 유비가 오호대장군(관우, 장비, 조자룡, 마초, 황충)을 임명한 시점에서부터 엿볼 수 있다.

유비가 한중왕에 올랐을 때, 비시費詩를 파견하여 관우에게 오호대장군에 임명되었음을 알렸다. 관우는 오호대장군에 황충이 포함된 사실을 듣고 매우 격분하였다.

"장비는 나의 아우이며, 마초는 훌륭한 장수이다. 조자룡 또한 오랫동안 형님이신 주군을 따랐다. 그러므로 나의 아우라고 할 수 있다. 그러므로 그들이 나와 함께 오호대장군에 임명된 것은 수긍이 간다. 그렇지만 황충이란 자가 어찌 나와 동급일 수 있는가? 그러한 직함은 받아들일 수 없다!"

당시 그렇게 격노하는 관우를 비시가 겨우 설득하여 돌아갔는데, 관우는 그렇게 남의 장점을 무시하는 일면이 있었다. 이런 사람들은 지위가 높아지면 자만해져서 부하나 백성의 의견을 무시하곤 한다. 황충은 한중전투에서 많은 공헌을 한 인물이었다. 당시 비시는 다음과 같이 관우를 설득하였다.

"이전 소하蕭何와 조참曹參은 개국공신이라 할 수 있을 정도로 유방의 최측근이었습니다. 그런데 유방이 한신韓信을 불러다 그들보다 더 높은 지위를 부여했습니다. 하지만 소하와 조참이 그 일로 화를 내었다고 들어본 적이 없습니다. 지금 비록 한중왕(유비)께서 오호대장군을 임명하였지만, 한중왕은 형제간의 의리로 장군을 보고 있고, 장군과 일체로 여기고 있습니다. 장군이 곧 한중왕이고, 한중왕이 곧 장군입니다. 어찌 다른 사람과 비교하십니까? 장군은 한중왕의 은혜를 사양하시면 안 됩니다. 생사고락을 같이해야 하는데, 관직의 높낮이를 따짐은 마땅하지 않으니 다시 한 번 헤아려 주십시오!"

관우는 이러한 비시의 말을 듣고 나서야 비로소 기분을 풀었다. 여기서 우리는 관우가 공명심이 지나치게 강한 인물이었다는 사실을 알 수 있다. 훗날 관우가 형주에서 패배하고 죽음을 맞이한 것도 그러한 사고방식에서 비롯되었다고도 할 수 있겠다.

서기 218년 유비는 서천 지역에서 유장劉璋을 멸망시키고, 한중에서는 조조를 격퇴하여 형주와 익주를 아우르는 군사적 최전성기를 맞았다. 그러나 이 시기에 관우는 이미 안절부절못하고 있었다. 당시 장비나 조자룡, 그리고 황충 등이 혁혁한 공을 세우고 있는 반면에 관우 자신은 별다른 전과도 없이 형주에 머물고 있는 점에 대하여 매우 답답하게 여기고 있었다. 그러한 심리가 발동하여 관우는 서기 219년에 북쪽 위나라 조인曹仁이 지키는 양양과 번성을 급작스럽게 공략하였다.

관우가 양양과 번성을 공격하면서 형주를 잠시 비워두자, 조조는 사마의의 계략대로 움직이기 시작하였다. 5만의 군사를 번성에 파견하여 관우를 막게 하고, 다른 한편으로는 오나라와 결탁하여 손권에게 형주를 습격하게 만들었다. 손권도 유비에게 빌려주었다가 찾지 못한 형주를 찾을 절호의 기회라고 생각하고 흔쾌히 조조와 협력작전을 벌이게 된다. 손권은 형주 회복작전의 책임을 노련한 장수인 여몽呂蒙에게 맡겼는데, 친유비파인 노숙이 죽어 병권이 형주 수복파인 여몽에게 넘어간 것은 관우와 유비에게 치명적이었다. 한편 관우는 여몽의 공격에 대비하여 다시 형주로 군사를 되돌리기 시작하였다. 이 당시 젊은 오나라의 장수인 육손陸遜이 여몽에게 한 가지 계책을 내놓았다.

"관우는 자긍심과 공명심이 강하여 어느 누구도 두려워하지 않지만 당신(여몽)만은 두려워합니다. 만약에 당신께서 거짓으로 사직한다면 관우는 필히 우리의 계략에 넘어갈 것입니다."

여몽은 육손의 계략대로 관우의 경계심을 풀기 위하여 병을 이유로 사임하고 육손을 자신의 후임으로 삼았다. 육손의 임명 소식에 관우는 어느 정도 방심하게 되었다. 육손의 작전은 그대로 적중하여 안심한 관우가 형주에 주둔하던 병사들을 다시 번성 공격으로 투입시켰다. 그 틈을 타 손권은 여몽을 대도독으로 임명하고 강릉을 습격하게 하였다. 그리고 손교孫皎를 다시 투입시키는 한편, 장흠蔣欽의 수군까지 면수沔水로 진격시켜 관우를 치게 하였다.

여몽이 심양尋陽(지금의 호북성 황매 서남쪽)에 도착하였을 당시, 병사들을 모두 상인으로 변장시켜 밤낮으로 관우 측 봉화대 병사들을 모두 잡아들였다. 그러자 관우는 측근으로부터 어떠한 소식도 접할 수가 없었다. 한편 오나라 대군이 형주 남군에 이르자 관우에게 유감이 많았던 미방麋芳과 부사인傅士仁도 얼른 항복해 버렸다.

여몽은 관우 휘하의 살아남은 병사들을 포로로 삼았으나, 그들의 물건은 조금도 손대지 않았다. 그리고 그러한 사람이 있으면 용서하지 않았다. 여몽의 동향인이 그 원칙을 깨고 농가 중의 삿갓을 가져다 무기를 덮는 데 사용하자 여몽은 비록 그가 공적으로 그 물건을 사용하였으나 군법을 어겼다고 말하고 동향인을 눈물로 처형하였다. 이 일이 있은 후 군중들은 모두 전율을 느껴 길에 떨어진 물건조차도 줍지 않을 정도가 되었다. 그리고 여몽은 매일 측근들을 시켜 노인과 약자들이 필요한 것이 있는지 살피게 하였다. 병자에게는 약을 주었고 기근과 추위에 떠는 사람에게는 식량과 옷을 주었다. 관우의 재산은 손권이 와서 처리할 때까지 손대지 않았다.

당시 조조도 서황徐晃을 파견하여 조인을 돕도록 하였다. 그러자 조인의 군대는 사기가 충천하였다. 손권과 유비의 싸움에서 위나라는 어부지리를 얻은 셈이었다. 관우의 군대는 그때부터 동요하기 시작하였다. 서황은 그 기회를 놓치지 않고 진격하여 관우군을 대파시키고 번성으로 가는 길을 장악하였다. 조인도 군대를 이끌고 서황과 함께 공격하고, 문빙文聘이 수로로 운반하는 관우군의 군량미 수송을 봉쇄하자 관우는 연패를 거듭하였다. 그 와중에서 관우의 병사들은 가족들이 모두 여몽군의 환대를 받고 있다는 소식에 전투 의욕을 상실하였다. 그러자 관우는 더 이상 안 되겠다고 판단하여 형주를 포기하고 맥성으로 도망치기 시작하였다. 장향에 도착하니 부하들이 모두 도망간 후였다. 그때 손권은 주연朱然과 반장潘璋으로 하여금 관우의 퇴로를 막고 관우 부자를 붙잡게 하였다.

정사 『삼국지』에서 관우를 "강인하나 오만하다"라고 평가하였는데, 그러한 면은 나관중의 소설 『삼국연의』에서도 대략 살펴볼 수 있다. 관우가 양양을 공격할 당시, 왕보王甫는 형주의 형세를 분석한 후 관우에게 조루趙累를 파견하여 반준潘濬을 대신하여 형주를 지키게 하라고 건의하였다. 그러나 고집이 센 관우는 그 의견을 듣지 않았다. 관우가 맥성에서 고립되었을 때도 그러했다. 관우는 작은 길을 이용하여 사천으로 들어가고자 하였다. 왕보가 작은 길에는 반드시 매복이 있으니 대로를 통하여 사천 지역으로 들어가라고 말하였지만, 관우는 "매복이 있다 한들 내가 어찌 두려워하겠는가!"라고 하면서 그의 의견을 듣지 않았다. 그전 맥성에서 관우는 이렇게 말한 적이 있다.

"난 왕보의 말을 듣지 않아서 지금 매우 위급한 상황에 처해 있으니 어찌하면 좋을까!"

이렇게 말을 해놓고서 다시 왕보의 말을 듣지 않았던 것이다. 대로를 통해서 갔더라면 관우가 맥성을 빠져나가는 데 성공하였을지의 여부에 대해서는 잘 모르겠지만, 관우의 원래 성격과 자만심이 다시 한 번 나타나는 대목이기도 하다. 대군을 지휘하는 장수가 외고집이면 대임大任을 맡을 자격이 있겠는가?

관우가 형주를 지키던 병사들을 번성 공격으로 이동시킬 때도 왕보는 반대하였다. 관우는 형주가 습격당한 사실을 알고 그제야 왕보의 간언을 듣지 않았음을 후회하였다.

관우가 여러 번 왕보의 의견을 듣지 않은 것을 후회하자, 왕보는 절망하며 이렇게 되뇌었다.

"자아(주나라 강태공)가 다시 살아온다고 해도 지금에 와서는 별다른 방법이 없을 것이다!"

위의 두 가지 사건에서 우리는 관우의 오만함과 고집스러움을 엿볼 수 있다. 그의 안중에는 오로지 유비와 자신이 속한 소집단만이 있을 뿐이었다. 관우는 제갈량을 처음 영입할 때도 반대하여 유비가 겨우 설득을 하였다. 관우는 계속하여 황충, 유봉劉封, 맹달孟達 등에 대해서도 배척하려고만 하였다. 유봉과 맹달이 주둔하였던 상용上庸 지역은 한수가 형주로 흘러가는 도중에 위치하여 약간 변두리지만 오랜 세월 동안 형주를 방어하는 중요한 군사적 요충지였다. 그렇게 중요한 군사 요지를 맡았던 장수들을 배척하려 했으니 일이 제대로 돌아갔겠는가?

관우가 맥성에서 위기에 처하자 유봉에게 구원을 요청한 적이 있었다. 이때 유봉은 관우를 구해줘도 자신을 또 업신여길 것이라고 여기고 출병을 하지 않았다고 한다. 구해줄 마음만 있었으면 가까운 거리에 있던 유봉이 충분히 도와줄 수 있었다. 그랬다면 관우가 위기를 모면했을지도 모른다. 당시 관우는 미방과 부사인에게도 구원을 요청하였다. 그러나 두 사람은 앞서 번성을 공격할 때 군량미 공급을 원활하게 하지 못한 이유로 관우에게 이미 위협을 받은 상태였다. 그래서 두 사람은 바로 손권에게 투항하고 말았다.

관우의 오만함은 단도부회單刀赴會라는 고사성어에서도 잘 나타나고 있다. 적벽대전이 끝난 후, 오나라의 대부 노숙은 손권의 명에 따라 백방으로 형주 땅을 되찾으려는 노력을 기울였다. 그러한 과정에서 연회를 열어 형주를 지키던 관우를 초청하는 데 성공하였는데, 그 이면에는 다음과 같은 세 가지 계략이 숨어 있었다.

1. 연회에서 정중하게 관우를 접대하고 설득하여 형주를 되찾는다.

2. 첫 번째 방법이 실패하면 관우를 인질로 붙잡아 형주를 요구한다.

3. 두 번째 방법까지 실패하면 군사를 움직여 관우를 붙잡고 형주를 무력으로 공격한다.

관우는 상대의 그러한 계략을 아는지 모르는지 단지 몇 명의 수하들만 데리고 오나라 진영으로 들어갔다. 그는 오나라의 계략을 짐작은 하면서도 경시했을지도 모른다. 연회 분위기가 한창 무르익자 관우는 노숙에게 자신의 여러 가지 무공담을 늘어놓기 시작했다. 안량顔良을 어떻게 죽였으며, 오관을 넘어 육장을 베었다는 등……. 또한 조조에게서 떠나오자, 조조가 친히 배웅하며 좋은 술과 옷 등을 선물했다는 등등……. 그러다가 관우는 갑자기 심복인 주창周倉더러 칼 소리를 내라고 암시했다. 칼 소리가 울리자 노숙이 관우에게 의아해하며 물었다.

"이게 무슨 소리입니까?"

"나의 칼 소리네!"

"소리가 어찌 이리 불길합니까?"

"사람을 많이 죽인 칼이라서 그렇다네! 이 칼은 보통 칼이 아니라 천지의 혼, 금화金火의 정수, 음양의 기, 일월의 형상을 받은 보검이네. 감춰져 있으면 귀신이 도망을 가고, 밖에 나오면 도깨비가 자취를 감춘다네. 기쁘면 얌전히 있고, 성나면 소리가 울린다네. 만약 나의 칼을 화나게 한다면 원수의 피를 삼킬 것이네!"

이 말에 노숙은 기겁하여 더 이상 어쩔 방도가 없었다.

연회가 막바지에 접어들자, 노숙은 할 수 없이 마음을 가다듬으며 형주를 돌려달라고 관우에게 말하였다. 그러자 관우는 대노하여 노발대발하였다. 이에 노숙은 말의 조리가 없어지고 횡설수설하며 벌벌 떨었다. 이때 매복하고 있던 오나라 병사들이 나타났다. 그러자 관우는 노숙의 팔짱을 끼고 인질로 삼으면서 말했다.

"내가 취하였다고 기분 나쁘게 생각하지 마라. 나를 배까지 잘 배웅해 주게! 당신과 천천히 이별하고 싶네."

이때 오나라 장수들은 감히 행동에 나서지도 못하고, 관우가 배에 올라 떠나는 장면만 멍히 쳐다볼 수밖에 없게 되었다.

이상의 단도부회의 이야기로 인하여 관우는 매우 칭송을 받고 있지만, 사실 그는 당시 매우 큰 실수를 범하였다. 그것은 용맹하였지만 상대방을 너무 경솔시하였다는 점이다. 관우는 오나라 사람들에게 한 무리의 하찮은 쥐를 대하는 것과 같은 태도를 보였다. 자신의 용맹을 드러내는 데만 신경을 쓰고 너무 경솔하게 행동하였다. 노숙에게 대의명분을 알려주고 부드럽게 일을 처리하였다면 오나라를 자극시키지는 않았을지도 모르겠다.

제갈량은 관우에게 형주를 맡기면서 '조조와는 적대하고 손권과는 화친한다[北拒曹操, 東和孫權]'는 '팔자전략八字戰略' 방침을 지킬 것을 부탁하였다. 이것은 제갈량이 융중에 있을 때부터 유비를 위하여 정한 중요한 전략이었다. 오나라와 연합하여 손권의 힘을 빌렸기 때문에 적벽대전에서 승리하였고, 그로 인하여 유비는 입지를 확보할 수 있었다. 형주 문제에 있어 촉나라가 오나라에 대하여 세운 전략은 직접적 충돌을 피하고 우회적으로 사태를 해결하는 것이었다. 그러나 관우는 그 방침을 따르지 않았다.

조조가 사신을 파견하여 함께 형주를 치자는 건의를 하자 손권은 잠시 고민하였다. 조조와 협력하여 유비를 공격할 것인지, 아니면 반대로 유비와 다시 결탁해 조조에게 맞설 것인지에 대하여.

손권은 이해득실을 따진 후, 위나라보다는 촉나라와의 연대를 먼저 생각하여 제갈근諸葛瑾을 관우에게 파견하여 손권 집안과의 혼인 문제를 제안하였다. 그러한 상황을 잘 알고 있으면서도 관우는 또다시 크나큰 실수를 범하였다.

"나의 호녀虎女(호랑이 딸)를 어찌 개자식한테 시집보내겠는가?"

이렇게 모욕적인 언사로 제갈근을 향해 쏘아붙였다. 이 얼마나 외교적으로 무례한 행동이던가! 관우의 모욕적인 답변으로 손권과 유비의 동맹은 파기되었으며, 유비가 세운 팔자전략은 타격을 받게 되었다. 그것은 군주에 대한 모반 행위나 마찬가지였다. 두 집안이 혼인하였다고 하여 손권이 형주를 포기했을 것이라는 확신은 못하지만, 최소한 촉나라가 양국의 협공에 노출되는 것을 막는 일정한 작용은 했을 것이다. 관우는 자식의 혼인 문제가 못마땅하더라도 제갈근에게 그렇게 심한 말을 하지 말아야 했다.

관우는 그렇게 마지막 순간에 스스로 죽음을 자초하는 실수를 저질렀다. 손권은 관우의 무례한 행동에 극도로 분개하여 조조가 제의한 위오연합작전에 동의하였다. 그리하여 관우를 기습하여 강릉을 점령하였다. 결국 관우는 오나라 대도독 여몽의 공격으로 아들인 관평關平과 함께 전사하였다.

그리고 평시에도 관우는 대의에서 벗어나는 행동을 자주 하였다. 그에게는 성격적인 결함이 있었는데, 그로 인하여 여러 가지 실패를 자초하였다. 여기서 필자는 관우를 무조건적으로 배척하는 것이 아니라, 사실에 따라 그가 실패한 이유를 따져 본 것이다. 비록 관우는 사람들에게 정의와 공평무사의 화신으로 여겨지고 있으나, 여기서 언급한 문제는 역사적 사실의 각도에서 논술한 것이다. 세상에 완전한 사람은 없으며, 누구나 어느 정도 잘못이 있다고밖에 말할 수 없다.

2. 장비張飛—용맹 속에 지략이 있었고, 거칠면서도 주의가 깊었다

❖장비

촉나라의 오호대장군 중에서 개성이 선명하고 강인하면서 가장 사랑스러운 인물이 바로 장비였다. 장비는 용맹스럽고 호탕하며 담력이 뛰어났다. 홀로 당양교當陽橋에서 조조군에 맞서 호령하던 모습에서 그의 참모습을 볼 수 있다. 장비는 장팔사모를 휘두르며 여러 명장들과 싸웠는데, 특히 여포와의 여러 차례 결투, 마초와의 가맹관전투는 모두 역사적으로 유명한 사건이었다. 장비는 비록 거칠었지만 섬세한 면이 있었다. 그러한 가장 대표적인 예가 와구애전투에서 위나라 장합張郃을 대파시킨 일이다. 장비는 또한 조조처럼 적군의 인재까지 존중한 명장이었는데, 일찍이 엄안嚴顔을 풀어준 일이 있었고, 방통龐統에게 후대한 적도 있었다.

장비가 파촉의 관중에 주둔할 당시 장합이 공격해 왔다. 이에 장비는 뇌동雷同과 대책을 논의하였는데, 뇌동이 이러한 해결책을 제시하였다.

"낭중의 지세는 험준하므로 군사를 매복시키는 것이 좋습니다. 장군께서 적을 끌어들인 후 제가 기병으로 공격하면 장합을 붙잡을 수 있을 것입니다."

이에 따라 장비는 뇌동에게 5천 명의 정예부대를 주고, 자신은 1만 명의 군사들을 이끌고 30리를 나아가 장합과 대치하였다. 장비가 장합에게 돌진하여 20여 합을 싸우자 적의 진영이 흔들리기 시작했다. 이때 매복해 있던 뇌동의 기마병들과 장비군이 협공하니 장합은 도망치기 시작했다. 장비와 뇌동은 밤이 되도록 계속 쫓아 한거산에까지 이르게 되었고, 장합은 산 정상 쪽으로 도망쳐 버렸다. 장합은 군사들을 세 개의 진영으로 나누고, 많은 통나무를 쌓고 포석으로 장비군의 접근을 막았다. 장비는 할 수 없이 그들과 10여 리 떨어진 곳에 진을 치고 대치하였다. 그 후 장합은 산 정상에서 진을 치고 내려올 생각을 하지 않았다. 그러자 장비는 장합에게 욕설로 유인을 해보았지만, 그들은 방어막인 산채에 머물면서 꼼짝하지 않았다. 장비군은 낮에는 산 위로 올라가 장합군과 대치하고, 밤에는 진영으로 돌아오는 일을 연일 반복하였다. 그렇게 두 달 가까이 대치하게 되었다. 그때부터 장비는 일부러 연일 대취하도록 술을 마시고 장합 진영 근처로 가서 욕설을 퍼부었다. 제갈량은 장비의 계략을 간파하고 계속 많은 술을 보내왔다. 어느 날 위연이 제갈량이 보낸 술을 가지고 등장하였다. 장비는 장합이 보이는 데서 군사들에게 계속 술을 마시고 놀게 만든 후, 위연과 뇌동을 적당한 곳에 매복시켰다. 장비의 졸병들이 목전에서 씨름 놀이까지 하자, 장합은 결국 참지 못하고 발끈하여 산채에서 내려와 공격을 시작하였다. 그들은 단숨에 장비의 산채를 공격하고 장비를 향해 공격하였다. 그러나 찔린 것은 장비 옷만 입은 허수아비인 줄 누가 알았겠는가? 매복한 장비의 군사들이 공격하자 장합은 대패하여 와구관瓦口關으로 퇴각하였다.

와구애전투에서 우리는 장비의 지혜와 지략을 엿볼 수 있다. 장비는 분명한 목적의식을 가지고, 그 목표를 향해 일관된 행동을 보여주었다. 목적이 있으면 나태해지지 않는 법이다. 과녁을 향해 활을 쏘듯이 장비는 치밀하게 준비하면서 목적을 위해 나아갔다.

장비가 용맹하다는 것은 누구나 다 알고 있는 사실이다. 사실 그는 용맹할 뿐만 아니라 지략도 뛰어난 장수였다. 유비는 초창기에 조조와 교전하면서 여러 번 실패하였다. 유표가 죽고 난 후, 유비의 형주 진영은 세력이 매우 미약하였다. 당시 조조군이 완성까지 밀고 들어와 유비를 공격하였다. 유비 진영은 황급히 형주를 떠나 강릉으로 퇴각하기 시작하였다. 군사들과 함께 피난 가는 백성들이 너무 많아 그 속도는 매우 느렸다. 그사이 조조군은 당양當陽까지 유비군을 추격하여 일격을 가하였다. 이 와중에서 대패한 유비는 처자식까지 챙기지 못할 정도가 되었다. 유비는 할 수 없이 장비더러 후방을 맡으라고 지시하였다. 불과 이삼십 명의 기병으로 어떻게 막강한 조조의 대군을 상대할 것인가? 그러나 장비는 조금의 두려움도 없이 즉석에서 계책을 생각해 냈다. 장비는 이삼십의 기병들에게 명하여 수림 속에 들어가 먼지를 내며 안에서 돌고 있으라고 하였다. 그런 후 장비는 혼자 장팔사모를 끼고 위풍당당하게 당양교 위에 섰다. 추격하던 조조군은 장비가 다리 위에 홀로 서 있는 것을 보고 의아하게 생각하였다. 그리고 수림 속에서 나는 먼지를 보고 그 속에 유비의 군대가 매복되었을 것이라 짐작하고 곧 전진을 멈추었다. 장비는 그렇게 혼자서 조조의 대군을 멈춰 서게 하여 유비와 형주 백성들이 순조롭게 퇴각하는 데 도움을 주었다. 이것이 바로 거침 속에 섬세함이 있고, 용맹 속에 지략이 넘친 장비의 참모습이었다.

그러한 면이 더욱 잘 나타나는 이야기는 엄안과의 전투였다. 서기 213년, 유비는 장비에게 파군 공격을 명령하였다. 유장이 다스리던 파군의 태수였던 엄안은 그 소식을 전해 듣고 장비와 맞서 싸우러 군사들을 이끌고 나가려 하였다. 그러나 엄안의 부하들은 진영을 굳게 하고 수비에 치중하여 고의로 장비를 화나게 만들자고 제안하였다. 그런 도중에 장비군의 내부에서 문제가 발생하면 그 기회를 놓치지 말고 장비를 생포하자는 작전이었다. 엄안은 이러한 부하들의 작전을 수용하였다. 그러나 그러한 수성작전은 엄안이 장비를 잡은 것이 아니라 도리어 장비가 지략으로 엄안을 항복시키는 것으로 끝이 났다.

장비도 처음에 엄안을 공격할 때는 뜻대로 되지 않아 무척 화가 나 있었다. 하지만 곧 장비는 맹공전략은 효과를 볼 수 없음을 깨달았다. 장비는 작전을 바꾸어 엄안을 자극하여 성 밖으로 나오게 하는 유인작전을 구사하였다. 그러나 엄안은 장비의 뜻대로 움직여 주지 않았다. 장비는 교전하기를 바랐지만 총명한 엄안이 넘어갈 리 만무하였다. 이에 장비는 군사들에게 산에 올라 나무를 하는 김에 산길의 정황도 살피고 오라고 명령하였다. 엄안은 장비의 그러한 행동을 매우 기이하게 여긴 후, 자신의 군사들을 장비의 군사로 위장시켜 장비 진영의 정보를 캐도록 하였다. 하지만 엄안의 머리 위에서 노는 장비는 그것마저 예측하고 거짓 정보를 흘리게 만들었다. 가짜 정보를 믿었던 엄안은 장비가 좁은 길을 지나가기로 예정된 시간에 맞추어 매복하였다. 장비는 그 사실을 미리 파악하고 자신처럼 분장시킨 병사를 앞세웠다. 가짜 장비를 발견한 엄안은 즉각 공격하였지만, 곧이어 등장한 진짜 장비에게 당하고 말았다. 엄안은 현장에서 장비에게 생포되고 말았다.

장비가 투박하고 난폭하다는 것은 잘 알려진 사실이다. 엄안은 그런 성격의 장비가 자신에게 거짓 정보까지 흘리는 계략을 꾸밀 줄은 생각조차 하지 못했던 것이다. 그렇게 장비는 뛰어난 계략으로 엄안을 성 밖으로 끌어내는 작전을 성공적으로 마칠 수 있었다.

장비는 요점을 잘 파악하는 인물이었다. 당시 엄안과 대치하는 상황에서 요점을 잘 알고 있었고, 명확한 목표도 설정된 상태였다. 엄안이 성안에서 계속 버티면 장비도 당장 어쩔 도리가 없는 상태였다. 엄안이 성 밖으로만 나온다면 그들은 장비의 적수가 되지 못하는 것도 잘 알고 있었다. 그래서 어떠한 수를 쓰더라도 엄안을 성 밖으로 끌어내야 했는데, 장비는 계략을 이용하여 이미 정해진 목표를 이루어냈다.

어질고 착한 사람은 품격도 높다고 말한다. 장비는 엄안을 사로잡은 후 손수 엄안의 결박을 풀어주고 옷을 입혀주었다. 장비는 엄안을 손수 부축하고 중앙의 높은 자리에 앉히며 머리를 숙여 그에게 절하였다. 참으로 보기 힘든 행동이었다. 투박하게 보이기만 하였던 장비에게서 그러한 행동이 나온다는 것은 놀라운 일이었다. 그 섬세함은 유비에게서 배운 것일까? 거칠게 보이는 장비에게서 그러한 행동을 본 엄안이 어찌 굴복하지 않을 수 있겠는가? 그

자리에서 엄안은 즉시 장비에게 투항하여 협조할 것을 맹세하였다. 장비는 사람의 마음을 사로잡는 방법을 잘 알고 있었기에 엄안의 마음을 사로잡는 그러한 행동을 보인 것이다. 그리고 장비는 전쟁에서 무고한 백성들을 살해하지 말라고 하였다. 그러한 인의적인 행동들은 그에게 많은 이익을 가져다 주었다. 엄안은 자신뿐만 아니라 자신이 관할하던 모든 부대도 투항하게 만들었다. 그 와중에 반대하는 부하들도 있었지만, 결국은 엄안의 설득에 모두 동의하였다. 장비는 그렇게 실전에서 다음과 같은 『손자병법』 제3편 〈모공謀攻〉의 전략을 실천하였다.

上兵伐謀, 其次伐交, 其次伐兵, 其下功城. 功城之法, 爲不得已.

병법의 최우선은 모계謀計를 정벌하는 것이고, 그다음이 외교를 정벌하는 것이다. 그다음이 군사를 정벌하는 것이고, 마지막이 성을 정벌하는 것이다. 적의 요새를 공격하는 것은 마지막 부득이한 방법일 뿐이다.

장합이 와구관에서 버틸 당시, 장비는 산 위에 백성들이 움직이는 것을 보고 위연에게 이렇게 말하였다.

"와구관을 정복하는 것은 단지 저 백성들에 달려 있다."

이 대목에서도 장비의 투박함 속에 섬세함이 묻어 있는 일면을 엿볼 수가 있다. 현지인들이 현지 실정에 밝은 법이므로 그들에게서 가장 빠른 지름길을 알아낼 수 있다고 본 것이다. 장비는 그 백성들을 데려오도록 분부하였는데, 그 과정에서 그들을 놀라게 하거나 위협하지 않도록 당부하였다. 장비는 친히 그 백성들을 접대하며 와구관을 통하는 배후의 소로를 찾아내는 데에 성공하였다. 그런 후 위연에게 정면에서 공격하게 하고, 장비 자신은 그 배후의 길로 협공하여 마침내 와구관을 탈취할 수 있었다. 와구관전투에서 우리는 장비가 매우 슬기로운 사람이라는 것을 알 수 있다. 장비는 그 외 여러 차례 전투에서도 정병으로 적을 대하고, 기병으로 승리하는 전법을 잘 구사하였다. 장비를 지도력과 결단력을 갖춘 장수라고 평가하는 것은 조금의 과

장도 없다 하겠다.

사람들의 눈에 비치는 장비의 모습은 투박하였다. 그러나 전쟁 중에 그는 연승을 거두면서 지혜와 용기를 발휘한 인물이었다. 사람들이 흔히 '용감한 장비' 라고만 하는데, 그것은 무슨 의미일까? 이는 그가 용맹하기만 하지 지략은 없다는 뜻에 지나지 않는다. 그러한 통념과는 달리 역사적 진실 속의 장비는 매우 총명한 인물이었다. 사람들은 평상시의 생활 속에서 부단하게 자신을 개발하는데, 보통 유비나 제갈량으로부터 배우고자 한다. 지금까지와는 다른 생소한 표현이 될 수도 있지만, 장비가 유비나 제갈량보다 오히려 더 주의 깊었다고 말할 수도 있다.

3. 조운趙雲(조자룡趙子龍)—충성스러운 보통 무장에 불과하였다

❖조자룡

삼국시대가 흥미진진하게 우리에게 전해지는 이유는 진실과 허구가 섞인 소설 『삼국연의』가 있기 때문이다. 사람들은 『삼국연의』의 미신을 없애려면 제갈량을 신단에서 끌어내려야 한다고 말한다. 그런데 나관중의 『삼국연의』에서 신격화하는 인물이 어디 제갈량뿐이겠는가? 제갈량을 가장 선두로 하고, 그다음은 관우, 셋째는 조자룡을 신격화하였다. 제갈량과 관우의 진실에 대한 비판은 많이 있었는데, 유독 조자룡에 대해서는 아직까지 큰 비평이 없다. 여기서 우리는 『삼국연의』에서 지나친 조자룡의 신격화 묘사가 사실과 얼마나 부합되는지 살펴보기로 하자.

확실히 지금 많은 사람들은 『삼국연의』의 영향을 받아 조자룡을 문무를 겸비한 인재라고 생각한다. 그러나 역사적 진실은 이와는 다소 다르다. 그는 용맹스러웠지만 대군을 통솔하는 작전 능력이 부족하였다. 동시대의 장수들과 비교하자면 전위典韋나 허저許褚 정도와 비길 수 있다.

줄곧 조자룡은 삼국에서 가장 인기가 있는 인물로 평가받아 왔는데, 어떤 면에서는 그의 명성이 관우나 장비보다도 오히려 높을 정도이다. 그러나 진수의 『삼국지』를 세심하게 읽어본다면 그의 인기에 거품이 끼어 있다는 것을 알 수 있다. 진수의 『삼국지』에서 조자룡은 평생 세 번의 전투에 적극적으로 가담하였다. 장판파에서 유선劉禪을 구한 일, 유비를 도와 촉나라로 들어갔던 일, 가정전투가 그것이다. 그런데 이상한 것은 매우 중요한 전투에서 그의 이름이 빠지고 있다는 점이다.

조자룡은 초기에 원소袁紹와 공손찬公孫瓚 중에 어느 쪽으로 갈 것인가에 대해 고민하였다. 특별한 치적도 없었던 조자룡은 원소 진영에는 인물이 많아 자신은 중용될 수 없다고 생각하고, 약간의 의병을 거느리고 공손찬에게 의탁하였다. 연의소설에서는 조자룡이 공손찬에 의탁하는 장면을 거창하게 표현하고 있다. 하지만 그 당시 조자룡은 보잘것없는 떠돌이에 불과하였고, 이렇다 할 무공도 없는 상태였다.

조자룡이 공손찬 옆에서 몇 년 머물면서 마침내 자신을 알아줄 인물을 만나게 되었다. 바로 유비였다. 당시 유비는 병력도 미미하였고 공손찬에게 기탁하는 신세였으므로 용맹한 조자룡에게 공손하게 대하였다. 조자룡도 유비가 나중에 성공할 것이라고 짐작하자 서로 곧 의기투합하게 되었다. 얼마 지나지 않아 조자룡은 형의 죽음을 핑계로 공손찬을 떠나면서 유비와 서로 배신하지 말자고 다짐하였다.

그 후 변덕스러운 유비가 공손찬 곁을 떠나 원소에게 의탁하자, 조자룡은 업여에서 유비와 다시 만나게 되었다. 당시 유비는 조자룡의 충성을 얻기 위하여 그만의 소질을 발휘하는데, 바로 조자룡과 같은 침대에서 자면서 무조건적인 신임을 표시하는 것이었다. 조자룡은 그것으로 큰 은총을 입었다고 여기고 유비에 대한 충성을 다짐하였다. 그러면서 유비의 밀명을 받들고 수백 명의 사람을 모집하기도 하였다. 이 사람들의 용도에 대해서 특별히 언급한 역사적 자료는 없다. 그렇지만 논리적으로 생각해 보면, 그들은 아마 유비의 비밀 경위대 조직이었을 것이다. 그들을 이끌었던 조자룡의 신분은 아마도 유비의 호위대장 정도였을 것이다.

그 후 조자룡은 유비를 따라 동분서주하며 형주 땅으로 들어갔다. 그 시기에 조자룡이 특별한 공로를 세웠다는 기록은 없다. 또한 그는 마땅한 성과도 없었고, 특별한 공개적인 관직도 없었다. 사서에서 보이는 공식적인 그의 직함은 '선주주기先主主騎'로 호위대장 정도의 직무였을 것이다. 아마도 조자룡은 개인적인 싸움에 뛰어나 무림의 고수와 같은 실력을 갖추고 있었을 것이다. 특별한 전쟁 경험은 없어도 싸움의 경력은 많아서 그러한 직함을 받았을 것이다. 장판파전투가 발생하기 전까지 조자룡에게 이렇다 할 공적은 보이지 않는다. 조자룡의 일생 중 가장 눈에 띄는 성과는 장판파전투에서 나온다. 그 전투에서 조자룡은 자신의 능력을 충분히 발휘하게 된다. 끝까지 이어지는 조조의 추격에 유비는 당양의 장판에서 처자식까지 버리고 몇 명의 수하와 도망가기에 바빴다. 조자룡은 그때 유선을 안고 유비의 부인까지 보호하여 안전한 곳까지 피신시켰다고 전해지고 있다. 그 성과를 인정받아 그는 아문장군牙門將軍이라는 칭호를 받았다. 직함을 볼 때 그다지 높은 관직은 아닌 듯하지만, 그래도 명목적으로는 장군 직함이었다.

유비가 촉나라로 들어간 후 시국은 불안하였고 정세는 안정되지 않았다. 당시 형주에는 명성이 있고 신임이 가는 장군을 파견해야 할 상황이었는데, 관우와 장비가 물망에 올랐다. 유비는 그동안의 충성도와 공적을 생각하여 형주를 관우에게 맡겼다. 어떤 이들은 당시 조자룡에게 형주를 맡기지 않은 이유가 궁금할 것이다. 그러나 당시 조자룡은 일생 동안 이렇다 할 전쟁을 치러 본 적도 없고, 승리한 적도 없는 보통 장군이었다. 그때까지도 조자룡은 그다지 널리 인정을 받지 못하던 장수였다. 촉나라로 병사들을 이끌고 들어가는 과정 자체가 조자룡이 처음으로 많은 군사를 이끈 사건이었다. 조자룡은 장비보다 엄청 늦게 성도에 도착하였는데, 이는 장비에 비해 전혀 전쟁 경험이 없는 조자룡이 군사를 인솔하는 데 문제가 있었기 때문이다.

조자룡의 명성은 『삼국연의』에서 나관중이 날조한 것이다. 나관중은 명나라 사람이고 진수는 동진시대 사람이다. 진수가 나관중보다 훨씬 삼국 시기와 가까운 시대를 산 사람인데, 누구 말이 더 삼국시대의 진실과 가깝겠는가?

조자룡이 처한 당시 상황을 살펴보려면, 장판파전투 시기의 정황을 분석해 볼 필요가 있다.

1. 유비가 조조에게 쫓기어 도망칠 때 처자식도 버리고 핵심 참모들만 데리고 빠져나갔다. 서서, 제갈량, 장비 등은 유비와 같이 동행하였지만, 조자룡은 유비의 처자식과 같이 있었다. 유비의 핵심 권력 순위에서 조자룡이 차지하는 위치가 의문시되는 대목이다.

2. 조자룡이 받은 아문장군이란 직함은 그다지 높지 않은 관직이었다. 이는 조자룡이 여러 해 유비를 따라다녔지만 마땅한 공적도 없었다는 증거이다.

앞서 조자룡은 유비의 호위대장 정도의 신분이라고 추측하였다. 위 두 가지를 놓고 보았을 때 그 추측은 일리가 있어 보인다. 장판파에서 조자룡은 유비의 호위대장 신분이었기 때문에 후방에서 그의 처자식을 돌보아주었을 것이다. 조자룡은 뒤에 남아 유비의 처자식을 보호한 반면, 권력의 핵심인 서서, 제갈량, 장비는 유비와 함께 도망쳤을 것이다. 호위대장 신분으로 지내면서 여타 장수들처럼 전쟁에서 선봉에 나서지 않았기 때문에 그의 관직은 늘 주요 장수의 밑에 머물렀다. 그렇다면 이에 따른 궁금증이 생긴다. 유비는 무슨 이유로 오랜 세월 조자룡을 호위대장으로만 이용하고 전쟁의 선봉에 세우지 않았을까? 유비의 인재 등용 스타일로 미루어 다음과 같은 두 가지 원인 때문일 것이다.

1. 유비는 조자룡과 인간적으로 매우 친하였고 그를 매우 신임하여 호위대장 신분이 어울린다고 생각하였기 때문이다.

2. 조자룡이 격투에만 능하지 군대 통솔 능력과 지략은 부족하다고 여겼기에 선봉에 나서지 못하게 하였다.

조자룡이 거둔 성과를 살펴보면 익주의 조그만 두 현을 공략한 기록밖에 보이지 않는다. 그것도 유비와 장비의 도움으로 겨우 완성한 업적이었다. 그 외 네 번의 기록이 보이는데, 모두 패전에서 구원병 정도의 역할을 했을 뿐이라고 기재되어 있다. 적진의 명장을 물리친 기록이나 적의 진영을 뚫고 대승을 거둔 성과는 보이지 않는다. 그것은 전쟁에서 총사령관으로 임명된 적이 없기 때문에 당연한 결과인지도 모른다.

유비는 익주를 얻고 한중을 공략한 후 스스로를 한중왕이라고 칭하였다. 위연을 진원장군鎭遠將軍으로 임명하여 한중태수를 관할하고 한천漢川을 수비하게 하였다. 관우를 전장군前將軍으로 임명하고 형주를 지키도록 하였다. 장비는 우장군右將軍으로 임명되어 파서태수巴西太守를 관할하게 되었다. 마초는 좌장군左將軍, 황충은 후장군後將軍으로 각각 임명되었다. 하지만 조자룡은 단지 익군장군翊軍將軍으로 임명되어 왕의 근위병 대장으로 봉해졌을 뿐이다. 그리고 여기서 조자룡이 관우, 장비, 마초와 대비되는 것은 '가절假節'이란 권한을 부여받지 못하였다는 것이다. '가절'이란 삼국 시기에 왕에게서 부여받는 가장 높은 권한이었는데, 왕의 권한을 일부 대신하면서 전쟁에서 군령을 어긴 자를 즉시 처형시킬 수 있는 막강한 힘을 부여받았다.

많은 사람들은 조자룡이 유비에게 중용되지 않은 점에 대하여 의아해하고 있다. 그러나 조자룡은 대장군 같은 직위를 받을 수 있는 인물이 아니었다. 다른 명장들처럼 안량顔良이나 장합張郃 같은 강적을 상대하여 이긴 적이 없지 않은가? 또한 하후연夏侯淵 같은 장수를 물리친 적도 없고, 성도같이 중요한 요새를 수복한 적도 없었다.

어떤 사람들은 조자룡이 이렇다 할 큰 공적이 없는 이유를 유비가 그에게 기회를 주지 않아서 그렇다고 한다. 하지만 사실은 그렇지 않았다. 유비는 다른 건 몰라도 용인술은 뛰어났다. 그의 사람을 다루는 기술은 제갈량 등 어떠한 촉나라의 인물보다도 뛰어났다. 조조에게 버금가는 뛰어난 용인술은 그를 패주의 지위에 오르게 한 원인이 되었다. 유비만큼 조자룡을 곁에서 지켜본 사람이 없었다. 그런 유비가 조자룡을 중용하지 않은 데에는 그만한 이유가 있었다. 조자룡의 능력은 호위대장에 있지, 전쟁의 선봉에 있지 않다는 것을 유비는 잘 간파하고 있었다.

가정전투 이후의 사서 기재를 살펴보면, 어느 곳에도 조자룡의 활약이 보이지 않는다. 그런데도 조자룡이 후세 사람들에게 관우와 장비처럼 유명한 것은 후주인 유선의 생명을 구한 일이 너무나 유명해진 이유 때문일 것이다. 그러나 그 일에도 의문점이 있다. 당시 조자룡은 형주에 머물고 있었고 장비는 남부에 주둔하고 있었다. 어떻게 두 사람이 같이 강을 건너고 유선을 만날 수 있었을까?

『운별전雲別傳』에서 조자룡과 관련이 있는 기록이 나타난다. 황충은 하후연을 물리친 후 조조의 공격을 받았다. 황충이 곤란에 빠졌을 때 조자룡이 그를 구해주었다. 그 기록대로라면 조자룡은 대단한 사람이다. 불과 수십 명의 병력으로 조조의 대군에 포위된 황충을 구하였다고 했다. 또한 조조군이 추격해 오자 진영을 열고 공성계를 연출하였다. 그러나 『운별전』에 나오는 그 기록은 여타 사서에는 적혀져 있지 않다. 다른 사서의 당시 기록을 분석해 보면, 유비는 그 기간에 조조와의 직접적인 전투를 벌이지 않았다. 직접 전투에 참가했다는 황충의 전기에도 기록이 없다. 황충은 분명 하후연을 물리쳤는데 그 기록이 없다는 것은 이상하다. 패전한 쪽이 기록을 하지 않는 것은 이해가 가지만, 그렇게 큰 전투에서 이긴 쪽에서 이긴 장수의 개인적 전기에도 기록이 없다는 것은 이상한 일이다. 이러한 정황으로 판단해 보면, 조자룡의 무용담은 역사적 진실보다 과장되었다고 볼 수 있다.

마지막 한 가지 재미있고 역사 기재가 서로 다른 곳이 있는데, 바로 제갈량이 위나라에 대패하였던 가정전투 당시의 조자룡에 관한 기록이다. 『운별전』에서 조자룡은 혼자 힘으로 군 물자를 빠짐없이 수송하여, 다른 모든 사람들이 벌을 받는 와중에서도 혼자 상을 받았다고 기재되어 있다.

그러나 『삼국지 · 제갈량본전諸葛亮本傳』에서는 이와 다르게 제갈량이 조자룡을 원망하고 있는 내용이 기재되어 있다.

> 아군이 기산과 기곡에 있으면서 적군보다 모든 면에서 우세하였는데 패배하였다. 가정에서 내 명령을 어기고 기곡에서 주의하지 않아 실수를 범하였는데, 모두 내 명을 받들지 않아서이다. 나는 정말로 사람 속을 모르겠다.

그리고 『삼국지 · 조운전趙雲傳』에서는 다음과 같이 기록되어 있다.

가정에서 주력군이 대패했다는 소식을 들은 조자룡은 군대를 철수시키고 스스로를 진군장군으로 강등시켰다. 제갈량이 등지鄧芝에게 조자룡이 왜 강등했는지를 물었다. 등지는 "조자룡이 직접 물자를 수송하였기에 군사는 잃지 않았지만 패배하고 손실을 보았기 때문에 스스로 강등하였다"라고 대답하였다.

여기서 당시에 조자룡의 병력이 위나라 병력보다 많았지만 결국은 패배하였다는 사실을 알 수 있다. 위에서 조자룡만이 벌을 받지 않고 상을 받았다는 내용은 허구임이 틀림없다. 조자룡에 관하여 소설이나 작가에 따라 허구성이 많이 가미되어 역사적인 사실과는 내용이 다른 부분이 많다.

만약 『삼국지 · 운별전』과 『삼국연의』에서 조자룡을 미화하지 않았다면, 조자룡은 사실처럼 충성스런 보통 신하로 각인되었을 것이다. 그러나 이미 조자룡은 지혜와 용맹을 겸비한 형상으로 사람들 마음속에 들어가 영원히 밤하늘에 반짝이고 있다.

4. 동탁董卓—덕이 없이 어찌 천하를 얻겠는가?

❖동탁

동탁은 양주 사람인데, 천성적으로 호방한 성격을 타고나서 의협심이 강한 행동을 하였다. 어릴 적에 강족羌族이 거주하는 지역에 자주 놀러 다니면서 여러 명의 강족 수령들을 사귀었다. 고향에서 농사를 짓고 있던 어느 날, 강족 수령이 동탁을 찾아왔다. 이에 동탁은 농사를 짓던 소를 잡고 극진히 대접하여 강족 수령을 감동시켰다. 그 후 강족 수령은 돌아가서 천여 마리의 가축을 동탁에게 선물로 보내왔다.

동탁은 군직을 맡은 후 첫 번째로 공을 세운 후 9천 필의 비단을 하사받았다. 그는 이를 모두 따르던 부하들에게 나누어 주고 격려하였다. 한때 젊은 시절의 동탁은 그처럼 기백과 매력이 있는 인물이었다.

동탁은 힘이 세고 무예도 출중하여 달리는 말에서 양손으로 활을 쏠 수 있었다. 그의 체력과 힘은 다른 사람에 비하여 월등히 뛰어났다.

동탁이 3천의 군사를 이끌고 강족의 선령 부락을 공격할 당시, 뜻하지 않게 수만 명의 적에게 포위되어 양식은 다하고 구원이 끊긴 적이 있었다. 당시 동탁은 한 가지 계책을 생각해 냈다. 강에 사람을 파견하여 둑을 쌓게 만들었다. 적에게는 고기를 잡으려는 것처럼 보이게 하였지만, 사실은 둑을 엄폐물로 사용하려는 것이었다. 동탁의 군사들이 둑의 근처에 숨었다가 둑을 터뜨리며 도망가니 적군이 쫓아올 방법이 없었다. 그렇게 젊은 시절의 동탁에게는 참신한 면이 있었다. 그러나 차차 그에게 전횡하는 좋지 않은 버릇이 생겨나기 시작하였는데, 그것이 그가 실패한 이유였다. 덕이 없이 어찌 천하를 얻겠는가?

동탁은 낙양에 도착한 후 무력을 휘두르며 조정을 전횡하였다. 그는 소제少帝 유변劉辯을 폐위시키고, 진류왕陳留王 유협劉協을 내세웠다. 이때가 서기 192년 때의 일이었다. 그 후 동탁은 얼마 지나지 않아 하태후何太后까지 죽였다.

유변은 영제靈帝의 큰아들로 하황후何皇后의 소생이었다. 반면 유협은 영제의 둘째 아들로 왕미인王美人이 낳았다. 하황후는 평소 영제에게서 총애를 받았던 왕미인을 시기하여 그녀를 죽였다. 어머니를 잃은 유협은 영제의 생모인 동태후董太后의 손에서 자랐다. 영제가 죽고 나자 하태후는 동태후와 권력 투쟁을 벌여 동태후마저 살해하였다. 영제는 죽기 전에 유변이 나약하여 유협을 태자로 세우려고 하지만, 황후와 하진何進의 반대로 뜻을 이루지 못하였다. 영제가 죽고 난 후 하진이 섭정하니 당연히 유변이 황위에 올라 있던 상황이었다.

동탁이 낙양에 도착하여 유변과 대화를 해보았는데, 열네 살이던 유변은 조정 일에 대하여 제대로 아는 것이 없었다. 하지만 불과 아홉 살인 유협은 똑똑하게 대답하니, 동탁은 유협이 유변보다 총명하다고 여겼다. 게다가 유협을 키운 동태후는 동탁과 같은 성씨였다. 그래서 즉흥적으로 유변을 폐위시키고 유협을 황위에 올렸다.

소제 유변은 동탁을 처음 보았을 때 놀라서 울었고, 묻는 말에 조리있게 대답하지 못하였다고 한다. 반면 진류왕 유협은 응대를 똑 부러지게 하였다. 그리고 동탁과 같은 성씨인 동태후가 키웠으니, 동탁은 즉흥적으로 소제 유변을 폐위하라고 신속히 명령하였다. 그리하여 유협이 황위에 오르는데, 그가 바로 한나라 마지막 황제인 헌제이다.

사실상 동태후는 기주의 하간 사람이고, 동탁은 양주의 임조 사람이다. 두 사람의 고향은 많이 떨어져 있어 특별한 연고가 있는 것은 아니었다. 그러므로 동탁이 유협을 황위에 올린 것은 자신의 권력을 다지기 위한 초석이라고밖에 볼 수 없다. 자신이 권력을 전횡하려는데 황제와 태후가 같이 존재하는 것이 방해가 된다고 생각하여 하태후를 살해하고 그녀의 핏줄인 유변을 폐위시켰던 것이다. 또한 기존의 하진과 같은 권력의 핵심 인물들을 무력화시키기 위해 황제를 폐위시키는 것이 자신에게 유리하다고 생각하였다.

동탁은 새로운 황제를 세우면 그 황제는 비교적 쉽게 자신의 섭정을 잘 받아들이리라고 여겼다. 그리고 또한 기존에 있던 권신들의 위협이 줄어들 수 있었다. 사서의 기록으로 보면 유협이 유변보다 총명한 건 사실인 듯하다. 하지만 이는 동탁이 기존의 황제를 폐위시키는 데 따른 구실에 불과하였다. 폐위 사건 이후의 동탁이 보여준 만행에 가까운 행동들은 이후 반대자들에게 구실을 만들어주었다.

동탁은 한무제漢武帝 때 왕의 총애를 받던 곽광霍光이 보여준 행동을 부각시키며 자신의 행위를 정당화시키려 하였다.

> 한무제가 죽은 후 권력을 장악한 곽광은 한무제의 손자인 창읍왕 유하劉賀를 직접 옹립시켰다. 그러나 유하는 절제가 없고 정치를 잘하지 못하였다. 이에 곽광은 27일 만에 유하를 폐위시키고, 한무제의 증손인 병이病已를 새 왕으로 세운다. 그가 바로 선제宣帝이다. 선제는 선정을 하여 그를 옹립한 곽광까지 후세에 칭찬을 받게 하였다.

이러한 곽광의 예를 동탁은 악용하였던 것이다. 자신의 명성이 곽광처럼 높지도 않았고, 본래 조정에서 기반이 없던 인물이 갑자기 조정을 장악하였으니 민심이 그를 따르겠는가? 또한 소제 유변이 창읍왕 유하처럼 정치를 못했던 것도 아니었다.

동탁은 조급하였고 덕이 부족하였다. 무능하다고 느껴지는 황제를 폐위시키고 조금 더 총명하다고 보여지는 사람을 황제로 등극시키는 것이 현명한지도 의문이고, 아직 확고한 기반을 갖추지도 못했으면서 성급하게 그러한 큰일을 도모한 것은 착오였다. 동탁은 시기가 오지 않았음에도 불구하고 참지 못하여 정치적 야심을 너무 일찍 드러냈다. 조조처럼 능숙하게 서서히 정권의 야심을 연출하지 못하였다.

당시에 동탁의 행동을 정당화하는 사람들도 많았다. 당시 궁중의 하태후와 소제 유변에 대한 불만이 많았지만, 선뜻 동탁처럼 나서는 사람이 없었다는 점이 동탁을 옹호하는 부류의 주장이었다.

하지만 여기서 반드시 짚고 넘어가야 할 부분은 당시 동탁은 살인을 하지 말았어야 했다는 점이다. 제갈량도 동탁이 굳이 하태후와 유변을 죽이지만 않았어도 민심이 그렇게 나빠지지는 않았을 것이라고 말한 적이 있다. 그들을 살해한 것이 사대부들로 하여금 동탁을 뒤엎게 만드는 구실을 찾게 하였다.

동탁은 백관들이 자신의 권위를 무서워만 하고 뜻을 같이하지 않는다는 사실을 발견하였다. 더욱이 동탁과 함께 양주에서 들어온 사람들은 대부분 무인들이어서 심각하게 문인과 인재가 부족하였다. 외지의 인사들로 충당해야 할 시점이었다. 그리하여 동탁은 허정許靖, 하옹何顒, 순유荀攸 등을 임명하였다.

동한시대에 이르러 사대부 계층은 역량이 높아져 자립할 수 있는 단계에 이르렀다. 환관들은 아직 날뛰고 있었지만, 사회적 기반이 부족하여 황제 사후 그들의 세력도 없어지곤 하던 시대였다. 전쟁의 시기에 선비들은 종종 각 지역을 할거하고 있는 군벌에 의탁하곤 하였다. 동탁은 비록 거칠고 난폭한 무인이었지만, 사대부를 무시하고 통치를 한다는 것은 어렵다는 것을 알고 있었다. 동탁은 먼저 십상시의 폐단에 대한 상소로 관직을 박탈당한 채옹蔡邕을 불러들였다. 채옹은 처음에는 완강히 거부하였으나, 가족을 몰살하겠다는 동탁의 협박에 할 수 없이 등청하였다. 채옹이 도착하자 동탁은 극진히 환대하였고, 한 달 이내에 관직을 세 단계나 올려 시중으로 중용하였다. 동탁은 채옹을 삼 일 내에 보시어사補侍御史, 시서어사侍書御史, 상서尙書의 세 개의 직책으로 승진시켰다는 기록도 있다. 또한 순상筍爽도 아주 짧은 기간에 사공史空에까지 진급시켰다. 동탁이 폐제廢帝인 유변과 하태후를 죽인 것은 그 후의 일이었다. 동탁은 유변을 가두고 다른 사람들을 만나지도 못하게 하였다. 영안궁에 갇힌 유변은 자신의 신세를 한탄하며 "충의지사들이여! 나의 원한을 씻어다오!"라는 내용이 담긴 시를 읊었는데, 이를 빌미로 동탁은 즉시 유변을 살해하고 말았다. 채옹은 동탁에게 불려갈 때까지만 해도 동탁이 그렇게까지 횡포를 일삼을 줄은 몰랐다. 동탁은 명사상서名士尙書에 주비周毖, 성문교위城門校尉에 오경伍琼, 상서에 정태鄭泰, 장사長史에 하옹 등을 임명하였다. 또한 주비와 오경의 추천으로 상서 한복韓馥을 기주목冀州牧으로, 시어사侍御史 유대劉岱를 연주자사兗州刺史로, 장자張咨를 남양태수南陽太守로 각기 임명하였다. 또한 함께 한수의 난을 진압한 조조를 효기교위驍騎校尉에 임명하였고, 장막張邈을 진류태수陳留太守에 임명하였다.

비록 그렇게 중용을 받은 사대부들도 진심으로 동탁에게 협조하지 않았다. 결국 원소와 원술, 조조 등은 모두 낙양에서 빠져나와 적극적으로 반 동탁 활동에 참여하였다. 동탁이 선비들을 중용한 것은 임시방편에 불과하였다. 그의 잔혹한 면은 얼마 지나지 않아 드러났다.

동탁이 낙양으로 들어간 지 오래지 않아 여러 제후들을 초청하여 한나라 왕의 폐립廢立 문제를 논의하였다. 거창한 연회를 준비하고 검을 차고 들어가 자신의 주장을 강요하였다. 형주자사 정원丁原이 그러한 동탁에게 반항을 하자 "나를 따르는 자는 살 것이고, 그렇지 않은 자는 죽을 것이다!"라고 한 뒤 정원을 살해하려고 하였다. 그러나 정원은 당시 여포의 호위를 받고 있는 상태였다. 동탁은 여포에게도 투항을 권유하며 죽이겠다고 위협하였다. 이렇게 동탁은 대신에게조차 공공연하게 무력으로 위협하였다. 그러자 그 자리에 참석하였던 원소가 발끈하였다.

"우리가 그렇게 호락호락 넘어가지 않을 것이니 두고 봅시다!"

그러자 동탁은 칼을 빼들고 원소를 위협하였다.

"원소, 네 이놈! 감히 나에게 반항하다니!"

동탁과 원소가 연회에서 칼을 빼들고 서로를 위협하다 원소가 나가 버리자 동탁은 말하였다.

"앞으로 나의 대의를 막는 자는 군법으로 엄히 다스리겠다."

이러한 상황에서 동탁에게 반대하는 무리들이 조직적으로 일어나기 시작하였다. 그러한 시점에서 동탁은 소제 유변을 살해한 것이다. 이는 곧 자신을 곤경에 빠뜨리며 자충수를 두는 꼴이 되었다.

수도를 낙양에서 장안으로 옮기는 과정에서도 동탁의 횡포는 극에 달하였다. 천도하자는 이유李儒의 건의를 쉽게 받아들인 동탁은 바로 조정에서 이 사실을 대신들과 상의도 없이 발표하였다. 이에 동탁이 중용하던 사도司徒 양표楊彪, 태위太尉 황완黃琬, 이부상서吏部尙書 주비, 성문교위 오경 등이 반대의 포문을 열었다. 동탁은 이들에게 바로 죄를 내리고 관직을 박탈하였는데, 주비와 오경은 반란군과 결탁했다는 죄를 씌우고 처형하였다. 순상은 다음과 같은 말로 천도를 반대하였다.

"승상께서 수도를 낙양에서 장안으로 옮기신다면 백성들의 소요가 있을 것입니다."

그 말을 들은 동탁은 대노하였다.

"나는 천하를 위하여 계책을 세우는데, 어찌 하찮은 백성들을 신경 써야 하는가!"

그러면서 동탁은 현장에서 순상도 파면시켰다. 그리고 수도 천도의 명령을 내린 후, 바로 다음날부터 이동하기 시작하였다. 그 후 수도 천도라는 막중한 대사에 관하여 어떠한 고위직 관리도 의견을 제출할 수 없었다. 그리고 국가 중대사를 결정하기 전에 어떠한 사전 홍보도 없었고 즉흥적으로 이루어졌기 때문에 전혀 준비 과정이 없었다. 동탁은 모든 사안을 그렇게 자신의 주관대로 처리해 나갔다.

그 일 이전에 동탁이 초창기에 황건적과 교전을 하다 패하여 위험한 상황에 처한 적이 있었다. 그때 유비가 군사를 동원하여 동탁을 구해주었다. 동탁은 당시 벼슬이 없던 유비를 오만하고 예의가 없게 대하였다. 동탁의 마음속에 타인에 대한 배려는 없었다. 그렇게 동탁은 생명의 은인도 안중에 두지 않는 인물이었다.

가장 큰 문제는 민심이 동탁을 지지하지 않았다는 점이었다. 동탁이 민심을 얻지 못한 가장 큰 원인은 원래의 황제를 폐위시키고 새로운 황제를 세운 것에 있지 않다. 그의 백성에 대한 잔혹함 때문에 인심을 잃었다.

동탁이 소제를 폐위시킨 뒤, 소제가 자신의 신세를 한탄하는 시를 쓴 것을 발견하고 부하인 이유를 시켜 군왕인 그를 살해하였다. 또 성 밖 모처에서 벌어진 영신제에서 군사를 동원하여 불사르고 백성들을 죽인 일도 있었다. 또 한 번은 북쪽에서 항복해 온 수백 명 반란군의 수족을 자르고 눈을 파고 심지어 가마솥에 넣어 삶기까지 하였다. 슬픔이 하늘을 진동시키고 백관들은 전율을 느꼈으나, 정작 동탁은 태연히 담소할 뿐이었다. 그렇게 동탁의 잔혹성은 이루 말할 수가 없었다.

원소가 동맹군을 이끌고 동탁을 토벌하기 시작하자, 동탁은 원소와 관련된 부하들을 찾아내 모두 목을 베어버렸다. 그리고 원소의 삼촌 원외袁隗의 집에 군사를 파견하여 남녀노소를 불문하고 전부 죽여 버렸다.

동탁의 또 다른 횡포를 살펴보도록 하자.

귀족 중에 집에 재산이 많다는 소문이 있으면 병사들을 파견하여 부녀자를 간음하고 재물을 약탈하였다. 그러나 자기 수하들이 성안에서 멋대로 약탈하여도 "치안을 유지한다"라는 명목으로 눈감아주었다. 당시 민심은 급박할 정도로 붕괴되어 갔다. 동탁은 또한 하태후와 역대 황제의 무덤을 파서 금은보화를 취하기도 하였다. 궁녀나 공주를 폭행하고 간음하기도 하였고, 법령도 가혹하게 시행하여 무고한 사람들까지 죄를 짓게 만들었다.

동탁은 한나라 때부터 사용하던 오수전과 장안의 종과 동상을 모두 녹여 작은 동전으로 유통시켰지만, 크기와 형태가 제각각이며 모양도 좋지 않았고, 오히려 인플레를 야기하는 부작용을 불러왔다. 진시황秦始皇 시기에 무게가 24만 근이 나가는 열두 개의 동상銅像을 만들어 궁문 앞에 세워놓은 적이 있었다. 그 동상은 서한 시기까지 장락궁 앞에 서 있었는데, 동탁이 열두 개 중 열 개를 부수어 작은 동전으로 만들어 유통시켰다. 그의 흉포성은 『삼국지 · 위서魏書 · 헌제기獻帝紀』에 이렇게 실려 있다.

> 동탁이 산동의 병사들을 붙잡자, 돼지기름을 베 10여 필에 발라 그들의 몸을 감쌌다. 그리고 난 후 그들을 불태웠는데, 먼저 다리부터 불이 붙도록 하였다. 그리고 원소 밑에서 예주종사라는 벼슬을 한 이연李延을 붙잡아다가 솥에 삶아 죽였다. 당시에 사례교위인 조겸趙謙이 천산산맥 투르판 지역의 사막에 자리 잡은 차사왕車師王의 시종을 죽인 일이 있었다. 동탁은 자신이 차사왕을 좋아하였다는 이유로 조겸을 불러다 처형시키며 대노하여 말하였다. "내가 개 같은 무리들을 아껴 일찍이 사람들에게 꾸짖지 못하게 하였는데, 하물며 사람임에랴! 사례교위의 도관들을 불러 모두 죽여라!"

동탁은 원소 집안의 원외와 원기袁基 일가 50여 명을 길거리에서 몰살시켰다. 그는 그렇게 수없이 많은 만행을 날마다 저질렀다. 동탁은 마지막으로 낙양을 빠져나오면서 사방 2백 리 안을 모두 불태우도록 하였다. 역사적 고도인 낙양이 그렇게 한순간에 잿더미로 변하고 말았다. 장안으로 들어온 후 동탁은 거의 이성을 상실한 정도로 횡포를 일삼았다. 장안성의 동쪽에 만세오라는 거대한 성곽을 쌓고 금은보화와 곡식을 가득 보관하였고, 중요한 관직은 자신의 일가가 독점하도록 하였다. 그의 횡포가 얼마나 극에 달했으면 장안성에서 동탁을 원망하는 이러한 노래까지 유행하였을까!

동탁의 세상이 푸르면 얼마나 오래 푸르겠느냐!
이제 곧 그 푸르름이 끝이 날 것이다.

위서에는 다음과 같은 내용도 있다.

동탁은 사례교위 유효劉囂를 시켜 불효한 자, 불충한 자, 부패한 자, 불순한 자 등을 모두 주살하라고 하였다.

이에 민심은 동요하고 원성이 많았으며, 동탁에 대한 애증이 교차하기도 하였다.

동탁은 부하들을 시켜 블랙리스트를 작성하도록 하였다. 그 명단에는 관원에서 일반 백성까지 총망라되었다. 여기에는 부모에게 불효하는 사람, 불충한 사람, 윗사람에 불경한 사람, 탐관오리 등이 포함되었는데, 그 명단에 들어간 사람들을 모조리 잡아다가 처형하고 재산을 처분하였다. 그러한 행동 속에는 사회악을 없애는 긍정적인 요소도 있었지만, 정확한 심사가 부족하였고 공평하지 못하였다. 객관적인 면이 부족하여 주관적으로 동탁과 가까운 사람의 눈 밖에 나면 그 명단에 올라가는 무고한 일이 다반사였다. 백성들은 공포에 떨어 길에서도 서로 무서워 얘기조차 나누지 못할 지경에까지 이르렀다. 동탁이 낙양에 입성한 이후로 횡포는 극에 달하여 천하가 분노하였다. 당시 동탁이 자멸하는 것은 하늘의 뜻이었다.

동탁은 졸렬한 영도자였지만, 조조와 마찬가지로 뛰어난 인재에 목말라하던 인물이었다. 횡포가 심하기 이전 그도 널리 인재를 구하는 데 힘쓰긴 했다.

동탁과 정원이 황제의 폐위 문제로 다툼이 있은 후, 정원은 군사들을 거느리고 동탁에게 도전하였다. 이때 정원 수하의 맹장 여포는 동탁 군대를 물리쳤다. 이에 동탁이 물러가면서 말하였다.

"내가 보기에 여포는 보통 사람이 아니다. 만약 내가 여포를 얻으면 천하를 얻을 것이다."

이에 곧 중랑장中郎將 이숙李肅을 급파하여 금은보화와 적토마를 뇌물로 하여 여포를 매수하도록 하였다. 뇌물에 약한 여포는 곧 동탁에게 귀순하였다. 동탁은 단번에 여포가 영재임을 알아보고, 그를 매우 존중하고 예를 갖추어 대하였다. 동탁의 평소 성격에 비하여 매우 이례적인 행동이었다.

동탁은 소제 유변을 폐위시키는 일을 마친 후에 자신은 상국相國을 자임하였고, 이유의 건의를 받아들여 유명한 인사를 발탁하였다. 당시 가장 등청을 거부했던 이는 시중侍中인 채옹이었다. 그렇지만 인재를 보는 안목이 있던 동탁은 삼족을 멸하겠다는 협박으로 채옹을 불러들였다.

당시 조조는 교위라는 직책을 맡고 있었다. 동탁은 재능이 뛰어나고 젊은 조조에게 깊은 관심을 기울였다. 그리하여 동탁은 조조를 여포만큼 중시하여 상부를 자유롭게 출입하게 하였다. 조조가 동탁을 살해하려다 실패하고 중모현中牟縣까지 도망치자, 그곳 현령 진궁陳宮이 이렇게 말할 정도였다.

"승상(동탁)께서 자네를 매우 귀하게 여긴다고 들었네."

여기에서 동탁이 조조에게 평소에 많은 관심을 두었다는 것은 당시에 공공연한 사실이었다는 것을 알 수 있다. 동탁이 조조를 중하게 여긴 것은 특별히 다른 뜻이 있어서가 아니라 조조의 재능과 지략이 남달랐기 때문이다.

그렇지만 그의 인재를 중시하는 마음이 전횡하고 난폭한 중대 결점을 상쇄하지는 못했다.

'세상은 군주가 신하를 선택할 뿐만 아니라 신하 역시 군주를 선택한다'라는 쌍방 선택 원칙에 의거하여, 정치적 안목이 높은 사람들이 동탁을 위하여 충성할 리가 없었다. 조조가 바로 그러한 예에 해당하였다. 조조가 만행을 일삼기 시작한 동탁을 살해하려다 실패하고 도망친 사실은 다 알고 있을 것이다. "천하의 대업을 위하는데 어찌 하찮은 백성에게까지 신경 쓰는가?"라는 동탁의 기본적인 사고방식으로는 어떠한 좋은 영도 방식도 나올 수가 없었다. 그의 승상이라는 지위는 일시적인 것이었으며, 필연적으로 몰락하게 될 운명이었다.

초창기에 동탁은 권력을 장악하고 명사를 발탁하여 당고의 난으로 피해를 입은 충신들을 복권시켰다. 처음에 시도한 일들은 매우 좋은 발전의 기회였는데, 자신의 유리한 조건을 살리지 못한 것은 아쉬운 대목이다. 동탁 자신과 그 부하들이 저지른 난폭성에 대하여 언급하면 이루 말로 표현할 수 없을 만큼 잔혹하였다. 그러한 행위는 귀족 관리들의 반대와 백성들의 증오를 불러일으켰다. 그의 필연적인 실패는 알 만한 사람은 다 짐작이 가능한 상황이었다. 그렇게 동탁의 인재 중시는 그의 만행으로 인하여 빛이 바래었다. 실사구시적 관점에서 말한다면, 동탁군의 군기 문란은 반대파에게 구실을 제공하여 스스로 자기 무덤을 파는 결과를 초래하였다고 볼 수 있다.

동탁은 한 시대의 영도자로서 인재를 아끼는 마음은 있었으나, 그가 행한 전횡과 난폭함은 천하를 적으로 돌려 자멸하는 결과를 만들었다. 그러므로 멸망을 자초하였다고 볼 수 있다. 맹자가 이렇게 말하였다.

天作孽, 猶可違. 自作孽, 不可活.

하늘의 재앙은 그래도 피할 수 있으나, 스스로 지은 재앙에는 살아남을 수 없다.

맹자孟子 『공손축公孫丑 上』

맹자의 말처럼 가장 큰 적은 종종 자신에게 있다. 동탁이 멸망한 것은 능력이나 식견이 부족해서가 아니라, 권세에 눈이 멀어 혼란을 스스로 자초한 결과였다. 동탁은 젊은 시절에는 그래도 여유로운 모습을 보였다. 그 후 정치 투쟁의 소용돌이 속에서 승천하여 용이 되고자 하였으나, 원래의 뜻을 이루지 못하고 자멸하는 결과를 초래하였다.

5. 여포呂布—문무에 능한 호장虎將

❖여포

희곡이나 연의소설에서 왜 그렇게 역사 인물을 마음대로 각색하는지 모르겠다. 좋은 것은 다 좋고, 나쁜 것은 무조건 다 나쁘다는 식의 이분적 시각으로 이야기가 전개된다. 작가들은 종종 역사 인물을 곡해曲解하여, 그들 자신의 희망과 통한을 옛 사람의 신상에 부가시킨다.

여포도 왜곡되어진 역사 인물이다. 희곡소설에서 여포는 단지 용맹스럽기만 하고 지모가 없는 평범한 인물로 묘사된다. 소설에서는 유비, 관우, 장비 등에만 중점을 두고 서술하고 있고, 문무가 출중했던 여포에 대해서는 특별한 주목을 하지 않으면서도 사실과 다른 이미지를 부여하고 있다.

소설 『삼국연의』를 다 읽은 독자는 일반적으로 여포에 대하여 신의가 없는 자로 여기게 된다. 소설 속 여포의 모습은 비굴하게 남에게 붙어살면서 싸움만 잘하는 일개의 무인이다. 그리고 도의가 없고 변심도 잘하는 소인배이다. 그러나 정사인 『삼국지』를 자세히 읽어본다면, 그를 그렇게 나쁜 쪽으로만 몰아붙이지는 못할 것이다. 비록 영웅이라고 치지는 못하더라도 호걸

정도라고는 말할 수 있는 인물이었다. 절대적으로 연의소설에서 나오는 그러한 소인배는 아니었다. 사서에 기재된 여포에 관한 내용이다.

> "여포는 용맹하여 병주에서 일을 하였다. 칙사 정원丁原이 기도위騎都尉가 되어 하내 지역에 주둔하면서 여포에게 주부主簿란 직책을 맡기고 중용하였다."

이 구절에서 두 가지 사항을 알 수가 있다. 하나는 여포가 용맹하였다는 것이다. 이 점은 누구나 다 아는 사실이었다. 또 하나는 그가 주부라는 중책을 맡았다는 점이다. 이는 중요한 점인데, 연의소설에서는 고의로 이 부분을 생략하였다. 주부란 어떤 직책인가? 한나라 때 군중의 모든 재무와 군량미 문제를 총괄하고 공문서를 관리하는 직책이었다. 순수한 문직文職이었고, 관장하는 일이 번거로웠다. 이 일을 시키고 난 후 정원은 여포를 더욱 중용하였다고 한다. 아마도 여포가 주부란 일을 잘 처리하였기에 그러한 결과가 있었을 것이다. 여포는 학식 면에서 모자라다고 평가되는데, 정원은 왜 주부란 벼슬을 여포에게 내렸을까? 주부라는 벼슬은 전형적인 문관 벼슬인데, 문서와 사무를 관장하여 지금의 비서실장 정도에 해당한다. 삼국시대의 유명한 주부로는 진림陳琳과 노수路粹가 있었는데, 그들의 실력은 뛰어나서 화타가 지은 약을 복용한 것처럼 조조의 두통이 없어질 정도라고 하였다. 또 양수楊修라는 주부가 있었는데, 지위는 높지 않았지만 그의 명성은 대단하였다. 정원이 일부러 곤경에 빠지게 하려고 여포를 주부에 임명하지는 않았을 것이다. 당시 정원은 여포의 수양아버지를 자처하지 않았던가!

여기서 우리는 여포가 비천한 소인배는 아니라는 것을 알 수 있다. 여포는 무예 실력 이외에도 주부라는 관직을 성실하게 수행할 정도의 학문적 재능이 있었음이 틀림없다. 지금의 관점으로 보면 여포는 지식인에 해당하지 소설 속에 나오는 것처럼 거칠고 경솔하기만 한 사람은 아니었다.

소설 『삼국연의』에서 여포는 의리를 지키지 않고, 멍청하고 재물과 주색에 빠진 전형적인 악인으로 묘사되고 있다. 여포의 입장에서는 억울한 일이다. 역사적 사실 속의 여포는 그렇지 않았다.

우선, 그가 동탁을 살해한 사실을 두고 의리가 없다고 하면 안 된다. 동탁은 병주목并州牧을 역임한 적이 있다. 서기 189년에 군사를 이끌고 낙양으로 들어가 소제少帝 유변劉辯을 폐위시키고 유협劉協을 헌제獻帝로 등극시켜 조정을 전횡하기 시작하였다. 곧이어 헌제를 끼고 수도를 장안으로 옮기고 스스로 태사라고 칭하였다. 그 후 그의 횡포는 더욱 심해져 역사적 고도인 낙양을 송두리째 불살라 잿더미로 만들었다. 그러므로 여포가 동탁을 죽인 것은 공명을 세운 것이고, 그 공적은 길이 남을 만한 것이다. 『삼국연의』에서 여포를 변덕스러운 사람으로 표현하는 것은 완전히 낡은 봉건 정통 사상에서 기인한 것이다. 반면 유비는 공손찬, 도겸, 조조, 원소, 유표 등을 전전하였는데, 보통 사람들은 그를 변덕스럽다고 말하지 않는다. 두 사람의 비슷한 행동에 대한 평가가 전혀 다른 것이다. 문제는 여포가 동탁의 수양아들이라는 데 있지 않고, 동탁이 없어져야 하는 인물인가 아닌가 하는 데 달려 있다. 동탁이 죽어 마땅한 인물이었다는 것은 누구나 부인할 수 없다. 그러므로 여포를 배은망덕하고 의리를 지키지 않는 사람이라고 평가해서는 안 된다.

여포와 초선貂蟬의 관계는 세간에 유명한 이야기이다. 그렇지만 역사적 사실은 전해지는 이야기와 다르다. 여포는 초선을 취한 적이 없다. 먼저 『삼국지 · 여포전』 제7권의 기록을 살펴보도록 하자.

> 동탁은 항상 여포더러 중각을 지키라 하였는데, 여포는 동탁의 시녀와 사통하였다.

여기서 언급되는 시녀는 초선이 아니다. 『삼국연의』에서는 겉만 바꾸고 내용은 그대로 하여 시녀를 왕윤의 가녀 초선으로 묘사하고 있다. 그리하여 초선을 개입시킨 미인계작전과 여포의 동탁을 살해한 역사적 사실을 연계시키고 있다. 소설 『삼국연의』에서 "풍의정에서 여포가 초선과 즐기다"의 대목이 아니었더라면 여포에게 붙여진 호색한이란 누명은 없었을 것이다.

여포에 관한 오해 중 가장 큰 것은 여포에게 지략이 없다는 것이다. 여포의 무예가 출중하다는 것은 세상 사람들이 다 아는 사실이다. 『삼국연의』에서 여포가 유비, 관우, 장비와 싸우는 장면을 묘사하는데, 여포의 무예는 세상 누구보다 뛰어나다고 하였다. 그러나 소설에서 여포는 용맹하기만 하고 지략은 없는 인물로 묘사되고 있다. 또 원래 원문사극轅門射戟*은 여포의 지략이었지만, 소설에서는 진궁陳宮의 지략으로 묘사하고 있다. 이것은 용맹을 보여주는 것이 아니라 지략을 보여주는 사건이었다.

여포와 비교되는 사람은 드물다. 삼국시대의 마초가 있지만, 마초는 너무 정직하고 성실한 인물이었다. 그 시대에는 용맹한 장수일수록 주인에게 더욱 충성하는 것이 보편적이었다. 관우와 장비, 조자룡 등의 유비에 대한 충정은 말할 필요가 없다. 조조에게는 전위典韋와 허저許褚라는 충성스러운 신하가 있었다. 전위는 조조를 지키다가 죽었고, 허저는 조조의 죽음이 가져온 충격에 울분을 참지 못하고 죽었다. 이러한 면을 보고 다음과 같은 것을 느낄 수 있다. 어느 군벌이나 조직의 두목 곁에는 항상 그를 위하여 죽음을 맹

---

*원문사극轅門射戟:여포가 서주徐州를 습격하여 스스로를 서주목이라 하였다. 한편 유비는 여포에게 화친을 구하고, 자신이 소패小沛에 주둔하기로 하였다. 원술은 수하의 기령紀靈 장군에게 3만의 군사로 유비를 공격하게 하였다. 아울러 사람을 여포에게 보내 20만 곡斛의 양식을 주면서 군사를 움직여 유비를 돕지 말 것을 요청하였다. 그런데 유비가 군사는 적고 양식이 모자란다며 여포에게 구원을 청하게 되었다. 당시 유비에게는 5천 명의 군사밖에 없는 상황이었다. 여포는 자신에게 미칠 영향을 요모조모 따져 보니, 원술이 유비를 공략하여 성공하면 자신에게 불리한 일이 생길 것이라는 생각이 들어 군사를 일으켜 유비를 도왔다. 그런데 여포의 부하들은 이번에 원술의 힘을 빌려 유비를 죽이자고 했다. 기령이 여포에게 신의를 저버렸다고 책망하자, 여포는 한 가지 계책을 내었다. 곧 유비와 기령을 함께 잔치에 청하고 스스로 말하기를, "나는 평생 싸움을 싫어하고 오직 싸움을 화해시키는 것을 좋아할 뿐이오!"라고 하였다. 그리고는 좌우에 명하여 중군中軍에서 백오십 보 떨어진 원문轅門 밖에 화극畫戟을 꽂아두게 하고 제의하기를, "내가 만약 화살 한 대를 쏘아 화극의 작은 가지를 맞히면 양군은 군사를 거두고, 만약 맞히지 못하면 각자 군영으로 돌아가 서로 전투 준비를 하시오. 내 말을 따르지 않는 자가 있으면 힘을 합하여 물리치겠소"라고 하였다. 유비는 쾌히 찬성하였으나 기령은 여포의 용맹을 두려워한 나머지 부득이 동의를 표하게 되었다. 여포가 활을 쏘아 화극의 작은 가지를 정확하게 맞히자, 기령은 어쩔 수 없이 군사를 철수할 수밖에 없었다

세한 충성스러운 부하가 지키고 있다. 셰퍼드는 사납지만 충성스럽다. 그러나 여포에게는 그러한 셰퍼드의 기질이 없었다. 그가 가장 이해하지 못했던 것은 개처럼 주인에게 충성하는 무리들의 심리였다.

여포는 왜 한 주인을 끝까지 섬기지 못하였을까? 너무 개성이 강한 성격 때문일까? 아님 운이 따르지 않았던 것일까? 여포는 동탁을 죽인 후 원술에게 의탁하였다. 그렇지만 원술과의 관계도 오래가지 않았다. 자신의 딸을 원술의 아들과 결혼시켜 사돈 관계를 맺을 생각도 한 적이 있었다. 하지만 그 생각도 곧 접고, 자기 주관대로 행동하다 원술의 눈 밖에 나고 말았다.

삼국시대에는 모략과 지략에 능한 인재가 너무도 많았다. 중국 역사상 가장 뛰어난 간웅이라고 평가받는 조조와 동시대에 살아 그와 비교된다는 것 자체가 여포에게는 불행이었다. 여포는 조조만큼은 못하였지만, 전술적으로 뛰어난 실력을 지닌 용맹한 인물이었다. 그런데 여포는 전쟁놀이에 비교적 미련을 많이 두었지만, 그 놀이의 규칙을 잘 따른 적은 없는 풍운아였다. 그는 자신을 충성스럽게 전쟁의 도구로 사용되게 몸을 내던졌다가 역풍을 맞곤 하였다.

여포는 항상 적극적이어서 저돌적이고 위세 당당하였다. 『삼국연의』에서 "나는 누가 오든지 두렵지 않다"라고 한 부분은 그의 내심을 잘 표현하고 있다. 여포가 중원에 온 후 무엇 때문에 그의 곁에는 늘 많은 군사와 유능한 장수가 따랐던 것일까? 이는 그의 전쟁 수행 능력과 상관이 있다. 여포가 전투의 선봉장에 서면 항상 자신감있고 당당하였다. 그러한 주장主將의 모습을 보는 병사들의 사기는 충천하였다. 자고 이래 모든 전쟁에서 주장의 태도에 따라 병사들의 태도가 많이 좌우된다. 훗날 명장이 된 장료張遼도 기꺼이 여포의 명령을 따랐다. 충신 고순高順도 여포가 자신을 중용하지 않을 것을 명백히 알면서도 충성을 다짐하였다. 여포에게는 자신과 사고가 다른 인물들을 배척하는 경향이 조금 있었다. 그럼에도 인재들이 여포를 따른 것은 강렬한 그의 개인적 매력에서 비롯되었다.

여포의 위인 됨에 있어 배울 만한 점이 있는데, 바로 인심을 얻는 것이었다. 그가 패배한 뒤에도 수하 장군 고순 등은 끝까지 적과 싸웠고, 진궁은 장렬한 죽음을 택하였다. 이는 그가 인심을 얻었다는 것을 충분히 설명해 준다. 조조와의 전투에서 패배한 당시의 상황을 사서는 이렇게 전한다.

> 여포와 휘하 장수들은 백문루白門樓에 올라갔다. 조조의 군사들이 몰려오자 여포는 휘하 장수들에게 자기의 목을 따라고 명령하였다. 좌우에 있던 장수들은 차마 그럴 수 없어 항복하였다.

여기서 "차마 그럴 수 없었다"라는 대목에서 우리는 여포가 부하들에게 인심을 얻고 있었다는 점을 알 수 있다. 여포가 부하들에게 '자신의 목을 따라' 고 한 내용은 연의소설에서 보이지 않는다. 여포는 사실 죽음을 두려워하지 않은 인물이었다. 그렇지 않다면 그 상황에서 당장 조조에게 항복했을 것이다. 여포가 죽음을 두려워하였다면 휘하 장수들에게 자신의 목을 베라고 명령까지는 하지 않았을 것이다. 조조와 대면해서도 여포는 자신의 능력을 자신하는 말을 하였다. 여포는 불리한 상황에서도 조금도 굽히지 않고 호방하게 조조를 상대하였다. 그러나 『삼국연의』에서는 여포를 죽기 무서워하는 겁쟁이로 묘사하였다. 소설 속에서 여포는 최후의 순간에 "명공이 보병을 이끌고 내가 기병을 이끌어 합심한다면 어찌 천하를 평정하지 못하겠습니까?"라고 하면서 조조에게 목숨을 구걸하였다고 묘사하였다. 그러나 그것은 조조에게 빌며 사정한 것이 아니라 자신의 능력에 대한 자신감에서 나온 말이라고 보아야 한다. 사실 그것은 조조가 천하를 평정하기 위해서는 자신과 같은 호걸이 반드시 필요하다고 여긴 여포의 호방함이 서린 언사였다. 그런데 소설 『삼국연의』에서는 장료가 죽음을 두려워하는 여포를 욕하는 장면까지 나오는데, 이는 소설가들의 크나큰 역사적 사실 왜곡이다.

동한 말년, '백골이 천하를 덮은' 군벌 혼란기를 살아간 여포는 정치가도 아니고 군사가도 아니었다. 게다가 조조나 제갈량과도 비길 바가 되지 못하며, 어떤 민족 영웅도 아니었다. 그러나 그가 죽은 지 1,800년이 흐른 지금,

우리는 여포를 『삼국연의』에 나타나는 소인배로 비하하면 안 된다.

"사람 중에는 여포가 있고, 말 중에는 적토마가 있다!"

이것이 역사적 사실이다.

그러므로 우리는 삼국시대의 문무에 능했던 장군 여포를 제대로 기억해야 할 것이다.

6. 황충黃忠—결코 노익장도, 백발백중의 명사수도 아니었다

❖황충

촉나라의 대장을 꼽으라고 한다면 황충을 빠뜨릴 수 없다. 그리고 삼국의 역사에 대하여 조금 아는 사람에게 노익장을 과시하는 사람과 백 보 거리에서 버드나무 잎을 맞히는 명사수가 누구냐고 물으면 대답은 쉽게 나온다. 바로 황충이다. 이 같은 인물 형상은 이미 대중들 마음속에 깊이 자리 잡고 있다. 그러나 그러한 형상은 역사적 진실이 아니고 소설가들이 부여한 것에 불과하다.

『삼국연의』에서 나관중은 황충을 "화살로 두 개의 돌을 꿰뚫을 수 있는 궁수"라고 묘사하였다. 이는 사람으로서는 불가능한 일로 과장된 표현임이 틀림없다. 『삼국연의』에서는 여포, 태사자太史慈와 함께 그를 삼국시대 3대 신궁神弓이라고 하였다. 그런데 그것은 사실일까? 무슨 증거로 증명할 것인가?

나관중이 황충을 그렇게 미화하였는데, 역사적 사실이 그러한지 증거를 댈 수 있을까? 황충이 정말로 그렇게 백발백중하였을까? 여포가 명사수라는 것은 역사 기재에 나오는 사실이다. 앞서 여포 편에서 언급한 원문사극의 이야기(여포가 활 솜씨를 뽐내는 이야기)는 역사서에 정사로 기록되어 있다.

태사자의 활 솜씨 역시 사서에 정설로 기록되어 있다.

태사자의 키는 7척 7촌이었다. 수염이 멋있고 원숭이 같은 팔에 활을 잘 쏘아 시위를 당기면 맞히지 못하는 것이 없었다. 일찍이 손책孫策을 따라 적을 토벌하러 갔는데, 적들이 둔영 안 누각 위에서 욕설을 하며 누각의 마룻대를 손으로 잡고 있었다. 태사자의 화살이 적들의 손을 관통하여 누각의 동량에 박히니, 주변의 많은 사람들이 칭찬하지 않는 자가 없었다. 그 신묘함이 그와 같았다.

여포와 태사자의 뛰어난 활 솜씨에 관한 기록은 역사적 사실이다. 그러나 황충에 관한 기록을 정사인 진수의 『삼국지』에서 아무리 찾아보아도 찾을 수가 없다. 아무래도 연의소설의 작가가 촉나라의 오호대장군을 미화하는 과정에서 황충을 노익장이며 신궁이라고 과장했을 것이다. 그렇다면 사실상 그도 확실하게 성공한 것이 아닌가? 지금 황충이 신궁이라는 명성이 얼마나 강력한가? 그는 삼국 역사에서 유명한 인물로 평가되어 있다. 심지어 그 명성이 여포와 태사자를 능가하고 있다.

관우가 장사를 공격하면서 황충과 백여 합을 싸웠으나 승패를 가르지 못하였다는 이야기는 소설가들이 허구로 날조한 것이다. 관우와 유비가 형주 남부 사군을 설치하는 것에 관한 사서의 기록을 살펴보자.

유비는 남쪽을 정벌하여 사군을 설치하는데, 무릉武陵태수에는 김선金旋, 장사長沙태수에는 한현韓玄, 계양桂陽태수에는 조범趙範, 영릉零陵태수에는 유도劉度를 각각 내려보냈다.

『삼국지 · 촉서蜀書 · 선주전先主傳』

荊州牧劉表以黃忠爲中郎將, 與表從子盤共守長沙攸縣. 及曹公克荊州, 假行裨將軍, 仍就故任, 統屬長沙太守韓玄. 先主劉備南定諸郡, 忠遂委質…….

형주목 유표劉表는 황충을 중랑장中郎將으로 삼아 유표의 조카 유반劉盤과 더불어 장사군 유현攸縣을 지키게 하였다. 조조가 형주를 침략하자 임시로 비장군裨將軍 직을 대행하게 하니, 이전 업무에 종사하며 장사태수 한현에 속하게 되었다. 유비가 남쪽으로 여러 군郡을 평정하자, 황충이 마침내 촉군에 투항하고는 유비를 수행해 촉나라로 들어갔다. 가맹에서 임무를 받아 군대를 돌려 유장劉璋을 공격하는데, 황충은 늘 앞장서서 적진을 함락시켰고 그 용맹하고 굳셈이 삼군三軍의 으뜸이었다. 익주益州가 평정된 뒤 황충은 토로장군討虜將軍에 임명되었다. 유비가 한중왕漢中王이 되어 황충을 후장군으로 임명하려고 하자 제갈량이 선주先主를 설득하며 말했다. "황충의 명망은 본래 관우, 마초와 동등하지 않았는데 이제 곧바로 동렬에 두려 하십니다. 마초, 장비는 가까이에서 그의 공을 직접 보았으므로 그 뜻을 이해할 수 있으나, 관우는 멀리서 이를 들으면 필시 달가워하지 않을 것이니 이는 불가한 일이 아니겠습니까?" 그러자 유비가 이르길 "내가 직접 이해시키겠소"라 하고는 마침내 관우 등과 더불어 나란한 지위에 두고 관내후關內侯의 작위를 내렸다. 황충은 그 이듬해(220년)에 죽었고, 시호를 추증해 강후剛侯라 했다. 아들인 황서黃敍는 일찍 죽었고 후사가 없었다.

『삼국지 · 촉서蜀書 · 황충전黃忠傳』

이처럼 정사의 기록에서는 황충과 관우가 장사에서 싸운 기록이 보이지 않는다. 그렇다면 소설 속의 '관우가 황충을 풀어주는' 장면은 사실이 아닌 허구로 보아야 할 것이다.

비록 황충이 신궁이라는 것은 허구이나 용맹했던 것만은 사실이다. 이 책은 실사구시 정신에 따라 쓰여지고 있다. 사실은 사실이고, 공신이면 공신이다. 황충이 한 시대의 명장인 것만은 확실하다.

유비는 자신에게 투항한 황충을 매우 중용하여 유장을 공격할 때 선봉에서 싸우게 하였다. 황충도 유비를 실망시키지 않아 항상 전투의 선봉에서 혁혁한 공을 세웠다. 그리하여 익주가 평정되자 유비는 황충을 토로장군에 임명하게 된다. 그 지위가 비록 관우, 장비, 마초에게는 미치지 못하나 전군 중의 몇 째 가는 높은 직위였다. 오호대장군에 속한 것이다.

황충의 공적 중에서 가장 괄목할 만한 성과는 위나라와의 한중 지역 공방에서 조조군의 하후연夏侯淵을 죽인 것이다. 황충은 그 전투에서 용맹스럽게 전투를 주도하여 촉나라의 한중 소유권을 결정하게 만들었다. 위나라의 주장 하후연이 죽고 부장部將, 장합張郃 등은 유비군에 쫓겨 한중 지역 밖으로 물러 나갔다. 조조가 비록 다시 한중으로 쳐들어왔지만 이미 역부족이었다. 그 전투로 한중이 끝내 유비 손에 넘어가게 되는 것이었다. 여기에 관한 정사의 기록을 보자.

> 건안 24년(219년), 황충은 한중漢中 정군산定軍山에서 하후연을 공격하였다. 하후연의 군대는 매우 정예했으나, 황충은 적의 예봉을 꺾고 사졸들을 격려하며 이끌었다. 징과 북소리는 하늘을 울리고 환성은 골짜기를 뒤흔드니, 한 번 싸움으로 하후연을 참수하고 하후연의 군대를 대패시켰다. 그에 대한 공로를 인정받아 황충은 정서장군征西將軍으로 올랐다.
>
> 『삼국지 · 촉서 · 황충전』

> 태조(조조)가 수도인 업도로 돌아가며 하후연을 남겨 한중을 지키게 하고, 하후연을 정서장군에 임명했다. 건안 23년(218년), 유비가 양평관陽平關에 주둔하자 하후연이 여러 장수들을 이끌고 이에 맞섰는데 서로 대치하며 해를 넘겼다. 건안 24년(219년) 정월, 유비가 밤에 녹각鹿角을 불사르며 포위했다. 하후연은 장합에게 동쪽을 지키게 하고 자신은 경병輕兵을 이끌고 남쪽을 지켰다. 유비가 장합에 싸움을 걸었는데 장합군이 불리했다. 그러자 하후연은 지휘하던 병력의 절반을 나누어 장합을 돕게 했는데, 결국 유비의 습격을 받아 하후연이 전사했다. 하후연에게 시호를 내려 민후愍侯라 했다.
>
> 『삼국지 · 위서魏書 · 하후연전夏侯淵傳』

유비가 한중왕이 된 후 황충을 후장군과 관내후로 임명하였다. 이는 관우, 장비, 마초와 더불어 유비 진영의 4대장군에 속하는 것이다. 황충은 그 다음 해에 죽고 만다. 사서에서는 황충이 오나라와의 전투에 참가한 흔적을 찾아볼 수 없다. 그런데 연의소설에서는 오나라로 출정하는 도중 죽는 것으로 묘사되어 있다. 황충은 사실 전쟁 중에 죽은 것이 아니었다. 황충이 너무 평범하게 죽어 소설 『삼국연의』에서는 황충을 멋있게 죽는 것으로 다음과 같이 미화한 듯하다.

> 서기 222년에 황충은 유비를 따라 오나라 정벌에 나선다. 노장은 도움이 안 된다는 유비의 말에 격분하여 적진을 뚫고 오나라의 장군 사적의 목을 베고 반장潘璋을 쫓아내어 승리한다. 그는 돌아오라는 충고에도 불구하고 오군의 반장과 다시 한 번 맞붙는다. 그런데 오의 반장은 계략을 써서 계속 도망가며 황충을 자신의 지역으로 끌어들인다. 황충은 매복하고 있던 오의 장군 마충이 쏜 화살에 맞고 전사한다.
>
> 『삼국연의』 제83회

그러나 역사적으로 촉나라와 오나라의 반장이 싸웠던 해는 서기 221년이다. 그런데 황충이 죽은 해는 서기 220년이다. 죽은 사람이 싸울 수는 없지 않은가?

『삼국지 · 촉서 · 후주전後主傳』에 의하면, 경요景耀 3년(260년)에 관우, 장비, 마초, 방통, 황충에 대하여 시호를 내렸다. 관우는 장무후壯繆侯, 장비는 환후桓侯, 마초는 위후威侯, 방통은 정후靖侯, 황충은 강후剛侯라는 시호가 내려졌다. 그들에게는 대단히 영광스런 일이었다. 지금 관점에서 보더라도 그들의 시호는 부러울 따름이다.

사람들은 황충을 부를 때 항상 "노익장, 혹은 노장老將"이라는 수식어를 붙인다. 이것도 우리가 여기서 따지고 보아야 할 문제이다.

소설 『삼국연의』에서 황충이 처음 등장하는 것은 유비와 관우가 장사 지역을 공략하는 장면에서이다. 『삼국연의』에서 제갈량이 황충에 대하여 이렇게 언급하는 장면이 나온다.

"지금의 장사태수 한현韓玄은 힘이 부친다. 단지 그에게 있는 한 명의 대장만이 뛰어나다. 남양 사람이고, 이름은 황충이라 하며, 자字는 한승漢升이다. 유표 밑에서 중랑장이 되어 유표의 조카 유반과 함께 장사를 지키는 장사태수 한현의 관할하에 있다. 나이는 비록 육순에 가까우나 누구보다 용맹스럽다."

생각해 보라! 그 시절에 나이 육순이면 확실한 노장이었다. 소설 『삼국연의』 제70회에서 황충과 엄안嚴顔이 천탕산으로 도망간 장합을 추격할 때 조자룡이 다음과 같이 말하였다.

"어찌 두 노장이 대적하는가?"

소설 『삼국연의』에서는 의도적으로 황충을 늙었어도 원대한 뜻을 품은 인물로 묘사하고 있다.

그러나 사서를 연구하고 자세히 본다면, 황충을 노장이라고 직접 표현한 자료는 보기 힘들다. 황충의 정확한 나이를 기록한 사서도 없다. 황충의 외아들 황서 또한 일찍 죽어 기록도 없어, 진정 황충이 노장인지에 대해서는 더 연구해야 한다. 유비가 황충을 후장군으로 임명하려 하자 제갈량이 다음과 같이 말하였다.

"황충의 명망은 본래 관우, 마초와 동등하지 않았는데 어찌하여 지금 곧바로 동렬에 두려 하십니까? 마초, 장비는 가까이에서 그의 공을 직접 보았으므로 그 뜻을 이해할 수 있으나, 관우는 멀리서 이를 들으면 필시 달가워하지 않을 것이니, 이것은 불가한 일이 아니겠습니까?"

유비는 공명의 말에 개의치 않았다. 나중에 유비가 관우를 전장군으로 임명하면서 비시費詩를 사신으로 파견하였다. 이때 관우는 황충이 후장군에 임명된 사실을 알고 예상대로 대노하였다.

"대장부는 노병老兵과 동급이 될 수 없다!"

그러자 비시가 간곡하게 설득하여 겨우 관우를 납득시켰다. 여기서 나오는 "노병"이라는 표현이 황충이 노장이라는 단서가 될 수 있다. 그러나 문제는 노병이란 표현이 나이를 두고 한 말인지의 여부이다. 관우가 그런 말을 할 당시를 연의소설의 연대기로 추정하면, 황충의 나이는 당시 60세 정도였다. 이건 어디까지나 소설 속에 나오는 이야기를 근거로 추정한 것이다.

『삼국지 · 위서 · 유표전劉表傳』에 의하면, 유표가 장사 지역을 평정한 것은 건안 초년의 일이었다. 유비가 서기 209년(건안 14년)에 장사를 얻은 시기와 대략 10년 이상이 차이가 난다. 이것으로 미루어볼 때, 유비가 장사 지역을 얻을 당시 황충의 나이가 60세에 근접했을 가능성도 없지 않지만, 설령 30세라 하여도 이상할 것이 없다. 황충은 유비가 한중왕으로 칭제한 장무章武 원년인 서기 221년에 죽었는데, 옛 사람들의 수명이 길지 않았다는 점을 생각하면 황충의 당시 나이가 60대 이상이라는 주장은 설득력이 없을지도 모르겠다.

이렇게 황충의 당시 나이를 정확하게 짐작하는 것은 매우 어려운 일이다. 그런데 왜 나관중은 항상 황충을 노장이라고 표현하였을까? 이는 이치에 맞지 않는 표현이다. 이처럼 『삼국연의』에 나타나는 내용에는 역사적 사실과 떨어진 허구적인 요소가 많다.

7. 위연魏延—그는 정말로 반골이었는가?

❖위연

삼국시대의 반골상하면 촉나라의 명장 위연이 떠오른다. 그러나 거기에 대한 의문점은 없는가? 위연은 정말로 반역을 하였을까? 아니면 이것 또한 삼국 역사 중의 또 하나의 억울한 사안 중 하나였을까?

어느 정도 삼국 역사에 대하여 연구한 사람은 모두 위연이 받은 불공정한 대우와 비극적 결론에 대하여 분노와 아쉬움을 경험하였을 것이다. 소설 『삼국연의』와 정사 『삼국지』에서 위연이 등장하는 부분을 비교하여 읽어본다면 위연이 받은 불공정한 느낌은 더욱 강렬해질 것이다.

나관중은 위연을 "얼굴상은 잘 익은 대추 같고, 눈은 별처럼 반짝이며, 수염이 길고, 위풍당당하며, 무예가 뛰어나 돌격에 뛰어났다"라고 표현하고 있다. 사실 위연은 포부가 있었고, 자부심이 강하였고, 군사軍事에 밝았고, 지략에 능하였고, 부하들에게 잘대해 주던 훌륭한 장군이었다.

나관중은 자신의 우상인 제갈량의 후계자인 강유를 정당화시키기 위하여 무고한 위연을 출생부터 시작하여 줄곧 반역상으로 묘사하였다.

사실 위연은 촉나라의 손꼽을 만한 맹장 중의 한 사람으로서, 유비가 촉나라의 기반을 세우는 데 많은 공헌을 한 인물이었다.

『삼국연의』에서 위연이 등장하는 시점은 유비가 어려움에 처할 때였다. 당시 유비는 백성들을 이끌고 양양으로 패주하던 몹시 낭패한 시기였다. 유비 곁에는 천여 명의 패잔병만 남아 있었고, 장군으로는 장비와 조자룡만이 곁을 지켰다. 게다가 조조가 추격해 오고 있었으며, 앞으로는 위나라의 채모蔡瑁와 장윤張允이 버티고 있어 참으로 진퇴양난의 형국이었다. 이러한 유비에게 구세주같이 나타난 존재가 바로 위연 장군이었다. 위연은 채모와 장윤과 같은 간사한 무리들의 농간을 참지 못하고 수문장을 죽이고 성문을 열어주었다. 이때 나타난 문빙文聘과 양양성에서 수십 합을 싸우고 나서 유비에게 투항하였다. 당시 형주는 주인이었던 유표劉表가 죽고 조조에게 항복하자는 등 혼란스럽던 상태였다. 유표를 따르던 무장들도 단합이 되지 않고 뒤숭숭해 있었는데, 당시 문빙과 같은 유표의 부하들은 유종劉琮을 부추겨 조조에게 항복을 하자고 했지만, 위연은 유비에게 도움이 되고자 했기 때문에 문빙과 충돌이 일어났던 것이다. 소설 『삼국연의』에서 위연은 그렇게 인상 깊게 처음 등장한다.

이러한 위연의 이미지가 나중에 독자들에게 반골이라는 이미지로 다가서는 것은 무엇보다도 제갈량과의 사이가 좋지 않았기 때문이다.

위연이 두 번째 출장하는 시기는 적벽대전이 끝나고 유비가 한상漢上의 구군九郡을 공략할 때의 일이었다. 즉, 관우가 장사를 공격하면서 황충의 완강한 저지에 막혀 진퇴양난에 빠진 시기였다. 그 상황에서 패기와 혈기가 넘치는 위연이 나서 해결하였다. 결국 황충은 형장에서 참수될 위기에 처해 있었다. 이때 위연이 분개하며 소리를 질렀다.

"황충은 장사를 지켜낸 인물인데 죽이려 한다. 황충을 죽이는 것은 장사 백성을 죽이는 것과 같다. 진짜 죽여야 할 사람은 이곳 태수인 한현韓玄이다. 한현은 오만하고 난폭한 자이니 그를 처단할 것이다. 이제 모두 나를 따르라!"

곧 그는 칼을 뽑아 한현을 죽이고 성문을 열어 유비 대군이 장사로 들어가도록 해주었다. 이렇게 위연은 황충을 죽음에서 살려내고 유비를 자신의 주군으로 맞아들였다. 위연은 기개가 있고 시비를 명확히 분별하였던 사람이었는데, 사람들이 왜 그렇게 반골이라는 누명을 씌우는지 모르겠다.

위연은 진심으로 유비를 위하여 충성을 다하였다. 그러나 제갈량 등은 유비에게 많은 공적을 남긴 위연을 죽이려고 하였는데, 그 이유를 이렇게 말하였다.

"자신이 관할하던 땅을 넘겨준 것은 불충이요, 자신의 주군을 살해한 것은 불의이다."

한마디로 반골이라는 이유에서였다. 참으로 불공평한 일이다! 무능한 주군을 버리고 현명한 주군을 맞이한 것이 진정 잘못된 행동인가? 제갈량은 여러 차례 천하의 명장인 위연을 살해하려 했으니, 당시에도 위연이 억울하다 생각한 사람이 많았을 것이다.

다행히 당시 유비가 현명하여 위연을 제갈량으로부터 구해주었다. 그 후부터 유비에게는 지략과 용맹이 넘치는 수하 장군이 생긴 것이다. 위연도 그 때로부터 자신의 재능을 십분 발휘하여 수십 년간 많은 공을 세웠다. 서천을 공략할 때 황충과 선봉에 섰으며, 가맹관전투에서 마대馬岱를 격퇴하였다. 위연은 또한 동천에서 장비를 도와 여러 차례 조조의 군대를 물리쳤고, 익주 반란군 중 하나인 악환鄂煥을 사로잡았으며, 축융부인祝融婦人을 유인하여 사로잡았다. 반사곡에서 올돌골兀突骨과 등갑군藤甲軍을 유인하여 승리하였다. 기성전투에서는 강유를 유인하여 위기에 빠뜨렸고, 가정전투에서 어느 정도 싸우다 양평관으로 퇴각하여 위군의 진군을 막았으며, 기곡으로 전진하여 사마의에게 대패한 진식陳式과 군사들을 구하였다. 진창에서는 한중으로 퇴각하던 도중 왕쌍王雙을 단칼에 베어 죽였으며, 남만의 맹획孟獲을 물리치는 등 유비에게 많은 공헌을 하였다.

이러한 맹장이 보필하던 유비가 마침내 서천의 주군, 촉나라의 왕이란 보좌에 오르게 되었다. 조금의 땅도 없었던 유비가 후한 60여 년의 역사 동안 서쪽의 패왕 자리를 차지하게 된 것이다. 위연은 혈혈단신으로 유비에게 투항하여 수많은 승리로 기염을 토하였다. 그리하여 유비가 한중에 거점을 세우는 데 누구보다도 많은 공헌을 하여 남정후南鄭侯, 한중태수漢中太守, 정서대장군征西大將軍의 역할을 도맡았다. 주군은 사람을 볼 줄 아는 혜안을 가졌고, 위연은 그에 잘 상응하여 군주와 맹장 사이에 서로 많은 도움을 주었다.

그러나 당시에는 누구도 위연이 훗날 반골상이란 이미지로 남을 줄을 전혀 생각하지 못하였다. 결과적으로 위연의 일생은 비극이었다. 이 비극의 연출자는 다름 아닌 제갈량이었다.

제갈량은 자신의 이미지에 오점을 남기는 것을 허락하지 않는 사람이었다. 그리고 자신의 예언이 빗나가는 것도 용납하지 않는 사람이었다. 그리고 자신보다 우월한 능력의 소유자도 용납하지 않았다. 제갈량은 유비가 죽은 후 군권을 장악하였다. 그리고 은밀한 수단과 방법으로 위연이 건의하는 정확한 계략들을 묵살하거나 억압하였다. 그리하여 다년간 쌓은 위연의 풍부한 작전 경험은 더 이상 빛을 볼 수가 없었다.

1차 북벌 때 위연은 형세를 정확하게 판단하여 자오곡 계책을 제갈량에게 건의했다. 즉, 자신이 자오곡을 통하여 직접 위나라가 지키는 장안을 친다는 계책이었다. 당시의 상황에서는 기발한 계책이었다. 왜냐하면 장안을 지키던 장수는 유능한 조진曹眞도 아니고, 교활한 도독 사마의도 아닌 군사에 무지한 하후무夏侯楙였기 때문이다. 촉나라로서는 천재일우의 좋은 기회였으나, 결국은 한탄할 수밖에……. 아쉽구나! 위연의 건의는 시작해 보지도 못하고 제갈량으로부터 거절당하였다.

가정전투에서도 위연이 나서 사마의, 장합과 대적하려고 하였다. 당시의 촉군에게는 조조의 사마의나 장합에 맞서 싸울 만한 선봉장이 없었다. 오로지 위연과 조자룡만이 그들을 상대할 수 있는 장수였다. 그러나 애석하게도 제갈량은 중용해서는 안 되는 마속馬謖에게 책임을 맡겼다. 제갈량은 왜 그렇게 하였을까? 마속이 자신의 심복이었기 때문이다. 위연은 가정전투에서도 제갈량의 견제 때문에 뜻을 발휘하지 못했다.

결국 마속의 실책으로 촉군은 가정 지역을 빼앗기고 대패하였으니, 위연처럼 전투 경험이 많은 장수에게는 큰 실망이었다. 비록 제갈량이 가정전투의 패배에 대한 책임으로 읍참마속泣斬馬謖하였지만, 위연의 마음은 이미 제갈량을 떠나기 시작했다. 그 후 제갈량의 명령에 대한 위연의 태도가 달라지기 시작했다. 서로 간에 반신반의하였고, 서로를 비난하기에 이르렀다. 이것이 제갈량을 더욱 자극하였고, 위연은 반골이라는 이미지가 현실화되기 시작하였다.

항상 위연을 견제하던 제갈량은 급기야 수치스러운 방법으로 자신의 말을 듣지 않는 위연을 몰아붙이기 시작하였다. 결국 제갈량은 위연을 살해하기로 결심하고 주도면밀한 계책을 세웠다. 상방곡전투에서 화공법을 계획하면서 적군인 사마의 부자와 함께 적을 유인할 위연까지 불살라 계곡 밑에서 죽게 만든다는 작전 계획을 세웠다. 이 점은 나관중조차 인정하지 않을 수 없었다. 다만 사람의 뜻이 어찌 하늘의 뜻을 거스르겠는가? 그곳에 갑자기 내린 폭우는 사마의 부자를 구했을 뿐만 아니라 위연을 죽이려던 제갈량의 계획을 수포로 만들어 버렸다. 따라서 제갈량은 하늘을 쳐다보며 탄식할 수밖에 없었다.

제갈량은 자신의 목숨이 위태로워지자 위연을 빨리 제거하기로 생각하였다. 아픈 몸을 지탱하면서 위연의 일거수일투족을 하나하나 주시하였을 뿐만 아니라 몰래 자신의 목적을 달성해 줄 공범을 찾기 시작했다. 그렇게 하여 나중에 자신의 의도대로 위연을 죽일 무리들을 포섭해 놓았다(제갈량과 위연은 서기 234년 같은 해에 죽었는데, 제갈량이 먼저 병사하였다). 전쟁에서 수많은 공헌을 한 남정후, 한중태수, 촉나라의 정서대장군 위연은 최후에 반역이라는 죄명을 쓰고 군중 앞에서 목이 베어졌다.

이 얼마나 억울한 일인가!

촉나라를 위해 한결같이 힘쓴 위연이 반란이라니?

정말로 실망스러운 일이다!

『삼국연의』와 『삼국지』를 세심하게 읽은 독자라면 제갈량이 죽은 후 위연이 한 행동이 무엇을 뜻하는지를 알 것이라고 믿는다. 그가 항거한 것은 무엇인가? 반대한 것은 또 무엇인가? 위연은 병부를 요구하였고, 퇴각 명령을 따르지 않았으며, 잔도를 불살라 옛 전우의 길을 막았다는 등의 억울한 모함을 받았다. 차라리 장렬하게 죽었으면 원통하지나 않았을 것이다. 그러나 위연이 그러한 이유로 반역이란 죄명을 쓰고 죽임을 당하였으니, 참으로 구천에 떠도는 위연 장군의 영혼이 억울할 것이다! 제갈량이 이미 죽었고 양의楊儀가 군권을 잡았다는 소식을 들은 경험 많고 무공이 높은 위연 장군이 퇴각 명령을 받고 한 말이 무엇이었던가?

"승상(제갈량)은 이미 죽었으나 나는 아직 살아 있다. 어찌 한 사람이 죽었다고 국가 대사를 내팽개칠 수가 있단 말인가?"

"대장부가 어찌 서생(양의)의 명령을 받을 수 있단 말인가?"

앞의 말은 자신이 계속 북벌을 진행하여 통일 대업을 완성하겠다는 의지를 밝힌 것이었다. 그리하여 촉나라에 대한 자신의 책임을 다하겠다는 의미이다. 뒤의 말은 공이 많은 위연이 무능한 양의의 명령을 따르지 못하겠다는 의미였다. 이는 당시의 문신과 무인 간의 권력 투쟁을 의미한다. 성공한 자는 왕이 되는 것이고, 실패한 자는 원수가 되는 것이다. 결론적으로 위연은 단지 제갈량의 무리인 양의와의 권력 투쟁에서 희생되었을 뿐이다.

다음과 같은 속담이 있다.

> 木秀於林, 風必摧之, 出人投地, 人必毁之.
>
> 나무가 숲에서 홀로 너무 수려하면 바람은 반드시 그것을 꺾게 되고, 남보다 뛰어난 사람이 있으면 다른 사람들이 반드시 그를 해친다.

수천 년 동안 형성된 유가 전통은 이렇게 대중보다 출중한 사람을 용납하지 않는 기형적인 심리를 만들어냈다. 자부심이 강한 위연 장군의 일생이 비극적인 것은 그러한 이유에서 비롯되었다고 말할 수 있다.

우둔한 유선劉禪, 무능한 장수들, 쇠락한 촉나라를 바라보며 대군을 이끌던 강유는 그저 묵묵히 "촉나라에는 대장이 없으니, 요화廖化를 선봉장으로 삼는다"라고 중얼거리며 쓴 술잔만 넘길 뿐이었다. 강유는 마지못해 제갈량이 남긴 곤란한 국면과 파괴된 강산을 혼자 떠맡아 있었다. 만약 위연 장군이 그 당시 살아 있어 강유를 도왔다면 촉나라에 얼마나 좋은 일이었을까! 이미 지나간 과거의 일이지만, 그것은 촉나라와 위연에게는 비극이었다!

이후 우리를 더욱 실망시키는 것은 양의였다. 제갈량으로부터 군권을 이어받은 양의는 권력에 대한 욕망이 생각보다 만족스럽지 못하자 다음과 같이 말하였다.

"이렇게 될 줄 진작 알았다면 당초 제갈량이 죽을 때 전군이 위나라에 투항할 것을……. 어쩌다 이 지경이 되었을까!"

제갈량으로부터 군권을 이어받은 장군이 나라가 멸망하려는 시점에서 어찌 이런 대역무도한 말을 할 수 있었을까? 이 말은 사실 구천에 있던 제갈량에게 해야 옳았을 것이다.

진정 누가 반골일까?

8. 주유周瑜—삼국 역사에서 가장 왜곡되게 평가를 받는 억울한 영혼

❖주유

일반적으로 소설은 그 자체에 예술성을 지니며 역사 사실과는 다르다. 전체적인 사실의 전제하에서 소설 내용에 적당한 허구가 가미되고, 중요 인물의 개성에 변화를 주어야 이야기가 흥미진진해진다. 삼국지의 주요 인물 중에서 개성에 가장 중대한 변화를 준 사람이 주유일 것이다. 제갈량은 나관중의 소설에서 가장 중요한 주인공이다. 제갈량의 전기에 주로 대립하였던 사람이 바로 주유였다. 제갈량을 부각시키기 위하여 주유가 손해를 보는 것은 당연한 도리일지도 모르겠다.

왜 지금 많은 사람들이 주유는 매우 억울하다고 생각하는가? 그의 억울함은 어디에 있는가? 지금부터 우리는 주유가 무엇이 억울한지 살펴보기로 하자.

주유의 자字는 공근公瑾이다. "유瑜"와 "근瑾" 모두 아름다운 구슬이란 의미이다. 그러므로 주유는 아마 미남이었을 것이다. 하물며 소식蘇軾은 『염노교念奴橋 · 적벽회고赤壁懷古』에서 다음과 같이 주유를 묘사하지 않았던가!

遙想公瑾當年, 小喬出嫁了, 雄姿英發, 羽扇綸巾, 談笑間, 强虜灰飛煙滅.

주유의 그 시절을 회상하니 소교와의 신혼 시절 풍채 당당하고 영기 발랄하여라.

깃털 부채에 비단 두건을 두른 제갈량과 담소하는 사이 조조의 배들은 재가 되고 연기되어 날아가네!

이것은 더욱 무엇을 설명하는가? 주유는 현대적 관점에서 잘생긴 남자였다. 그는 단지 외모만 출중하였던 것이 아니라 악기, 장기, 서화에 모두 정통하였다. 그러나 이렇게 훌륭한 주유가 연의소설에서는 마음씨 나쁘고 속이 좁은 소인배로 묘사되어 있다.

연의소설에서 주유는 지략과 재능이 부족하여 모든 면에서 제갈량에 미치지 못하고 있다. 이것은 어쩌면 당연한 현상일지도 모르겠다. 제갈량은 소설의 주인공이자 우두머리이며 위대한 지략가였기 때문이다. 하지만 주유 역시 실제로 총명하였다. 주유의 능력이 제갈량과 별로 차이가 나지 않는다는 것을 우리는 인정해야 한다. 그러나 소설 『삼국연의』에서는 주유가 모든 면에서 제갈량보다 못하다고 심하게 왜곡 묘사되고 있다. 주유의 계책을 제갈량이 사전에 간파하여 주유를 곤란하게 만드는 장면이 여러 차례 반복된다. 나관중은 항상 주유의 지략이 제갈량보다 반 박자 느리거나 반 박자 틀린 것처럼 묘사하였다. 예외로 딱 한 번 서로 비기게 묘사한 것은 적벽대전 때의 일이었다. 주유와 제갈량이 어떠한 방법으로 조조군에 대항할지를 고민할 때, 주유가 이렇게 제안하였다. "우리 두 사람이 각자 한 글자씩 쓰고 누구 방법이 더 좋은지 논의해 봅시다." 이윽고 두 사람이 동시에 글자를 펴 보였는데, 공교롭게도 모두 "火" 자를 써냈던 것이다. 그러나 소설 속에서 그 후로 주유는 제갈량에게 연전연패하는 것으로 묘사되었다. 어떻게 그렇게 총명한 주유를 우둔한 사람으로 변화시킬 수가 있단 말인가!

나관중의 소설 『삼국연의』에 등장하는 이야기 중에 주유를 제갈량보다 아둔한 사람으로 묘사하는 전형적인 사례를 들어보겠다. 조조군이 형주를 점령하고 나서 오나라에게 항복을 요구하던 때의 일이다. 당시 장소張昭를 수장으로 하는 오나라의 문신들은 기본적으로 모두 항복을 주장한 반면, 무장들은 대부분 전쟁을 주장하였다. 손권은 어떻게 할지 결정하지 못해 급히 사람을 파견하여 파양호에서 수군 훈련 중이던 주유를 불러들였다.

당시 제갈량은 이미 유비의 파견으로 오나라에 와서 손권을 설득하고 있을 때였다. 주유는 손권을 만나기 하루 전, 노숙과 제갈량을 대면하고 다음과 같은 말을 하였다.

"조조군은 막강하고 뛰어나니 싸워봐야 이길 승산이 없습니다. 나는 이미 결정했습니다. 내일 손권을 만나면 사신을 파견하여 항복하라고 건의하겠습니다."

노숙은 잠시 멍해졌다. 어떻게 된 일일까?

유비와 제갈량은 싸우자고 하지 않았던가? 주유 역시 그랬었고, 자신 역시 싸우자고 하였는데 어떻게 갑자기 변했을까? 노숙은 답답해하며 되는대로 주유를 욕하였다.

"이 나쁜 겁쟁이……."

노숙(172~217년)의 입장에서 주유(175~210년)는 마음을 놓을 수 없는 사람이었다. 결과적으로 두 사람은 말다툼하기 시작하였다. 그것을 바라보던 제갈량(181~234년)이 옆에서 아무 말 없이 웃기만 하자 못마땅한 노숙이 쏘아붙였다.

"제갈량! 당신은 왜 웃기만 하는가?"

"나는 노숙께서 당면한 정세를 인식하지 못하여 웃는 것입니다. 공근(주유) 선생이 조조에게 항복하겠다는 생각은 매우 합리적입니다."

노숙은 매우 답답해졌다. 도대체 이게 무슨 말인가?

제갈량이 웃으며 말을 이어갔다.

"장군이 조조에게 항복하는 것은 처자식을 보호하고 부귀를 보전하는 것입니다. 주군의 운명도 하늘에 달렸으니, 애석해할 필요가 없지 않습니까? 사실은 별거 아닙니다. 단지 사신을 파견하면서 작은 배에 두 명의 미녀를 태워 조조에게 보내기만 하면 전쟁은 일어나지 않습니다. 강동육군을 조조에게 떼어줄 필요도 없습니다. 조조의 백만 대군이 남하하려는 목적은 단지 그 두 여인에게 있습니다. 조조는 동작대銅雀臺를 만들어 그의 아들 조식曹植에게 한 편의 『동작대부銅雀臺賦』를 짓게 하였습니다. 『동작대부』는 조조는 운명적으로 천자가 될 것이 정해져 있고, 성이 교喬씨인 두 여인을 반드시 얻어야 한다는 의미를 내포하고 있습니다."

그 말을 제대로 이해하지 못한 주유가 제갈량을 향해 물었다.

"대체 무슨 말을 하려는 것인가?"

"『동작대부』의 문장에 그 뜻이 담겨 있습니다!"

"어디 한번 자세히 말해보게!"

그러자 제갈량은 『동작대부』를 천천히 암송해 나갔다.

從明后以嬉游兮 登層臺以娛情
見太府之廣開兮 觀聖德之所營
建高門之嵯峨兮 浮雙闕乎太淸
立中天之華觀兮 連飛閣乎西城
臨漳水之長流兮 望園果之滋榮
立雙臺於左右兮 有玉龍與金鳳
攬二喬於東南兮 *樂朝夕與之共*
俯皇都之宏麗兮 瞰雲霞之浮動
欣群才之來萃兮 協飛熊之吉夢
仰春風之和穆兮 聽百鳥之悲鳴
天雲垣其旣立兮 家願得而獲逞
揚仁化於宇內兮 盡肅恭於上京
惟桓文之爲盛兮 豈足方乎聖明
休矣美矣, 惠澤遠揚
翼佐我皇家兮 寧彼四方

同天地之規量兮 齊日月之暉光

永貴尊而無極兮 等年壽於東皇

御龍旂以遨游兮 迴鸞駕而周章

思化及乎四海兮 嘉物阜而民康

愿斯台之永固兮 樂終古而未央

명후明后를 따라 노닐다 경치를 즐기려 누대에 올랐네

넓고 훌륭한 태부太府를 보니 성덕의 다스림을 알겠네

성의 높은 문은 우뚝하고 태청太淸에 망루가 서 있네

중천에 화려한 경치를 세워 서쪽 성에 다리를 잇겠노라

장수漳水에 오니 강물은 길게 흐르는데 정원을 바라보니 과일이 풍성하도다

좌우에 쌍대의 누각을 세우니 옥룡과 금봉이 있다네

두 교씨喬氏를 동남에서 데려와 아침저녁으로 함께 즐길지어다

황도의 크고 아름다움을 굽어보며 구름이 떠다니는 광경도 본다네

여러 영재들이 모여들어 기쁘니 비웅의 길몽을 도우려 하는구나

봄바람 화창하게 불어오니 온갖 새들의 울음소리 들리네

하늘에 구름 겹겹이 쌓였으니 집안의 소원을 이루어 즐거워지리라

어진 교화를 천하에 드날리니 모두 다 천자님을 삼가 존경하네

오직 제환공齊桓公과 진문공晉文公의 위업이니 어찌 성스런 명성에 부족함이 있겠는가

훌륭하고 아름다워 은혜가 멀리까지 미치네

우리 황실을 도와 사방 천하가 평안해지리

천하의 법규를 같이하여 해와 달과 함께 빛나리

영원히 존귀하여 끝이 없으니 모두들 동황에서 장수를 누리리라

천자께서 우리 곁을 노니시며 어가를 돌려 두루 다니신다네

교화를 생각하여 사해에 두루 미치니 좋은 일들은 많아지고 백성은 평안해지리

원하건대 이 기쁨을 오랫동안 하여 즐거움이 만고에 그치지 않으리라

그러나 원래 『동작대부』의 내용은 이와는 조금 다르다. 제갈량이 즉석에서 몇 가지 중요한 글자를 살짝 고쳐 버렸다. 그렇다면 원래는 어떠하였는가?

"連二橋於東西兮(연이교어동서혜)"에서의 "동서東西"가 "동남東南"으로 바뀌었다. 당시 오나라는 조조가 다스리던 북방의 동남쪽이 아니었던가?

또한 "연이교連二橋"이던 본래 문장을 "남이교攬二喬"로 바꾸어 버렸다. 즉, "연이교어동서혜連二橋於東西兮(동서로 두 개의 다리를 잇는다)"가 "남이교어동남혜攬二喬於東南兮(이교 자매를 동남인 오나라에서 데려다 취한다)"로 되어 버렸다.

조조가 왼쪽 손으로는 대교를 안고, 오른쪽 손으로 소교를 끌어안는다는 의미로 바꾸어 버린 것이다. 즉, 조조가 오나라의 두 여인을 끌어안고 아침 저녁으로 즐긴다는 의미이다. 그제야 의미를 파악한 주유는 대노하여 자리를 박차고 일어나 북쪽을 향해 소리쳤다.

"이놈이 나를 능멸하다니……."

그러자 제갈량은 능청스럽게 말하였다.

"대장군! 어찌 이리 화를 내십니까? 흉노족 우두머리 선우單于가 수십 만의 기병을 이끌고 한나라를 침략하여 장안까지 들어오자 천자는 공주를 주어 화친을 맺은 일도 있지 않았습니까? 지금은 단지 두 여인만 바치면 됩니다."

그 순간 노숙이 옆에서 거들었다.

"대교大喬는 손책의 부인이고, 소교小喬는 주유의 부인이 아닙니까!"

그 말에 주유의 화는 극에 다다랐다.

"저 늙은이(조조, 조조와 주유의 나이 차는 스무 살)가 나를 모욕하다니! 맹세코 저 늙은이와는 공존할 수 없다."

제갈량은 소교가 주유의 부인인 것을 몰랐던 척하며 말을 이었다.

"아이고! 저는 정말 몰랐습니다. 제가 죽을죄를 지었습니다."

그러자 주유가 흥분하며 말을 이어갔다.

"사실 나는 이미 결정하였다, 조조와 싸우기로! 일이 이렇게까지 되었으니 더욱 싸우지 않을 수가 없다. 공명 선생이 우리가 싸우는 데 좀 도와주시오."

이루었다! 제갈량의 계략은 이루어진 것이다. 제갈량이 오나라에 간 것은 원래 도움을 요청하러 간 것인데, 제갈량의 계략으로 오히려 지금은 촉나라가 오나라를 도와주는 구원병이 된 것이다. 이 모든 것이 주유가 제갈량에게 당한 것이다. 여기에서 주유의 지력智力은 매우 모자란 것처럼 보인다. 또한 그렇게 쉽게 제갈량의 계책에 말려들어 쉽게 화를 내고 만다. 여기서 보면 제갈량은 노련하고 신중하며 지략이 뛰어난 반면, 주유는 감정적이고 머리가 단순한 것처럼 묘사되었다. 이 이야기는 어디까지나 역사적 사실이 아닌 나관중의 『삼국연의』에 등장하는 소설 속의 이야기일 뿐이다. 그렇지만 주유 입장에서 이 얼마나 황당하고 억울한 일인가!

주유는 어떠한 사람이었던가? 오나라 대군을 통솔하는 대도독으로서 주유는 진정 그렇게 둔하고 모자랐단 말인가?

연의소설에서 적벽대전 승리의 최대 공신은 제갈량이라고 사실을 왜곡하고 있다. 소설에서는 제갈량의 동풍을 빌리는 작전이 마치 적벽대전 승리의 핵심이었던 것처럼 장황하게 늘어놓고 있다. 실제로 있지도 않았던 일을 만들어가며 억지로 제갈량에게 일등 공신의 영예를 제공하고 있다. 그러나 적벽대전의 주인공은 제갈량이 아니라 주유였다. 그 이유를 살펴보자.

첫째, 주유는 오나라에서 조조와 싸움을 주장하였던 주전파 측의 수장이다. 손권을 설득하여 전쟁을 벌이기로 하는 데 가장 결정적인 작용을 하였다. 둘째, 주유는 오나라 군대의 실질적 지휘자였다. 적벽대전 당시 오촉 연합군의 대다수는 오나라 군대였다. 그러므로 연합군의 실질적 통수권자는 주유였다. 특히 많은 시간을 들여 훈련한 오나라의 수군이 결정적인 역할을 했는데, 수전에 취약한 촉나라의 군대는 보조적인 역할을 하는 데 불과했다. 화공술도 실제로 제갈량과 무관하였다. 앞서 소설 속에서 주유와 제갈량이 서로 '火' 자를 써냈던 장면을 언급하였는데, 그것은 모두 실제로 있지 않았던 허구적인 이야기에 불과하다. 적벽대전에서 실질적으로 쓰인 화공법은 주유의 부장 황개黃蓋가 제일 먼저 제기하였는데, 연의소설에서는 황당하게도 그 공로를 모두 제갈량에게 돌리고 있다. 당나라 시인 두목杜牧이 쓴 『적벽회고赤壁懷古』를 살펴보면 이에 관하여 언급한 부분이 있다.

折戟沈沙鐵未銷, 細將磨洗認前朝, 東風不與周郎便, 銅雀春深鎖二嬌.
부러진 칼자루 모랫벌에 묻혀 아직 녹슬지 않았네
주워 세심히 갈고 닦으니 지난 세월을 알 수 있네
이때 동쪽 바람이 주유의 편을 들어주지 않았다면
조조는 아리따운 두 여인을 안을 수 있었건만!

어떠한가? 이렇게 당나라 시인의 시에서도 동풍은 주유에게 도움을 주었다고 하였지 제갈량이 주유를 도왔다고는 하지 않았다.

『삼국연의』에서 나관중은 주유를 재능과 지략이 모자란 무능한 인물로 묘사하였을 뿐만 아니라 적벽대전의 공로까지 박탈하였다. 또한 주유는 인격과 능력이 훌륭한 사람을 시기하는 마음이 좁은 소인배로 묘사하였다. 심지어 주유가 죽으면서 "주유가 태어나고, 왜 다시 제갈량이 이 세상에 태어났던가!"라고 통한하였다고 했다. 그런 사실은 없었다. 나관중은 왜 그렇게까지 주유를 왜곡하였을까? 주유에 대한 오해가 지나치지 않았을까?

소설 속에서 소심하고 질투심 많은 소인배 주유가 여러 번 제갈량을 죽이려다 미수에 그친다고 묘사하였다. 그러나 실제의 역사에서 그런 일은 없었다. 주유는 실제적으로 대단히 겸손하였고 마음이 넓었다. 그는 오나라 군권을 잡은 후에 동료 장수와 부하들을 가족처럼 대하였고 신망도 높았다. 비록 주유가 대장군에 임명된 초창기에 우도독 정보程普와 사이가 불편했지만, 얼마 지나지 않아 그 문제도 해결되었다. 손견孫堅 때부터 손씨 가문을 보필한 정보는 늘 주유에게 복종하지 않았다.

"무슨 근거로 저렇게 새파란 놈이 대장군 지위에 오르는가?"

대장군은 지금의 국방부장관에 해당한다. 정보는 대중 앞에서 여러 차례 주유에게 맞서고 존중하지 않았으며 심지어 욕까지 했다. 그러나 주유는 그때마다 참고, 정보에게 대들지 않고 겸손하게 대하였다.

그래서 결과는 어떻게 되었을까? 정보는 철저하게 주유에게 감동을 받았다.

"주유와 알고 지내면 모르는 사이에 그에게 감염되어 감동을 받는다. 복종하지 않으려 해도 안 할 수가 없다."

생각해 보라! 정보까지 복종하였으니……. 그러므로 당시 모든 사람이 주유를 매우 존경하였다는 걸 알 수 있다. 실제 주유는 겸손한 군자로서, 그동안의 잘못된 역사 기재는 바꾸어져야 할 것이다.

앞서 언급하였지만, 역사소설이란 때로 예술 기법이 필요하다. 불가피하게 변화가 발생하는데, 만약 완전하게 역사적 사실에 일치하게 하려면 소설을 쓸 수가 없다. 소설의 허구적 구성은 부차적인 인물뿐만 아니라 때로 중요 인물의 주요 개성까지 부득이하게 변화를 준다. 그런 과정에서 가장 피해를 본 사람이 주유이다. 어떠한 이야기든 모순이 있어야 흥미가 있다. 삼국시대에서 제갈량과 주유는 라이벌 관계였다! 제갈량을 독자들에게 신으로 인식시키려면 반드시 주유는 소인배가 되어야 했다. 이것은 역사소설에서 불가피한 것이며, 그 역사 영웅에게도 부득이한 일이었다.

9. 노숙魯肅—단지 보조 역할로 묘사되는 두 번째 억울한 인물

❖노숙

시대가 영웅을 만든다는 사실은 우리 모두가 잘 알고 있다. 소설 『삼국연의』에서 노숙은 충직 성실하고, 지략은 보통이면서 하찮은 일에도 신중한 참모형 인물로 그려지고 있다. 나관중이 노숙을 그렇게 묘사하는 이유는 주인공인 제갈량 등의 인물 형상을 부각시키고, 이야기 줄거리의 발전을 촉진시키기 위해서이다. 소설의 예술 효과를 더욱 좋게 하고, 줄거리 전개상 필요하면 때로는 그렇게 사실과 다른 인물 묘사를 하게 된다. 역사상 노숙은 정말 위에서 묘사한 것과 같은 인물이었을까?

삼국 역사에서 노숙이 많이 등장하는 시기는 적벽대전 전후이다. 연의소설에서 나오는 노숙은 순수하게 제갈량과 주유의 틈에서 줄을 놓기만 하였고, 양쪽에서 가지고 노는 어릿광대와 같았다. 이쪽에 서면 저쪽의 죄를 짓고, 이쪽에서 좋은 일을 하면 저쪽의 원수가 되었다. 인물 형상에서 노숙은 성실한 것을 빼면 별다른 장점도 없고 수완도 없었다. 정말로 그런 인물이라면 주유는 왜 임종하면서 노숙을 자신의 뒤를 이은 제2대 대도독으로 삼았을까? 그런 인물이 한 나라의 군권을 쥔 대도독이 될 수 있었을까? 말이 안 된다! 그렇지 않은가? 그러므로 여기서는 소설 속의 이야기와 상관없이 노숙은 진정 어떤 인물이었는지 살펴보기로 하자.

노숙의 자字는 자경子敬이고, 서주의 대지주 출신이었다. 의리를 중히 여기고 재물을 내어 좋은 일을 많이 하기도 하였다. 일종의 협객풍의 인물이다. 노숙은 소설 속의 문관적인 이미지와는 달리 실제적으로는 용맹스러운 인물이었다.

『삼국지 · 오서吳書』에 보이는 노숙에 대한 내용이다.

> 노숙의 체구는 사내답고 건장하였고, 어릴 때부터 장수의 절개를 지녔으며, 기발한 계략을 좋아하였다. 천하가 혼란해지자 무예를 익혔으며, 젊은이들을 모아 먹고 입는 것을 제공해 주었다. 남쪽의 산을 왕래하며 사냥을 즐겼고, 은밀히 부대를 결성하여 무술을 가르치고 병사를 훈련시켰다.

그리하여 집안 어른들로부터 미친놈이란 욕을 얻어먹기도 하였다. 나중에 세상이 혼란해지자 가족을 데리고 강동으로 피신하였다. 이때 주위의 노약자나 여자들은 앞서 가고 건장한 사람들은 뒤따라가며 남녀 3백 명이 넘게 따라나섰다. 그러자 관청에서 사람을 파견하여 뒤쫓아 왔는데, 노숙이 방패를 땅에 세우고 활을 당기자 화살이 전부 방패를 관통하였다. 추격하던 병사도 노숙의 솜씨에 놀라 돌아가 버렸다. 그렇게 노숙은 강동으로 건너가서 주유의 추천을 받고 손책을 만나니 손책도 매우 그를 좋아하였다. 그러나 뜻밖에 그의 조모가 세상을 뜨니, 노숙은 할 수 없이 고향으로 돌아가 장례를 치를 수밖에 없었다. 그리하여 노숙은 '소패왕小覇王 손책'과 더 이상 같이 일을 할 수가 없었다.

그렇다면 주유는 어떻게 노숙을 알았을까? 주유가 거소居巢의 현장縣長이 되자 수백 명을 거느리고 일부러 노숙의 집을 방문하여 군량미를 제공할 것을 요구하였다. 이때 노숙의 집에는 쌀을 보관한 창고가 두 개 있었는데, 각각 3천 석의 쌀이 들어 있었다. 이에 노숙은 한 개의 창고에 있는 양식을 모두 주유에게 주었다. 그로부터 두 사람은 의형제가 되었다. 당시 원술袁術은 노숙의 명성을 듣고 그를 관리로 임명하려고 하였다. 그러나 뜻밖에도 노숙은 원술이 사회 기강을 잡지 못한다고 생각하고 원술의 뜻을 받아들이지 않았다. 이것만으로도 노숙이 호기 충천한 사내대장부라는 것을 알 수 있다. 그런데 연의소설에서는 그를 무능하고 원칙이 없는 사람이라고 묘사하였으니, 정말로 노숙에게는 억울하고 또 억울한 일이다!

손책이 죽고 손권이 그 뒤를 계승하자, 주유는 다시 한 번 노숙을 추천하여 손권과 만나게 해주었다. 이 자리에서 노숙은 손권에게 패왕의 대업을 이루라고 권하였다.

"한나라가 다시 부흥하는 것은 힘듭니다. 조조가 쉽게 무너지지도 않을 것입니다. 장군을 위한 계책을 말하자면, 그저 강동에서 솥발처럼 버티어 천하의 틈을 노리는 것만이 상책입니다."

그러면서 상세한 작전 계획까지 언급하였다.

> 剿除黃祖, 進伐劉表, 竟長江所極, 据而有之, 然後建號帝王以圖天下, 此高帝之業也.
>
> "황조黃祖를 소탕하고, 유표劉表를 정벌하여 최종적으로 장강을 북쪽 경계로 삼아 할거하고, 장강 이남을 다스리며 제왕을 칭하고 천하를 공략하는 것, 이것이 한고제漢高帝가 바라던 일이 아니겠습니까?"
>
> 『삼국지 · 오서 · 노숙전』

여기서 잠깐 숨을 돌리고 생각해 보자. 삼국시대 세 패왕 중에 누가 통일의 대업을 생각하지 않을 수 있겠는가? 그러므로 손권도 진작 그러한 마음이 있었으나, 생각할 점이 많아 밖으로 표현을 하지 않은 것뿐이었다. 바로 노숙은 손권의 그러한 속마음을 꿰뚫고 있었던 것이다. 이에 손권은 매우 기뻐하였다.

"나는 단지 무너져 가는 한실을 보좌하려 할 뿐이었고, 그렇게 원대한 꿈은 없었다. 당신이 하는 말은 참으로 훌륭하다. 후세에 길이 남을 묘책이다."

제갈량이 오나라와 연합하여 조조에게 대항하자고 할 때, 노숙도 같은 생각을 하였다. 유표가 세상을 떠나자 노숙이 손권에게 이렇게 말하였다.

> "본래 형주 땅은 우리와 인접해 있고, 물길은 북쪽으로 통하며, 밖으로 장강과 한수를 끼고 돌며, 안으로는 산악으로 둘러싸여 그야말로 견고한 철벽성과 같고, 멀리 펼쳐진 기름진 들, 윤택한 백성을 거느리고 있습니다. 이 땅을 점거하고 영유할 수만 있다면 제왕의 기반이 될 것입니다. 지금 유표가 죽은 직후인데, 두 아들은 원래부터 사이가 좋지 않고, 군중의 장수들은 각기 두 파벌로 나뉘어져 있습니다. 유비와 같은 천하의 효웅이 조조와 사이가 나빠져 유표에게 의지하고 있었는데, 유표는 유비의 재능을 미워하여 중용하지 않고 있었습니다. 만약 유비가 마음을 합하여 군신이 일치단결한다면 그들과 동맹을 맺는 것이 좋습니다. 만약 유비와 형주의 군신들이 이반한다면 그들과 손을 끊고 그들을 정벌하여 대업을 완수하십시오. 저는 명을 받들어 유표의 두 아들에게 가서 조문하고, 아울러 그 군대 안에서 실권을 쥐고 있는 자들을 위로할 것입니다. 유비에게는 유표의 부하들을 어루만져 같은 마음으로 함께 조조에게 대항하도록 설득할 것입니다. 그러면 유비도 반드시 기뻐하고 명을 따를 것입니다. 만일 그렇게 된다면 천하를 평정할 수 있을 것입니다. 지금 즉시 가지 않으면 아마 조조가 먼저 기회를 잡을 것입니다."
>
> 『삼국지 · 오서 · 노숙전』

우리는 여기에서 노숙이 조조에게 대항하기를 주장하였다는 사실을 알 수 있다. 조조에게 대항하려면 유비 세력의 원조가 필요하다고 생각하여 직접 왕명을 받들어 하구夏口로 가서 유비를 설득하였다. 그래서 노숙은 오촉연맹이라는 전략에 가장 영향력을 끼친 인물이었다. 그의 그 이후의 행적을 보면 쉽게 그러한 점을 알 수가 있다.

조조가 오나라를 공략하자, 장소張昭 등은 손권더러 투항하라고 권하였다. 하지만 노숙의 다음과 같은 말은 손권으로 하여금 조조와 싸우게 하는 생각을 굳히게 하였다.

"지금 저 노숙은 조조를 맞이하더라도 그다지 상관이 없습니다. 그러나 장군(손권)께서는 안 됩니다. 그 이유가 무엇이겠습니까? 지금 노숙이 조조를 맞는다면, 조조는 저를 시골로 돌려보내겠지요. 하지만 명성과 그 직위를 살펴 아무리 못해도 하조의 종사보다 낮은 벼슬을 주지 않을 것이니, 수레에 올라 관리와 병사들로 하여금 따르게 하고, 유림儒林들과 교류하면 관직을 계속 올려 주군보다 높은 자리는 내릴 것입니다. 그러나 주군께서 조조를 맞으면 어디에 돌아가 몸을 의지하겠습니까?"

『배송지裴松之 주注』

맞는 말이다! 노숙은 조조에게 투항해도 최소한 먹고살 일은 있겠지만, 패왕인 손권이 항복한다면 그야말로 할 일이 없게 된다는 사실을 간파하고 있었다. 손권도 바보가 아니었으므로 그 자리에서 노숙의 건의를 받아들였다. 그리하여 주유를 불러들여 총사령관을 맡기고, 노숙은 찬군교위贊軍校尉로 임용하여 전략 입안을 보좌하게 하였다.

그 후 적벽대전을 대승으로 이끌고 노숙이 돌아오자, 손권은 직접 여러 장수들을 대동하고 마중을 나갔다. 이때 손권이 노숙에게 말하였다.

"자경! 내가 안장을 짚고 말에서 내려 그대를 맞는다면 이는 경을 충분히 빛내는 일이지요!"

그러면서 속으로 이렇게 생각한다.

'노숙! 내가 이렇게 공손히 당신을 대하며 체면을 살려주는 것을 보아라!'

그러나 패왕의 그런 태도에 노숙은 어떻게 대답하였던가?

"아직 부족합니다."

주위에 있던 모든 사람들이 대경실색하는 가운데, 노숙은 다음과 같이 말하였다.

"바라옵건대, 지존이시여! 위덕을 온 세상에 떨치시고, 구주를 통괄하여 제업을 이룩하시고, 안거(국왕이 귀인을 부를 때 보내는 마차)와 연륜을 보내 이 노숙을 불러주십시오. 그리하시면 비로소 저의 공덕을 빛내는 것이 될 것입니다."

이 말을 들은 손권은 노숙의 배짱에 탄복하여 손뼉을 치며 좋아하였다.

그 후 유비가 경구京口로 가서 손권을 만났을 때의 일이다. 여범呂范은 손권보고 당장 유비를 붙잡으라고 건의하였다. 그런데 뜻밖에도 노숙이 이를 반대하였다. 노숙은 유비를 돌려보내는 것뿐만 아니라 형주 땅을 잠시 유비에게 빌려주는 것이 상책이라고 여겼다. 그렇게 하면 손권과 유비가 연합하여 조조에게 대항할 수 있을 것이라고 생각한 것이다. 그는 비록 조조가 북쪽으로 물러갔지만 세력이 아직 막강하며, 오나라의 수군은 강하지만 기병이 약하여 지금 형주와 양주를 함락시켜도 수세에 급급하여 상황이 매우 위급해질 수도 있기 때문에 그러한 계책이 필요하다고 생각하였다. 그리고 형주 지역은 전통적으로 오나라와 사이가 좋지 않아, 손권이 그 지역 민심을 단기간에 얻는 것은 불가능하다고 생각하였다. 그러므로 북방을 위협하면서 형주 지역 민심을 등에 진 유비의 지원을 받아야만 안심하고 조조와 계속해서 싸울 수 있다고 여겼다. 당시 손권이 노숙의 건의에 따라 형주를 유비에게 빌려주자, 조조가 그 소식을 듣고 놀라 글을 쓰다 붓을 땅바닥에 떨어뜨렸다고 한다. 조조를 깜짝 놀라게 한 노숙의 전략이 얼마나 걸출한가!

주유가 세상을 떠나면서 자신의 권력을 노숙에게 물려주었다. 『삼국지 · 오서 · 노숙전』에 이에 관한 내용이 있다.

주유는 곧 노숙을 분무교위奮武校尉로 배수拜授하고, 자신을 이어 군을 통솔하게 하였다. 자신이 거느리던 군사 4천여 명과 봉읍 사현을 모두 노숙에게 속하게 하였다. 정보程普는 남군태수를 맡게 하였다. 노숙은 처음에 강릉에 주둔하다가 나중에는 육구에 머물렀다. 이곳에서 그의 위엄과 은혜가 크게 발휘되어 따르는 무리가 만여 명에 이르렀다. 노숙은 한창태수漢昌太守 · 편장군偏將軍

에 배수되었다. 19년(소패왕 손책이 강동을 제패한 195년을 기준, 서기 214년) 노숙은 손권과 함께 환성을 공략하고 횡강장군에 임명되었다.

유비가 사천 지역을 평정하자, 손권은 장사, 영릉, 계양 삼군을 돌려달라고 요구하였다. 유비가 그러한 요구를 받아들이지 않자, 손권은 크게 화가 나서 여몽呂蒙을 파견하여 탈환하도록 하였다. 이에 유비는 관우를 내세워 저항하였다. 이때 노숙은 익양에 포진하고 있었는데, 앞서 관우 편에서 언급하였던 관우의 단도부회單刀赴會의 사건이 일어난 시점이었다. 당시 노숙은 자신의 군사들을 백 보 뒤로 물러나게 하였고, 관우가 허리에 칼을 차고 있는 것을 허락하고 둘만의 담판을 벌였다. 당시 노숙의 태도에 대하여 의견이 분분한데, 『만세허명매관우萬世虛名罵關羽』라는 서적에서는 『삼국연의』의 내용과 달리 다음과 같이 묘사하고 있다.

> 이 자리에서 노숙은 엄하면서 조리가 있게 관우를 질타하였다. "본시 유비가 패하여 갈 곳이 없을 때, 그것을 불쌍하게 여겨 오나라에서 여러 곳의 땅을 당신의 나라에 빌려준 것입니다. 그런데 지금 유비가 익주를 손에 얻었는데도 형주를 돌려줄 생각도 하지 않고 있습니다. 지금 단지 세 개의 군현을 달라고 하는데도 이를 거절하는 것은 너무 배은망덕합니다!" 노숙의 말에는 위엄이 있었고 얼굴에는 화난 표정이 역력하였다.

노숙의 지혜와 용기, 오촉의 연합전선을 유지하고자 하는 고뇌는 사람들로 하여금 탄복하게 만들었다.

노숙은 불과 46세의 나이에 숨을 거두었다. 한창인 나이에 숨을 거둔 것이다. 주유와 노숙의 죽음은 오나라에게는 커다란 손실이었다. 훗날 손권이 육손陸遜과 담소하던 중 주유, 노숙, 여몽에 관한 이야기가 오고 갔는데, 노숙에 대하여 다음과 같이 높이 평가하였다.

"공근(주유)이 일찍이 자경(노숙)을 천거하여 나에게 데려왔다. 노숙은 나를 위하여 제왕의 대업을 이루는 계책을 말해주었다. 그것이 그의 첫 번째 공이다. 조조가 유종劉琮의 세력을 꺾고 수십만 대군을 이끌고 남하할 때, 나는 여러 군신 장수들에게 어떻게 할지를 물었다. 자포子布(장소), 문표文表(진송) 등 모든 신하가 사자를 보내 격문을 받들고 조조를 맞이해야 한다고 하였다. 그러나 노숙만이 반대하였는데, 급히 공근을 불러 조조를 공격한 것이 그의 두 번째 공이다. 당시의 계책은 장張·소蘇를 능가한다."

이처럼 손권이 노숙을 전국시대의 대 책략가 소진蘇秦과 장의張儀와 비교하고 있으니, 손권이 노숙의 재능을 높이 산 결과였다. 하지만 손권은 노숙에 대하여 다음과 같이 완곡한 비평을 하기도 하였다.

"노숙은 나에게 형주 땅을 유비에게 빌려주라고 한 것이 허물이었다. 그 허물은 위의 두 가지 공을 보충하지는 못한다."

노숙이 무슨 연유로 그렇게 오촉 연맹에 애를 썼는지 손권은 확연히 이해하지 못했던 것이다. 자신을 알아주지 못하는 군주를 섬긴 노숙에게는 큰 비극인 셈이다.

손권이 제왕으로 등극하고 막 제단에 오르려고 할 때, 그는 갑자기 몸을 돌려 신하들에게 말하였다.

"과거 노숙은 항상 제왕의 길로 나를 이끌었다. 참으로 형세에 밝은 인물이었다."

이는 손권 자신의 성공을 노숙이 미리 짐작하고 조언하였다는 말이다!

『삼국지·오서·노숙전』에서 그를 다음과 같이 평가하고 있다.

> 魯肅爲人方嚴, 寡於玩飾, 內外節儉, 不務俗好.
>
> 治軍整頓, 禁令必行, 雖在軍陣, 手不釋卷.
>
> 又善談論, 能屬文辭, 思度弘遠, 有過人之明.
>
> 周瑜之後, 肅爲之冠.
>
> 노숙의 사람됨은 바르고 근엄하고, 겉을 꾸미지 않았으며, 공과 사에 걸쳐 근검절약하였고, 저속한 취미에 손을 대지 않았다.

군을 통솔함에도 잘 정비하여 금령은 반드시 시행하고, 진중에서도 책을 놓지 않았다.

또한 담론과 문장 솜씨도 뛰어났으며, 사려는 원대하고 탁월한 총명함을 지니었다.

주유 이후 당대 최고의 인물은 노숙이다.

이러한 평가는 결코 과찬이 아니다! 노숙은 정말 뛰어난 인재였다! "명장名將", "전략가戰略家"라는 표현만으로는 부족하다. 그러나 연의소설에서 그를 묘사하는 내용을 보면 난감하기 그지없다. 인물이 많이 등장하는 장편소설에서 비슷한 지위나 신분 및 재능을 지닌 사람들에게 서로 다른 이미지를 부여하는 것은 결코 쉬운 일이 아니다. 이러한 문제를 잘 처리하면 그 소설은 성공한 것이다. 『삼국연의』는 그러한 문제를 능숙하게 처리하여 중국의 4대 명작으로 이름을 날리고 있다. 소설에서는 주인공인 제갈량을 부각시키려고 부득이하게 여타의 인물들을 희생할 수밖에 없었다. 오나라에서 노숙은 단지 주유를 보필하는 역할로 묘사하였으며, 관우의 용맹을 부각시키기 위하여 노숙을 겁쟁이로 묘사하고 있다. 또한 제갈량의 초인적인 지혜를 부각시키기 위하여 주유와 노숙을 지략이 부족하고 용맹하지 않은 보통 사람으로 평가하고 있다. 총괄하자면, 나관중의 『삼국연의』에서 노숙은 조금도 뛰어나지 않았고 우수하지도 않았다. 그러나 사실 위에서 열거한 예에서 보듯, 노숙은 지략과 용맹이 뛰어났고, 위기에 잘 대처했으며, 전략과 판단력이 뛰어났다. 그리고 사리에 밝고 호쾌하였으며, 말솜씨도 뛰어난 일대의 호걸이었다고 말할 수 있다.

10. 사마의司馬懿—용병술이 신과 같았던 군사가

❖사마의

먼저 사마의의 일생에 관하여 간략하게 개괄하기로 하자.

사마의(179~251년), 자字는 중달仲達이고, 하남성 온현溫縣 출신이다. 사대부 지주의 집안에서 태어났고, 지모에 강하며 임기응변에 능하였다. 조조의 주부를 역임하다가 나중에는 태자중서자太子中庶子를 역임하였다. 조비曹丕의 신임이 높았고, 위 명제明帝 때 대장군을 맡아 여러 차례 군대를 인솔하고 제갈량과 교전하였다. 조방曹芳이 왕에 오르자 조상曹爽과 더불어 선제가 남긴 유조를 받들고 보좌하였다. 그러나 뒤에 조상을 숙청하고 정권을 장악하였다. 사후 그의 아들 사마사司馬師와 사마소司馬昭가 연이어 전권을 이어받았다. 그의 손자 사마염司馬炎이 위魏에 이어 칭제하고 진晋을 세우는데, 사마염은 사마의를 추도하여 선제라는 시호를 올렸다.

『진서晉書 · 사마의전』

이것으로 보아 사마의는 보통 인물이 아니라는 사실을 알 수 있다. 그의 일생은 성공한 일생이라고 말할 수 있다. 성공적으로 조씨 가문과 상대하였고, 제갈량과 업적을 다툴 수 있었다. 삼국시대에 누가 그보다 더 수완이 있었겠는가? 한마디로 사마의는 재능이 있는 명장이었다.

소설 『삼국연의』에서 주인공 제갈량에게는 두 명의 라이벌이 있었다. 전반기의 맞수는 오나라의 주유였고, 후반기의 맞수는 바로 위나라의 사마의였다. 소설 속에서 제갈량은 일찍이 주유를 세 번 화나게 하고 결국은 죽게 만든다고 묘사하였다. 소설 속의 사마의도 주유처럼 주인공 제갈량에게는 역부족이었다. 소설 속에서 제갈량은 공성계를 써서 사마의의 15만 군대를 혼비백산하게 만들었다. 더욱 심한 것은 제갈량이 죽어서도 목조상으로 사마의를 놀라게 한 것이다. 그렇게 소설 속의 사마의는 지혜나 용맹에서 제갈량을 이겨본 적이 없다. 그렇다면 소설이 아닌 역사적 사실에서 사마의는 어떠한 인물이었을까? 사마의는 정말로 그렇게 억울하게 당하기만 하였을까? 만약 사실이 그렇다면 인재가 많은 위나라에서 하필 그런 사람이 대장군을 맡았을까?

많은 사람들이 말하는 사마의에 대한 인상은 소설 『삼국연의』에서 기인한다. 당연하게 희곡 무대에서 온 것도 있다. 일반인의 사마의에 대한 인상은 그리 좋지 않다. 사마의는 쥐처럼 담력이 작은 사람으로 대중들에게 비추어진다. 그렇지 않다면 어찌 제갈량의 공성계에 놀라 도망쳤겠는가?

소설 속의 "죽은 공명이 살아 있는 사마의를 달아나게 하다"라는 부분의 묘사는 참으로 불가사의하다.

사마의가 제갈량이 죽었다고 생각하고 군사들을 이끌고 촉군을 추격하였다. 바로 그때 촉군의 전위부대가 후방부대로 바뀌면서 제갈량이 마차 위에 다시 나타날 줄은 누가 알았겠는가? 어떻게 된 일일까? 밤에 별자리를 보고 공명이 죽은 것을 짐작하여 추격했는데 어떻게 그가 살아났단 말인가? 그가 죽은 것이 아니라 계략이었단 말인가? 분명 그렇다! 아! 안 되겠다! 그의 속임에 다시 넘어가면 안 되겠으니 철군하자! 그렇게 생각한 사마의는 전속력으로 달렸는데, 그 속도가 지금의 마차보다 못하지 않았다. 그는 50리를 달려서야 멈추어 섰다. 그제야 사마의는 멍청하게 자신의 머리를 만지더니 "내 머리가 붙어 있느냐?"라고 말하였다.

『삼국연의』 제104회

이것이 말이 된다고 생각하는가? 사마의가 이 정도로 멍청할 수 있을까? 아무리 놀라도 이 모양까지는 가지 않는다. 그가 머리를 만지고 나서도 다시 머리가 붙어 있는지 물었다고 한다. 이 얼마나 사마의에게 억울한 묘사인가? 사마의는 제갈량과 겨룰 자격과 실력을 갖춘 장군이었다. 위의 『삼국연의』 제104회에서 나오는 내용은 허구성이 지나치다.

사마의는 실제로 제갈량이 죽은 후 촉군을 공격하였다. 하지만 『삼국연의』에 나오는 내용과는 순서가 바뀐다. 사마의는 촉군이 갑자기 후퇴하는 것을 보고 제갈량이 죽은 것으로 생각하였다. 제갈량은 임종 전에 양의楊儀에게 위나라 군대의 공격에 맞서라고 당부하였다. 추격하던 사마의는 제갈량이 아직 살아 있어 고의로 자신들을 유인하려고 후퇴한다는 생각을 하게 되었다. 그래서 일단 추격을 멈추었다. 그러므로 소설에 나오는 '죽은 공명이 산 사마의를 달아나게 한' 내용은 존재하지도 않았으며, 나무를 깎아 제갈량의 모양을 만든 일도 없었다. 사마의는 추격하기 전에 신비辛毗의 제지*를 받은 일이 있었다. 그래서 사마의는 더욱 안심하지 못하고 추격을 멈추었던 것인데, 이는 촉군에 속지 않으려고 조심하였던 것이다. 그 후 사마의는 사태를 어떻게 분석하고 대처하였을까? 그는 촉군이 버리고 간 물건들을 분석하며 상황을 정확하게 판단하였다. 사마의는 촉군이 버리고 간 많은 군량미를 발견하였을 뿐만 아니라 군사 기밀 문서도 수습할 겨를도 없이 버리고

*신비辛毗의 제지: 서기 234년, 제갈량의 5차 북벌이 시작되자, 위군 대장군 사마의가 싸우기를 자청하였다. 그러나 위나라의 제2대 황제(226~239년)인 조예趙叡가 대장군군사大將軍軍師인 신비辛毗를 통하여 사마의의 행동에 제지를 한 일이 있었다

간 사실을 알았다. 그래서 그때부터 추격해도 문제가 없다고 판단하였다. 그래서 그 후에야 본격적으로 촉군을 추격하기 시작했다. 이것이 역사적 사실이며 소설 속의 이야기는 사실이 아니다. 사마의는 위대한 전략가로서 그렇게 허무하게 제갈량에게 당하지 않았다.

사마의가 그렇게 높은 지위를 유지하였던 것은 조상의 덕이었을까? 아니면 비범한 인재여서 그런 것이었을까? 사람들에게 더욱 의혹을 주는 것은 사마의는 왜 꾸물대며 출정을 하지 않으려고 하였을까? 사람들에게 사마의는 '비파를 안고 얼굴을 반쯤 가린' 분위기를 느끼게 한다. 소설 『삼국연의』에서 제갈량은 일찍 출정하였으나, 사마의는 제갈량보다 두 살이나 많으면서도 제갈량의 후반기에 와서야 정식으로 출정하는 모습을 보인다. 이것은 무슨 이유 때문이었을까? 설마 사마의가 너무 용의주도하고 재능을 감춰 드러내지 않는 스타일 때문에서였을까? 아니면 다른 이유에서일까?

옛날에는 사람의 평균수명이 5~60세 전후에 불과하였다. 그런데 사마의는 보기 드물게 장수하여 73세까지 살았다. 그가 재능을 일찍 드러내지 않았다는 말은 이치에 맞는가? 무슨 이유 때문에 전반기에 나오는 모습이 보이지 않다가 갑자기 변모해 후반기가 되어서야 활발하게 모습을 보이는 것일까?

전반기에 사마의의 모습이 보일 리가 없다. 왜 그런가? 사마의는 40세가 되어서야 조조의 주부가 되었는데, 그때는 이미 조조의 만년기였다. 젊은 시절부터 사마의는 재능이 있어 이름이 알려져 있었다. 조조는 그에 관한 소문을 듣고 사람을 파견하여 관직을 주려고 하였다. 그러나 사마의가 거절하였는데, 왜 관직을 사양하였을까?

사마의는 조조의 출신을 못마땅하게 여겼다. 조조의 부친은 조숭曹嵩이었고, 조숭의 부친은 태감太監인 조등曹騰이었다. 태감이 무슨 친아들이 있었겠는가! 당시 태감의 직위는 내시가 맡았다. 당시 태감 조등은 환관 계통이었고, 조숭은 조등의 양자였다. 한나라 말기에 태감들이 국정을 문란하게 하였으므로 태감에 대한 인식이 좋지 않던 시기였다. 사마의는 그런 집안과 교류하는 것이 싫어서 관직에 나가지 않았다. 다시 몇 년이 지나 조조는 또다시 사람을 파견하여 사마의를 찾았는데, 사마의는 그때마다 핑계를 대며 관직을 받지 않았다. 결국 조조는 거절하면 잡아 가둔다는 협박을 하였다. 시기를 잘 판단하는 사마의는 다시 거절하면 불리하다는 판단에 관직을 받아들였다. 조조는 사마의가 관직을 받아들인다고 하자 즉시 그를 승상부丞相府 문학연文學掾에 임명하였다. 아울러 아들 조비와 어울리게 하였다. 얼마 지나지 않아 조조는 사마의를 다시 주부로 임명하였는데, 그 직책은 지금의 관리실장 정도에 해당한다.

조조는 사마의의 재능에 대해 알아주었다. 그리고 '마음속으로는 꺼리는 일이 있어도 겉으로는 너그러우며, 시기심도 많고 임기응변에 능한' 사마의의 특징에 대해서도 확실하게 파악하고 있었다. 조조는 사마의가 '승냥이가 이리저리 살피는 관상' 이고 포부가 크다는 점에서 애초부터 주의를 기울이고 있었다. 그러다가 조조는 '세 마리 말이 하나의 여물통에 머리를 대고 먹는' 꿈을 꾼 후부터 사마의에 대한 경각심을 멈추지 않았다. 삼마三馬는 사마의, 사마소, 사마염을, 여물통 '조槽' 는 조曹씨 가문을 의미하지 않는가! 조조는 곰곰이 생각해 보았다. 여물통 '조槽' 와 조조의 성 조曹는 같은 음인데, 말이 여물을 먹는다는 "식조食槽"는 "조씨 집안을 집어삼킨다"는 것과 같은 뜻이 된다. 그것은 곧 사마씨가 장차 조씨 집안의 권력을 빼앗는다는 뜻이 아닌가? 그리하여 조조는 더욱 사마의를 의심하기 시작했는데, 점차 반감이 생겼고 나중에는 그를 해치려고까지 생각하였다. 조조는 조비와 사마의의 관계가 너무 좋은 것을 보고는 걱정이 되어 다음과 같이 말하였다.

> "사마의는 아무래도 다른 사람의 신하가 될 사람은 아닌 듯하다. 장래에 반드시 우리 집안의 정권에 간섭하게 될 듯하다."
>
> 『삼국지 · 진서 · 선제기』

그러나 조비는 아버지의 경고를 듣지 않았을 뿐만 아니라, 여러 방면에서 사마의를 보호해 주었다. 이렇게 하여 사마의는 조조로부터 화를 면하게 되었다.

사마의는 조조가 자신에게 품은 의심에 대하여 민감하게 느낀 후부터 권력에 관심이 없고 현재 상황에 만족하는 것처럼 행동하였다. 그제야 조조는 사마의에 대한 의심과 경각심을 버렸다. 조조는 이렇게 한 젊은이의 연막작전에 속아 넘어간 것이다. 이런 점으로 볼 때 사마의는 수완이 좋은 사람이었다.

제갈량이 통일을 이루려는 꿈은 죽을 때까지 실현하지 못하였는데, 그 이면에는 여러 가지 원인이 있었다. 촉나라와 위나라의 세력이 너무 차이나고, 오촉 연맹이 균열되는 등의 원인은 가장 일반적인 사실이다. 그 이외에 다른 원인은 무엇일까? 사마의와 관련이 있는 것은 무엇일까? 지금부터 이 점에 대하여 분석해 보고, 또한 사마의는 어떻게 제갈량의 전략을 간파하였는지 살펴보도록 하자.

전쟁에 관한 고대 명언이 있다.

"병마가 움직이기 전에 양식부터 움직인다(무슨 일이나 준비를 잘해야 한다는 것을 비유)."

다시 말하면 고대 전쟁에 있어 군량미에 관한 것은 매우 중요한 일이었다. 촉나라 시대에 주요 곡창지가 두 곳 있었다. 그중 한 곳은 성도평원이다. 이 지역은 면적은 넓으나 길이 멀고 운반이 힘들어 관중을 공격할 때는 힘이 들었다. 또 다른 한 지역은 바로 산서 지방의 한중 분지이다. 이곳의 면적은 그다지 넓지는 않지만 위치적으로 알맞아 제갈량은 항상 한중 지역을 전쟁의 전초기지로 삼았다. 하지만 중간이 산악 지대여서 때로는 북쪽으로부터 지금의 감숙성 포초包抄 지역을 돌아서 지나가야 하기 때문에 그 거리는 매우 멀어 군량미를 운반하는 데 곤란을 겪었다. 한중에서 관중평원으로 들어가려면 반드시 진령秦嶺산맥(최고봉 태백산 3,767미터)을 넘어야 하는데, 길이 너무 험난하였다. 그것에 비하여 상대적으로 비교적 좋은 길이 있었는데, 바로 진창陳倉 소도로서 지금의 섬서성 보계시寶鷄市이다.

한중으로부터 관중으로 들어가는 또 하나의 좋은 길은 사곡도斜谷道(지금의 섬서성 미현 서남쪽)인데 470리에 걸쳐 있었다. 따라서 삼국시대에는 위나라와 촉나라가 서로 이곳을 차지하려고 여러 번 싸웠다. 촉나라는 보통 출정하면서 한 달분의 군량미를 가지고 다니면서 속전속결을 좋아하였다. 그래서 사마의는 사곡도와 앞에서 언급한 진창 소도에서 한 달 이상을 버티면 촉나라는 자연히 식량이 떨어져 물러간다는 것을 알고 있었다. 사마의는 그러한 점을 잘 간파하고 이용하였다. 사마의는 지형에 밝고 촉나라의 병력 및 제갈량의 특성을 잘 파악하고 있었던 것이다. 손자병법에 있는 '적을 알고 나를 알면 백전백승'의 중요성을 사마의는 잘 알고 있었다.

서기 231년 제갈량이 기산에 출병하여 가정전투에서 실패한 때의 일이다. 위나라의 참모들은 제갈량이 이번엔 실패했지만 다음 해에도 또 올 것이라고 예상하였다. 그렇지만 사마의는 생각이 달랐다. 제갈량은 매우 신중한 사람이므로 이듬해에 또 올 리가 없으며, 충분한 준비 과정을 거치면서 당분간 성을 공격하는 방법을 쓰지 않고 야전野戰에 주력하리라고 내다보았다. 제갈량이 군을 통솔하면서 엄격했다는 것은 당시에도 유명하였다. 가정街亭 지역을 잃고 나서 스스로 상소하여 자신의 직위를 세 단계나 강등하였고, 조자룡도 마찬가지로 강등되었다. 촉군은 매우 강한 전투력을 지녀 야전에서 맞붙으면 위군도 감당하기 힘들었다. 그렇지만 사마의는 만약 촉군과 섣불리 맞서지 않고 수성에 주력한다면 제갈량도 반드시 물러갈 것이라고 생각하였다.

사마의는 또 제갈량은 재전투를 위하여 3년을 준비할 것이라고 예상하였다. 과연 그의 예상대로 제갈량은 3년 동안 북벌을 하지 않았다. 3년의 준비 과정을 거친 제갈량은 자신의 나이가 많아 앞날이 많지 않다는 것을 알고 있었다. 이에 가정전투가 끝난 지 3년 만에 십여 만 군사를 이끌고 위수渭水 남쪽으로 공격해 나갔다. 이 모든 것을 사마의는 예측하였다. 즉, 제갈량이 아무리 뛰어났어도 사마의는 그의 계략을 간파하고 있었다!

사마의는 일생 동안 남으로는 맹달孟達, 서로는 제갈량, 동으로는 공손公孫 등을 물리치면서 걸출한 군사 지휘 능력을 보여주었다. 반면에 또한 여러 차례 술수를 부려 성공을 위하여 자신의 포부와 재능을 감추는 방법을 쓰기도 하였고, 조상을 살해하는 등의 여러 가지 정치 투쟁의 작전을 구사하였다. 당태종 이세민李世民은 그러한 사마의를 이렇게 평가하였다.

觀其雄略內斷, 英猷外決, 殄公孫於百日, 擒孟達於盈旬, 自以兵動若神, 謀無再計矣.

살펴보건대, 그는 웅대한 계략으로써 판단하고 좋은 꾀로써 결단하였다. 공손연公孫淵을 백 일 만에 죽이고, 맹달을 열흘 남짓 만에 사로잡았으니, 스스로 군사를 움직일 때는 신과 같았고, 모책을 쓰는 데 있어 두 번 헤아리는 일이 없었다.

『진서晋書』(제1권 『선제기』 당태종, 방현령房玄齡 등 20인 공저)

이와 같이 사마의는 삼국시대의 걸출한 지략가였다!

11. 마초馬超—유명무실하였던 장군

❖마초

마초는 서기 176년에 태어나서 222년에 죽었는데, 촉나라의 오호대장군五虎大將軍에 속한다. 자字는 맹기孟起이고, 부풍군 무릉현의 권세가 집안 출신이었다. 동한 말에 부친인 마등馬騰을 따라 군사를 일으켰으며, 편안偏安장군과 도정후都亭侯 등을 역임하였다. 부친 마등이 조조의 계략에 살해된 뒤, 군사를 이끌고 부친의 원수를 갚기 위해 조조와 싸웠다. 건안 16년(211년) 조조를 공격하였는데, 동관에서 조조의 부장 허저와 일전을 벌였다. 나중에 조조의 이간책(마초와 한수韓遂 사이를 갈라놓는 계략)에 걸려 패배하고 양주로 도망쳤다. 다시 양부楊阜 등에게 패배하고 한중으로 도망쳐 장노長老에게 몸을 의탁하였다. 그 후 유비에게 투항한 후 성도를 공략하는 데 많은 공을 세웠다. 표기장군驃騎將軍에 배수拜受되었고, 양주목涼州牧에 임명되었으며, 향후鄕侯에 봉해졌다. 긴 창을 애용하였으며 신위장군神威將軍이라고 불려졌다. 삼국 시기의 명장으로 용맹하였으나, 지략이 그렇게 뛰어나지는 못했다.

소설 『삼국연의』에 의하면, 유비는 한중왕으로 칭제한 후에 관우, 장비,

조자룡, 마초, 황충을 오호대장군으로 임명하였다. 그러한 호칭에 관하여 직접적으로 언급한 서적은 없었지만, 유비에게 있어서 오호대장군의 임명은 명실상부한 일이었다. 그리고 그들은 유비에게는 확실하게 유능한 장수들이었다. 촉나라 후주後主 경요景耀 3년(260년)에 관우, 장비, 마초, 방통, 황충을 추시(죽은 사람에 대해 공덕을 기리기 위해 시호를 추증하는 일)하였다. 강유 등의 요구에 따라 다음 해에 조자룡도 추시되었다. 이 여섯 인물 중에 방통은 모사가였고, 나머지 다섯 명은 직접 군대를 통솔한 장수였다. 당시 사람들은 다섯 명 모두 똑같이 저명한 장군이라고 여겼다. 그리하여 진수가 정사 『삼국지』를 쓸 때, 다섯 장군을 병렬하여 별도의 책으로 만들었다. 진수뿐만 아니라 나관중도 이 다섯 인물을 중시하여 소설을 썼다.

『삼국연의』 제65회에서 나관중은 마초를 '금마초錦馬超' 라고 칭송하며, 그의 출중함을 표현하였다. 소설 속에서 유비는 "비단 같은 마초라더니, 과연 명불허전이구나!" 라고 말하면서 마초의 위풍당당한 외모를 칭송하였다. 그러나 정작 삼국시대에서 '금마초' 란 칭호를 찾을 수가 없다. 본래 이런 칭송은 민간예술에서 자기가 좋아하는 인물에 붙여준 것이다. 『삼국지평화三國志平話』에서는 마초는 장신에 우락부락하게 생겼고, 얼굴은 살아 있는 게와 같다고 묘사하고 있다. 그 말대로 마초가 게와 같은 얼굴에 더부룩한 수염이 있었다면 영락없는 장비의 모습이다. 사실 '금마초' 라는 별칭은 나관중이 만들어낸 것이다.

소설 『삼국연의』를 읽어보았다면 조조가 수염을 깎고 전포를 벗어버리고 도망가는 장면을 기억할 것이다. 이것도 조조를 싫어하는 나관중이 지어낸 허구지만, 소설 속에서 묘사한 장면을 다시 살펴보자.

> 마초는 부친의 원수를 갚기 위하여 한수와 결탁하고, 20만 서량군西涼軍을 결성한 후 의기양양하게 조조를 격파하러 출격하였다. 먼저 장안을 공격하고, 다음은 동관을 함락시켰다. 그러자 조조는 친히 대군을 거느리고 기세등등한 서량군과 마주하였다. 대장 우금于禁이 먼저 마초에게 달려들었는데 금방 패주

하고 말았다. 다음은 장합張郃이 출전하였으나 겨우 20여 합 만에 마초에게 패배하였다. 다음은 이통李通 장군……. 그 역시 용맹한 마초를 당할 수가 없었다. 그때부터 조조는 초조해지기 시작하였다. 그때를 놓치지 않고 마초가 조조의 진영으로 쳐들어가니 그 기세가 산을 허물 듯하였다. 갑자기 조조의 진영이 흩어지자 조조는 위험을 느끼고 뒤로 돌아 도망치기 시작하였다. 좌우 양편에서 마대馬岱와 방덕龐德이 사냥하듯 조조 군영을 헤집고 달리며 "조조를 잡아라!" 하고 외치니, 조조는 어느새 서량군 속에 파묻혀 사면초가가 되었다. 마초가 조조의 뒤를 쫓으며 "홍포紅袍 입은 자가 조조다. 홍포 입은 자를 잡아라!" 하고 외치니, 군사들이 모두 "홍포 입은 자를 잡아라!" 하고 소리치며 조조를 쫓았다. 그 소리를 들은 조조가 황급히 홍포를 벗어버리고 달아났다. 그러자 뒤를 쫓던 마초가 이번에는 "수염이 긴 자가 조조다. 수염이 긴 자를 잡아라!" 하고 소리쳤다. 그러자 군사들이 다시 큰 소리로 복창하며 조조를 쫓았다. 조조는 얼른 그 소리를 듣고 칼을 뽑아 수염을 잘라내니, 그 다급함은 이루 말할 수가 없었다. 그런데 누군가가 조조가 수염 깎는 것을 보고 얼른 마초에게 일러바쳤다. "조조가 수염을 자르고 달아납니다." 그러자 마초가 또 큰 소리로 외쳤다. "수염을 자른 자를 잡아라. 그자가 조조다!"라고 하며 달리니, 모든 서량군이 같이 소리치면서 조조를 쫓았다. 드디어 마초가 조조의 뒤꽁무니에 붙어 "내 너를 죽이기 전에 빨리 항복하라!"고 소리쳤다. 조조의 수하들이 좌우에서 마초를 막으려 하였지만 역부족이었다. 이미 조조의 등 뒤에 가까이 다가간 마초가 다급하게 창을 쑥 내밀어 조조를 찌르려 하니, 눈앞의 조조가 홀연히 나무 사이로 사라졌다. 바로 그때 산 어귀에서 쏜살같이 달려와 마초에게 달려드는 장수가 있었다. "승상을 해치기 전에 어디 나부터 막아보아라" 하며 나타난 이는 바로 조홍曹洪이었다. 마초가 조홍과 수십 합을 싸우니 힘에 부치기 시작했다. 이때 겨우 군사들을 진정시킨 하후연夏侯淵 등이 달려와 조홍에게 가세하니, 드디어 마초는 힘에 부쳐 물러선다. 조조가 겨우 목숨을 건진 것이다.

다음 이야기는 『삼국지평화』에서 나온 것이다.

마초는 조조를 알아보지 못하고, 조조의 군졸 한 명을 붙잡아 물었다.

"빨리 말해라! 조조가 어디 있으며, 어찌 생겼느냐?"

조조도 놀라 달아나는 마당에 일개 군졸이야 얼마나 무서워하겠는가! 그는 부들부들 떨며 대답한다.

"저기…… 저기…… 긴…… 긴…… 긴 수염을 한 사람이 바로……."

그제야 조조를 알아본 마초는 군사들에게 황급히 명령한다.

"저기 수염이 긴 장수를 잡는 사람에게 황금 만 냥을 하사하겠다!"

조조는 목숨을 건지기 위해 부득이하게 수염을 자르고 옷을 바꾸어 입고 도망쳐서 저녁이 되어서야 위험에서 벗어날 수 있었다.

아쉽게도 이것은 사람들이 사실과 다르게 만들어낸 허구적인 이야기들이다. 사실 마초는 능력이 뛰어났지만, 유비에게 의탁한 후로는 이렇다 할 공을 세우지 못하였다. 하물며 『삼국지 · 무제기武帝紀』나 마초의 전기傳記에서조차 위와 관련된 기재가 보이지 않는다. 그러므로 이 이야기는 완전한 허구이고 과장된 내용이라고 할 수 있다. 조조처럼 용맹한 장수가 갑작스러운 공격에 당하지 못하고 투구나 갑옷을 버리고 달아났다고 하면 믿을 사람이 있겠지만, 수염까지 자르고 도망갔다고 하는 것은 너무 지나친 과장이다. 이 이야기를 스릴이 있다고 말하는 것은 오히려 코믹하다고 말하는 것보다 못할 것이다.

그러나 때로 이러한 허구나 과장이 인물 성격에 부합되기도 한다. 이 동관전투에 관한 이야기의 주인공은 마초이다. 그는 당대 이름을 떨친 관우, 장비와 함께 오호대장군에 이름을 올렸지만 변방에 있던 장수였다. 작가는 그러한 그도 중원에 있던 장수들과 함께 명성을 날린 것을 보여주고자 하였을 것이다. 이와 동시에 마초는 조조와는 불구대천의 원한을 가지고 있었다. 그리하여 용맹한 서량군을 이끌었는데, 당시 그 세력은 장안과 동관을 아우르는 대단한 것이었다. 비록 동관전투의 이야기는 허구와 과장이 포함되었지만, 당시 마초의 성격과 상황에 부합되는 내용이기도 하다. 소설 작가가 생동감이 있게 인물 성격과 당시의 상황을 표현했다고 말할 수 있다.

사람들에게는 허구나 과장이 없으면 쉽게 주의하지 않는 습관이 있다. 어떠한 이야기가 사실에 의거하고 진실이 존재하였더라도 전기적이거나 낭만적인 색채가 가미되지 않으면 쉽게 흥미를 끌지 못한다. 반대로 줄거리가 허구이거나 과장이 심하면 종종 잊어버리기가 쉽지 않다. 그러므로 허구나 과장은 이야기 전개를 재미있게 하고 인물 성격을 더욱 돋보이게 하여 사람들에게 깊은 인상을 심어준다. 위의 동관전투와 같은 이야기는 책을 덮고 나서도 조조의 낭패한 상황이 생각나서 웃음을 짓게 만든다. 그리고 기세등등하였던 서량군을 생각하면 탄사가 절로 나오게 한다.

얼굴에는 분을 잔득 바르고, 입술은 빨간색을 칠한 것 같은 마초…….

하얀 도포 차림에 은 갑옷…… 사자머리 투구…….

무대에 처음 나온 그이지만, 관객들에게 그는 한 번만 보고도 다시는 잊지 못하게 만든다.

허구와 과장으로 인물 성격을 나타내는지의 여부가 문학과 역사의 중요한 구별점이다. 나관중은 허구와 과장을 이용하여 인물 형상을 소화하는데 상당한 경험을 가지고 있었다. 이것이 『삼국연의』가 성공한 이유이자 사람을 끌어당기는 이유이다.

유비에게 귀순한 후 마초는 불행히도 활약은 고사하고 신변의 위기에서 목숨을 유지하기에 급급하였다. 이는 스스로가 자초한 일이었다고 할 수도 있다. 우선 마초는 주군인 유비의 자를 마음대로 불러 중신들의 미움을 사고 있었다. 유비가 마초를 너무 좋아하자 마초는 스스럼없이 유비의 자를 부르며 친근감을 표시하였는데, 관우와 장비는 이를 매우 싫어하였다고 한다. 둘째로 마초는 사병을 너무 많이 거느리고 있어서 유비 측근의 경계를 사게 되었다. 이에 유비는 그에게 변방 지역의 수비를 맡게 하였다. 마초는 유비 곁에서 그의 명성과 실력에 맞는 임무를 수행한 적이 없었다. 마초가 죽으면서 쓴 유서의 내용이다.

저희 집안의 2백여 명은 조맹덕에게 주살당하여 거의 전멸되었는데, 오직 사촌 동생 마대만이 있을 뿐입니다. 쇠락한 집안의 제사를 이을 사람이니 폐하께 간절히 부탁드립니다. 이외에 더 이상 할 말은 없습니다.

마초가 병사하였다는 확실한 정사의 기록은 없다. 마초의 죽음에 그의 능력을 시기하는 세력이 깊이 관여되었을 것이다. 유서의 내용을 보더라도 그는 자신을 반대하는 세력과 심한 권력 다툼에서 밀리고 있었음을 유추하게 한다. 장비와 관우 등 마초를 반대하는 세력들이 마초의 능력을 유명무실하게 만들었다. 권력 투쟁에서 밀린 마초가 제대로 활약을 못한 것은 촉나라로서는 안타까운 일이었다.

12. 강유姜維—비정한 영웅

❖강유

『삼국연의』에서 제갈량은 시기별로 주요 상대 인물을 만나게 되는 것을 볼 수 있다. 전기의 호적수는 주유이고 중기는 사마의이다. 이 두 인물은 영웅의 기질이 있었지만, 소설의 창작 필요에 따라 조연으로 등장한다. 그렇다면 마지막 상대는 누구였을까? 누가 이런 수완이 있었을까? 그는 바로 강유이다. 효자孝子의 형상으로 무대에 등장하는 비정의 영웅 강백약姜伯約(강유의 字)! 그는 더 이상 제갈량의 조연으로 출연하는 것이 아니라 제갈량의 그림자로 등장한다. 생각해 보라! 제갈량은 전체 극중에서 어떤 인물 형상이었던가? 완벽한 신의 역할을 하였다. 그러므로 그가 퇴장하면 그 극은 더 이상 의미가 있겠는가? 연극의 줄거리 중 아직 한 단락이 남아 있는데, 주인공의 퇴장 때문에 쓰지 않을 수 없었다. 그러므로 작가는 강유를 끄집어내어 제갈량의 유업을 받들고 전승하도록 했다. 그렇지만 강유의 마지막 결론은 단지 하나의 비정한 영웅으로 남게 된다.

성공한 소설 『삼국연의』의 전서全書에 등장하는 인물은 1,189명이다. 이 중

관우와 장비에게 필적하는 인물은 극소수이며, 더욱이 지력智力에서 제갈량과 겨룰 수 있는 인물은 몇 명 되지 않는다. 강유는 그 몇 명 중의 한 사람이었다. 독자들에게서 열애를 받는 유비와 제갈량 등의 영웅호걸들이 바람처럼 점점 무대에서 사라지고, 파란만장했던 삼국시대는 이상과 격정이 넘치는 황금 세월을 뒤로하고 황혼으로 치닫는다. 그 황혼기에 강유가 있었다. 비록 이는 흘러가는 역사 속에서 필연적인 결과였지만, 무수한 "삼국광"들에게는 받아들이고 싶지 않는 진실이었다. 이러한 역사 전환의 흐름 속 수많은 인물 중에는 제갈량의 학문과 유지를 이어받은 지혜와 용기를 겸비한 강유가 있었다.

그러한 강유에게 독자들의 가슴 가득한 기대와 영혼이 모여드는데, 강유는 처량함이 맴도는 삼국 말기에서 얻기 힘든 밝은 별이 되고자 하였다.

우리는 강유가 소설 속에서 나관중의 높은 중시를 받는 이유를 쉽게 이해할 수가 있다. 그리고 강유는 그 실제적 역사 지위보다 훨씬 미화되어 나온다. 소설 전반부의 주인공은 제갈량이다. 제갈량이 죽은 후의 열여섯 회에서 소설의 포인트는 중원을 아홉 번 정벌하고 사직을 보존하려고 애쓴 강유에게로 옮겨진다.

역사상의 강유에 대한 역사학자들의 평가는 각기 다르다. 학자가 지닌 안목과 척도가 다르기 때문이다. 도덕적 관점에서 수신修身을 보고 칭송하는가 하면 충효忠孝 면에서 비판하기도 한다. 혹자는 능력에 대하여 비판하기도 하고, 혹자는 성패를 가지고 영웅을 논하기도 한다. 그렇다면 나관중은 강유를 어떻게 평가하고, 그에게 어떤 예술적 형상을 부여하였을까?

『삼국연의』에서 보여주는 나관중의 사상은 "유비 존중, 조조 배척, 정통 촉, 적국敵國 위"이다. 이는 그가 쓴 소설의 주요 구상이고, 소설의 대미를 장식하는 인물 형상에 강유가 등장한다. 강유는 제갈공명의 계승자이며 정치 이상과 역사 흐름의 패러독스에서 희생된 비극 형상이다. 나관중은 『삼국연의』를 마치면서 다음과 같은 말을 하였다.

紛紛世事無窮盡, 天數茫茫不可逃.

姜維獨憑氣力高, 九伐中原空劬勞.

분분한 세상사 무궁무진하니, 하늘의 뜻은 아득하고 벗어나지 못하겠네.

강유 홀로 제 기력 높음만 믿고, 중원을 아홉 번 친 것도 헛되이 끝나네.

나관중은 제갈량의 비극을 단지 운명이 좋지 않은 것으로 귀결하였다. 당초 강유는 등애鄧艾를 대파시키고 기세를 몰아 추격을 준비하는데, 후주 유선의 철군 명령을 받게 되었다. 진퇴를 결정하지 못하다 결국 후주의 명령을 마지못해 따랐다. 그 후 우리는 강유에게서 다음과 같은 모습을 보게 된다.

등애와 맞서 용맹하게 군사들을 이끌던 모습이 사라진 강유.

철군하는 길에서 고개를 떨군 강유.

성도에 돌아와서도 열흘 동안 임금을 보지 못하는 강유.

간신배 황호黃皓**를 배척하라는 상소로 도리어 모함을 받는 강유.**

부득불 황호에게 답중(양평군, 현재의 사천성 민현으로 강유의 주둔처)**에서 보리를 심는다고 말한 뒤 은거하며 화를 피하는 강유.**

촉을 재건하려는 웅장한 마음은 왕성하였으나, 강유의 발걸음은 갈수록 무거워졌다. 그의 눈앞에는 갈수록 풍파가 많아졌고, 언제 마음의 병이 걸릴지 모르는 상황이었다. 뒤에 그의 상황은 더욱 난처해졌다.

여기에서 당시의 위나라와 촉나라 양국의 상황을 비교하여 분석해 보도록 하자. 촉나라는 농경지가 적고 산세가 험하여 국력에 한계가 있었다. 반면 위나라는 면적이 광대하고 비옥한 옥토가 많았으며 국력이 강하였다. 촉나라는 많은 인력을 동원하여 원정에 나서는 일이 많아 군량미가 항상 부족한 반면, 위나라는 평소에 힘을 비축하였다가 원정에 피로한 촉군을 맞아 싸웠다. 그러므로 위나라의 군수물자는 충분하였지만, 촉나라는 그렇지가 못하였다. 촉나라는 유선의 무능으로 민심이 이반하여 지도력에 문제가 있었던 반면, 위나라는 비록 반란이 빈번하였지만 사마씨가 강력한 지도력으로 국정을 장악하여 대신들의 지지를 받고 있었다. 촉나라에는 인재가 모자란 반면 위나라에는 인재가 넘쳐 났다. 하물며 강유 또한 본래는 위나라 장수였지 않았던가! 이렇게 비교해 보면 국력의 차이가 확연하게 드러난다. 그러므로 당시 촉나라의 패망은 강유의 힘으로는 막을 수 없는 일이었다. 촉나라가 망한 것은 후주 유선의 무능에 기인한 것이지 강유 같은 장군에게는 잘못이 없었다.

정사 『삼국지』의 내용을 살펴보면 강유는 모범적인 장수였음을 알 수 있다.

> 강유는 상장上將의 중임을 맡았지만, 초라한 집에 기거하며 재산을 불리지 않았다. 첩도 두지 않았으며 음악을 연주하거나 오락 등을 즐기지도 않았다. 의복도 검소하게 입었고, 음식도 절제하여 사치스럽거나 빈곤하지도 않았다. 관에서 지급하는 비용에 맞추어 형편에 맞게 살았다. 그가 그와 같이 한 까닭은 탐욕스러운 자나 불결한 자를 거세게 질책하고……. ……(중략)…… 강유처럼 학습을 좋아하고 게으르지 않으며 청렴하고 소박한 인물은 한 시대의 모범이었다.

그런데 강유의 비극에는 운명적 요소도 없지 않다. 철롱산에서 사마소司馬昭를 포위하였을 때, 천운을 얻지 못하여 결국 사마소를 없애는 데 실패하였다. 촉나라가 멸망하자 그는 병사들을 달래어 위나라 종회鐘會에게 항복하고 그와 의형제를 맺었다. 종회는 좋아하면서 그와 친하게 지냈지만, 강유는 이러한 종회를 이용하여 촉나라를 다시 재건시킬 무서운 생각을 품고 있었다. 강유는 종회에게 촉나라를 차지하라는 유혹으로 반란을 유도하였다. 그러나 강유의 반란 계획을 다른 장수들이 눈치를 채고 그를 죽임으로써 최후를 맞이하였다. 그렇게 죽음을 맞이하는 강유는 탄식하였다.

"나의 계획이 실패한 것은 천명이다!"

세상사는 변화무쌍變化無常하고, 뛰어난 기개를 품고 똑똑하였던 소년 장군은 더 이상 젊지 않았다. 강유는 벌 떼처럼 올라온 적군에게 포위당하자, 홀연 학업에 정진하고 공명功名을 꿈꾸었던 소년 시절이 생각났다. 그리고 떠날 때 빨리 돌아오라던 부친이 생각났다. 또한 그에게 모든 것을 전수하고, 그의 일생을 바꾸어놓은 무향후武鄕侯(제갈량)가 29년 전 그에게 주었던 기대의 눈길…….

"가슴은 한없이 미어지고 찢어지는 듯하구나! 하늘은 촉한을 버렸고 이 강유마저 버리는구나! 내가 살아온 길은 과연 옳았던가! 누가 속 시원하게 말해다오! 드넓던 강산이 조금도 남지 않았네. 나에겐 아직 원대한 꿈이 있으나 받아줄 곳 없네!"

위나라에서 태어나서 촉나라를 위하여 평생 심혈과 충성을 기울인 강유! 웅장한 이상과 포부의 가장 큰 원동력은 하늘과 같은 제갈량의 은혜였다. 평생을 걸쳐 '선비는 자신을 알아주는 사람을 위하여 죽는다'는 말을 실천한 강유! 그의 죽음은 촉나라 최후의 불빛이 다하는 것이었다. 한 시대의 종결은 한 영웅의 원혼을 필요로 하였다.

도덕적 이상과 역사 흐름이 어긋나는 패러독스에서 나타난 삼국 최후의 비극 영웅 강유! 강유는 후세 독자들에게 깊은 탄식을 남겨주고 있다.

제 2 편

삼국 역사의 진상

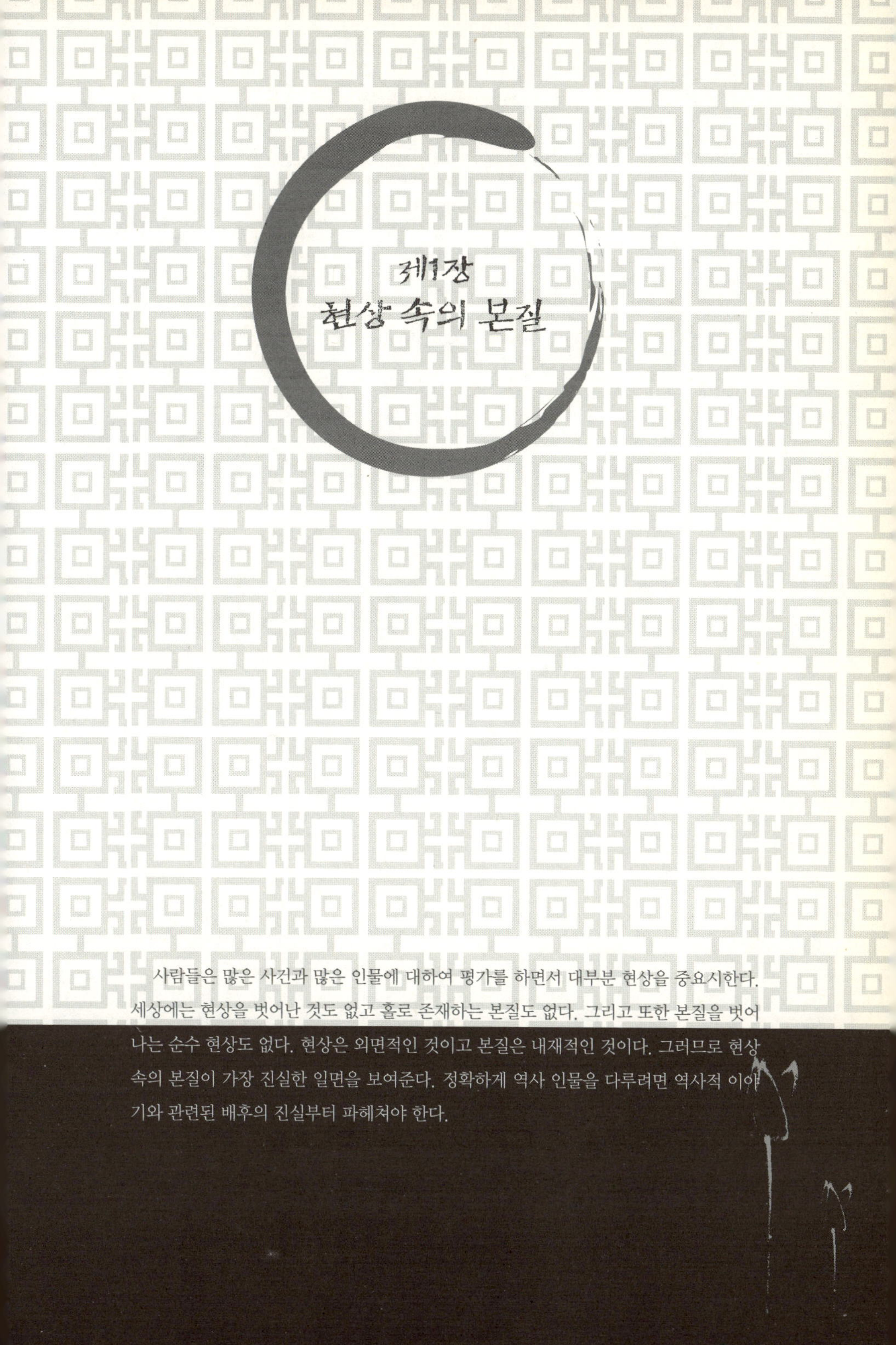

제1장
현상 속의 본질

사람들은 많은 사건과 많은 인물에 대하여 평가를 하면서 대부분 현상을 중요시한다. 세상에는 현상을 벗어난 것도 없고 홀로 존재하는 본질도 없다. 그리고 또한 본질을 벗어나는 순수 현상도 없다. 현상은 외면적인 것이고 본질은 내재적인 것이다. 그러므로 현상 속의 본질이 가장 진실한 일면을 보여준다. 정확하게 역사 인물을 다루려면 역사적 이야기와 관련된 배후의 진실부터 파헤쳐야 한다.

1. "천리주단기千里走單騎"의 역사적 진상
—관우가 조조의 후의를 마다하고 한 필의 말로 천 리를 달려 유비에게 갔다는 이야기

관우가 다섯 개의 관문을 넘고 여섯 장수의 목을 베며 유비를 찾아갔던 이야기는 오랜 세월 동안 사람들에게 흥미를 자아내었다. 그러나 이것은 실속이 없는 이야기일 따름이다.

조조가 유비를 공격하자, 유비는 참모 손건孫乾을 파견하여 원소에게 도움을 청하였다. 그러나 원소는 아들이 병들어 목숨이 위태롭다는 것을 이유로 출병을 거부하였다. 그러면서 원소는 유비에게 조조와 대적하지 말고 자신에게 의탁할 것을 제안하였다. 조조의 대군이 유비의 성 밑에 다다랐으나 유비군은 그들과 대적할 수 없었다. 특별한 계책도 없었다. 유비는 장비의 의견에 따라 밤에 조조군을 습격하였지만, 예상치 못하게 매복하고 있던 군사들에게 당하고 말았다. 그 결과 유비와 장비는 각자 흩어지고 만다. 그때 기회주의자인 유비는 혼자 말을 타고 도망쳐서 원소에게 투항해 버렸고, 장비는 망탕산으로 도망가서 잠시 그곳에 머물렀다. 원소는 유비가 투항하러 온다는 소식을 듣고 부하들을 이끌고 성 밖으로 30리나 나가 맞이하였다. 조조는 아주 쉽게 주인 없는 서주를 공략하였고, 뒤이어 하비 지역을 공격하였다. 그렇게 혼란한 와중에서 관우는 유비의 가족과 함께 조그만 산에서 조조군에게 포위되었다. 관우는 빠져나갈 길이 없어 목숨을 걸고 조조군과 싸우려고 생각하였다. 그런 와중에 조조의 부하인 장료張遼가 찾아와 조조에게 항복할 것을 권유하였다. 관우는 여러 가지 생각을 하다가 다음과 같은 세 가지 조건을 제시하였다.

1. 자신은 한나라 황실에 항복하는 것이지 조조에게 항복하는 것이 아니다.

2. 자신이 보호하고 있는 유비의 부인을 해치지 않는다.

3. 일단 유비의 거처를 알면 즉시 그를 찾아 떠난다.

장료가 이 세 가지 항복 조건을 조조에게 전하자, 인재를 아끼는 조조는 최종적으로 관우의 요구 조건을 모두 들어주었다. 관우는 유비의 두 부인을 보호하며 조조를 따라 허도許都로 향하였는데, 도중에 조조는 고의로 관우와 유비의 두 부인을 한 방에 투숙하도록 하였다. 관우는 잠을 자지 않고 밤새 한 손에는 촛불을 들고, 한 손에는 칼을 들어 유비의 두 부인을 지켰다. 이를 지켜본 조조는 관우를 더욱 존경하게 되었다. 조조는 관우에게 진심으로 잘 대해 주었다. 3일에 한 번은 작은 연회를, 5일에 한 번씩은 큰 연회를 열고 미녀와 많은 금은보화를 선물하였다. 그러자 관우는 그 미녀들로 하여금 두 형수(유비의 부인)를 시중들게 하였을 뿐만 아니라 받은 재물들도 두 형수에게 주어 보관하게 하였다. 관우가 항복한 지 며칠 지나지 않아 조조는 여포의 적토마를 선물했는데, 다른 선물에 대해서는 반응도 하지 않던 관우가 갑자기 너무 고마워하는 것이었다. 의아하게 생각한 조조가 그 이유를 물었다. 이에 관우가 천리마만 있으면 형님인 유비에게 빨리 찾아갈 수 있다고 대답하자, 조조는 그 말을 듣고 당황하여 어찌할 줄을 몰라 하였다.

원소가 출병하여 조조를 공격하였는데, 이에 조조는 5만의 군사를 이끌고 나와 맞섰다. 원소에게는 안량顔良이라는 선봉장이 있었는데, 매우 용맹하여 조조의 장수 송헌宋憲과 위속魏續을 차례로 격파하였다. 조조군이 궁지에 몰리자 모사 정욱程昱은 조조에게 관우를 출정시키자고 건의하였다. 관우가 승리하면 원소가 관우의 원수를 갚으려고 유비를 죽이게 만든다는 전략이었다. 그렇게 하여 출정한 관우는 그동안의 조조에게 입은 은혜를 갚으려고 용맹스럽게 싸워 원소의 대장 안량을 죽이고, 다음날에는 원소의 또 다른 대장 문추文醜의 목을 베어 대승을 거두었다. 원소는 이 소식을 듣고 바로 사람을 시켜 유비를 포박하였다. 이에 유비는 살려고 궁색한 말을 늘어놓았다.

"조조는 고의로 관우를 출정시켜 두 장수의 목을 베게 함으로써 당신을 흥분시켰는데, 이는 당신의 손을 빌려 나를 살해하려는 목적입니다. 나는 지금 곧 관우에게 서신을 보내 투항하게 만들겠습니다. 어떻습니까?"

원소는 이 말을 듣고 매우 기뻐하며 유비를 살려주었다.

관우는 유비의 서신을 받자마자 조조와 작별하려고 하였다. 그렇지만 조조는 고의로 관우를 만나주지 않았다. 관우는 할 수 없이 조조가 준 재물과 미녀들을 남겨둔 채 두 형수를 데리고 유비를 찾아 떠났다. 이때 관우는 한수정漢壽亭의 도장*을 머물던 막사에 걸어두고, 조조에게 떠난다는 서신을 남겼다.

조조는 관우를 보내기 싫었지만, 자신이 이전에 관우의 요구 조건에 대답한 사실 때문에 할 수 없이 말을 타고 그를 배웅하러 쫓아갔다. 그런데 관우는 조조가 자신에게 주었던 비단 도포를 손으로 꺼내지 않고, 재수가 없다는 듯이 칼끝으로 끄집어내어 걸쳐 입고 먼발치에서 조조에게 인사를 하는 것이었다. 이를 본 조조의 부하들은 관우를 매우 무례하게 여기고, 여러 차례 관우를 살해하려고 했으나 조조가 이를 말리며 보내주라고 하였다.

관우가 관령關嶺을 지나갈 때, 수문장군 공수孔秀가 조조의 통행증을 요구하자 즉시 그를 살해하였다. 그다음으로 낙양을 지나가는데, 아문장군 맹단孟坦이 덤비자 두 동강 내버렸다. 그러자 낙양태수 한복韓福이 관우의 왼쪽 팔에

*한수정漢壽亭의 도장:조조가 천자에게 상주하여 관우를 한수정후에 봉하였는데, 한수정의 도장이란 당시 관우가 임명장과 함께 받은 '한수정후지인漢壽亭侯之人' 이라고 새겨진 도장을 말함

화살을 맞혔는데, 관우는 그 화살을 입으로 빼고 난 후에 한복도 베어버렸다.

관우는 계속 길을 가서 사수관汜水關에 이르렀다. 이번에는 변희卞喜 장군이 관우를 진국사에 초대하여 거짓으로 환영식을 벌였다. 변희 장군은 도부수刀斧手 2백 명을 진국사에 매복시키고, 잔을 흔드는 것을 암호로 하여 일순간에 즉시 관우를 죽이려고 계획하였다. 하지만 진국사의 주지 스님인 보정普征이 관우의 고향 사람일 줄이야……. 보정 스님이 관우에게 변희의 음모를 사전에 알려주자, 관우는 대노하여 변희를 즉시 죽여 버렸다.

다음으로 관우가 형양관滎陽關에 도착하였는데, 그 지역의 태수는 왕식王植이었다. 왕식은 바로 낙양관에서 살해된 한복의 친척이었다. 그는 한복의 원수를 갚기 위하여 불을 질러 관우를 살해하려고 준비했다. 그러나 왕식의 부하 호반胡班은 이 사실을 관우에게 밀고해 버렸다. 이에 관우는 급하게 길을 나섰다. 이를 안 왕식이 뒤쫓았으나 결국 관우에게 살해되었다.

관우가 유비의 두 부인을 데리고 황하 입구에 다다르자, 활주관滑州關(지금의 하남성 활현) 수문장인 하후돈夏侯惇의 부장 진기秦琪가 길을 막았다. 하지만 그 역시 관우에게 살해되고 말았다. 황하를 지나니 원소의 관할 지역이었는데, 그곳에서 손건을 만났다. 손건은 관우에게 유비가 이미 여남汝南에 도착하였다고 말하고, 황하를 건너 여남으로 향하도록 도와주었다.

바로 그때 조조의 부장이 병사들을 이끌고 쫓아와 관우와 혈전을 벌였다. 이때 장료가 나타나 조조의 명령을 전달하고 관우 일행이 순리롭게 통과하도록 해주었다.

관우와 두 부인은 계속 전진하여 장비가 머물던 고성古城에 도착하였다. 성을 점거하고 있던 장비는 관우가 조조에게 항복했던 것에 서운하여 창을 들고 관우를 향해 다가갔다.

이때 조조의 부장 채양蔡陽이 조카인 진기의 복수를 위해 관우를 찾아와 달려들었다. 장비는 북을 세 번 울리기 전에 채양을 죽이면 진심을 알아주겠다고 말하자, 관우는 북이 한 번 울려 여운이 채 가시기도 전에 채양의 목을 베었다.

장비는 그제야 관우의 진심을 알아주며 관우 앞에 무릎을 꿇고 울부짖었다. 부하들은 이렇게 하고 있는데, 정작 유비는 또 도망쳐 하북의 원소에게 의탁할 줄 누가 알았으랴? 관우와 손건은 하북으로 건너가서 비로소 유비를 만나고 서로 부둥켜안고 통곡하였다.

세 형제가 상봉한 후 원소가 쫓아올까 두려워한 유비는 관우와 함께 장비가 주둔하는 고성으로 곧장 달려갔다. 그 도중 와우산臥牛山을 지나면서 조자룡을 만나 함께 고성으로 들어갔다.

이것이 연의소설에서 묘사된 천리주단기의 내용이다. 그런데 관우가 진정으로 충의를 위하여 유비를 찾아간 것일까?

관우는 민간 전설이나 연의소설에서 모두 충의와 용맹의 화신으로 칭송되어진다. 관우는 의기 넘치는 강호 인사들로부터 중국 역사 인물 중에서 유일하게 신으로 추대를 받는 사람이다. 그러나 관우가 정말로 그렇게 의롭고 고상한 표준적인 대장부였을까?

관도대전이 막 시작하려는 시기에 관우는 수많은 군사들이 지켜보는 가운데 원소의 부하인 안량을 물리쳤는데, 조조는 이에 관우를 '한수정후'로 봉했다. 관우가 단번에 기량이 뛰어난 안량을 물리칠 수 있었던 것은 조조의 융성한 대우에 대한 빚을 조속히 갚겠다는 신념이 강했기 때문이다. 그런 후 의리를 지키기 위해 유비에게 돌아갔다. 조조는 은혜를 잊지 않는 관우의 그러한 행동을 매우 칭찬하였다. 그리하여 조조는 관우를 죽이러 군사를 파견하지도 않았고, 관우를 죽이라는 부하들의 제의도 거절하였다.

관우는 진심으로 이러한 말을 하였을까?

"나는 조공(조조)의 환대를 잘 압니다. 하지만 나는 유비의 은덕을 입었고 생사를 같이하기로 맹세하여 그를 배반할 수 없습니다. 나는 결국은 떠날 것이지만, 공을 세워 조조의 환대에 보답한 뒤 길을 나서겠습니다."

관우가 조조 곁을 떠나 천리주단기하여 유비에게 간 것은 반드시 저러한 이유에서였을까? 또 다른 이유는 없었을까?

아쉽게도 관우는 다음과 같은 일들이 일어난 후 저러한 말을 하였다.

여포가 유비의 서주를 함락시키자 조조는 일부 군대를 유비에게 나누어

주고 자신도 친히 대군을 이끌고 유비와 함께 서주를 공략하였다. 당시의 여포 세력으로는 조조의 공격을 당할 수 없는 상황이었다. 여포는 즉시 진의록秦宜祿이라는 사람을 원술에게 파견하여 도움을 청했다. 그런데 원술이 진의록을 보고 마음에 들어할 줄 누가 알았겠는가? 원술은 강제로 한나라 종실의 여자를 진의록의 아내로 삼게 하였는데, 그 여자는 성이 두씨杜氏이고 하비성下邳城에 머무르고 있었다.

관우가 하비성을 포위하고 있을 때 조조에게 한 가지 요청을 하였는데, 그 내용은 진의록의 아내인 두씨에 관한 것이었다.

"진의록이 여포를 도와 원술에게 구원병을 요구했으니, 우리가 승리하면 그 벌로 그의 아내 두씨를 제가 취하고자 합니다."

조조는 관우의 부탁을 대수롭지 않게 생각하고 즉시 허락하였다. 그러나 뒤에 관우가 또 몇 번씩 조조에게 했던 말을 반복하니 조조가 의심하기 시작했다. 조조가 어떤 사람인가? 두씨가 분명 절세미인일 것이라고 판단하였다. 그리하여 하비성을 함락시킨 후, 조조는 사람을 시켜 두씨를 데려오라고 하였다. 두씨를 보니 과연 절세미인이었다. 당연히 조조도 두씨를 차지하고 싶은 욕심이 생겼다.

조조가 관우에게 두씨를 주겠다는 약속을 지키지 않고 자기 곁에 두자, 관우는 자신의 짝사랑을 강탈한 조조에게 심한 불만을 느끼기 시작했다. 그리고 직접 조조에게 이전 약속대로 진의록의 처인 두씨를 넘겨달라고 요구하였지만 거절당했다.

나중에 진의록이 조조에게 투항하자, 조조는 그에게 예의를 갖추고 대우를 잘해주었고 질장銍長이라는 관직을 주었다. 두씨도 조조 곁에서 아이를 낳았는데, 두씨는 아기의 아빠가 진의록이므로 이름을 진랑秦郎이라고 지었다. 조조는 진랑을 매우 아끼고 잘 보살펴 주었고, 진랑은 조예曹叡(조조의 손자)와 함께 자라며 부귀영화를 함께 누렸다. 명제明帝의 탁고託孤*에는 좀 못

*명제明帝의 탁고託孤:조비가 죽으면서 장남인 명제 조예를 사마의, 조진曹眞, 진군陳羣 등에게 맡긴 일

미치는 일이었지만……. 이것으로 보아 조조가 두씨를 매우 좋아하였음을 알 수 있다. 자신의 핏줄이 아닌 진의록의 아들까지 끔찍하게 아꼈으니, 그야말로 애옥급오愛屋及烏*인 셈이다.

시기적으로 보았을 때, 두씨는 하비성에 있을 당시에 이미 임신하여 배가 나온 상태였다. 그렇다면 관우와 조조는 임신한 여자에게 둘 다 푹 빠졌었다는 말이 된다. 하물며 조조는 인재를 아낀다는 말을 듣고 있었는데, 그 명성에 누를 끼치면서까지 지키지 못할 약속을 하였다. 식언을 한 상대가 다름 아닌 자신이 초빙하려고 애쓰던 관우가 아니던가! 관우와의 관계도 아랑곳하지 않고 두씨에게 푹 빠졌으니, 두씨야말로 천하의 경국지색이었을 것이다.

관우 입장에서 말한다면, 그렇게 꿈속에서 그리던 경국지색의 아름다운 여인을 조조에게 빼앗겼으니 마음속에 원한을 품는 것은 당연한 것이었다. 조조가 다시 한 번 서주를 공격하였다가 철군할 당시, 장비는 앞으로 이용할 수도 있을 것 같아 진의록을 잡아서 데려갔다. 그런데 그 못난이 밥통 진의록은 도중에 다시 조조와 두씨가 있는 곳으로 돌아가려다 장비에게 들켰다. 이에 장비는 대노하여 진의록을 창으로 찔러 죽였는데, 장비가 진의록을 죽이기 전에 이런 말을 하였다.

"딴 놈이 마누라를 빼앗아갔는데, 너는 도리어 그 사람의 녹을 먹고 있으니 정말 한심하구나!"

이는 당시 관우의 처지에도 부합되는 것이었다. 자신이 꿈에 그리던 여인을 조조가 강탈하였으니 화가 단단히 났을 것이다. 그래서 유비의 소식을 듣자마자 뒤돌아보지도 않고 길을 떠났을 것이다. 급하게 떠난 관계로 조조의 성문 통과증을 얻지 못하여 가는 곳마다 조조의 부하들이 그를 막은 것이 아니었을까? 그 순간마다 관우는 이런 생각을 했을 것이다.

"너희들 주인이 나에게 죄를 지었다. 난 지금 화 풀 곳을 찾지 못하고 있

---

*애옥급오愛屋及烏:어떤 사람을 끔찍하게 사랑하면 그 집 지붕의 까마귀까지 좋아하게 되고, 아내가 좋으면 처갓집 말뚝에까지 절을 한다는 의미

었는데 마침 잘됐구나! 너희들이 또 나를 화나게 만드니 뜨거운 맛을 보여 주마!"

그리하여 관우는 그의 앞길을 막는 조조의 부하들이 보이는 즉시 모두 죽여 버렸다. 그렇게 보면 천리주단기는 결코 충의에서 비롯된 일이 아니라, 조조에게 여자를 빼앗기고 쌓인 원한을 풀기 위해서 한 일이 아니었을까?

여포군이 머물던 하비성 공략을 앞둔 시점에서 관우는 이미 한 임신한 여자에게 넋이 나가 있었다. 그래서 관우는 조조에게 두씨를 취하겠다고 몇 번씩 말하였다. 그러자 조조는 자신을 속이는 그 무언가가 있다고 판단하였다. 조조 또한 미인을 좋아하기로 유명한 인물이었는데, 결국 나중에 두씨를 보자마자 자신의 여자로 만들어 버렸다. 당시 관우의 심정은 두렵기도 하면서도 조조에게 한을 품고 있었다. 두려운 것은 진의록을 벌하자는 명목 속에 두씨를 차지하려는 본심이 있다는 것을 조조가 간파할지에 대한 것이었다. 원한은 결국 조조가 자신이 좋아하는 여자를 차지한 데서 비롯되었다. 관도대전이 벌어지자 관우는 여러 가지를 종합적으로 판단하였다. 아무리 생각해도 조조가 질 것같이 보였다. 관우는 이런 시기에 안량을 벤 명성을 업고 세력이 더욱 강대한 원소에게 의탁하는 것이 더욱더 좋은 선택이라고 판단했을 것이다. 표면적으로 원소에게 직접 의탁하는 것보다, 마침 유비가 그곳에 있으니 유비를 찾아가는 형식으로 하는 것이 모양새가 있었을 것이다. 그렇게 추정한다면 관우의 조조에 대한 원한이 천리주단기 이야기를 만들었다고 할 수 있다.

2. 여포의 죽음
—유비의 차도살인借刀殺人(남을 이용하여 사람을 해치는 일)이었다

삼국시대의 여포는 호장虎將에 속한다. 그러나 여포는 마지막에 조조에 의해 백문루白門樓에서 목메어 죽임을 당하였다. 여포를 죽인 것은 진정 조조인가? 사실은 유비가 죽인 것이나 마찬가지다. 여포는 줄곧 유비와는 사이가 돈독하다고 여기고 있었는데, 결국은 유비의 손에 의하여 죽게 된 것과 같은 결과가 나타났다.

"사람 중에는 여포가 있고, 말 중에는 적토마가 있다."

사실 여포는 한 필의 '좋은 말' 이었지만, 정원丁原이나 동탁 모두가 그를 부릴 자격이 없었다. 그렇지만 조조는 자격이 있었다. 그리고 조조는 그러한 노력을 하였으며, 백문루에서 실제로 한 필의 좋은 말인 여포를 차지할 수 있었다. 조조처럼 인재를 아끼는 사람이 여포를 자기 손에 넣지 않으려고 하지 않았을 리가 만무하다. 그러나 유비의 "공께서는 정원과 동탁의 일을 잊으셨습니까?"라는 말에 그러한 생각을 포기했다. 유비가 진정 조조를 위하여 계책을 낸 사람이었을까? 만약 여포가 정말로 위험한 인물이었다면 여포를 조조 곁에 두게 하라고 권했을 것이다. 즉, 호랑이를 키워 후환을 남겨두었을 것이다. 이 모든 상황은 유비가 조조의 손을 빌어 여포를 죽였다는 것을 설명하고 있다.

여포와 원술이 협공으로 유비의 하비성을 공략하자 장비는 황급하게 유비에게 보고했다. 당시 유비는 원술의 부하 기령紀靈과 대치하고 있었는데, 그 소식을 듣고서 황급하게 철군했다. 그런 후에 유비는 도리어 여포에게 굴복하고 곧장 서주 지역과 하비성을 넘겨 버렸다. 장비는 유비의 그러한 행동에 매우 불쾌해했고, 절치부심하며 여포에게 복수하려 했다. 기회주의자 유비는 단지 이렇게 말하며 장비의 화를 멈추게 할 뿐이었다.

"생각이 좁으면 군자가 아니다. 바야흐로 앞날은 창창하다. 하찮은 하비성 때문에 괴로워할 필요가 없다."

여포는 그 일로 많은 이득을 챙겼다. 서주의 일을 깨끗이 정리했을 뿐만 아니라 사람을 파견하여 원술이 주기로 약속한 식량을 재촉하였다. 여포는 그때까지도 원술이 신의가 전혀 없는 사람이라는 것을 알지 못했다. 원술이 유비가 철저하게 소멸된 후에 약속한 식량들을 건네겠다고 하자 여포는 몹시 화가 났다. 하지만 원술의 세력이 워낙 강하여 자기 힘으로는 어쩔 도리가 없었다. 이때 여포의 모사 진궁陳宮이 원술의 서주 침공을 예상하고 유비를 소패小沛에 주둔시켜 원술의 공격에 대비하자고 건의하였다. 그리하여 유비는 잠시 소패에서 거처를 마련할 수 있었다.

원술은 이리저리 바쁘게 움직였지만, 결과는 단지 유비와 여포의 위치만 바뀠을 뿐이다. 결과적으로 원술에게는 조금의 유리한 것도 없는 형국이 되었고, 도리어 자신과 여포와의 관계만 악화시키는 상황이 되어버렸다. 상황이 불리하게 전개되자 원술은 마지못해 20만 석의 양식을 여포에게 전했다(여포는 원술에게 20만 석의 뇌물을 받기로 내통하고 유비를 급습한 적이 있었다). 여포는 그것을 받고 매우 기뻐하며 사신에게 상을 내리고 나중에 반드시 원술을 돕겠다는 말을 했다. 원술은 그제야 비로소 안심하고 맹호 같은 여포를 진정시켰다고 생각했다. 그리고 곧 기령을 시켜 유비를 공격하게 했다. 그러자 상황이 급박해진 유비는 여포를 찾아가 도움을 요청했는데, 여포의 부하가 여포에게 유비의 요청을 거부해야 한다고 말했다.

"장군(여포)께서는 일찍부터 유비를 죽이려고 생각하셨습니다. 이번 기회에 원술의 힘을 빌려 유비를 죽이는 것이 좋을 듯합니다."

그러나 여포는 그러한 생각에 반대하였다.

"너희들은 원술이 유비를 죽이고 북방의 제후들과 연합하여 우리를 포위하면 매우 위험하다는 사실을 모르느냐? 그래서 도와주고 싶지 않아도 할 수 없이 도와주는 것이 좋을 듯하다!"

이에 수하들은 할 수 없이 모두 여포의 의견에 동의하였다.

여포는 친히 보병 천 명과 기병 2백 명을 이끌고 유비를 도우러 갔는데, 소패성 서남쪽에 주둔하였다. 원술의 부장인 기령은 여포의 예상 밖의 출병 소식을 듣고 난감해하면서도 감히 여포를 공격하지 못하고 있었다. 여포는 생각한 바가 있어서 사람을 시켜 유비와 기령을 자신의 막사로 초대하여 연회를 베풀었다. 그 자리에서 여포는 기령을 설득하면서 전투를 중단할 것을 요구하였다.

"유비는 나의 동생인데, 그는 지금 너희들의 공격에 위협을 당하고 있다. 그래서 내가 특별히 이곳에 그를 도우러 왔다. 그러나 나는 본래가 싸우는 것을 싫어한다. 그래서 오늘 이 자리를 만들어 두 사람을 화합시키려고 하는데 어떻게 생각하느냐?"

유비는 상황이 불리했으므로 당연히 여포의 말에 동의하였다. 그러나 기령은 매우 난감하였다. 그는 원술의 명령을 받들어 유비를 치러 왔는데, 만약에 그와 화해하고 돌아가면 원술에게 보고할 방법이 없었다. 또 화해를 거절한다고 해도 이번에는 여포가 자기를 가만두지 않을 것이다. 자신의 실력으로는 여포를 당해낼 도리가 없으니 이를 어쩌란 말인가? 그래서 그는 머리를 숙이고 아무 말도 하지 않았다.

한순간의 침묵이 흐른 뒤, 여포는 홀연 명령을 내리고 수문병에게 영문營門 밖에 서서 한 자루의 화극畵戟(색칠을 하거나 그림을 그려 넣은 창)을 쥐게 하였다. 그리고 유비와 기령에게 말을 했다.

"이렇게 하자! 싸우느냐 화해하느냐는 하늘의 뜻에 맡기자! 저 화극과 100보 이상 떨어진 이곳에서 내가 단지 한 발의 화살만 쏠 것이다. 만약 화살이 화극의 작은 가지 쪽(창 위 뾰쪽한 부분)을 맞히면 하늘의 뜻이 너희 둘을 화해시키라는 것이다. 그러면 너희 둘은 각자가 철병하도록 한다. 만약 명중하지 못하면 둘이 싸우든지 말든지 마음대로 해라! 나는 상관하지 않겠다. 내 제안이 어떠한가?"

유비는 잠시 생각하고 곧 흔쾌히 고개를 끄덕였다. 기령도 할 수 없이 하늘의 뜻을 받들기로 하고 억지로 고개를 끄덕였다. 여포 자신도 그 방법밖에 없다고 생각했는데, 두 사람이 모두 승낙하니 매우 기뻐하였다. 여포가 활시위를 얹고 즉시 활을 당겼다. "자!" 하는 여포의 함성 뒤에 "땅!" 하는 소리가 들리더니 화살은 화극의 가지에 명중하였다. 넋을 잃고 바라보던 병사들은 환호성을 질렀다. 이때 유비는 "휴~" 하고 안도의 한숨을 내쉬었다. 기령은 비록 불만이었지만 감히 여포에게 어쩔 수가 없었다. 여포는 득의양양하며 껄껄 웃고는 유비와 기령을 좌석에 착석시켰다.

"하늘의 뜻은 이미 정해졌다. 너희 둘은 빨리 화해하라!"

말을 끝내고 한입에 술잔을 비우니, 유비와 기령도 그를 따라 건배할 수밖에 없었다.

기령은 할 수 없이 돌아가 전후 사정을 일일이 원술에게 보고하였다. 원술은 다 듣고 나서 "너는 여포에게 속았다!"라고 크게 외치고 즉석에서 여포를 공격하고자 하였다. 하지만 곰곰이 생각하니 뜻대로 여포를 물리칠 수 있을 것 같지도 않았다. 그래서 이리저리 생각하다가 한 가지 계책을 생각하였는데, 바로 '친척 관계를 맺어 매수한다' 는 전략이었다. 그래서 원술은 여포의 딸을 며느리로 삼겠다는 뜻을 사신을 보내 전했다. 여포 본인은 출신이 미천하여 사대부 집안과 인연을 맺고 싶은 마음을 계속 가지고 있던 터라 즉시 그 제안을 받아들였다. 원술은 즉시 한윤韓胤을 사자로 파견하여 여포의 딸을 맞이하도록 하였다.

만약 그 결혼이 성사되면 서주와 양주가 합종하여 조조의 허창許昌(지금의 하남성 허창시 동쪽, 당시 위나라의 수도)을 위협할 수 있게 되는 것이었다. 그 때 조조와 내통하며 소패에 머물던 진규陳珪는 위기감을 느끼고 즉시 여포를 찾아가 다급하게 말했다.

"조조는 천자를 받들고 위세를 널리 떨치고 있습니다. 장군은 마땅히 조조와 합종하여 대사를 도모하는 것이 옳습니다. 만약 지금 원술과 결탁한다면, 의를 지키지 않은(양아버지인 동탁을 살해한 일) 오명으로 천하의 비난을 받을 것입니다. 만일 천하의 인심이 장군을 떠난다면 이는 매우 위험한 것입니다."

여포는 원래 변덕이 심한 인물이라서 진규의 말을 듣고 마음이 또 바뀌었다. 그는 즉시 사람을 보내 딸을 도중에서 찾아오고, 원술의 사신인 한윤을 때려죽여 황제라 스스로 칭하는 원술과는 상종을 하지 않겠다는 것을 표현하였다. 그리고 한윤의 목을 베고 무창으로 보냈는데, 이는 위제僞帝 원술의 수하를 벤 공을 조정에 알려 조조와 논의를 잘하고자 하는 바람에서 벌인 일이었다.

허창에 머물던 조조는 곧 사신을 파견하여 헌제獻帝의 명의로 여포를 좌장군에 임명하였다. 여포는 진규의 아들인 진등陳登을 허창으로 파견하여 조조에게 감사의 뜻을 전하였다. 그런데 여포는 그때까지도 진규가 조조와 내통한다는 사실을 모르고 있었다. 허창에 도착한 진등은 조조를 만나 여포에 대한 말을 늘어놓았다. 용맹하나 지모가 없고, 의를 쉽게 저버리고, 변덕스러운 자이니 서둘러 여포를 죽이라고 조조에게 재촉하였다. 조조는 고개를 끄덕이며 "여포처럼 흑심을 품은 자는 중용할 수 없다. 이제 그대(진등)를 광릉태수廣陵太守로 임명하니 서둘러 돌아가 준비하여 나를 도와 여포를 공격하도록 하자!"라고 말했다. 한편 원술은 여포가 혼인을 파기하고 한윤까지 죽이니 매우 화가 났다. 이에 대장 장훈張勳을 신속히 파견해 여포를 공격하였다. 여포는 장훈의 군사들이 밀려오자 특유의 이간책을 이용하여 원술의 군사들을 물리치는 데 성공하였다. 이에 원술이 대노하여 친히 5천 군사를 이끌고 회수 가에 이르렀으나, 여포군은 이미 모두 회수를 건넌 뒤였다. 여포와 그의 기병들은 모두 회수 북쪽에서 크게 비웃은 뒤 되돌아갔다.

서기 198년 조조군은 여포를 포위하는 데 성공하였다. 조조가 여포를 포위하고 3개월이 지났을 무렵, 여포의 부장 후성侯成은 사소한 일로 여포에게 크게 책망을 받았는데, 이 일로 인해 송헌宋憲, 위속魏續과 함께 군사들을 이끌고 조조에게 투항해 버렸다. 여포는 남은 부하들과 함께 백문루에 올라가 저항했지만, 점차 조조군에 둘러싸여 위급해지자 마침내 내려와서 항복했다.

조조가 여포를 잡았을 때, 유비는 이리저리 여러 가지 궁리를 하였다. 그의 삼 형제가 여포 한 사람과 싸우며 당했던 공포는 아직도 마음속에 자리잡고 있었다. 그리고 여포가 서주를 야습夜襲하여 자기의 오랜 근거지를 넘긴 일도 상기하였다. 저런 여포가 조조에게 투항하면 어떻게 될까? 그러면 조조는 그야말로 날개를 달아 자기가 절대로 상대할 수 없는 무서운 존재가 된다는 생각이 유비의 뇌리를 스쳤다. 그리고 여포는 변덕이 심하고, 양아버지를 죽일 정도로 의義가 없지 않은가? 이 후 조조의 근거지까지 빼앗을 것인가? 그렇지만 그럴 가망성은 적게 보였다. 왜냐하면 조조의 용인술은 동탁이나 정원과는 비교할 수가 없기 때문이다. 조조가 여포까지 자신의 수하로 둔다면 자기에게는 조조를 이길 기회가 다시는 오지 않을 것 같았다. 그래서 유비는 이렇게 생각하였다.

'우물쭈물하는 것은 대장부가 아니다. 호랑이를 키워 우환을 남기느니 우선 여포를 죽이고 보자!'

그리고는 꾸물거리며 조조에게 말했다.

"공(조조)께서는 정원과 동탁의 일을 잊으셨습니까?"

이러한 유비의 한마디에 조조는 여포를 수하에 두려던 생각을 버리고 여포를 죽여 버렸다. 이렇게 미루어보면, 조조가 여포를 죽인 일은 실제로는 유비의 손을 빌려 죽인 차도살인借刀殺人이라고 하겠다.

일반적으로 사람들은 왜 유비가 조조에게 권유까지 하면서 여포를 죽게 하였는지 잘 이해하지 못하고 있다. 유비는 여포에게 원문사극轅門射戟의 은혜까지 입지 않았던가! 그런 여포를 죽게 한다는 것은 배은망덕한 인물로 비춰져 유비의 명성에 금이 가는 일인데, 그렇게까지 할 필요가 있었을까?

유비는 명예보다 현실을 선택했다. 사실상 조조는 이미 여포를 거둘 생각을 굳히고 있었다. 그렇게 되면 유비의 천하통일의 꿈은 불가능할 것처럼 보였다. 그래서 유비는 조조의 힘을 빌려 여포를 죽여야겠다고 생각한 것이다. 유비가 당시 그렇게 정치적으로 노련해진 것은 경험에서 우러나온 것이므로 이상할 것은 없다. 그 이전에는 그 정도까지 노련하지는 않았다.

여포가 정도定陶에서 패하고 갈 곳이 없을 당시, 유비가 여포를 거두어준 일이 있었다. 그 당시 유비는 다수의 의견을 무시하고 이와 같이 말했다.

"여포는 용맹한 장군이니 내가 거두어들일 것이다!"

이에 미축麋竺이 반대하고 나섰다.

"여포는 짐승 같은 놈입니다. 받아들일 수 없습니다. 일단 그를 받아들이면 반드시 우리에게 해를 입힐 것입니다."

그러나 유비는 고집을 꺾으려 하지 않았다.

"전의 일은 결코 여포가 연주兗州를 습격한 것이 아니다. 우리가 어찌 화를 입겠는가? 지금 그는 갈 곳이 없어 나에게 투항한 것이다. 어찌 다른 마음을 품을 수 있겠는가?"

이 말대로 하자면 여포가 감지덕지해야 하는데, 도리어 유비가 더 겸손하게 나온 것이다.

"도겸陶謙이 막 세상을 떠나 서주를 관할할 사람이 없어 내가 그곳을 맡고 있습니다. 오늘 장군이 왔으니 다행입니다."

유비는 그렇게 말하고 장군 임명장을 여포에게 수여하라고 하였다. 여포는 속으로 좋으면서도 유비의 뒤에 서 있는 관우와 장비의 성난 표정을 보고 정색하며 말하였다.

"이 하찮은 여포가 어찌 서주를 관할할 수 있겠습니까?"

유비가 다시 한 번 설득하니 여포의 참모인 진궁이 옆에서 거들었다. "주객이 전도될 수는 없습니다. 우리를 의심하지 말아주십시오!" 그렇게 하여 여포가 유비에게 의탁한 적이 있었다.

유비가 여포를 거둔 것은 여포의 재능이 아까웠기 때문이다. 그러나 여포는 나중에 기회가 오자 서주를 탈취해 버렸다. 이렇게 유비가 한 번 당하였으니 다음에 또 당하겠는가? 그렇게 보면 여포가 최후에 조조에게 목이 잘리게 된 상황에서 유비가 냉정하게 나온 것도 이상할 건 없는 일이었다.

사실, 조조가 여포를 잡았을 때 결코 죽일 마음은 없었다. 인재를 아끼고 잘 이용했던 조조는 여포를 자신을 위해 쓸 요량이었는데, 유비가 동탁과 정원의 일을 상기시키는 바람에 죽여 버렸다. 유비 입장에서는 여포를 살려주면 나중에 큰 화를 입게 된다고 판단하였던 것이다. 조조의 마음속에 이전부터 여포를 달갑지 않게 여기는 구석이 있었는데, 옆에서 유비가 권고하니 여포를 죽이기로 생각을 갑자기 바꾼 것이다. 여포의 죽음은 유비가 조조의 힘을 빌려 죽인 것이지, 조조의 본심은 아니었다.

3. 관우의 죽음은 제갈량의 음모였다

—제갈량은 양번전투가 벌어지는 시점을 이용하여
간접적으로 관우를 제거하는 데 성공하였다

건안 24년(서기 219년), 관우는 북진하여 하남의 신야新野와 호북의 양번襄樊에서 전투를 벌였다. 그 후, 유비는 한중 지역을 공략한 후 맹달과 유봉을 파견하여 한중 지역 동쪽의 방릉房陵과 상용上庸 지역을 점거하게 하는 등 세력을 확장시켰다. 7월이 되어 손권이 합비合肥를 공격하자, 위나라의 대규모 군사가 내려가 오군을 방어하였다. 당시 관우는 형주에 주둔하고 있었는데 기회가 왔다고 판단하였다. 그래서 태수 미방靡芳에게는 호북의 강릉江陵을 지키게 하고, 장군 부사傅士로 하여금 호북 공안公安의 서북쪽에 주둔하게 하였다. 그리고 관우 자신은 직접 군사를 이끌고 형양荊襄으로 진격하였다.

당시 위나라 군부의 상황을 살펴보면, 조인曹仁은 호북 양번, 장군 여상呂常은 양양襄陽, 우장군右將軍 우금于禁과 입의장군立義將軍 방덕龐德은 번성樊城 북쪽, 서황徐晃은 하남 남양南陽에 각각 주둔하고 있었다. 8월이 들어 갑자기 큰비가 내리기 시작하니 한수漢水가 넘쳐 우금의 부대는 물에 잠기고 말았다. 이때 관우의 수군이 시기를 놓치지 않고 맹렬하게 달려드니, 우금이 투항하였고 방덕 역시 붙잡혔다. 관우는 승기를 잡고 번성을 공격하고 양양을 포위하였다.

번성에 주둔하고 있는 사람은 모두 천여 명이 되었는데, 성벽은 수해를 입어 곳곳이 무너지기도 하였다. 이것을 본 조인은 번성을 포기할 생각을 하기도 하지만, 그를 보좌하던 여남태수汝南太守 만총滿寵이 반대하였다. 만총이 이렇게 반대하는 이유를 밝혔다.

"재해가 갑자기 찾아왔지만, 이런 상황이 오래가지는 않습니다. 관우의 선발 부대가 이미 하남의 겹현에 와 있지만, 섣불리 우리를 침공하지는 않을 것입니다. 만약 이 상황에서 우리가 성을 버리고 철수한다면, 모든 황하 이남 지역을 관우에게 그냥 줘버리는 결과나 마찬가지입니다."

조인은 이 말을 듣고 필사항전을 결심하고 군사들을 독려하였다. 관우군은 비록 맹공을 펼쳤지만, 단번에 성을 함락시킬 수가 없었다.

이 당시 위나라의 형주자사荊州刺史 호수胡修와 하남 석천淅川의 동남태수東南太守 부방傅方이 관우에게 항복하였고, 육혼陸渾과 손랑孫狼 등도 의거하여 군사를 일으키고 관우에게 의탁하였다. 관우가 위세를 천하에 떨치던 시기였다.

조조도 그러한 관우의 기세에 눌려 천도遷都를 준비하였으나, 승상 사마의와 조연曹緣, 장제蔣濟 등이 반대하였다. 그들은 조조에게 반대하는 이유를 다음과 같이 말했다.

"유비와 손권은 겉으로 친하지만 속으로는 소원합니다. 지금 형국은 관우가 득세하고 있는 상황인데, 손권의 마음이 분명 편치 못할 것입니다. 이때 특사를 파견하여 이간질하면 됩니다. 손권을 설득하여 관우의 후방을 공격해 달라고 하십시오. 일이 성공한 뒤 강남의 땅을 손권에게 넘겨준다고 하면 번성의 위기는 자연적으로 해결할 수 있습니다."

조조는 이렇게 손권과 유비를 이간질하여 어부지리를 얻는 전략에 찬성하고 사신을 파견하여 손권에게 보냈다. 이와 동시에 조조는 서황을 출정시켜 조인을 돕도록 했다. 서황이 번성의 북쪽에 이르자 조조는 서상徐商과 여건呂建 장군을 시켜 전령을 전했는데, 그 내용은 "반드시 구원병이 모두 도착한 연후에 공격하라"는 것이었다.

한편 이때 관우의 전방 부대는 언성偃城에 주둔하고 있었다. 서황이 고의로 그 성의 후방을 공격하는 것처럼 위장하자, 협공을 두려워한 촉군은 진영을 불사르고 물러섰다. 그러자 서황은 언성을 함락시키고 점점 촉군을 압박해 나갔다.

한편 조조가 오나라에 파견했던 사신이 손권의 비밀 서신을 가지고 돌아왔다. 오나라는 파병하여 관우를 공격할 것이나 기밀을 유지해 달라는 내용이었다. 조조의 대부분의 부하들은 손권을 위하여 기밀을 유지하기를 원했지만, 모사 동소董昭는 관우에게 기밀을 누설하면 도리어 일거양득이란 생각을 하였다. 관우가 손권이 온다는 소식에 철군하면 번성의 상황이 자연스럽게 해결될 것이고, 철군하지 않고 손권과 실제로 싸운다 해도 위나라로서는 어부지리를 얻을 수 있다는 계산이었다. 더군다나 포위된 군사들이 오랜 시간 구원병이 오지 않고 군량미도 떨어지면 공황 상태가 생기는데, 일단 이외의 일이 발생한다면 수습할 수 없는 국면에 진입할 수도 있었다. 그래서 동소는 몰래 기밀이 관우에게 새어나가는 것이 좋다는 생각을 굳히게 되었다. 결국 조조도 동소의 의견을 받아들였다.

조조는 서황으로 하여금 손권의 기밀 편지를 각각 위군이 있는 번성과 촉군이 있는 관우 진영으로 화살에 묶어 날리게 했다. 번성에서 포위되어 있던 위군은 그 편지를 받고 사기가 충천하여 더욱 견고하게 방어하였다. 한편 관우 진영에서는 편지를 받은 후에 후방으로부터의 공격이 두려워졌다. 그렇다고 번성을 포기할 수도 없는 상황이었다. 그리고 또한 강릉과 공안성은 견고하여 오군이 들어와서 위군을 도운다면 공략하기 힘들게 된다고 판단하였다. 그래서 관우는 진퇴양난의 입장에 처하게 되었다. 이때를 맞추어 조조의 주력부대는 낙양에서 하남 겹현의 동남쪽으로 이동하였고, 조조는 은서와 주개 등의 열두 개 부대는 언성으로 들어가 서황의 지시에 따르도록 하였다.

관우의 주력부대는 위두圍頭에 주둔하고 일부는 사총四冢에 주둔하였는데, 조조군의 서황은 상대방에 속임수를 써서 공격하는 성동격서聲東擊西의 전술을 이용하였다. 즉, 위두를 공격하는 것처럼 하다가 사총을 공격한 것이다. 관우도 사총이 공격받을 줄은 예상하고 직접 5천 명의 보병을 이끌고 출전하였으나 서황에게 패배하고 말았다. 패배한 촉군이 퇴각하자 서황은 그 뒤를 쫓아 촉군의 진영으로 추격하였다. 당시 관우의 진영은 장애물 설치 등이 잘되어 있고 견고하여 정면으로 공략하기는 매우 힘들었다. 그러나 서황은 혼란한 틈을 이용하여 일거에 촉군의 진영으로 진격한 후 촉나라의 대장 방수幇修와 부방傅方을 모두 살해하였다. 이에 따라 관우가 철수하자 번성은 와해되었다. 조인은 그 기회에 관우를 계속 추격하고자 했으나, 참군參軍 조엄趙儼은 관우를 살려두어 손권과 대적하도록 하는 편이 좋다고 건의하였다. 조인도 결국 조엄의 의견에 동의하여 관우를 추격하지 않았다. 조조도 관우의 철병 소식을 접하고 명령을 내려 그를 추격하지 말라고 하였다.

관우는 자신의 세력이 약화되었음을 알고 강릉으로 돌아올 염두를 못 냈다. 11월이 되어 서쪽 맥성麥城에 도착하니 병사들이 흩어지기 시작하였다. 12월에 임저臨沮에 이르자, 귀로가 오나라 장수 주연朱然과 반장潘璋에 의하여 차단되고, 결국 관우와 관평關平 부자는 포로로 잡혀 참수되었다. 이로써 손권이 드디어 형주를 평정하게 되었다.

그러나 관우의 죽음은 위와 같이 사서에 기재된 것처럼 단순한 전사戰死였을까? 다른 원인은 없었을까? 사실상 번성전투의 패배에는 제갈량의 음모가 숨어 있었다. 남을 이용하여 상대방을 해치는 제갈량의 의도가 관우를 죽음으로 몰아넣었다.

제갈량이 조조를 죽일 수 있었던 화용도華容道에 일부러 관우를 배치하고, 관우의 실책을 유도한다는 내용이 『삼국연의』에 실려 있다. 관우를 해치려는 제갈량의 음모는 손권이 형주 문제 때문에 제갈근諸葛瑾을 촉나라로 파견할 때도 나타난다. 제갈량은 관우가 절대로 형주를 넘겨주지 않을 것이라는 것을 알고 있었다. 관우도 당연히 형주를 돌려달라는 제갈근의 요구를 거절하였고, 제갈근은 귀국하여 손권에게 그 사실을 알렸다. 제갈근은 동생인 제갈량의 의중을 간파하였는지는 모르지만, 형주 문제의 불똥은 제갈량이 아닌 관우에게 튈 수밖에 없었다. 그리하여 손권은 관우를 더욱 증오하게 되었다. 그와 동시에 그 시점부터 형주를 돌려받아야겠다는 결심을 더욱 굳히게 되었다. 그러한 제갈량의 모해謀害로 인하여 관우는 화를 면하기 어렵게 되는 상황으로 빠져들기 시작하였다.

제갈량과 함께 관우는 촉나라의 대들보였다. 관우는 용맹한 대장으로 촉나라의 천하통일에 중요한 인물이었는데, 제갈량은 무슨 이유 때문에 관우를 제거하려 했던 것일까? 여기에는 관우의 성격과도 많은 관계가 있다. 관우와 장비의 성격은 확연하게 다른데, 사서에서는 이렇게 평가한다.

"관우는 휘하 병사들에게는 관대하고 사대부들에게는 거만한 반면, 장비는 군자를 경애하였지만 소인배들이나 수하 병사들에게는 관대하지 않았다."

장비는 술에 취하면 병사들을 때리는 등의 행동을 보였지만, 재능이 있는 사람에게는 매우 존중하는 태도를 취하였다. 반면 관우는 장비와는 정반대로 병사들에게는 매우 잘대해 줬지만, 사대부들에게는 교만하였고 항상 응어리가 맺혀 있었다. 제갈량은 촉나라의 "일인지하一人之下, 만인지상萬人之上"인 사대부였으므로 관우가 싫어하는 존재였다.

관우의 그러한 안하무인격인 성격을 제갈량도 잘 알고 있었다. 하지만 그것보다도 제갈량이 관우를 제거하려는 더 큰 이유가 있었다. 관우와 유비는 의형제이고 둘이 같이 지낸 시간이 제갈량보다 훨씬 많았다. 그래서 유비의 마음속에 차지하는 위치에서 관우가 제갈량보다 앞섰다. 그래서 제갈량은 부득불 관우에게 겉으로만 예우하고 위선적으로 대하였다. 제갈량은 관우라는 장애물을 제거하기 위해서는 별다른 방도가 없었다. 단지 근본적으로 해결할 수밖에 없었는데, 이 근본적이란 의미는 적당한 기회에 쥐도 새도 모르게 관우를 제거하는 것이었다. 건안 24년에 이르러 관우가 번성전투를 시작하니, 제갈량에게는 오랜 기간 기다렸던 좋은 기회가 찾아온 것이었다. 제갈량은 번성전투 전황에 대하여 확실하지 않은 유비에게 조언을 주지 않았을 뿐만 아니라, 어떠한 묘책도 내지 않아 관우를 구하지 않았다. 그야말로 번성전투에서 용맹한 장수를 희생하게 만든 것이나 마찬가지였다.

일찍이 관우가 번성을 공격하기 시작할 때, 오나라 대장 여몽呂蒙은 손권에게 기회를 봐서 형주를 되찾자는 건의를 한 적이 있었다. 여몽의 건의를 받아들인 손권은 멀쩡한 여몽을 병이 든 것처럼 위장하고 건업建業으로 이동시켜 관우를 교란시켰다. 그다음은 여몽의 의견에 따라 육손陸遜에게 여몽 대신 육구陸口 지역을 사수하게 하였다. 그리고 육손은 관우에게 존중한다는 서신을 보내 관우의 경계심을 더욱 늦추게 만들었다. 관우는 이러한 오나라의 계략에 말려들어 더 이상 오나라에 대한 방어를 갖추지 않았다. 그와 동시에 형주에 주둔한 부대를 이동시켜 번성의 전선에 투입시켰다. 당시 관우는 포로로 잡은 인마만 해도 수만이 되자 양식이 부족하여 상수湘水에 쌓아둔 오군의 식량을 탈취하였다. 이에 손권은 그 일을 구실로 삼아 여몽을 다시 대도독으로 복귀시키고 강릉을 습격하게 하였다.

여몽은 심양潯陽(지금의 강서성 구강시)에 이르자, 우호군右護軍 장흠蔣欽, 편장군偏將軍 반장과 주연, 평로장군平虜將軍 주태周泰, 중랑장中郎將 한당韓當, 기도위騎都尉 우번虞翻 등의 장수들을 서쪽으로 이동시키면서 모든 정예부대를 큰 배 안에 숨겨두었다. 그리고 병사들을 흰색 옷을 입은 상인으로 위장시키고, 주야로 노를 저어 강을 따라 촉나라 방향인 서쪽으로 올라가게 하였다. 여몽은 관우군의 내부 모순을 이용하여 부사인傅士仁과 미방을 항복시켰는데, 이로써 공안과 강릉 두 중요한 진영이 오나라에 의하여 점령되었다. 뒤이어 여몽은 육손에게 서쪽으로 이릉夷陵과 자귀秭歸 지역을 공격하게 하여 관우의 사천으로 들어가는 퇴로를 막게 하였다. 결국 관우는 멸망의 길로 향해 '적군의 손에 의해 전사戰死' 하는 운명을 맞게 되었다.

총명하다는 제갈량이 양번전투가 진행되는 6개월 동안 아무 생각도 하지 않을 수가 있었을까? 그가 위나라와 오나라의 연맹이나 전투 중의 각종 계략들을 읽을 수 없었을까? 이에 대한 답은 절대 불가능하다는 것이다. 형주 지역은 촉나라의 생명줄이었다. 그 무렵 제갈량은 형주에 깊은 관심을 보이지 않았는데, 그렇다면 어디에 관심을 보여야 한단 말인가? 양번전투는 촉나라에게 대단히 중요한 전투였다. 제갈량의 평소 스타일은 일관되게 신중하였는데, 양번전투에 대해서는 왜 그렇게 소홀히 하였고, 오나라와 위나라의 연합작전을 왜 눈치채지 못하였을까? 제갈량은 당시의 전세戰勢와 관우에 대하여 잘 알고 있었다. 관우 혼자서 위오 연합군의 상대가 될 수 없었는데, 제갈량이 수수방관한 이유가 무엇이었을까? 이 모든 의문점은 하나의 답안으로 귀결되는데, 그것은 제갈량이 고의로 관우를 응징한 것이며, 양번전투를 틈타 고의적으로 관우를 죽인 것이라고밖에 볼 수 없다. 위에서 분석한 여러 가지 원인들이 그것을 설명해 주고 있다.

4. 여포가 정원丁原을 죽인 두 가지 원인

여포는 지금의 내몽고 포두시包頭市 서북쪽 오원군吾原郡 구원현九原縣 출신이다. 일찍이 부모를 여의고 어릴 때부터 세외고인世外高人의 손에 키워졌다. 세외고인에게서 뛰어난 무예를 전수받은 여포는 천부적으로 소질이 뛰어나 세상에 나온 이후 매우 빨리 명성을 떨쳤다. 여포의 스승은 당시 90세의 고령에 방천화극方天畵戟을 다루는 솜씨가 당대 최고인 무림고수였다. 여포는 소질이 뛰어나 스승에게서 반년 만에 십팔반무예十八般武藝를 터득하고, 방천화극을 배우기 시작했다. 그로부터 채 1년이 지나지 않아 여포는 방천화극의 72개 초식招式 중에서 36개를 터득할 수 있게 되었다. 그즈음에서 여포의 스승은 여포를 시험하게 되는데, 가까운 곳에 위치한 종산에 있는 종석을 자신이 지시한 길로 가져오라고 당부하였다. 하지만 여포는 스승의 말을 거역하고 쉬운 길로 가서 종석을 가져왔다. 이에 실망한 스승은 가르침을 그만두고 여포를 하산시켰다. 그렇게 하산한 여포가 가장 먼저 찾아간 사람은 정원丁原이었다. 정원은 당시 형주자사였는데, 여포를 매우 귀하게 여겨 수양아들로 삼았다. 정원이 기도위란 직책을 맡자 여포를 주부主簿로 임명하였다. 이것이 사료에서 보이는 여포가 맡은 첫 번째 고위직이었다. 여포는 그 직책에 매우 많은 관심을 보였다. 주부라는 직책은 동한 삼국시대에 중앙과 주군 장관에 부속된 관원이었는데, 주요 업무는 문서를 관리하고 업무를 보조하는 일이었다. 당연히 문관이었다. 여포가 용맹하나 정치적 지략은 모자란다는 연의소설의 관점이나 세간의 평가로 본다면 그 직책은 여포와 어울리지 않고 그 자리에서 능력을 발휘할 수 있을지 의문이 간다. 그렇지만 여포는 문관 업무에도 비교적 뛰어난 능력을 보여 정원의 신임을 받았다. 연의소설에서 여포의 지략이 모자라다고 표현한 것은 잘못된 것이다.

여포는 마음을 놓을 수 없는 사람이라고 평가받는다. 비록 정원이 여포를 거두어 은혜를 베풀었으나, 결국 여포는 의를 저버리고 정원을 죽이고 동탁에게 의탁한 것은 다 아는 사실이다.

동탁은 삼국시대의 한 시기를 전횡하였다고 말할 수 있다. 조정에 들어가 대권을 장악하고 제멋대로 날뛰어 대부분 사람들의 불만을 샀다. 당시의 형주자사인 정원도 그런 동탁에 대하여 반감을 가지고 있었다. 하루는 정원이 자신의 군대를 데리고 가서 맞서자, 동탁은 매우 화가 나서 수하 이유李儒 등을 데리고 나가 결투에 대응하였다. 정원은 동탁을 보자 손가락질을 하면서 욕을 하기 시작하였다.

"나라는 지금 불행한데 태감太監(동탁)은 조정을 농단하고 백성들을 도탄에 빠지게 하였다. 당신은 아무런 공도 없는데 어찌하여 마음대로 황제를 폐위시키고 조정을 혼란에 빠뜨리는가?"

이 말이 끝나기도 전에 여포가 말을 타고 상대방을 향해 돌진하였는데, 그 기세가 당당하여 누구도 막을 수가 없었다. 여포의 기세에 동탁의 대장들은 모두 낙화유수처럼 떨어져 나갔다. 이에 동탁의 군중에는 여포를 상대할 사람이 없어 할 수 없이 진영으로 황급히 돌아갔다. 동탁은 그 후부터 정원의 밑에 있던 여포를 예의 주시하기 시작했다. 동탁은 진영으로 돌아간 후 여러 장수들과 대책을 논의하였다.

"내가 보기에 여포란 자는 보통 장수가 아닌 것 같다. 대단히 용맹스럽다.

내가 천하를 제패하려면 그러한 장수가 없어서는 안 된다. 만약 여포를 얻을 수만 있다면 천하를 얻는 데 무슨 두려움이 있겠는가?"

옆에 있던 이숙李肅은 이 말을 듣고 웃으면서 동탁에게 말했다.

"주공께서는 걱정하지 않으셔도 됩니다. 나는 여포와 동향으로 그를 매우 잘 압니다. 여포는 용맹하지만 지모가 모자라 눈앞의 이익을 보면 의리를 잊어버립니다. 나의 청산유수와 같은 세 치 혀로 여포를 주공께 투항하도록 해 드리겠습니다."

동탁은 이 말을 듣고 매우 기뻐하였다.

"나는 여포를 얻기 위해서라면 어떠한 대가라도 치르겠다!"

이에 이숙은 동탁의 적토마와 금은보화를 가지고 여포를 설득하러 떠났다. 여포는 이숙을 보자 반갑게 맞아주었다.

"누군가 했더니 형일세! 요새 어디서 무얼 하시는가?"

"난 지금 동탁 밑에서 중랑장을 지내고 있네. 오늘에야 자네 소식을 듣고 기쁜 나머지 선물을 준비하고 달려왔네. 이것 보게! 이것은 천하에 유명한 적토마인데, 하루에 가볍게 천 리를 뛸 수 있다네. 진흙 밭이나 산지를 평지처럼 달리니 적토란 이름을 얻었지. 영웅에 어울리는 말이니 자네에게 선물하지!"

여포는 말을 볼 줄 아는 사람이었다. 그 적토마를 보자마자 무척 기뻐하였다.

여포는 "이렇게 훌륭한 말을 나에게 선물하니 고마워서 어떻게 보답해야 할지 모르겠다"라고 하면서 이숙의 손을 잡고 술자리에 들어갔다. 여포와 이숙은 무척 즐겁게 술을 마시는데, 이숙이 술에 취한 듯 만 듯하며 말하였다.

"나와 자네는 왕래가 적지만, 자네 부친은 자주 만나고 있지!"

여포는 이 말을 듣고 놀라 정색하였다.

"형! 취했구려. 나의 부친은 이미 오래전에 돌아가셨는데 어떻게 만날 수가 있단 말인가?"

"내가 말하는 부친은 너의 의붓아버지인 정원이다."

이숙의 말을 들은 여포는 조금 불편한 표정을 지었다.

"나는 지금 어쩔 수 없어 정원의 수하에 있는 것이네."

이 말에 이숙은 재빠르게 다음 말을 이으며 설득하였다.

"어찌 그런 말을 하는가? 여포 자네는 천하제일의 맹장이네! 무예가 누구도 따를 수 없다는 것은 세상 사람들이 다 아는 사실이거늘……. 공명과 부귀는 얻을 수 있는 것인데, 어찌 정원의 수하로 계속 남아 있는가? 진실로 안타깝구나!"

이에 여포는 낮은 소리로 탄식하였다.

"아직 나를 제대로 알아주는 주군을 만나지 못한 것뿐일세."

그러자 이숙은 고의적으로 소리 내어 껄껄 웃음을 지어 보이며 말하였다.

"좋은 새는 좋은 나무인지를 판단하여 둥지를 틀고, 현명한 신하는 군주를 가려 섬기는 법일세. 기회가 올 때 잘 잡아야 하는데, 일단 실수하면 후회해도 소용이 없는 것이야!"

여포는 주의를 집중하여 뚫어지게 이숙을 바라보았다.

"형은 조정에서 일하고 있으니 누가 의탁할 만한 군주인지 알 것이 아닌가!"

이때다 싶어 이숙은 여포 곁으로 바짝 다가가며 말을 이었다.

"내가 보기에 조정에서 동탁을 따를 자가 없네! 동탁은 인재를 알아주고 상벌이 분명하여 군주로서 큰일을 해낼 사람일세!"

"나도 그에게 의탁하고자 하나 추천해 주는 사람이 없었네!"

여포의 대답을 들은 이숙은 기다렸다는 듯이 여포에게 주위 사람들을 물리게 하고, 재빨리 품고 있던 금은보화를 꺼내며 속삭였다.

"사실 동탁 대인께서도 자네를 오래전부터 존경해 왔네. 아까 그 천리마와 이 금은보화는 모두 동탁이 자네에게 준 선물이네!"

여포는 그 말을 듣고 매우 흥분하면서도 동탁의 과분한 우대에 불안해하였다.

"동탁께서 나를 이렇게 존중해 주니 내가 어찌할 바를 모르겠군요!"

"나처럼 보잘것없는 사람도 중랑장이란 직책을 맡고 있으니, 자네가 여포에게로 가면 반드시 중책을 얻을 것이네!"

이 말을 들은 여포는 낮은 소리로 한숨을 쉬며 말하였다.

"동탁 밑에서 일할 수 있으면 좋은 일이지만, 나는 그에게 아무런 공로도 없으니 무슨 면목으로 그를 찾아갈까?"

이숙은 일부러 무표정한 표정을 지으며 대답하였다.

"공은 동탁 장군 밑에 간 후에 세우면 되는 것이네! 차후에 자네가 어떤 공을 세우는가에 달려 있네!"

그러자 여포는 말을 멈추고 잠시 생각을 하더니 무서운 말을 꺼냈다.

"내가 이 멍청한 정원을 죽이고 내일 동탁을 찾아가 정원의 목으로 상견례를 할 것이니, 그리 알고 이만 돌아가 있으시게!"

여포는 영웅호걸이었다. 난세에 영웅이 난다고 하는데 여포도 이에 해당하였다. 그런데 영웅에게는 자기의 뜻을 펼칠 무대와 자신을 알아주는 군주가 필요한데, 여포에게는 정원보다 동탁이 더 희망적으로 보이기 시작하였다. 여포는 정원보다 동탁에게 의탁하는 것이 더 큰일을 할 수 있는 기반을 마련하는 것이라고 생각하였다. 여포는 성격상으로 충의보다 명예와 이익을 우선시하였다. 그리고 당시는 아직 충의라는 관점이 희박한 시대였다. 그렇게 생각하면 여포도 굳이 동탁을 거절하고 정원만을 따를 이유가 없었다.

그래서 동탁이 적토마와 금은보화로 유혹하자 여포는 조금의 주저도 하지 않고 이를 받아들였다. 당시의 도덕관념으로서는 당연한 행동이었다.

여포가 정원을 살해하고 동탁에게 의탁한 일은 역사적으로 지탄받는 사건이다. 사서에서는 여포를 이익만 추구한 교활한 사람이라고 묘사하였을 뿐만 아니라, 문학작품과 민간에서는 여포에게 "삼성가노三姓家奴(여포가 정원과 동탁 사이를 오고 가서 그의 성을 여씨, 정씨, 동씨로 부르는 말)"라는 악명을 달아주었다.

그렇다면 여포는 무엇 때문에 정원을 죽였을까?

『삼국지』에서 정원에 관한 기재에 의하면 정원은 일개의 평범한 무인이었다. 그렇다면 “일개의 무인이 인재를 잘 알아보고 적재적소에 잘 배치하였을까?”라는 의문점을 고려하지 않을 수 없다. 비록 정원과 여포는 서로 부자간이라고 칭하고, 정원이 여포를 가족처럼 여겼다고 해도 여포의 정원에 대한 태도가 어떠하였는지는 알 수가 없다. 당시 장료張遼의 직책은 여포보다 높았는데, 이에 대하여 여포는 어떻게 생각하였을까? 그러나 당시 여포는 정원에게 의탁한 지 시간이 얼마 흐르지 않아 불만이 있더라도 마음대로 표출하지 못하는 입장이었다. 위에서 언급한 것처럼 정원은 진심으로 여포를 가족처럼 대했을까? 정원이 여포의 친아버지가 아니었으므로 그들 사이는 진정 어떠했는지 의문이 든다. 게다가 정원은 여포를 그다지 중용하지 않았다. 장료보다 직책이 낮은 데 따른 불만을 가지고 있던 여포가 마침 동탁이 유혹하자 갑자기 정원을 살해했을지도 모른다. 그럴 가능성도 충분히 있다. 삼국시대에는 사람 하나 죽이는 것은 흔한 일이었다. 특히 무인에게는.

서기 189년, 동탁은 조정을 장악하고 국정을 전횡하기 시작했다. 이러한 동탁의 행동에 대하여 많은 사람들이 불만을 품었다. 동탁은 천하의 대권을 얻는 데 있어 방해가 되는 것은 수단과 방법을 가리지 않고 제거해 나갔다. 그에게 정원도 하나의 제거 대상에 속하였다. 그는 여포를 이용하여 정원을 죽이고 나서 조정을 마음대로 전횡하니, 그 후로 천하는 더욱 혼란에 빠져들었다. 동탁은 도대체 무슨 방법으로 여포로 하여금 자신의 의붓아버지를 살해하게 만들었을까? 이에 관한 상세한 역사 자료는 없다. 단지 “동탁이 여포를 유혹하여 정원을 살해하게 하였다”는 단순한 표현만 있을 뿐이고, 여포가 정원을 죽인 진정한 원인에 대해서는 언급이 없다. 그렇지만 우리는 여기서 관련된 역사 자료를 통하여 그와 관련한 복잡한 역사적 배경이 있었음을 알 수가 있고, 그러한 역사 배경을 통하여 여포가 정원을 죽인 진정한 원인을 도출해 낼 수가 있다.

동탁은 처음에 대장군 하진何進의 명을 받들고 낙양으로 들어갔었다. 그 당시 낙양은 매우 혼란한 시기였다. 하진은 환관의 무리들에게 살해되었고 환관들도 적지 않게 피살되자, 소제少帝와 그의 동생 유협劉協은 황궁을 떠나 피신하기 시작했다. 이러한 상황에서 동탁의 전횡은 당연한 일인지도 모른다. 동탁은 처음으로 황제의 일행을 찾아내었고, 그들을 보호한 인물이었다. 그러한 행동을 무엇이라 하는가? "구가救駕(천자를 구함)"라고 부른다! 그 당시 동탁은 전장군前將軍, 태향후斄鄕侯, 병주목并州牧이라는 직책을 겸하면서 조정의 막중한 임무를 수행하고 있었다. 게다가 천자까지 보호하였으니 당시 동탁이 조정에서 차지하는 위치는 가히 상상할 수 있다. 그러한 인물이 추종을 받지 못하고 있는 것도 쉽지 않은 일이다. 당시에는 모두 여덟 개의 군벌이 낙양을 노리고 있던 혼란한 상황이었는데, 동탁은 자신이 영웅이 되고자 하여 남보다 특별한 임기응변의 행동을 보였다. 『구주춘추九州春秋』에서 이에 관한 기록이 나타난다.

> 동탁이 처음에 낙양에 들어갈 때는 보병과 기병을 합쳐 3천 명이 넘지 않았다. 동탁 자신도 사람들이 자신에게 굴복하기에는 병력이 적음을 느끼고 있었다. 그래서 동탁은 낙양에 들어간 후, 사람들이 눈치를 채지 못하도록 네 개의 성으로 나가 오색 깃발을 날리고 북을 치며 자신의 군대가 많은 것으로 사람들에게 오해하게 하였다.

즉, 동탁이 처음 낙양으로 들어갈 당시는 병사들이 겨우 3천 명에 지나지 않았다. 스스로 병사가 너무 적다고 생각한 동탁은 사람들에게 자신의 군대가 많다고 오인하게끔 유도하였다. 동탁은 며칠간 계속 자신의 병사들을 낙양성 밖으로 나갔다가 안으로 들어오기를 반복하게 하면서, 그들에게 북과 악기를 불어대라고 지시하였다. 그리하여 낙양 사람들에게 동탁의 군대가 수만 명에 이를 것이라는 착각을 하게 만들었다. 그러면서 동탁은 병사를 모으고 말을 사 모으기 시작했는데, 서서히 많은 사람들이 몰려들어 어느 순간에 동탁의 군대는 셀 수 없을 정도로 규모가 불어났다. 동탁이 자신만의 능력을 발휘한 시기였다. 동탁이 군사를 모으고 말을 사는 것에 별도의 꿍꿍이속이 있었지만, 이러한 행동은 낙양의 혼란한 상황을 정리하는 데 많은 작용을 했다. 그러한 동탁의 거동에 하진과 하묘何苗의 부하들이 모두 동탁에게 의탁하였다. 본래 정원이 이끌었던 병주并州 군대 역시 여포를 따라 동탁에게 투항하였다. 이렇게 되자 동탁은 자신의 병사가 적음을 걱정하지 않게 되었다. 표면적으로 동탁은 한나라 왕실의 분열을 막아 사직社稷에 공을 세웠고, 일부 조정 관원들의 지지도 얻게 되었다. 그리하여 조정과 강력해진 군대까지 등에 업은 동탁의 위세를 누구도 넘볼 수 없게 되었다.

이러한 상황에서 여포는 동탁의 유혹을 받고 정원을 살해하였다. 여포가 정원을 제거한 데는 내막이 있을 것인데, 혼란한 정세에 대한 정원의 처세와 관련이 있을 것이다. 그렇지 않다면 여포가 그렇게 쉽게 정원을 죽이지 않았을 것이다.

그 당시 동탁과 정원은 모두 원소와 일정한 관계를 유지하고 있었는데, 이러한 사실을 아는 사람은 적었다. 그러한 비밀은 나중에 공손찬에 의하여 밝혀졌다. 비밀이 드러난 것은 원소와 공손찬 간의 전투 때문이었다. 당시 공손찬이 원소의 죄를 백성들에게 알리는 과정에서 동탁과 정원이 원소와 긴밀한 관계를 유지하고 있었음이 드러났다. 이때 공손찬이 원소의 죄를 백성과 군왕에게 알린 내용이다.

"원소는 성질이 음란하고 행동이 경박합니다. 과거 그가 사예교위였을 때 국가가 난국에 처하여 태후가 정무를 맡고 하씨何氏가 조정을 보좌한 적이 있습니다. 원소는 이때 바른 자를 추천하는 태도를 취하지 않고 무법자들을 불러들여 사직을 더럽혔으며, 정원에게 명하여 맹진을 불살라 버렸습니다. 그리고 동탁을 불러다가 분란을 야기하였습니다. 이것이 그의 첫 번째 죄입니다. 그리고 두 번째 죄는……(후략)……."

즉, 일체의 군사적 행동에서 동탁과 정원은 모두 원소의 명령을 따른다는 사실이 밝혀진 것이다. 그것으로 판단할 때, 당시의 원소의 세력은 막강했다는 것을 유추할 수가 있다. 그렇지 않았다면 동탁과 정원을 동시에 지휘할 수가 없었을 것이다.

동탁이 낙양으로 진입하는 과정은 어떠하였을까? 진수의 『삼국지 · 원소전袁紹傳』에 따르면, 동탁이 낙양으로 들어간 것은 완전하게 원소의 명령을 받은 것이었다. 그때 당시의 상황에서 동탁의 명성은 그다지 좋지 않았다. 그리고 동탁의 낙양 입성에 많은 사람들이 반대하였지만, 이러한 부분에 있어 원소는 특별한 고려를 하지 않았다. 이후 원소는 동탁에게 천하를 탈취하려는 야심이 있음을 발견하였고, 동탁이 차차 그의 말을 듣지 않기 시작하자 동탁을 제거할 뜻을 품기 시작하였다. 당시의 그러한 정황을 미루어볼 때, 정원과 원소가 같은 배를 타고 동탁을 배척한 사실을 유추할 수 있다. 그들 사이에 모순은 끊임없이 많아졌고, 결국 정원이 간접적으로 동탁의 손에 의해 살해되었다는 사실은 결코 우연한 일이 아니었다.

그렇게 복잡한 정세에서 정원을 따를 것인가? 동탁을 따를 것인가? 여포의 선택은 참으로 힘든 일이었을 것이다. 그는 눈앞의 작은 이익에만 얽매어 근본적으로 어떻게 하는 것이 유리한지 알지 못했다. 당시 대장군 하진의 부하들이 모두 동탁에게 의탁하였고, 거기다가 동탁은 적토마와 금은보화를 보내왔다. 그래서 여포에게는 동탁에게 가는 것이 당연한 것으로 여겨졌다. 이숙이 마침 유창한 세 치 혀를 놀려대니 여포의 머릿속에 동탁은 이미 정의로운 사람으로 자리 잡았다. 그래서 여포는 동탁과 반대 노선에 있는 정원을 반역자로 각인하게 되고, 정원을 죽이는 것이 의거義擧라고 생각하기에 이르렀다.

여포라는 사람은 주관이 부족하여 쉽게 다른 사람의 영향을 받았다. 다른 사람이 조금만 설득하여도 상대방의 말이 도리가 있는 것으로 여겨 분별력도 없이 상대방의 제안을 받아들였다. 여포가 정원을 죽이고 동탁에게 투항하자, 정원의 옛 장수와 병사들은 어떠하였을까? 그들은 어떠한 반기도 들지 않았는데, 도대체 어찌 된 일일까? 그들은 정원과 오랜 세월 동안 같이 있었는데, 설마 그들 간에는 조금의 감정도 없었을까? 정원의 휘하 장수와 병사들은 무엇 때문에 어떠한 반항도 하지 않았을까? 그 원인은 다음과 같은 두 가지로 추론해 볼 수 있다.

첫째, 정원의 부하들도 여포와 같이 대부분 동탁에게 의탁할 생각을 가지고 있었다. 왜냐하면 그들도 정원을 살해하고 동탁에게 의탁하는 것이 정의로운 행동이라고 생각하고 있었을 것이다.

둘째, 정원의 통솔 능력이 매우 부족하여 부하들의 지지를 받지 못하고 있었다. 그리고 정원의 세력이 동탁보다 열세라서 정원과 함께하는 것이 동탁에게 가는 것보다 희망이 없다고 생각하였을 것이다.

위의 두 가지 원인이 여포의 심리 속에도 분명히 있었을 것이다. 그렇지 않다면 그렇게 밀접한 관계를 유지하던 사람을 죽일 리가 없다. 여포는 당시 정원의 군부 내에서 상당한 명성을 가지고 있었으므로 정원을 죽인 행동의 수혜자가 될 수 있었다. 왜냐하면 여포가 무슨 일을 하든지 간에 정원의 부하들은 모두 여포를 따르며 충성을 다할 것이기 때문이다. 여포가 무엇 때문에 정원을 죽였는가를 막론하고, 이는 모두 그러한 시대의 돌발적인 행동이었다. 여포가 정원을 죽인 사실은 어떠한 각도에서 말한다 해도 여포 자신에게 이로운 일이었다. 앞서 분석한 것처럼 당시의 상황은 정원에게 불리하였다. 게다가 여포는 판단력이 모자라 이숙의 꼬임에 쉽게 넘어갔다. 여포가 정원을 죽이고 동탁에게 의탁한 것도 틀림없이 그 두 가지 원인이었을 것이다.

5. 제갈량은 왜 중국을 통일하지 못하였을까?

삼국 시기에 미친 제갈량의 영향력은 대단하여 지금껏 그는 지혜의 대명사로 여겨지고 있다. 그런데 그러한 인물이 왜 중국을 통일하지 못하였을까? 우리는 여기서 그 이유를 세심하게 분석해 보도록 하자.

우선 원인이 관우에게 있었다. 제갈량의 "융중대" 전략에 의하면, 유비가 왕실을 부흥시키고 천하를 통일하려면 반드시 먼저 형주를 발전의 근거지로 삼아야 했다. 형주를 근거지로 삼고 다시 서천 일대로 서서히 공략한 후 형주와 서천을 군사 공격의 시발점으로 삼는 것이 최선의 방책이었다. 북방 일대는 이미 조조가 기반으로 삼고, 강동 일대는 손권이 차지했지만, 삼국 초기 유비에게는 근거지조차 없었다. 유비가 나머지 취할 수 있는 것은 형주의 유표劉表, 서천의 유장劉璋, 동천의 장노長老였다. 제갈량에게 이들 지방을 공략하는 것은 별로 어려운 일이 아니어서 유비를 도와 쉽게 그 지역을 점령하였다. 그 세 곳을 얻으니 이미 천하통일의 기초가 마련되었다고 할 수 있었다. 그러나 아쉬운 것은 그 근본적인 기초가 관우에 의해 무너져 버렸다. 관우는 "동으로는 손권과 화합하고, 북으로는 조조에게 대항한다"는 제갈량의 전략에 협조하지 않아 어렵게 얻은 형주 지역을 잃고 말았다. 형주가 일단 다른 사람에게 넘어가면 유비의 기반은 절반 정도 와해되는 것이고, 더욱 중요한 것은 형주가 없으면 제갈량의 "융중대" 협공전략이 실현될 수가 없어 천하통일은 불가능하였다. 촉나라에서 중원을 공략할 수 있는 길은 단지 작고 험난한 외길뿐인데, 바로 형주로 통하는 관문의 길을 말한다. 이 길을 위나라에서 차지해 버리자 촉나라로서는 입장이 난처해졌다. 뒤에 제갈량이 여러 차례 북벌을 시도했지만 모두 실패한 것은, 사마의의 견고한 방어작전을 뚫지 못했기 때문이다. 그들은 성안에서 지키기만 하고 공격을 하지 않아 제갈량이 어떠한 계략을 써도 먹혀들지 않았다. 그러므로 관우가 형주를 잃은 것은 제갈량이 중국을 통일하지 못한 것에 많은 악영향을 주었다.

또 하나의 원인은 바로 유비이다. 조조, 유비, 손권 세 사람의 삼국 수뇌 중 유비의 능력이 제일 부족했다. 그래서 제갈량의 계획은 먼저 형주를 선점하는 것이었다. 이러한 계획에 대하여 제갈량을 비롯한 많은 모사들이 여러 차례 유비에게 진언하였지만 번번하게 거절당했다. 결과적으로 조조가 형주를 점령했는데, 조조의 손에서 형주를 빼앗기란 매우 힘든 일이었다. 이로 인하여 많은 시간과 기회가 낭비되었다. 만약 유비가 제갈량의 말을 들어 애초에 형주를 차지했으면 많은 인력과 물자 및 인력이 낭비되지 않았을 것이다. 또한 제갈량의 천하통일 계획에 나쁜 영향을 주지도 않았을 것이다. 유비의 나약한 행동으로 힘들게 서천을 차지할 때에도 곤란한 상황을 맞아 방통龐統을 죽음에 이르게까지 하였다. 유비의 유약하고 과단성이 없는 성격으로 인하여 많은 시간과 물자가 허비되는 동안 조조와 손권은 민생에 힘을 썼다. 오나라와 위나라는 손권과 조조 덕분에 민생이 안정되어 명목적인 한나라 왕실의 부활에 그다지 관심을 보이지 않게 되었다. 한나라 왕실 부흥과 백성 간에 무슨 상관이 있겠는가! 백성들은 배부르기만 하면 누가 황제를 하든지 간에 관계가 없는 일이었다.

관우가 살해된 후 흥분한 유비는 제갈량의 말을 듣지 않고 오나라를 공격하지만 대패하고 퇴각하는 신세가 되었다. 그리고 곧 유비 자신도 백제성에서 병사하고 말았다. 그 전쟁은 촉나라의 국력에 치명상을 주었고 백성들을 공황 상태에 빠뜨렸다. 이를 틈타 남방의 소수민족들이 반란을 일으켰고, 내부적으로는 무능한 유선劉禪이 집권하여 국가에 도움이 되지 않았다. 이 모든 책임이 자연적으로 제갈량의 어깨에 떨어지니, 통일은 고사하고 촉나라는 나라를 유지하기에 급급한 상황에까지 이르렀다.

유비가 죽고 중국 역사에서 가장 무능한 황제인 유선이 그 뒤를 이었다. 비록 제갈량이 총명하고 지혜가 뛰어났지만, 군주의 무능으로 인하여 그의 능력을 발휘할 수가 없었다. 군주가 무능한 것뿐만 아니라 중요한 시점에서는 오히려 제갈량의 앞길을 막아버렸다. 선주를 생각하여 제갈량은 백방으로 노력했지만, 무능한 군주를 변화시키지는 못했다. 역사는 그렇게 잔혹하고 무정했다. 총명한 신하가 꼭두각시 같은 군주를 섬기는 정치 환경에서 주어진 역사 임무를 완수하는 것은 쉽지가 않은 일이었다.

그렇다고 제갈량이 천하통일을 하지 못한 것이 반드시 관우와 유비 때문만은 아니었다. 당시의 촉나라의 지리 환경은 천하통일을 이루는 데 방해가 되는 요소였다.

먼저 촉나라의 지리 상황을 주변국과 비교하여 살펴보자. 조조의 기반을 보면, 그가 점유한 북쪽 형주와 중원 사이에는 육로가 통하여 별다른 산맥이 가로막지 않았다. 한편 손권의 강동과 동쪽 형주 사이에는 장강과 육로가 상통한다. 조조와 손권은 쉽게 각각 중원과 강동으로부터 병력과 물자를 조달할 수 있었다. 그러나 유비가 점령하던 서쪽 형주와 서천 지역은 장강이 있기는 하지만 삼협이 위치하고 있는 곳이었다. 지세가 매우 험준하고 산이 많아 사람과 물자를 이동하기에 매우 불편하였고, 소식을 전하는 것조차 매우 힘든 상황이었다. 어떻게 보면 서쪽 형주는 외부와 단절된 행정구역이라서, 유비는 믿을 만한 사람이 적어 자신의 의형제인 관우로 하여금 직접 그곳을 지키게 했을 것이다.

더욱이 서쪽 형주가 함락되면서 촉나라의 상황은 매우 힘들어졌다. 촉나라는 지금의 사천 중동 지역, 섬서 남부 및 운남과 귀주 일대로 고립되어 외부와 왕래가 더욱 적어지게 되었다. 조조는 선견지명으로 분란이 심했던 한중 지역의 백성들을 다른 곳으로 이주시켰다. 그리고 촉나라는 서쪽 형주 지역을 뺏긴 후에는 더욱 국력이 약해져서 한 개 성의 힘으로 조조의 전국에 가까운 힘에 대항하는 꼴이 되었다. 촉나라가 멸망하던 당시의 병사는 10만 명, 인구는 90만 명이었다. 반면 오나라는 병력 20만 명, 인구는 240만 명이었고, 위나라 인구는 대략 500만 명에 이르렀다.

촉나라는 지리 조건이 좋지 않아 물자와 병력 이동에 있어 곤란한 문제점이 많이 발생하였다. 성도평원에서 한중의 전선까지 직선거리는 수백 리에 이르렀고, "촉나라 길은 험하여 하늘에 오르는 것보다 힘들다"라고 말할 정도로 지세가 험준하고 불편하였다. 그래서 물자가 제때 공급되지 못한 것이 북벌 실패의 원인 중 하나였다. 반면 위나라의 관중 지역은 곡창 지대였고, 지원병도 동관潼關을 통하여 부단히 왕래가 가능했으므로 촉나라에게는 매우 불리했다.

이외에도 제갈량이 천하를 통일하지 못한 이유 중에 제갈량 자신의 문제도 있었다. 제갈량은 자신만을 믿고 다른 사람의 의견을 무시하는 경향이 있었다. 그래서 결과적으로 다른 여러 사람의 다양한 지혜를 적극적으로 받아들이지 못하는 결과를 초래하였다.

제갈량은 세상에 나온 후부터 오장원에 이르기까지 상황에 맞추어 초인적인 지혜를 발휘하였다. 그러나 그는 중대한 문제에 있어 타인의 의견과 건의를 잘 듣지 않았는데, 특히 군사적인 문제에 있어서는 일의 대소를 가리지 않고 남에게 일을 맡기는 것에 인색하였다. 이러한 심리 상태는 책임감이 강하다고 할 수도 있지만 탐욕스럽다고 말할 수도 있다. 유비가 죽은 후에 촉나라의 크고 작은 권력은 모두 제갈량의 일신에 집중되었다. 인재 임용에서 군대 파견, 경제 건설 등 모든 크고 작은 일들이 그의 손에서 결정되었다. 그의 『출사표』에서 열거된 사람 중에 장완蔣琬, 비위費禕, 향총向寵 등은 촉나라에 대한 기여도에서 조자룡, 위연, 이엄, 왕평 등에 훨씬 미치지 못하였다. 이 후자의 인물들은 촉나라의 충신들로서 나라의 기초를 세우는 데 많은 공헌을 하였다. 이 인물들은 제갈량 노선의 최대 지지자로서 제갈량이 출정할 때마다 많은 지원을 해주었다. 그들은 제갈량이 방침을 정하고 관철하는 것부터 후방 보급 문제까지 전쟁에서 이길 수 있도록 보좌하였다. 조자룡 같은 장수들은 모두 탁월한 힘과 인격을 가진 영웅 인물이었다. 그들은 실제 상황에 따라 유용한 관점을 토로하고 국가 정책을 바꿀 수도 있었다. 바로 이 점이 제갈량이 근심하는 부분이었다. 그래서 불안한 제갈량은 출정할 때마다 이 사람들을 모두 대동하였다. 그리고 그 인물들을 자신의 정책을 시행하는 집행자로 삼았다. 그들이 제갈량 곁을 떠나 단독으로 의사 결정을 하지 못하게 한 것이다. 제갈량은 그렇게 해야만 비로소 안심하였다.

제갈량의 큰 뜻이 이루어지지 않은 원인은 다양하다. 비록 제갈량은 총명하였지만, 그 자신에게 몇 가지 문제점들이 내재해 있었다.

1. 제갈량은 집권 기간 동안 선왕의 염원과 자신의 융중대전략을 위하여 부단히 노력하였지만, 국력을 고려하지 않고 기산으로 여섯 번 출정하였다. 그러나 촉나라는 위나라와 워낙 국력의 차이가 심하여 중원을 수복하지 못하였다. 그 실패에 따른 부담을 직접적으로 자신의 후계자인 강유에게 남겨 백성들을 곤란하게 만들었다.

2. 유비가 죽은 후 제갈량은 새로운 인재의 발굴과 양성을 소홀히 하였다. 그래서 촉나라에서는 전반기의 인재들이 물러가자, 후반기부터는 인력 고갈 현상이 나타났다. "촉나라에는 대장감이 없어 요화廖化와 같은 인물을 선봉으로 삼는다"는 말이 나돌 정도였다. 이는 촉나라의 멸망을 예시하는 것이었다.

3. 제갈량의 집권 기간 동안 많은 우수한 인재들이 중용을 받지 못했다. 재능이 있는 인재들이 겉으로는 직함이 있었지만 유명무실한 직위였다. 특히 조자룡과 마초의 예에서 그러한 상황을 쉽게 찾아볼 수 있었다.

4. 어떠한 국가든지 내부에는 크고 작은 모순이 존재한다. 제갈량은 촉나라 내부 장수들 간에 모순이 발생하면 양쪽을 모두 두둔하는 방법을 써서 화를 키웠다. 유비가 생전에 관우, 조자룡, 장비, 마초, 황충을 오호대장군으

로 임명한 적이 있다. 관우가 황충과 같은 위치에 있게 된 것에 불만을 드러내자, 제갈량은 비시費詩로 하여금 관우에게 비위를 맞추라고 지시하였다. 이에 관우는 그 후 더욱 교만해져 형주를 지키지 못하는 상황에 이르렀다. 위연과 양의楊儀 간에도 의견충돌이 있었는데, 제갈량은 양쪽 모두를 옹호하는 방법을 사용하여 근본적으로 두 사람 사이의 모순을 해결해 주지 않았다. 이는 나중에 위연이 반란을 일으키게 하는 화근을 남기게 하여 또 하나의 촉나라 대장을 잃게 만들었다.

5. 제갈량은 유비가 명백한 착오를 범할 때 명확하게 지적하거나 그 행동을 막지 않았다. 유비는 제갈량을 사천 지역에 들어가게 하고 관우를 형주에 주둔시켰다. 당시 제갈량은 관우가 그 임무를 제대로 수행하지 못할 줄을 알고 있었다. 조자룡 같은 장군에게 수성하도록 추천하지 않아 형주를 위나라에게 빼앗긴 데에 대한 일정한 책임이 있다고도 볼 수 있겠다. 또한 유비가 이릉전투를 일으켜 오나라를 공격할 때, 제갈량은 그 위험성을 직언하지 않았고 전방에 따라가지도 않았다. 결국 제갈량은 단지 후방만을 책임져 유비가 패하고 백제성에서 죽게 만들었다. 유비는 죽으면서 "만일 법정法正이 살았다면 어찌 이렇게 패할 수 있겠는가!"라고 말하였는데, 이것은 그의 제갈량에 대한 실망감을 나타낸 것이다.

6. 제갈량은 임종하면서 자신의 후계자로 강유를 내정하였지만, 강유에게 충분한 후계자 수업을 제대로 시켜주지 않았다. 그것은 커다란 착오였다. 실전 경험에서 약한 강유는 아홉 번 북벌을 강행하였으나 모두 실패하고 나라를 멸망으로 이끌었다.

7. 강동에서의 대치 상황에서 손권에게는 계속 양보하는 모습을 보여 부하들의 불화를 일으켰다. 이것은 손권과 화친하고 조조와 대적한다는 융중대전략 때문이었는가?

8. 가정전투와 같은 중요한 전투를 마속馬謖과 같은 사람에게 맡겼고, 조통趙統과 조광趙廣(조자룡의 두 아들)과 같은 우수한 인재를 등용하지 않는 등용인술에서 실패하였다.

삼국시대는 인재가 중요한 시기였다. 위나라에는 인재가 가장 많아 재능을 갖춘 문신과 무장들이 즐비하였다. 그다음은 오나라로서, 인재의 연속성 면에서 좋았다. 주유, 노숙, 여몽, 육손 모두 군주를 잘 보필하는 국가의 대들보였다. 반면 촉나라가 국가를 유지할 수 있었던 것은 충의였다. 관우와 형주를 잃은 것은 한 시대를 잃은 것과 같았다. 관우가 죽은 후 촉나라는 위나라와 싸울 여력이 없어졌는데, 그 이유는 형주를 잃음으로써 북벌의 가장 좋은 기지를 상실하였고, 강산을 호령하던 제1세대들이 분분히 사라졌기 때문이다. 인재의 연속성으로 볼 때 촉나라는 오나라에 미치지 못하였는데, 북벌의 지리 조건 면에서도 같은 양상이었다. 제갈량이 몇 차례 기산으로 출정하였지만, "아무리 재주가 있는 부인이라도 쌀이 없으면 밥을 지을 수가 없다"라는 속담처럼 모두 실패로 끝났다. 통일은 고사하고 촉나라의 생명을 유지하는 것도 하늘에 감지덕지해야 할 일이었다.

옛말에 "전쟁을 좋아하면 반드시 망한다"라는 말이 있는데, 바로 촉나라를 두고 하는 말인지도 모르겠다. 삼국 중에서 촉나라는 국력이 가장 약했음에도 불구하고 전쟁을 가장 많이 치렀다. 그에 대한 결정자로서 제갈량은 책임을 져야 한다. 당연히 이 부분도 제갈량이 천하를 통일하지 못한 원인 중의 하나였다.

촉나라는 후반기에 인재가 너무 모자랐다. 어느 시대든 간에 많은 충신과 의사義士가 있었다. 전란 중인 삼국에도 장송張松과 법정法正* 같은 사람이 있었다.

그렇지만 촉나라 후기에 사천 지역에서 우수한 인재가 배출된 적이 있었는가? 사천은 원래 영험靈驗한 기운이 감돌던 지역이 아니었던가! 관우와 장비의 후손 관흥關興과 장포張苞, 그리고 황충의 후손은 무슨 이유 때문에 역사에 보이지 않는가? 『삼국연의』에서는 관삭關索이 관우의 아들이라고 말한다. 그렇지만 정사에서는 관삭이라는 인물은 보이지 않는다. 그런데 그렇게

---

*장송張松과 법정法正: 유장이 살아 있음에도 동맹을 빌미 삼아 익주를 통째로 유비에게 넘겨준 유장의 친유비파 인물. 촉나라로서는 대단한 인재였다

용맹한 장수들이 왜 중용을 받지 못하였을까? 제갈량은 무엇 때문에 그들을 진작 기용하지 않았을까?

삼국 시기에 사천 지역도 풍요로운 지역이었다. 적어도 유비가 그곳을 점령하기 이전에는 그랬다! 계속되는 전쟁은 백성들을 곤란하게 만들었는데, 그러한 상황에서는 아무리 강한 지역이라도 쇠약해지게 마련이다. 제갈량은 날마다 황실을 부흥한다는 기치를 내걸고 위나라를 공격했지만 그때마다 번번이 실패했다. 가장 이해할 수 없는 부분은 여섯 번의 기산 출정 중에 단 한 번도 위나라에 중대한 손실을 입힌 적이 없고 촉나라만 손실을 입고 돌아간 점이다. 참으로 작은 쥐가 큰 쥐를 한입 물고 나서 자기는 반죽음이 된 꼴이 아니던가! 제갈량이 휴식 시간을 가지고 먼저 부국강병을 한 후에 공격하는 작전을 쓰지 않은 이유는 무엇이었을까?

삼국 시기의 후기에는 형세가 많은 변화를 겪었다. 위나라는 조조가 죽은 후 즉위한 조비曹丕 때부터 관원들이 나약해지고 내부의 권력 투쟁이 날로 치열해졌다. 오나라 손권의 후임자는 난폭하고 유능한 신하들이 부족하였으며, 신하 사이에 세대 차이로 인한 모순이 날로 격화되었다. 이러한 시기에 촉나라가 『융중대』전략에 매달려 천하통일을 염원했던 것은 너무나 진부하였다.

결론적으로 제갈량이 중국을 통일하지 못한 이유는 위에서 살펴본 것처럼 다양하다. 제갈량 자신에게도 원인이 있었고, 유비, 관우, 유선과 촉나라의 불리한 지리 조건 등에서도 여러 가지 문제가 있었다.

제2장 모든 행위에는 모두 동기가 있다

일정한 목적을 실현하기 위해 행동하는 그 내면에는 동기가 있다. 동기는 개인 속에 내재된 과정이며, 행위는 이러한 내재된 과정이 표출된 것이다. 그러므로 어떤 현상이 일어난 원인을 알려면 일어난 행위의 동기가 무엇인지 알 필요가 있다.

1. 그들은 단지 유비의 바둑돌에 불과하였다

유비는 관우와 장비만을 심복으로 여겼고, 나머지 사람들은 모두 자신이 필요할 때만 꺼내 쓰는 바둑돌처럼 생각했다. 우리가 알고 있는 것처럼 완벽한 조자룡, 대장군 마초와 황충 등은 유비에 대해 진실로 충성하였을까? 또한 유비는 그들을 어떻게 대우하였을까? 우리는 유비가 겉으로 그들에게 잘대해 주었다는 것만 알고 있고, 그들을 자신의 대업을 이루기 위한 도구로 이용하였다는 것은 모르고 있다.

먼저 마초와 황충의 경우를 보자. 한 사람은 서량西凉의 명장이고 또 한 사람은 형주의 장수였는데, 나중에 유비의 수하에 있게 되었다. 마초와 황충은 오호대장군에 속하기는 하였지만 그다지 실속은 없었다. 그 이유는 비록 그들은 높은 지위를 얻었지만 그렇게 큰 활약을 하지 못했기 때문이다. 바꾸어 말하자면, 그들은 유비의 도구에 불과했다. 그들은 영웅의 기질을 제대로 발휘하지 못하였는데, 촉나라로서는 참으로 안타까운 일이었다!

『삼국연의』의 내용에 의하면, 마초는 조조에게 패한 뒤 한중의 장노長老에게 의탁했다. 나중에 장노가 조조에게 투항할 뜻을 내비추자, 마초는 그의 곁을 떠나 유비에게로 갔다. 마초는 조조가 자신의 아버지를 죽인 원수이므로 장노를 따라갈 수 없는 상황이었다. 당시에 마초가 유비에게 의탁하는 과정은 어떠하였을까? 당시 마초는 조조도 두려워하는 맹장이었다. 그러므로 인재를 갈망하고 있던 유비에게 마초를 얻는 일은 대단히 기쁜 일이었다. 유비가 그렇게 기뻐한 이면에는 마초에 대한 이익 관계가 있었기 때문이다. 도대체 무슨 이익 관계였을까? 당시에는 아무도 몰랐다. 그 후 얼마 지나지 않아 성도에 있던 유장劉璋이 곧 마초의 권유를 받고 유비에게 투항해 왔다. 즉, 유장이 유비에게 투항한 이유는 마초 때문이었다.

답이 나왔다. 여기에 유비의 목적이 있었던 것이다. 이렇게 목적을 달성한 유비는 마초에게 어떻게 하였는가? 유비는 마초에게 높은 지위와 후한 봉록을 주었지만, 다시는 중대한 전쟁에 참가하지 못하게 하였다. 그리고 하찮은 임무만 부여하였다. 결국 일대의 명장이 다시 전장에 나가지 못하고 결국 젊은 나이에 세상을 뜨고 말았다. 이렇게 볼 때 마초는 유비의 바둑돌이 아니었던가?

다음은 황충에 대하여 살펴보자. 마초에 비해 황충은 그나마 조금 더 다행이었다. 황충은 유비에게 의탁한 후 익주와 한중을 공략하는 전쟁에 참가하였다. 더욱이 한중에서 하후연을 격퇴하는 공을 세웠는데, 유비는 크게 기뻐하며 황충에게 잘대해 주었다. 작가 나관중도 황충에게 많은 발전성과 기회를 주어 다른 장수들보다 묘사를 많이 하였다. 그러나 그 후 황충은 무엇 때문에 갑자기 전쟁에서 보이지 않았던 것일까? 나이 때문이었을까? 아니면 유비가 그를 다시는 전쟁에 내보내지 않아서였을까? 누구도 이에 대한 정확한 답을 알지 못한다. 확실한 것은 유비가 황충에게 잘대한 것이 당시 막 귀순한 익주 사람들에게 잘 보이기 위함이었다는 사실이다. 유비는 황충이란 카드를 꺼내 들어 익주 사람들에게 자신에게 의탁하면 황충처럼 대우를 잘 받을 수 있으리라는 것을 보여준 것이다.

한중전투 후에 황충이 전장에 나서지 못한 것은 관우 때문이었을지도 모른다. 이렇게 말하는 이유는 무엇일까? 우리는 관우가 황충을 매우 업신여겼다는 것을 알고 있다. 황충이 자신과 함께 오호대장군에 임명되자 관우가 난리를 피운 적이 있었다는 사실도 연의소설에 나와 있다. 유비와 제갈량은 줄곧 관우의 오만한 성질을 용인하였기 때문에 황충도 관우에 의해 더 이상 활약을 못하게 되었을지도 모른다. 관우와 황충은 촉나라에서 신분이 달랐다. 관우는 주군의 아우였지만 황충은 어떠한가? 그는 단지 유비의 바둑돌과 같은 도구에 불과한 존재였다. 주인이 바둑돌을 꺼내기 싫으면 다시는 나올 수 없는 이치나 마찬가지이다. 이는 단지 추측에 불과할 뿐이지만 이치에 맞지 않는가?

어떻든 간에 마초와 황충은 익주 사람들에게 잘 보이기 위한 유비의 정치 도구에 불과하였다. 그들은 진정으로 위치에 맞는 활약을 하지 못하였는데, 그러한 경우는 단지 마초와 황충에 국한된 것은 아니었다. 유비 밑에 있던 수많은 사람들이 그러한 비극을 경험했다. 겉으로는 좋은 군주 행세를 하면서 관용을 베풀었지만 실제는 어떠하였던가? 요즘 말로 유비는 사람을 잘 매도하였다! 그렇지 않은가? 법정法正의 경우만 해도 그렇지 아니한가? 유장에서 유비에게로 옮겨간 법정도 표면상으로는 높은 관직을 받았지만 실질적으로는 방치되었다. 이러한 관점에서 살펴보면 유비가 황충과 마초에게 보인 행동이나 대우도 역시 이상한 것은 아니었다.

그들 두 사람 이외에도 오호대장군의 다섯 번째이며 사람들이 좋아하는 조자룡 장군이 있다. 조자룡 장군의 위치가 다섯 번째라는 것은 조금 불공평하다. 자격으로 놓고 보자면, 많은 세월을 유비와 함께한 조자룡이 어찌 마초와 황충보다 직위가 아래일까? 그렇지 않은가? 공으로 따져 보더라도 조자룡이 그들보다 더 위다. 조자룡은 남만과 위나라와의 전투에서 공을 세웠고, 유비의 아들을 구해준 적이 있으며, 한중 전쟁 중에 공성계작전을 성공시키는 등 크고 작은 많은 공들이 어찌 황충만 못하였겠는가? 그런데 왜 그런 대우를 받았을까? 앞서 마초와 황충은 단지 유비의 정치 선전물이라고 언급한 바 있다. 그들은 유비의 도구에 지나지 않았는데, 유비가 그들을 우대한 것은 선전물의 효과를 극대화시키기 위함이었다. 따라서 반드시 또 다른 명성이 있는 사람을 찾아서 희생양으로 삼을 필요가 있었다. 관우는 오만하고 장비는 성질이 급했다. 그렇지만 그들은 유비에게 친형제나 다름없는 존재였다. 어찌 그들을 희생하겠는가! 유비는 이리저리 생각하다 묵묵히 성실하게 일하는 조자룡을 희생양으로 삼게 된 것이다.

조자룡은 성실하였고 다른 사람과 쟁론을 벌이지도 않았다. 유비가 칭제하면서 그를 오호대장군의 마지막 순위로 임명하였을 때도 아무런 불만을 가지지 않았다. 조자룡은 한결같은 마음으로 이전처럼 전력을 다해 유비에게 충성하였다. 군신들이 한헌제漢獻帝에게 연명으로 상소할 때 관우, 장비, 마초, 황충 등은 관직명을 이름 앞에 썼지만 조자룡에게는 서명하는 자격조차도 주지 않았다. 그렇지만 조자룡은 이에 대하여 항의도 하지 않았다. 유비가 칭제한 후 오나라 손권과 이릉에서 격돌하였는데, 전쟁 계획에 반대하였던 조자룡은 나중에 그 전투에 참전하는 기회조차도 박탈당하였다. 하지만 그 후 유비가 패배하고 도망갈 길이 없자 달려와서 구해준 것은 조자룡이었다. 조자룡은 유비의 냉대에 대한 어떠한 원한도 갖고 있지 않았으며, 도리어 죽음으로 충성을 맹세하고 유비를 구하였다.

유비가 죽은 후 조자룡은 제갈량을 따라 북벌에 참가하였다. 이때까지 거의 실패가 없던 조자룡은 기곡箕谷에서의 작은 패배 때문에 제갈량으로부터 엄중한 문책을 받게 되었다. 조자룡은 "중호군中護軍, 진동장군鎭東將軍, 봉영창후封永昌侯"에서 "진군장군鎭軍將軍"으로 강등되는데, 그렇지 않아도 낮은 관직이 더 낮아지게 된 것이다. 그래도 조자룡은 어떠한 원망도 하지 않고, 강등된 관직을 그대로 지닌 채 세상을 마쳤다.

고대에는 만약 한 나라의 대장이 죽으면 일반적으로 황제가 곧 시호를 내려 죽은 자에 대한 경의를 표시하였다. 그러나 조자룡이 세상을 떠난 후 조정에서는 차일피일 미루면서 그에게 시호를 내리지 않았다. 조자룡의 아들인 조광趙廣과 조통趙統도 그러한 불공정한 대우를 참고 묵묵히 있었다. 만약 나중에 강유의 제청이 아니었더라면 시호도 못 받고 지나갔을지도 모른다. 살아 있을 때 불공정한 대우를 받고 죽어서도 응당히 받아야 할 인정을 못

받았으니, 조자룡의 일생은 정말로 운이 없었다고 하겠다! 그러나 조자룡은 그러한 것 때문에 원한을 두지 않아서, 사서 기록에는 도량이 크고 식견이 높은 고상한 인물로 기록되고 있다. 촉나라의 소인배 정권은 조자룡의 성실한 성격을 알면서도 줄곧 그를 업신여겼다.

다행히도 나중에 조자룡은 유선에 의해서 순평후順平侯라는 시호를 받게 되는데, 당시 강유 등의 신하들이 연명으로 후주에게 다음과 같이 상소하였기 때문이다.

> 성품이 부드러운 선비가 자혜로운 것을 "순"이라 하고[柔賢慈惠曰順], 일을 공정하게 집행함을 "평"이라 하며[執事有班曰平], 소란함을 안정시킴을 또한 "평"이라 하였으니[克定禍亂曰平], 조운 장군에게 순평후라는 시호를 하사함이 옳은 줄 아뢰옵니다[應諡雲曰順平侯].
>
> 『삼국지 · 조운전趙雲傳』

이것이 유씨 집안에서 조자룡에게 내려준 개관문蓋棺文(관을 덮을 때 읽는 애도사)이다. 그 의미는 분명하다. 조자룡이 어떠한 불공평한 대우를 받았어도 한마디의 저항도 하지 않았고 계속 본분의 일을 하여 좋은 결과를 얻어냈다는 것이다. 다른 장군들이 받았던 "장壯", "열烈", "강剛" 등의 시호와는 달리 조자룡의 시호는 문관 색채가 난다. 시호로 봐서는 조자룡이 용맹한 장수였다는 사실을 느낄 수가 없으므로 그가 받은 시호도 매우 공평하지 못한 것이다. 생각해 봐라! 왕년에 장판파에서 적진을 일곱 번이나 드나들었던 장수에게 무장다운 시호를 내리는 것이 유비에게 손실이었던가? 그 결과는 어떠한가? 불쌍한 조자룡이로다!

조자룡의 예를 봐서는 사람이 너무 성실해도 좋지 않을 것 같다. 성실해서 무엇을 이루었는가? 중국 속담에 "사람이 선량하면 사기를 당하게 되고, 말이 순하면 사람들을 태워주게 된다"라는 말도 있지 않은가! 조자룡이 일생 동안 제대로 대접받지 못한 것은 그가 너무 지나치게 성실했기 때문이다.

그가 만약 조조나 손권에게 의탁하였으면 그러한 냉대는 받지 않았을 것이다. 여기서 유비의 통치관에 문제가 있어 보인다. 조조와 손권은 상벌이 분명하고 사사로운 감정에 얽매이지 않았다. 그렇지만 유비는 그와 반대로 상벌이 불분명하고 사사로운 감정에 치우쳤다. 조자룡 같은 인물이 유비의 곁에 있었다는 것이 본인에게는 불행이었다. 모든 불공정한 대우를 받아들인 충성스런 장군은 물론 존경받아야 하지만, 조자룡이 약간 우직했던 것은 아니었을까?

2. 제갈량은 왜 추녀를 부인으로 맞았을까?

제갈량은 풍운의 삼국시대에 태어나 일생 동안 종횡무진 활약하였다. 반면 제갈량에게는 기이하고 숨겨진 이야기도 많은데, 부인을 선택한 일도 그러한 일 중의 하나에 속한다. 삼국시대에서 제갈량은 재모才貌가 뛰어난 일등 신랑감이었다. 그러한 그가 예상외로 피부가 검고 노란 머리인 추녀를 부인으로 삼았다. 제갈량은 왜 추녀를 부인으로 맞았을까? 여기에 대한 의견이 분분하다.

어수선하고 혼란한 삼국시대에는 일반적으로 15~16세, 심지어는 13~14세에 결혼하여 나이 어린 신랑 신부가 짝을 이루었다. 그런데 제갈량은 그 결혼 적령기를 순식간에 훌쩍 넘겨 버리고 25살이 되었다. 당시 제갈량은 입신을 이루어 가문이나 외모, 학식 등에서 권문세가의 규수에 걸맞은 이상적인 사윗감이었다. 그러한 그가 추녀를 부인으로 맞이한 것은 이해하기 힘든 일이었다.

황승언黃承彦의 딸인 황석黃碩은 그 이름처럼 신체가 우람하였다. 머리는 노랗고 피부는 검었으며, 피부에 종기가 튀어나온 것이 마치 닭 피부와 유사했다. 당시에 황승언은 제갈량이 명문규수와 미모에 뛰어난 여자들을 거들떠보지도 않는 것을 보았는데, 그것은 그가 사리사욕이 없기 때문이라고 판단하였다. 그래서 제갈량에게 필요한 신부는 미녀가 아니라 재덕을 겸비한 현모양처라고 생각하고 당돌하게 자신의 딸을 천거하였다. 그러자 제갈량은 황승언의 말에 쉽게 승낙하였다. 제갈량이 자신의 배필을 선택하는 과정이 너무 경솔한 것처럼 보여지는 대목이다. 결혼 대상을 고르는 것은 동서고금을 막론하고 매우 신중한 일이 아니던가! 그런데 제갈량은 정말로 그렇게 대충 자신의 배필을 결정하였을까?

일단 혼사에 응답하였으니 직접 가봐야 되지 않겠는가! 제갈량은 친히 황승언의 집을 방문하였다. 황승언은 식솔들에게 "일단 제갈공명이 오면 나에게 먼저 연락할 필요 없이 바로 입실하도록 조치하라!"는 특별한 당부를 미리 해두었다. 제갈량이 황승언의 집에 도착하여 총총히 집 안으로 들어가는데, 그때 복도 사이에서 불쑥 두 마리의 맹견이 뛰어나오더니 손님인 제갈량에게로 달려들었다. 이때 계집종이 급히 개의 머리를 때리자 맹견 두 마리는 뛰어오르는 자세를 멈추었다. 그리고 개의 귀를 한 번 비트니 두 마리의 맹견은 얌전하게 복도 밑에서 무릎을 꿇었다. 제갈량이 자세히 그 광경을 들여다보니, 두 마리의 맹견은 나무로 만든 것이어서 아연실색하였다.

황승언이 후하게 접대하는 자리에서 제갈량은 두 마리 목제 개의 정교함을 칭찬하였다. 그러자 황승언은 기다렸다는 듯이 웃으며 말하였다.

"목제견은 우리 딸이 무료할 때 만들고 놀던 것인데, 공을 놀라게 하였으니 참으로 미안합니다."

이번에는 제갈량이 고개를 돌려 벽에 걸려 있는 『조대가궁원수독도曹大家宮苑授讀圖』라는 제목의 그림을 보자, 황승언은 마치 기다렸다는 듯이 즉시 해석하며 설명하였다.

"이 그림은 여식이 보잘것없는 솜씨로 그린 것입니다."

그리고는 정원의 많은 꽃들을 가리키며 자신의 딸을 치켜세웠다.

"저 화초들은 모두 여식이 직접 가꾼 것입니다."

목견木犬, 그림, 화초 등에서 제갈량은 이미 황승언 딸의 재능을 보았다. 그리고 마음속으로 이미 윤곽이 선명한 그림을 그려내고 있었다. 그것이 제갈량의 추구하는 목표였다. 제갈량이 황승언의 딸 황석을 부인으로 삼아 집으로 데려가자, 동네 사람들이 수군거리기 시작했다. 마을 사람들은 제갈량이 추녀를 얻은 명확한 이유를 모르고 제갈량 부인의 외모만 보고 이렇게 풍자하였다.

"제갈량의 마누라 고르는 것은 배우지 마라. 그처럼 하면 아승阿承(황승언)의 딸과 같은 추녀를 얻을 것이다."

사실 저러한 풍자는 모두 천박한 사람들의 관점이다. 식견이 있는 사람들은 재능을 중시하지 외모를 중시하지 않는다. 제갈량은 사람의 내재된 아름다움에 가치를 두었다. 황석은 어릴 때부터 총명하고 지모가 있었는데, 제갈량은 그 소문을 이미 들어 알고 있었다. 나중에 결혼 생활에서도 황석은 제갈량을 총명하게 보필하였다.

황석은 제갈량에게 시집을 간 후 직접 절구를 다루고 농사를 지으며 안팎으로 크고 작은 일을 도맡아 하였다. 그녀는 제갈량의 미세한 부분까지 두루두루 관심을 가지고 보살펴 주었다. 심지어 제갈량의 친구들은 자주 제갈량의 집에서 머물렀는데, 친절한 접대에 제집으로 돌아간 느낌을 받을 정도였다. 오랜 세월에 걸쳐 사람들의 제갈량 부인에 대한 느낌이 조금씩 천시에서 냉대로 바뀌었다가 나중에는 그녀를 존중하게 되었다.

제갈량의 부인은 여러 가지 일도 잘 처리하였을 뿐만 아니라 좋은 날에 아름다운 경치마냥 저속하지 않게 감칠맛 나는 이야기도 잘하는 지혜와 내조를 겸비한 여인이었다. 제갈량이 여섯 번 기산으로 출정하여 중원에서 위세를 떨칠 때, "목우유마木牛流馬(말과 소처럼 생긴 수레)"라는 운송 도구를 만들어 대군의 군량미 운송 문제를 해결하였다. 또한 "연노連弩(다발성 활)"라는 신종 무기를 개발하여 효과를 보았는데, 위나라의 대장 장부張部도 이 무기에 의해 죽었다. 그러한 무기들의 실질적 개발자는 제갈량의 부인이었다. 범성대范成大의 『계해우형지桂海虞衡志』에 제갈량의 부인과 관련된 일화가 전해지고 있다.

여남 사람들의 전하는 바에 의하면, 제갈량이 융중에서 거처할 당시에 친구들이 찾아왔다. 어떤 사람은 밥을 좋아하였고 어떤 사람들은 국수를 좋아하여 식성이 모두 달랐다. 이때 제갈량의 부인은 순식간에 많은 손님의 밥과 국수를 그들의 식성에 맞게 모두 준비하였다. 그러자 손님들은 그 속도에 놀라워하였다. 그들은 궁금하여 주방 쪽으로 몰래 숨어들어 가 보았는데, 나무로 만든 몇 사람이 쌀을 찧고 나무 노새가 밀을 빻고 가는 것이 마치 나는 듯하였다. 공명이 마침내 처에게 절하며 그 기술을 가르쳐 달라고 하였는데, 후에 그것이 변형되어 목우유마木牛流馬가 만들어졌다.

제갈량이 5월에 강을 건너 남으로 내려가 남만을 정벌하던 당시 풍토병을 피하기 위해 만든 "제갈행군산諸葛行軍散"과 "와룡단臥龍丹"도 역시 그의 부인이 개발한 것이다. 유비의 삼고초려 이후에 제갈량은 유비를 따라 생사를 같이하게 되는데, 그사이 그의 못난 부인은 항상 어린 아들인 제갈첨諸葛瞻을 데리고 융중에서 조용하게 내조하며 지냈다. 촉나라가 사천성을 주름잡으며 성도에 도읍을 정했을 당시에도 제갈량의 부인인 황석은 여전히 융중에서 지냈는데, 자택의 주위에 있는 밭에다 뽕나무 8백 그루를 심어 양잠 생산을 독려하기도 하였다.

봉건시대에 현모양처라고 하는 것은 남편의 큰일을 잘 도와주고 아이들 교육을 잘하는 것을 말한다. 제갈량의 부인이 바로 그러한 봉건시대의 전형적인 지혜롭고 현명한 부인이었다. 제갈량이 그러한 황석을 부인으로 맞이한 이유가 단순하게 현모양처이기 때문이었을까? 또한 그것이 제갈량이 황석을 부인으로 맞이한 진짜 이유일까?

『삼국지 · 제갈량전諸葛亮傳』 배송지裴松之 주注에서 황승언은 면남沔南 지방의 명사라고 기재되어 있다. 그리고 제갈량의 부인 선택에 관한 내용이 보인다.

제갈량은 부인을 택하는 데 있어 황색 머리이고 검은 피부인 추녀이지만 재주가 뛰어난 황승언의 여식을 배필로 삼았다. 공명이 그러한 부인을 집으로 데려가니 향리 사람들이 놀려주었는데, 공명이 부인을 택하는 것은 따라 배우지 말라고 하였다.

배송지가 쓴 내용에 의하면, 황승언은 제갈량이 부인을 고를 때 미인을 좋아하지 않는다는 소문을 듣고 자신의 딸이 잘 어울릴 것이라고 생각하였다. 그래서 황승언은 딸을 위해 직접 혼인 문제를 제기하였고, 제갈량도 주위의 시선을 아랑곳하지 않고 황승언의 못난 딸을 부인으로 삼았다. 그러면 제갈량은 왜 사람들의 비웃음을 무릅쓰고 흔쾌히 황승언의 딸과 결혼한다고 대답하였을까?

여기에는 정치적인 고려가 숨어 있었다.

제갈량의 집안은 그다지 좋지 않았다. 부친인 제갈규諸葛珪는 일찍이 태산군승泰山郡丞(군 태수의 조수)이라는 관직을 지냈다. 제갈량이 성인이 되기 전에 부친이 죽어서 제갈량은 일찍 고아가 되었다고 사서에 기재되어 있다. 부친이 죽자 제갈량은 남창南昌에서 예장태수豫章太守를 하던 숙부 제갈현諸葛玄 밑에서 자랐다. 제갈량이 14세가 되던 해에 숙부인 제갈현이 관직을 박탈당하고 유표劉表에게 의탁하였다. 그 후 몇 년 지나지 않아 제갈현도 세상을 떠나 버렸다. 제갈량은 그 후 의지할 곳이 없었는데 당시 나이는 17세였다. 그는 양양襄陽성에서 서쪽으로 20리 떨어진 융중隆中이라는 곳에 거주하였다. 제갈량은 비록 시골에 거주하였지만 결코 평범한 소년이 아니었다. 그냥 조용하게 평생 은거하려는 생각은 없었다. 그는 항상 국가의 성쇠에 관심을 보였고, 자신을 늘 관중管仲과 악의樂毅와 같은 성인에 비유하며 큰 재목이 되어 대업을 이루고자 꿈꾸었다.

그런데 『삼국연의』의 내용을 보면, 유비가 찾아갔을 때의 제갈량의 모습은 자신의 은거지를 떠나기 싫어하는 은둔자의 모습으로 비춰진다.

그러나 제갈량은 우길于吉이나 미형彌衡*과 같은 사람들과는 전혀 달랐다. 그렇지만 초기에 제갈량은 남양南陽의 친구들과 당시 군웅이 할거하던 세상에 대한 비평을 한 적이 있다. 왜냐하면 그들은 당시 모두 은거자여서 그들의 세계와 관료 세계는 전혀 어울리지 않았기 때문이다. 일찍이 서원직徐元直이 제갈량에게 유비를 보좌하라고 권하자 제갈량은 장자를 연상하게 하는 반문을 한 적이 있다. "그대는 나를 바쳐 제사의 희생물로 삼고자 하는가?" 이것은 제갈량이 자신의 은거지를 결코 떠나기 싫어한다는 어감이 많이 묻어나는 표현이다.

위의 내용으로 보면 제갈량은 생각과 행동이 달랐다. 제갈량은 세상에 나오기 전부터 자기가 기댈 후원자를 찾고 있었던 것이다. 그런 후에 모든 사람이 자기에게 복종하게 만드는 것이 목표였다. 유비가 삼고초려로 제갈량을 찾자, 제갈량은 유비를 이용하여 천하통일을 이루고 나중에 유비를 복종하게 만들려는 꿈을 품었다. 바꾸어 말하자면, 제갈량이 어떤 일을 하여도 그 행동은 자신의 권세를 위한 것이었는데, 그중 자신의 혼인 문제도 그가 집권하고 고위 관직에 오르기 위한 수단으로 삼았다.

제갈량은 그러한 정치적인 계산 때문에 자신의 혼인 문제를 희생하였을 뿐만 아니라 집안의 혼사에까지 정치적 이익을 끌어들였다. 제갈량은 그렇게 함으로써 자신의 정치적 기반을 넓혀 나갈 수 있었다. 제갈량은 세 번 정도 그러한 정략결혼을 주도하였다. 첫째, 그는 누나를 형주의 명문세가인 방덕공龐德公의 아들에게 시집보냈다. 방덕공은 제갈량을 와룡선생이라 불렀는데, 제갈량이 형주 지역에서 인맥을 쌓는 출발점이 되었다. 두 번째로 제갈량은 동생의 처로 역시 형주 명문가 인맥인 임씨의 딸을 선택하였다. 세 번째로 자신도 형주와 깊은 관계가 있는 집안과 결혼하여 의도적으로 형주에 발판을 세우기 위한 노력을 기울였다. 제갈량이 추녀인 황씨를 부인으로

*미형彌衡:미형이 공융孔融에 의해 조조에게 천거된 후, 조조를 만난 자리에서 미형은 조조의 장군과 군사들에게 심한 욕설을 퍼부었다. 그의 안하무인격인 성격과 우악스러움이 표출된 것이다. 머리가 정상이 아닌 사람들이 자기를 공자나 맹자와 같이 논하는데, 미형은 눈 하나 깜짝하지 않고 그렇게 행동하였다

맞아들인 가장 중요한 이유도 여기에 있다.

위의 세 번의 일로 미루어볼 때, 제갈량은 형주 지방의 명문세가들과 관계를 맺으려고 많은 노력을 한 것으로 보인다. 당시 황승언은 형주 지역에서는 가장 명성이 있는 귀족 중 한 명이었다. 제갈량으로서는 황승언의 딸과 결혼하면 신분이 상승하여 자신의 입신에 도움이 되는 매우 좋은 기회였다. 엥겔스는 봉건사회 사대부 계층의 결혼 문제에 관하여 이렇게 평론한 적이 있다.

> "봉건사회에서 결혼은 일종의 정치적 행위였으며, 새로운 세력과 결탁하여 자신의 세력을 확대하려는 기회이기도 하였다."

제갈량이 왜 세인들의 비웃음을 무릅쓰고 못생긴 황씨를 부인으로 삼았는지 이제야 의문이 풀린다. 그러한 상황에서 다른 사람이면 망설였을지 모르겠지만, 제갈량은 주저하지 않고 선택하였다. 그 이면에는 또한 황승언의 처 채씨와 유표의 처가 자매 관계였던 사실도 숨어 있다. 황승언의 사위로 들어가면 자연스럽게 유표 가문과도 인연을 맺게 되어 있었다. 이와 관련한 『제갈량신전諸葛亮新傳』의 내용이다.

> 황승언이 제갈량에게 의향을 묻자 제갈량은 매우 감사하게 그 제의를 받아들이고 결정하였다. 전혀 본 적 없는 황승언의 추녀를 부인으로 맞아들이는 것이 신분 상승을 위한 길이라고 여겼다. 어떻든 제갈량이 그러한 기회를 놓칠 리가 없었다.

제갈량은 총명한 사람이었고 모든 방면에서 그가 벌이는 일체의 행동에는 목적이 있었다. 제갈량이 추녀 황석을 부인으로 삼은 것은 하루빨리 명문세가로 발돋움하여 자신의 세력을 확대하려는 의도 때문이었다.

3. 제갈량은 왜 유비에게만 의탁하였을까?

진수의 정사 『삼국지』 기재에 따르면, 제갈량은 융중에 머물면서 항상 고대의 저명한 재상인 관중管仲과 명장인 악의樂毅에 자신을 비유하여 사람들의 웃음을 샀다고 한다. 그러나 그의 친구인 서원직徐元直과 최주평催州平은 제갈량의 비범함을 인정해 주었다. 그 외에 제갈량을 인정해 주는 사람이 있었으니, 바로 방덕공龐德公과 사마휘司馬徽였다. 그들은 제갈량의 스승으로 형주에 이름을 떨쳤던 당대 최고의 학자였다. 그들의 제자들은 많았는데, 그 중에 제갈량을 가장 칭찬하여 "와룡臥龍"이라고 불러주었다.

동한 말기에 군벌이 혼전하고 천하는 혼란하였다. 시골에 묻혀 지내기 싫어하는 인재와 선비들은 홀연히 난세로 나와 명성을 알려 제후들에게 등용되기를 바랐다. 이러한 상황에서 능력이 뛰어나고 자신을 관중과 악의에 비기는 융중대의 준걸 제갈량은 왜 조조에게 의탁하지 않았을까? 왜 부모의 유업을 받들어 강동의 손권을 찾아가지 않았을까? 당시 조조는 천하를 끼고 제후를 호령하여 정치적으로 입지가 가장 강하였다. 실력으로도 그는 북방을 통일하였고 병력도 가장 많았으며 군량미도 충분하였다. 그리고 개인적 능력도 매우 뛰어나 그 당시에 조조와 비길 사람이 없을 정도였다. 조조는 특히 인재관이 뛰어났다. 조조는 세 차례에 걸쳐 "구현령求賢令"을 공표하여 천하의 인재를 물색하였는데, 이 같은 사실을 모르는 선비가 없었다.

제갈량이 최종적으로 조조에게 가지 않고, 기반이 확고하지 않으며 세력이 미미한 유비를 선택한 이유는 무엇이었을까? 고금을 통하여 줄곧 많은 사람들이 의아해하는 부분이다.

통일은 시대 발전의 추세이고, 분열은 천리를 어기는 것이다. 삼국시대의 여러 영웅들 중에 제갈량이 나타나기 전까지 누가 가장 실력이 있었는가? 누가 통일할 가능성이 가장 높았었는가? 당연히 조조였다. 사마씨도 조조의 기반 위에서 천하를 통일하였다. 만약 적벽대전에서 조조가 승리하였다면 중국은 훨씬 일찍 통일이 되었을 것이다. 그래서 통일의 대계大計를 위한다면 제갈량이 조조의 밑으로 갔으면 좋았다. 그러나 제갈량은 그렇게 하지 않았다. 왜 그랬을까? 유비의 삼고초려 이전에 조조는 제갈량을 알았을까? 이에 관한 사서의 자료가 없다. 그러나 제갈량은 당시에 분명히 조조를 알고 있었을 것이다.

앞서 우리는 이미 조조가 어떤 사람인지 분석하였다. 조조는 다면성을 지닌 사람이고 성격 또한 매우 복잡하였다. 처음에는 한나라 왕실의 부흥에 힘쓰려는 포부를 지녔으나, 나중에는 황실을 바꾸어야 된다는 생각으로 변하였다. 조조는 백성들이 전란에 휩싸여 정착하지 못하고 유랑하는 것을 보고 마음 아파하면서 유민들을 정착시키고 생산을 회복시키며 사회를 안정시키는 정책을 펼쳤다. 그러나 그러한 그도 부친의 죽음에 대한 화풀이로 많은 사람들을 살해하였다. 그러나 인재를 대우하는 면은 뛰어났다. 손님이 오면 양말도 신지 않고 달려나가 마중할 정도였다. 그렇지만 어떤 경우에는 조그만 일 때문에 오랫동안 따르던 부하들을 죽이는 일도 있었다. 이러한 조조의 통치 스타일은 자기 자신의 이익을 가장 중요시하던 제갈량에게는 맞지 않았다.

조조는 인재를 아끼기도 하지만 인재를 잘 죽이기도 하였다. 원소袁紹를 격파하는데 큰 공을 세웠던 허유許攸도 조조에게 살해되었다. 나중에 최염崔琰과 양수楊修도 날조된 죄명으로 피살되었고, 조조의 중요한 모사 순유荀攸 또한 살해되었다. 당시 사람들은 조조가 반은 군자, 반은 호랑이라고 하였다. 조조는 호랑이보다도 더 무서워서 그의 주위에 있는 것은 이미 사형 집행 대기나 유예에 처한 사람의 입장과 비슷하다고 말하는 사람까지 있었다. 젊은 시절의 제갈량은 성격이 오만하여 자신을 관중과 악의에 비기는 사람이었는데, 조조 앞에서 작은 실수를 하지 않으리란 보장은 없었다. 제갈량은 조조에게 있다가 조금만 잘못하면 목이 날아갈 수 있는 상황을 잘 알고 있었다.

제갈량은 조조에게 의탁할 생각은 전혀 없었지만, 손권에게 가려고 고려한 적은 있었다. 손권도 문무에 능하며 담력과 식견이 뛰어나 일대의 호걸이라고 칭할 수 있었다. 강동을 차지한 손권 진영은 병사들도 정예롭고 양식도 풍부하였다. 손권도 인재를 아꼈고 수하 사람들에게 잘대해 주었다. 그리고 제갈량의 형인 제갈근諸葛瑾도 손권에게 중용을 받고 있어서 제갈량이 오나라에 갔더라도 전도가 유망하였을 것이다.

그런데 제갈량이 손권에게 가지 않은 이유는 무엇일까? 『삼국연의』에 이와 관련된 이야기가 있다. 적벽대전이 일어나기 전에 유비는 제갈량을 손권에게 파견하여 두 나라가 연합하여 조조를 치자고 설득하도록 했다. 당시 오나라의 대신 장소張昭는 제갈량에게 오나라에 남도록 제의했으나 제갈량은 완곡하게 거절하였다. 훗날 사람들이 그랬던 이유를 묻자 제갈량이 이렇게 대답하였다.

"손권은 당연히 영웅호걸이다. 그의 도량으로 봐서 나한테 잘해줄 것이다. 그러나 나의 말을 그렇게 고분고분 받아서 시행하지는 않을 것이다. 그러므로 나는 손권 곁에 있을 수 없었다."

당연히 이 이야기는 제갈량이 유비에게 돌아간 후의 일이었다.

지금의 융중에는 낙산 기슭에 포슬정抱膝亭이라는 정자가 있다. 그곳은 제갈량이 보좌할 현명한 군주를 찾지 못한 망연함에 매일 아침저녁으로 산속에 홀로 앉아 무릎을 끌어안고 휘파람을 불었던 곳이다.

당시의 제갈량은 뜻을 이루지 못한 마음을 그렇게 달래고 있었다. 그런데 당시 제갈량 자신을 가장 잘 알아주고 능력을 잘 발휘하게 해줄 사람이 찾아왔다. 바로 유비였다. 사실 유비가 있던 신야新野와 융중은 그다지 먼 거리가 아니었다. 그때는 유비도 제갈량처럼 고뇌가 많았다. 그 이유는 유비도 이루고 싶은 꿈과 열정은 많은데, 아직 뜻을 실현하지 못한 단계였기 때문이다.

건안 12년(207년), 유비는 사마휘와 서원직을 알게 되었는데, 그 두 사람은 유비에게 제갈량을 적극 추천하면서 제갈량을 "와룡"이라고 칭찬하였다. 그러한 평판을 들은 유비는 친히 그 27세의 젊은 인재를 찾아 나서는데, 바로 역사적으로 유명한 삼고초려의 이야기다. 제갈량은 유비 밑에 있는 것이 다른 사람 곁에 있는 것보다 자신의 발전 가망성이 가장 높다고 생각하고 있었다. 그런 와중에 유비의 삼고초려를 만난 것이다. 제갈량은 한편으로 유비의 진심에 감동하였다. 그리고 만세에 길이 남을 신하로 남고자 성심껏 유비를 보좌하였다. 그러한 그의 충성은 보은을 위한 것도 있었지만, 자신의 웅대한 계략을 발휘하여 자신의 이상을 실현하고자 하는 목적이 더욱 강하였다.

유비가 제갈량을 찾았을 때 매우 공손스럽게 예방禮訪하였을 뿐만 아니라, 오히려 제갈량을 자신보다 더 높은 직위에 있는 사람처럼 상대해 주었다. 사실적으로 그때의 유비는 그다지 막강한 권력자가 아니었다. 그렇지만 한나라 조정에서는 유비를 유표劉表와 동급인 예주목豫州牧으로 임명한 상태였다. 그리고 유비는 제갈량보다 20살이나 많은 연장자였다. 장유유서 사상이 강한 한나라에서 유비가 세상에 전혀 알려지지 않은 제갈량을 직접 찾아갔다면 이는 대단한 용기임이 틀림없는 사건이었다. 중국의 선비들, 특히 재능이 많은 선비들은 매우 오만한 경향이 있다. 그러나 자신을 알아주는 사람이 나타나면 매우 감동한다. 제갈량은 비록 관중과 악의에 비하며 오만한 태도를 지녔지만, 유비가 진정으로 자신을 알아주자 감동하였다.

사실 그것은 유비의 장점이기도 하였다. 유비는 제후들 간에 영웅이라고 불렀다. 유비에게 많은 군대와 땅이 있어 영웅이 아니라, 사람들에 대한 태도와 신의를 지키는 모습에서 탁월한 소질을 발휘하였다. 유비는 보통 사람들에게도 예를 갖추어 대하고, 매우 인자하고 자애로운 것처럼 행동했다. 그래서 혼란한 시기에 많은 사람들이 죽음을 맹세하고 그를 따랐다. 그러한 인기로 조조와 원소의 내부에서조차 유비를 존중하였고 결맹을 원하는 부류가 나타났다. 유비가 여러 군웅들에게 의탁하고 다녔지만, 그는 결코 다른 사람의 밑에서 충성을 바칠 인물이 아니었다. 그래서 유비는 하루빨리 자신만의 세력을 도모하고자 하였다. 그런 과정에서, 유비가 제갈량을 찾아 삼고초려를 한 가장 중요한 원인은 인재가 급히 필요했기 때문이다. 당시 유비는 세간의 유명한 인물로 50세가 다 되어가는 노장군이었다. 그런 그가 무명인 젊은 자신에게 예의를 갖추고 치국의 전략을 구했다는 것에 제갈량은 감동을 받았다.

그렇게 많은 군웅들이 할거하던 시기에 제갈량의 하산은 시간문제였다. 유비의 삼고초려가 아니었더라면 다른 군주가 그를 초빙하였을 것이다. 유비가 다른 사람보다 한발 빨랐을 뿐이다. 그런데 제갈량이 성공할 수 있는 군주는 유비뿐이었다. 왜냐하면 다른 군주들은 유비처럼 제갈량의 말을 잘 듣고 받아줄 수가 없기 때문이다.

그렇다면 유비는 왜 제갈량의 의견을 잘 들어주었을까? 제갈량을 상세하게 아는 사람들은 느낄 수가 있는 문제인데, 사실 제갈량은 마음이 좁은 사람이었다. 생각해 보라! 만약 유비가 특별하게 신임하지 않았다면 제갈량이 하산하였겠는가? 제갈량은 강자아姜子牙(강태공)처럼 세상을 품으려는 야망이 있었고, 자신의 명예와 이익을 무엇보다도 중시하였다. 그러한 목적을 위해 군중軍中에서는 꼼수를 부리지 않고 도량이 큰 모습을 보일 수밖에 없었다. 사실 제갈량의 마음이 좁은 모습은 여러 차례 나타나지만, 사람들은 그의 머리 위에 빛나는 후광의 미혹과 압박으로 인하여 감히 말을 꺼낼 수가 없었다.

사람과 사람 사이에 나타나는 개성은 모두 다르다. 조조와 유비, 그리고 손권의 그 능력과 개성은 모두 달랐다. 유비는 총명함과 지혜로움에서 조조와 손권에 미치지 못했다. 그러므로 제갈량이 조조나 손권보다 유비를 다루는 것이 쉬웠을지도 모른다. 반면 조조는 간사하고 의심이 많아 제갈량 같은 사람을 오래 곁에 두지 않았을 것이다. 이러한 것은 모두 개성이 다른 결과이다. 제갈량이 조조나 손권에게 가지 않고 유비의 부름을 받은 이유도 여기에 있다. 상사가 부하를 완전하게 신임하지 않는다면 전권을 주어 일을 맡기지 않는 것이 이치이므로, 조조나 손권은 제갈량에게 『융중대』전략을 실현하게 해주지 못했을 것이다. 이러한 이치는 지금도 마찬가지이다. 원인이 있어야 결과가 있는 법이어서 유비의 신임이 있었기에 제갈량의 원대한 계획이 가능하였다.

그러면 제갈량이 유비를 따라 하산한 후에는 어떠한 일들이 발생하였을까? 나관중의 『삼국연의』에 의하면, 유비는 스승에 준하는 예의로 제갈량을 받들고 군사軍師로 임명하였다. 그리고 조조 대군이 형주를 치러 남하하자, 제갈량은 처음으로 군사 통솔권을 쥐고 "박망파博望坡"와 "신야"에서 연속으로 승리를 거두었다고 한다. 그러나 이상의 내용은 연의소설의 허구적 내용이다.

안타까운 것은 역사의 진실이 그렇지 않다는 사실이다. 사서의 기재로 볼 때, 유비가 제갈량을 군사로 임명한 적이 없었다. 그 당시 군대에 그러한 직책이 아예 없었다. 당시 유비는 신야에 머물면서 자신도 다른 사람에게 의탁하는 신세였는데 그에게 무슨 권력이 있어서 제갈량에게 그러한 직책을 주었겠는가? 역사적으로 제갈량이 본격적으로 직무를 수행한 것은 적벽대전 이후의 일이었다. 유비는 차츰 형주 일대를 빼앗고 그곳을 기반으로 삼아 자기 자신이 형주목荊州牧이 되고 나서야 제갈량을 "중랑장中郎將"으로 임명하였다. 그 이전에 제갈량은 어떠한 군사적 직책도 없었으며, 유비의 군대를 통솔한 적도 없으므로 "박망파"와 "신야"의 화공火攻 이야기는 연의소설의 허구라고 볼 수밖에 없다. 적벽대전에서 제갈량이 군대를 지휘하는 이야기는 모두 후세 사람들이 인위적으로 만들어낸 허구이다.

또 사서의 기재에 의하면, 제갈량은 적벽대전 전후에 어떠한 전투에서 지휘한 적도 없었고, 어떠한 군대를 통솔한 적도 없었다. 제갈량이 위대하다는 것은 처음부터 중책을 맡고 일사천리로 연승을 거둔 데에 있지 않다. 사실은 그것과 반대였다. 적벽대전 전후로 제갈량은 드러나지 않는 기본적인 일을 하였고, 그 일들을 잘 처리하면서 뛰어난 수완으로 유비와 여러 사람의 존경을 이끈 후에 결국 촉나라의 승상의 자리에까지 올랐던 것이다. 이것이 역사의 진실이며, 앞서 언급된 내용들은 소설 속에 등장하는 허구이다. 삼고초려도 허구인데, 이와 관련한 것은 마지막 제4장에서 다루게 된다. 소설은 소설이므로 허구적 요소는 필요하다. 다만 우리들은 역사의 진상을 잘 알고 있으면 되는 것이다.

4. 제갈량의 북벌에는 동기가 있었다

삼국의 역사는 유구한 세월 동안 역대의 각계각층에서 관심을 받아왔다. 특히 제갈량에 대한 관심은 가히 폭발적이었다. 제갈량은 줄곧 위대한 군사가로 평가받아 왔고, 가는 곳마다 승리를 장식하는 "군사 대가"로 인식되어 왔다. 그리하여 제갈량은 이미 많은 사람들 마음속에 영웅으로 자리 잡았다. 오랜 세월 동안 사람들은 습관적으로 제갈량은 오직 나라와 백성을 위했던 인물이라고만 생각한다.

과연 사실이 그럴까? 그러나 역사적 진상은 그렇지 않다. 제갈량의 북벌은 계속되는 실패의 과정이었다. 『삼국연의』를 읽은 사람이라면 제갈량이 신중한 성격의 소유자였음을 알 것이다. 도발적인 성격이 아니라는 것이다. 이러한 성격의 소유자가 생각지도 못한 도발적인 방법으로 승리를 할 수 있었을까? 그렇게 세밀하고 신중한 사람이 무엇 때문에 준비도 되지 않은 상태에서 승산도 없는 전투를 지속적으로 감행하였을까? 제갈량이 똑똑한 건 사실이다. 그는 유비가 살아 있을 때 줄곧 선봉에 나서지 않고 후방에서 군수물자나 군량미 지원을 도맡았다. 그러므로 그는 전쟁에서 후방의 중요성을 똑똑하게 알고 있었다. 그런데도 제갈량은 북벌을 감행하면서 줄곧 다급하게 군사를 정비하여 항상 군량미가 부족하고 백성들을 힘들게 하였다. 제갈량은 북벌에서 종종 상대방의 병력을 강탈하는 데 역점을 두어 일부 지역만 탈환에 성공하고 결과적으로는 별다른 승리 없이 돌아오기를 반복하였다. 종합적으로 분석해 보았을 때, 제갈량은 북벌하는 과정에서 잘 짜인 전투 목표와 계획이 없는 이상하면서 모순에 찬 모습을 연출하였다. 이러한 점이 제갈량의 진정한 북벌의 동기를 궁금하게 만드는 것이다.

많은 사람들은 그것에 관하여 흥미로만 접근한다. 제갈량의 북벌전략의 의미에 대하여 역사학자들도 흥미는 있어하지만, 지금까지 그것에 대한 명확한 답변을 하지 않고 있다. 어떤 사람들은 제갈량이 북벌을 한 것이 근본적으로 잘못된 것이라고 여긴다. 북벌에 대하여 긍정적인 태도를 보이는 사람들도 그것을 적극적인 방어로 간주한다. 즉, 전술상으로는 공격이지만 전략상으로는 방어라는 것이다. 제갈량의 북벌 동기에 관하여 많은 사람들이 "한나라 황실의 도적인 위나라와 양립할 수 없어 벌이는 전투"라는 방면에 국한하여 생각하는 데 그치므로 전략적 실체에 관해서는 시종 통찰할 수 없었다.

사람들은 습관적으로 삼국시대 10대 모사가 중에서 제갈량을 서슴없이 천하제일의 인재라고 부른다. 유비가 삼고초려 때 밝힌 제갈량의 천하삼분 계획은 유비의 정권 동안 실현이 되었고, 유비가 죽은 후 어린 군주를 잘 보필하여 세력이 약화된 정권을 유지시켰을 뿐만 아니라 북벌까지 감행하였다고 흔히 말한다. 나중에 북벌의 실패로 제갈량은 죽지만, 사람들에게 제갈량은 위대한 정치가로 각인이 되었다. 이는 권력을 잘 이용하는 제갈량의 능력을 보여주는 것인데, 진수가 지은 『삼국지』에서 맹자의 〈진심상盡心上〉* 편을 약간 바꾸어 인용하면서 제갈량을 이렇게 비유하고 있다.

---

*진심상盡心上:孟子日:以佚道使民, 雖勞不怨. 以生道殺民, 雖死不怨殺者(편안한 도로써 백성을 부리면 비록 수고로우나 원망하지 아니하고, 사는 도로써 백성을 죽이면 비록 죽더라도 죽인 자를 원망하지 아니한다)

以逸道使民, 雖勞不怨. 以生道殺人, 雖死不忿.

백성을 편히 살게 해줄 목적이라고 하면서 백성을 부리면 백성들은 비록 고생스러워도 원망하지 않으며, 백성을 살릴 목적이라고 하면서 백성을 죽이면 그들은 비록 죽으면서도 죽이는 자를 원망하지 않는다.

제갈량은 상대방을 해치고 괴롭히며 죽이더라도 상대방이 원망하지 않게 할 수완을 가지고 있는 사람이었다. 제갈량에게 당한 삼국시대의 인물 중에 이엄李嚴이 그 좋은 예에 해당한다. 이엄은 제갈량에게 철저하게 배척을 당하였으면서도 반격을 제대로 할 수도 없었다. 나쁘게 말하여 제갈량은 양의 탈을 쓴 늑대였다. 제갈량은 통치 기간 내내 백성들을 괴롭혔으면서도 도리어 그들에게 찬양을 받았고, 후세의 사람들에게조차 똑같은 존경을 받아왔다. 이것은 제갈량이 그만큼 수완이 높은 정치가라는 것을 의미한다. 그의 말은 앞뒤가 맞지 않았고, 말과 행동에 모순이 생기는 현상이 많았다. 제갈량의 언행과 행위에 심각한 사기성이 내포되어 있어, 반드시 그의 당당한 구호와 정치 수완을 벗겨내야 비로소 북벌의 본질과 목적이 무엇인지 명확해진다. 융중대전략으로 판단해 보면, 우리는 제갈량의 초기전략이 매우 신중했었다는 것을 알 수 있다. 양쪽으로 협공하는 조건을 갖추면서도 예측불허의 재난에 방어하는 모습을 보였다. 흔히 말하는 "원숭이도 나무에서 떨어지는 경우"까지 염두에 둘 정도였다. 하지만 촉나라 후반기에 들어가면서 상황은 바뀌게 되었다. 제갈량이 실질적으로 집권한 후에는 유비와 관우 등도 모두 죽어 촉나라는 본가本家의 힘이 많이 손실된 상태였다. 형주는 이미 손권에게로 넘어간 상태에서 오촉 연맹의 실체는 약화되어 있었다. 이러한 일체의 상황은 제갈량이 융중대에서 생각하던 상황보다 참혹한 것이었다. 그런데도 제갈량이 상황을 무시하고 북벌을 고집한 이유는 무엇일까? 그 이유는 『출사표』에서 이미 명확하게 나타나 있다. 다만 사람들이 주의를 기울이지 않아서 모를 뿐이다.

선제의 밝으심은 신의 재주를 헤아리셨고, 신이 역적을 치는 데 재주는 모자라고 적은 강함을 알고 계셨습니다. 그러나 역적을 치지 않으면 도리어 왕업이 망할 것이니 어찌 앉아서 망하기를 바라겠습니까? 누가 나서 정벌하겠습니까? 신이 한중에 온 지 한 해가 채 지나지 않았습니다. 그러나 조자룡, 양군陽群, 마옥馬玉, 염지閻芝, 정립丁立, 백수白壽, 유합劉合 등과 그 아래 장수 일흔 남짓을 잃었습니다. 언제나 맨 앞장을 섰던 빈수賓叟, 청강靑姜, 산기散騎, 무기武騎 등 천 명이 넘는 기병을 잃었습니다. 이는 모두 수십 년 동안 여러 지방에서 모아들인 인재이며 한 고을에서 얻은 사람들이 아닙니다. 만약 다시 몇 년이 지난다면 이들 셋 중 둘은 줄어들 것이니 그때는 어떻게 적을 도모하겠습니까?

제갈량은 사천 지역의 상황이 지리적으로나 인적 상황으로 불리함을 인식하고, 자기 생애에 영토를 넓히지 않으면 다음 세대에서는 중원은 고사하고 사천 지역도 고수하기 힘들다고 판단하였다. 그래서 제갈량은 원래의 전략과 다른 적극적인 작전으로 바꾸었다. 구체적으로 말하자면, 제갈량은 당시의 촉나라 정예군을 이용하여 먼저 관중 지역을 선점하고자 하였다. 그런 연후에 다른 감숙이나 양주 지역을 공략하고 그 지역의 용맹한 병사들을 이용하여 천하통일을 도모하고자 하였다.

천하를 "삼분三分"한다는 제갈량의 융중대전략은 현재 중국인의 입장에서는 나라를 분열시키는 주장이다. 그러한 제갈량의 주장은 실현되었다. 어떤 의미에서 제갈량은 분열된 국가의 재상이 되었던 것이다. 유비가 죽은 후 제갈량은 형식적으로 재상이지만 실질적으로는 촉나라의 영도자 혹은 주인이 되었다. 제갈량은 하산한 후 평생을 정치에 몸담았다. 그의 정치적 이력은 두 개의 단계로 구분해 볼 수 있다. 첫 번째 단계는 유비를 도와 촉나라의 정권을 이루는 과정이었다. 서기 207년 조조가 오환烏桓에서 승리한 후 중국은 통일의 좋은 기회를 맞았다. 그런데 이것을 유비와 제갈량이 방해한 것이다. 유비는 세력이 미치지 못하자 제갈량을 끌어들여 천하 삼등분의 목표를 세워 분투하는 바람에 중국통일의 좋은 형세가 갑자기 수그러들었다. 제갈량은 국가 통일에 금이 가는 작용을 하였고, 생산력 발전과 사회의 전면적인 진보를 방해하는 행동을 하였다. 이는 당시의 죄악일 뿐만 아니라 그 해로움이 오랜 세월 동안 미쳤다. 제갈량 정치의 두 번째 단계는 심각한 정책 실패의 연속이었다. 제갈량은 여섯 번의 북벌을 감행하고 계속되는 패배를 반복하여 백성들에게 생명과 재산상에서 크나큰 손실을 안겨주었다. 국가를 분열시키고, 북벌 정책에서 나타난 심각한 패배는 제갈량의 크나큰 죄악이었다. 이렇게 역사 발전의 객관적 규율을 위반하고 역사의 흐름을 거스른 "천하제일의 원흉"이 어떻게 "천하제일의 인재"로 불리는 것일까? 국가를 분열시킨 사람이 어떻게 '수신제가치국평천하'의 모습으로 비추어지는 것일까? 그 이유의 근본은 봉건시대 황권의 신성불가침과 전제정권의 신성불가침에 있다. 제갈량이 하던 모든 행위는 인의仁義라는 가죽을 쓰고 자신의 집권 욕망을 확대하여 천하를 통일하고자 한 것과 연결된다.

제갈량의 개인 능력은 확실히 뛰어났다. 하지만 그는 정치인이었다. 그가 한 일체의 행위들은 그의 정치적 이상과 밀접하였다. 당시의 봉건 정통과 유비의 은혜에 보답하고자 걸어갔던 그의 일생을 부인하지는 않겠다. 제갈량의 일생을 지금 판단하면 쟁론의 소지가 많으며, 그를 완전하게 말살할 수는 없다. 변증법적으로 판단할 필요가 있다. 당시의 유명한 의원 화타華佗는 조조가 천하통일을 하여 천하의 백성들이 태평성세를 누리기를 희망한다고 직접 조조에게 말한 적이 있다. 그런데 제갈량의 북벌은 천하를 통일하고자 함이 아니었던가? 화타는 의원 입장에서 가능한 백성들이 다치는 일이 줄어들기를 바라는 입장에서 한 말일 것이다.

제갈량은 여섯 차례의 북벌을 감행하고 조금의 공도 못 세웠고 조조의 땅도 빼앗지 못하였다. 그러면서 그는 무력을 남용하고 국력을 허비하였다. 그런데 사실적으로 북벌은 단지 한나라 황실을 복원하려는 이상적인 목적 때문이었을까? 다른 목적은 없었을까? 가장 순조로웠던 1차 북벌을 예로 들어보자. 『삼국지 · 제갈량전』에서 "남안南安, 천수天水, 안정安定 세 군은 모두 위나라에 반역하고 제갈량을 따랐고 관중 지역은 진동하였다"라고 기재되어 있을 정도로 파죽지세였으나, 후방군이 가정街亭에서 패배하여 촉나라로 돌아갈 수밖에 없었다.

여기서 곰곰이 생각해 보자! 가정전투에서 만약 마속이 장합을 물리쳤다고 가정하여도 위나라 명제明帝가 장안에서 버티고 앉아 있었다. 그곳에는 위나라의 수많은 모사와 장군들이 10여 만의 군대를 이끌고 지키고 있었는데, 촉나라가 공격할 기회라도 있었겠는가? 그리고 설사 촉나라가 장안을 공략하더라도 그곳을 지켜낼 방법도 없었다. 그곳을 지키다 후방의 공격은 어떻게 차단할 것인가? 장안의 주위는 평원 지대이며 기병이 웅자를 떨치는 지세였다. 당시 조조의 기병은 위세가 용맹하여 흉노족들의 간담도 서늘케 할 정도였다. 그러한 반면 촉군은 산악 지대에서 싸움만 하던 보병 위주의 군대였다. 그들이 드넓은 평원으로 나온다면 조조의 기병 부대가 칼로 나물을 베듯 촉군을 쓸어버렸을 것이다. 그런 상황을 알고 있는 제갈량은 가정전투 후에 급히 삼군의 천여 호를 한중으로 옮기게 하였다. 전투에서 패배하여 급박한 상황에서 제갈량은 어떻게 수많은 사람을 신속하고 순리롭게 이주시켰을까? 답은 하나다. 제갈량은 근본적으로 삼군三郡을 사수할 생각이 없었고, 미리 도망칠 준비를 마친 상태였다. 제갈량의 "한나라 황실을 부흥한다"는 구호는 빛 좋은 개살구에 지나지 않는다.

제갈량이 북벌을 감행한 목적은 위나라를 공략하는 데 있지 않고, 공격을 방어로 삼아 기회를 엿보는 데 있었다. 기회가 되면 천하를 수복하고, 기회가 없으면 퇴각하여 실력을 보류하고자 하였다. 제갈량의 작전은 소국이 대국과 대치하면서 지속적인 자강 상태를 유지하여 긴장을 늦추지 않도록 하는 작용을 하였다. 당시 위나라의 국력은 촉나라와 비교 자체가 되지 않을 정도로 강하였다. 촉나라는 지역이 좁고 인구가 적어 위나라가 먼저 공격해 오면 매우 불리한 상황에 직면하게 되어 있었다. 그래서 제갈량은 공격으로 방어를 대신하는 작전을 썼다. 먼저 적진으로 공격하면 자국의 경제는 큰 영향을 받지 않는다. 그러나 이 방법에는 위험성이 도사린다. 소국이 대국을 공격할 때는 용기, 자신감, 실력 등이 없으면 성공할 수가 없다. 그리고 제갈량이 그러한 방법을 쓴 중요한 원인은 지리적 환경에 있었다. 촉나라의 지세는 험준하여 후방에서 공격받을 염려는 그다지 많지 않았다. 그리고 제갈량은 후방으로부터의 위험을 완전하게 잠재우기 위해 남만을 평정한 상태였다. 이것은 후방을 안정시킨 후 북벌하겠다는 제갈량의 전략이었다.

북벌은 비록 계속 실패하였지만, 그것은 제갈량의 불가피한 선택이었다. 전쟁의 조건은 불리하였으나 속전속결의 작전에 승리의 희망을 걸었다. 당시 촉나라 입장에서는 어떠한 작전도 소용이 없는 상황이었다. 제갈량의 적수가 사마의 같은 명장이 아니거나, 그가 10년만 더 살 수 있었다면 승리의 가능성이 전혀 없지는 않았다고 이야기할 수 있을 것이다.

서기 760년, 당나라 대시인 두보杜甫(712~770년)는 사천성 성도成都에 있는 제갈량의 사당을 찾은 뒤 그 감회를 「촉상蜀相」이라는 시로 남기면서 제갈량의 북벌을 회고하였다.

出師未捷身先死, 長使英雄漏滿襟.
수차례의 출정에도 공을 못 이루고 먼저 죽으니
오래도록 천하의 영웅들 눈물을 금치 못하네

어떠한 입장에서 말을 해도 제갈량은 바보는 아니었다. 그는 당시 중원에 살던 사람들이 오랜 세월 안정적으로 살아와서 동한 왕조를 그리 달갑지 않게 본다는 사실을 알고 있었다. 그리고 중원 사람들은 제갈량의 계속되는 북벌을 매우 싫어하던 상황이라서 제갈량이 그곳을 점령하더라도 환영하지 않을 것이란 사실도 알고 있었다. 그럼에도 불구하고 가능하지 않은 북벌을 감행한 것은 선주의 은혜에 보답하고 한나라 왕실을 지키기 위함이었을까? 아니다. 제갈량의 북벌의 진정한 목적은 자신의 생전에 촉나라의 진정한 주인이 되고자 하는 데 있었다. 그때 가서 유비의 아들이 이용 가치가 없어진다면 폐위해 버리면 되고, 그때부터 제갈씨가 천하를 호령해 버리면 그만인 것이다!

5. 관우가 안량顔良을 참수한 진상

관우가 말을 타고 달려 안량을 벤 사실은 사서에 기재되어 있다. 『손자병법孫子兵法』의 백화문에서도 그러한 내용이 등장한다.

> 조조의 세 부대가 안량의 군대를 포위하는데, 기회를 잡은 관우가 안량에게 달려가 그를 습격하고 칼로 찔렀다.

이 내용을 보면 백마전투의 승리는 조조의 용병술과 관우의 용맹성에서 비롯되었다고 볼 수 있다. 그러나 안량을 죽인 것은 대세의 흐름이었고 단지 백마전투의 포위망에서 빠져나오는 속도만 빨라졌다고 하는데, 과연 그것이 사실일까?

관우는 안량에게 질풍노도처럼 달려갔다. 안량은 수레의 일산日傘 밑에 있다가 관우가 달려오는 것을 보고 피하려 하였다. 그러나 관우의 적토마는 워낙 빨라서 이미 안량의 앞에 와 있었다. 안량은 손을 써볼 겨를도 없이 관우의 단칼에 나가떨어졌다. 관우는 말에서 내려 안량의 목을 말의 목에 묶고 다시 몸을 날려 말에 올라탔는데, 그 모습이 무아지경에 빠진 듯하였다. "적토마는 하루에 천 리를 가고, 강과 산도 평지처럼 달린다"라는 말이 있는데, 여기에 관우가 단칼에 안량을 참수할 수 있었던 관건이 있었을까?

전시에 말이 하루에 천 리를 간다고 하는데, 평균 시속은 불과 30㎞에 지나지 않는다. 모든 유리한 조건을 더한다 해도 시속 60㎞를 넘기기는 힘들다. 당시에 관우와 안량 사이에는 최소한의 거리가 있었다. 그러므로 관우가 안량에게 가려면 어느 정도의 시간이 필요했다. 아무리 반응이 느린 사람이라도 그 정도면 창을 들고 말에 탈 정도는 여유가 있다. 그런데 어찌하여 안량이 두 눈을 멀쩡하게 뜨고 관우에게 순식간에 당했다고 하는가? 여기에 관하여 여러 사람들의 의견이 분분하다.

여기서 먼저 분석해야 할 내용이 있다. 안량과 관우가 교전을 벌이기 전의 상황과 배경에 대하여 주목할 필요가 있다.

원소는 유비의 권유로 조조를 토벌하려 했다. 대장 안량을 선봉장으로 임명하고 10만의 정예병을 파견하였다. 원소의 부대는 서둘러 백마까지 접근해 갔다. 조조는 그 소식을 듣고 마음이 조급해졌다. 백마는 조조의 전략적 요충지였기 때문이다. 일단 백마 지역이 적에 넘어가면 조조로서는 중원의 기반이 무너지는 것이다. 이런 급박한 상황에서 조조는 급히 15만 군사를 모으고 세 개의 부대로 나누어 원소군의 공격에 대비하였다.

이런 소식을 들은 관우는 공을 세우는 것이 절박하여 선두에 서기를 자청하였다. 조조는 총명한 사람이라 이미 부하 장료張遼를 파견하여 관우의 본심을 떠본 상태였다. 조조는 관우가 빨리 공을 세워 자신의 곁을 떠나 유비에게 가고 싶어하는 마음을 알고 있었다. 조조는 개인적으로 관우를 매우 좋아하였다. 그래서 조조는 관우를 자기 곁에 두려고 자신의 집에 머물도록 하고 있었는데, 관우도 별다른 방법이 없어서 조조의 집에서 거처하고 있던 상황이었다. 한편 조조는 직접 5만의 군사를 이끌고 백마성 밖의 조그만 산에 진영을 설치하였다.

안량은 곧 조조의 진영 앞으로 다가가 전투태세를 정비하였다. 조조는 전망대에서 안량의 10만 정예부대의 선명한 깃발과 군마를 보고 나서 잔뜩 긴장했다. 특히 원소의 맹장 안량이 선봉에서 위풍당당하고 살기등등하게 서 있는 모습을 보자 마음속이 쿵쿵거리기 시작했다. 당시 조조의 부하인 장료, 허저許褚, 서황徐晃 등의 장군들은 안량의 명성을 이미 들어 알고 있었다. 그러므로 모두 눈치를 보며 섣불리 나서려고 하지 않았다. 조조는 여러 장군들이 두려워하는 상황을 보고 그들의 뜻을 간파하였다. 당연하게 허저나 장료는 파견하고 싶지 않았다. 비록 조조는 조급한 성격이었지만 그 상황에서는 침착하게 고려하였다. 만일에 실패하면 군의 사기가 떨어지기 때문이다. 그래서 그는 여러 장군을 둘러본 후 송헌宋憲에게 말하였다.

"너는 원래 여포의 수하에 있던 맹장이 아니던가? 안량과의 일전을 해보겠는가?"

조조가 거기까지 말하고 끝내자, 송헌은 명령을 따를 수밖에 없어 무기를 쥐고 말에 올라타서 곧장 안량에게로 달려갔다. 안량은 큰 소리로 고함을 지르고 맞서더니 3합 만에 송헌의 목을 베어버렸다. 조조는 그 광경을 보고 "정말로 호장이로구나!"라고 중얼거리며 고민에 빠져들기 시작했다. 자신의 장수 중에 송헌이 비록 특급은 아니지만 싸움을 잘하는 축에 속했는데 그렇게 허무하게 떨어져 나가는 것을 보고 안량의 솜씨를 짐작하였다.

이어 위속魏續 장군이 자신과 친한 송헌이 죽자 대노하여 자진해 나섰다. 하지만 그는 겨우 1합 만에 안량에게 당하고 말았다. 연속하여 두 장수를 잃은 조조는 화가 나서 "이번에는 누가 출전하느냐!"라고 소리 지르고 허저와 서황 쪽을 바라보았다. "너희들은 똑똑히 보았느냐? 이번에는 너희들 차례이다. 반드시 승리해야 할 것이다!" 그 소리에 서황 장군이 응답하고 나가 안량과 20합을 싸웠지만, 힘에 부쳐 이내 포기하고 퇴각하고 말았다. 조조는 다급해졌다. 이대로는 안 되겠다 싶어 다른 방도를 생각하게 되었다.

이때 조조의 군기대신軍機大臣인 정욱이 관우를 언급하였다. 순간 조조의 눈빛이 빛났다. 옳다! 관우가 있었구나! 그리하여 급히 관우를 찾았다.

관우는 이에 매우 흥분이 되었다. 빨리 공을 세워야 그의 형님인 유비의 곁으로 돌아갈 수 있기 때문이다. 그러한 정황에서 관우가 출전한 것이다.

안량은 이전에 원소의 휘하에서 가장 용감하다는 칭호를 받았지만, 실지로 절대 무력을 보여줄 기회가 없었다. 그런데 이번에 맹장이 구름과 같이 많은 조조군을 제대로 만난 것이다. 앞서 조조군의 송헌, 위속, 서황 장군과 싸우는 장면만 보더라도 안량이 용맹하다는 것은 짐작할 수 있는 일이었다. 그리고 안량은 사전에 조조군의 유명한 장수들에 대한 개별 분석을 어느 정도 해놓은 상태였다.

관우가 드디어 출전하였다. 조조는 관우에게 다독거리며 말했다. "저 하북의 장군 안량이 저렇게 잘 싸울 줄 몰랐다!" 그러자 관우는 "내가 보기엔 시골 닭과 개 정도로 시시합니다!"라고 대답하였다. "저기 비단 도포에 갑옷을 입고 칼을 쥐고 말을 세우고 있는 자가 바로 안량인데 자신이 있느냐?"라고 조조가 묻자, 관우는 "내가 보기에 안량이 가격표를 달고 목을 팔려고 나온 것처럼 보입니다"라며 우쭐거렸다.

이 대화에서 관우는 이미 상대방의 약점을 알아내고, 마음속에 계산이 되어 있다는 것을 알 수 있다. 어느 쪽으로 돌진하고, 어디서 전투를 끝내고, 어디서 빠져나오는 것이 가장 첩경인지 이미 머릿속에 계산을 다 하고 있었다. 그래서 그는 큰소리를 친 것이다. 그리고 그것은 그의 성격과도 관련이 있다. 관우는 항상 오만하였고 자신의 무력에 대하여 절대적으로 자신감을 가지고 있었다. 관우는 평소에 눈을 반쯤 감은 인상을 지니고 있었다. 그런데 눈을 크게 뜨면 반드시 살인을 하였다. 조용히 지낼 때는 선비와 같았고, 움직일 때는 날렵한 토끼와 같았다.

관우가 적진을 향해 돌진하였다. 그의 적토마는 나는 듯 맹렬하게 앞으로 나가 자신의 계산한 지점에서 안량과 부딪쳤다. 관우는 안량이 손도 써보지도 못한 사이에 그를 찔러 죽였다. 왜 찔러 죽였다고 하는 것일까? 그렇게 말하는 데는 이유가 있다. 관우는 이미 안량의 용맹에 대하여 들어 알고 있어서 속전속결로 끝낸다는 계산을 미리 하고 있었다. 관련 사서에서도 안량이 죽는 순간에 아무것도 못했다고 기록되어 있다. 상대방이 방어 동작도 못할 정도로 순식간에 관우가 안량을 창으로 찔렀다는 것이다. 사서에서는 당시의 안량의 구체적인 동작에 대해서는 언급이 없다.

비록 관우가 적토마의 이점을 이용하여 기습하는 데 성공했다고 해도 누구나 그렇게 할 수 있는 것은 아니었다. 관우와 같은 주도면밀함과 강력한 무공, 자신감, 그리고 담력이 기초가 되어야 가능한 일이었다. 그리고 중요한 것은 그 두 장수의 사전 전투 경력과 실력이었다. 그때까지 관우가 가장 내세울 만한 일은 화웅華雄을 벤 사건이었다. 화웅은 앞서 손견孫堅의 대장 조무祖貿, 원술袁術의 장군 유섭兪涉, 한복韓福의 상장 반봉潘鳳 등을 물리쳐 당대 최고의 무예를 자랑하고 있었다. 그러한 화웅을 10분도 안 되는 사이에 물리쳤으므로 관우의 실력은 대단한 것이었다. 안량이 실력이 어느 정도이든 간에 명성에서는 관우를 따라가지 못하였다. 아쉬운 것은 안량이 줄곧 진정으로 유명한 명장과 실력을 겨루어보지 않아 유명무실했다고 말할 수도 있다. 하지만 원소의 하북군에서 실력이 가장 출중한 장군은 안량이었다. 그다음 서열 두 번째인 문추文醜 장군이 조자룡 장군과 50합을 겨루어도 승부가 나지 않았던 것을 미루어본다면 안량의 실력도 상당하였을 것이다.

이 시점에서 두 장수의 당시 심경과 처한 상황을 비교해 볼 필요가 있다. 당시에는 하북군이 가장 강성하였고 원소는 다른 제후보다 우위를 차지하고 있었다. 그래서 그 시기의 안량에게는 방자한 면이 다소 있었다.

반면 이때의 관우는 가장 상심하던 시기였다. 일찍이 유비가 서주에서 조조에게 패하자 관우에게 하비下邳에 머물며 자신의 처자식을 보호하라는 명을 내렸다. 그 후 관우는 제대로 한 번 싸워보지도 못하고 조조군에 포위되고 말았다. 관우는 충의를 위하고 유비의 두 부인을 지키기 위해 할 수 없이 조조군에 투항한 상태였다. 비록 조조가 관우에게 극진하게 잘 대우해 주고 형제로 여겼지만, 관우는 연락이 두절된 유비와 장비 생각에 극도의 불안감을 보이던 시기였다. 조조가 관우에게 잘대해 주면 대해줄수록 관우의 입장은 난처하였다. 왜냐하면 감정적으로 조조에게 많은 빚을 지기 싫어했기 때문이다(이것이 적벽대전 후에 관우가 조조를 잡았다가 놓아준 원인이 되었다). 이러한 상황에서 관우의 최대 희망은 빨리 조조를 위하여 공을 세운 후 자유를 얻어 유비와 장비를 찾는 것이었다. 그러한 목적이 있었기에 관우는 그 어떠한 문제나 생명의 위험도 고려하지 않고 안량에게 달려들었던 것이다. 의리 하나는 알아줄 만한 인물이었다!

이러한 시각으로 보면 심리적으로 두 장수 간에 확연한 입장 차이가 있었고, 그것이 승패를 가르는 결정적인 작용을 하였던 것이다. 당시 관우는 다급한 상황이었다. 그러한 기회에 승리를 하여 조조에게 공을 세운다면 다시 생명을 얻는 것과 마찬가지인 상황이었다. 반대로 실패하면 살아가야 할 이유가 없어지는 것이다. 따라서 그에게 놓인 것은 두 가지 선택이었다. 그가 안량을 죽이느냐, 아니면 적진에서 싸우다 죽느냐 하는 문제였다. 그러나 안량의 입장은 달랐다. 안량에게 관우는 다른 장수와 별반 차이가 없게 보였다. 그리고 그는 이미 조조군의 세 장수를 물리쳤으므로 심리적으로 교만해져 있었다. 그 상황에서는 어느 누구도 안중에 없었고, 누구도 감히 자신을 죽일 수 있다고 생각하지 못하고 있었다.

역사는 한묶의 적지 않은 재부이다. 삼국의 역사는 시간상으로 단지 1세기에도 미치지 못하지만, 다른 시기에 비하여 비교적 많은 일이 벌어졌다. 정치적으로는 세 개의 세력이 솥발과 같이 정립하여 서로 견제하였으므로 연극적 색채가 매우 풍부하다고 볼 수 있다. 인물 방면으로 보면 수많은 인재와 영웅들이 등장하였다. 그리고 삼국의 군주들은 명주明主라고 칭할 만한데, 그들의 수하에는 걸출한 문신들과 무장들이 망라되어 있다. 성취와 공적면에서 살펴보면 삼국은 모두 정통을 향하여 한나라 왕실을 보호한다는 기치 아래, 이단을 배척하고 새로운 통일을 실현하고자 하였다. 매우 짧은 기간에 많은 인재들이 집중되어 있었는데, 그들이 서로 각축을 벌이는 과정에서 삼국이 정립되고, 나중에는 서진이 통일하는 과정을 거치는 것이 한 편의 역사 활극과도 같다. 그러므로 삼국은 사람들의 관심이 집중되는 시기이며, 관우가 안량을 벤 진상도 그러하다고 말할 수 있다.

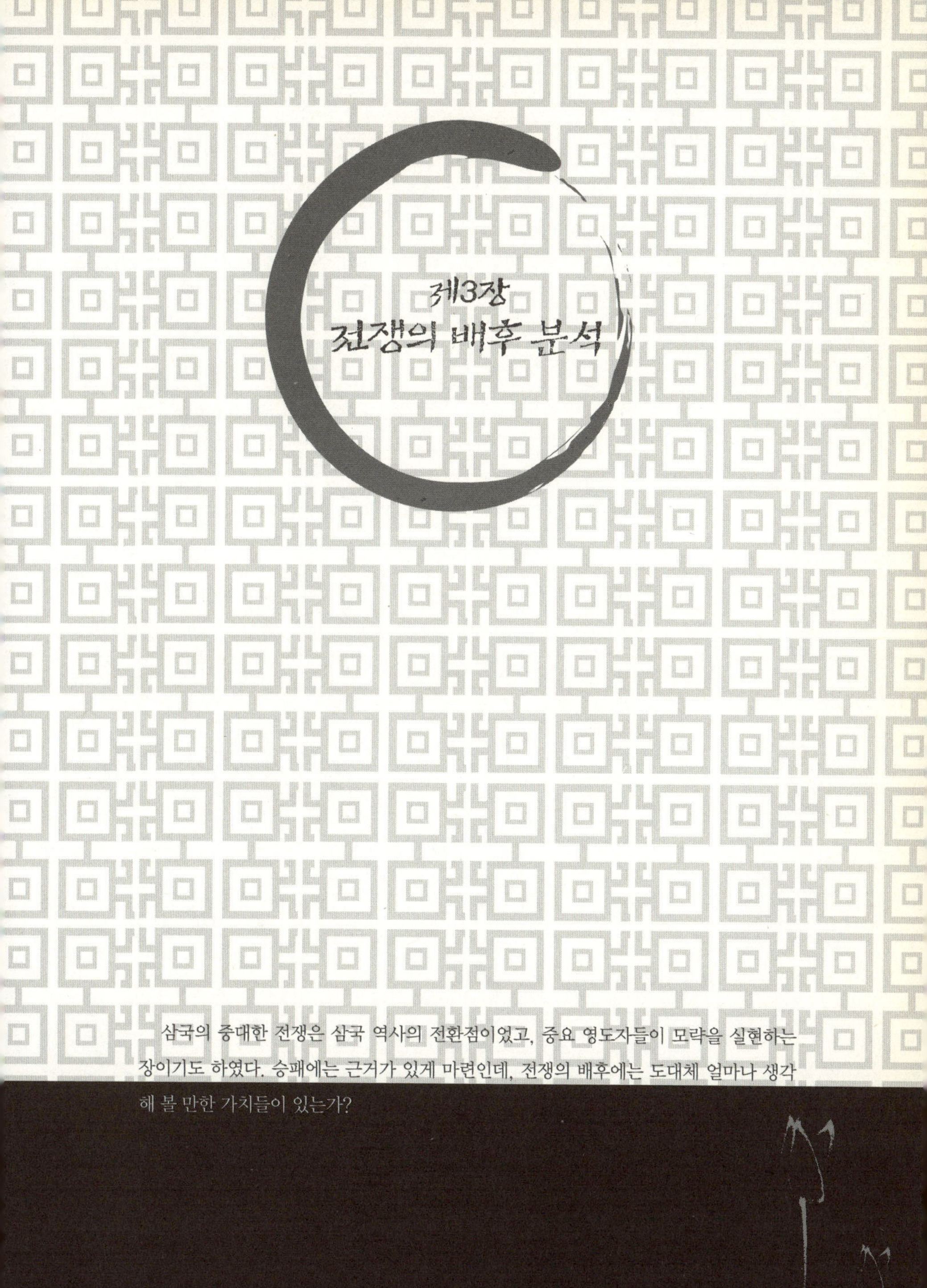

제3장
전쟁의 배후 분석

삼국의 중대한 전쟁은 삼국 역사의 전환점이었고, 중요 영도자들이 모략을 실현하는 장이기도 하였다. 승패에는 근거가 있게 마련인데, 전쟁의 배후에는 도대체 얼마나 생각해 볼 만한 가치들이 있는가?

1. 관도대전의 승패 요인

동한시대 건안 5년(서기 200년), 조조군은 관도管渡(지금의 하남성 중모현) 지역에서 원소군을 대파하였다. 동한 말년은 각 지역에서 군웅들이 할거하던 시대였다. 원소는 하북의 기冀, 청靑, 유幽, 병并 등의 네 개의 주를 평정한데다 병력도 많고 군량미도 충분하여 하남 지방의 연주兗州와 예주豫州 지역에 근거한 조조군을 호시탐탐 노리고 있었다. 서기 200년 1월, 원소군은 정예부대 10만 대군을 이끌고 조조군을 향하여 남하하였다. 이 일이 있기 전에 조조는 원소와 결탁하고 있던 유비를 먼저 공략한 후 방어가 용이한 관도에 주둔하고 있었다. 4월에 조조는 성동격서의 작전으로 백마(지금의 하남성 활현)에서 안량을 무찔러 원소군에게 타격을 주었다. 원소는 이때 기운이 크게 꺾이고 나서 다시 병력을 수습한 뒤 조조군과 대치하게 되었다. 두 군대가 서로 수개월 동안 대치하는 사이에 조조군은 피로하고 양식이 모자라는 상황에 이르게 되었다. 사태가 이렇듯 심각하게 되자, 위세를 떨치던 조조도 위축이 되어 본거지 허도許都를 지키고 있던 순욱荀彧에게 철수를 고려하도록 했다. 조조는 허창으로 철수할 것을 심각하게 고려하였는데, 순욱의 생각은 조조와 달라 상대방보다 아군의 전력이 많이 약한 상황에서 철수하는 것은 위험하다고 판단하였다. 그리고 또한 원소군은 내부 불화가 생기고 있으므로 그 상태로 버티면 좋은 계기가 있을 것이라고 생각하였다. 그래서 순욱은 조조에게 철군을 반대하였는데, 조조는 그러한 순욱의 제의를 받아들였다.

과연 순욱의 생각대로 10월에 이르자 원소의 부하인 허유許攸가 처우에 불만을 품고 원소를 배반하고 중요한 정보를 갖고 조조에게 투항하였다. 조조는 원소군의 군량미는 오소烏巢에 쌓여 있으며 방비는 허술하다는 허유의 정보를 듣고 과감하게 야간 기습을 결행하였다. 기습 부대는 조조 자신이 지휘하는 정예부대 5천 명으로 구성되었다. 선봉에는 장료張遼, 허저許褚, 후방에는 서황徐晃, 우금于禁 등의 각 부장, 그리고 중앙에서는 조조가 직접 지휘하는 대열로 부대를 편성하였다. 그와 동시에 본거지 방어도 철저하게 대비하였다. 조조의 관도 본부대 중앙에는 조홍助興, 순유荀攸, 가후賈詡, 좌측에는 하후돈夏侯惇, 하후연夏侯淵, 우측에는 조인曹仁, 이전李典 등 모든 장수들을 포진시켜 원소군의 습격에 대비하도록 하였다.

10월 23일, 해가 지기를 기다리던 기습 부대는 은밀하게 작전을 개시하였다. 말에는 입 가리개를 씌우고, 병사들은 종이로 만든 마스크를 쓰고 손에는 적군인 원소군의 깃발을 들게 하였다. 적진 깊숙하게 침입한 조조군은 조용하게 오소에 접근하였다. 그리고는 서서히 원소 진영을 완전히 포위한 후에 도처에 불을 지르고 함성을 지르며 쳐들어갔다. 사면은 금시에 불바다를 이루었는데, 북 치는 소리, 군사들의 함성, 빗발치는 화살과 창이 맞부딪치는 금속음 등이 뒤섞여 귀를 멀게 할 정도였다. 취침 중에 느닷없이 조조군의 습격을 받은 순우경淳于瓊의 오소 수비대는 방어할 틈도 없이 혼비백산하여 대혼란을 일으키며 화염과 검은 연기 속에서 도망치기에 여념이 없었다. 이러한 아수라장 속에서 조조의 군사들은 원소 진영을 마음대로 유린하였다. 오소의 진영은 순식간에 무너지고, 원소군의 명맥을 유지하던 군량미는 모두 잿더미로 변하고 말았다.

생각지도 못한 흉보를 접한 원소는 오소에 구원 부대를 보내는 한편, 장합張郃과 고람高覽에게 대군을 맡겨 관도에 있는 조조의 본거지를 공격하라고 명령하였다. 그것은 오소에 출정한 조조의 기습 부대가 귀환하기 전에 본거지에 남아 있는 조조의 주력부대를 일거에 섬멸하려는 의도였다. 그러나 원소의 오소 구원 부대는 원소군으로 위장한 조조의 기습 부대에게 교란당하여 괴멸되고 말았다. 그리고 조조의 본거지인 관도의 공격 부대도 원소군의 공격을 미리 예상하여 세 갈래로 작전을 전개하니 원소군은 포위망에 싸여 쉽게 무너졌다. 원소의 용장 장합과 고람은 백기를 들고 조조에게 항복하였다. 원소군은 완전히 무너졌고, 시체는 산처럼 쌓이고 피는 강을 이루었다. 무참하고 처참한 일대 혈전이었다. 이때 원소군의 사망자는 거의 7만에 달하였고, 원소는 급하게 북쪽으로 도주하였다. 살아남아 원소를 따른 자는 겨우 8백 기騎 정도였다. 이렇게 해서 조조와 원소의 결전은 조조의 완승으로 끝났다. 조조의 걸출한 지모와 결단력이 소수의 병력으로 대군을 격멸시킨 것이다. 이러한 관도대전의 기적적인 승리를 기회로 조조는 중원의 패자로 확고한 기반을 다지게 되었다. 관도대전은 중국 고대전투사에서 소수로 대군을 물리친 유명한 사건으로 기록되고 있다.

사람들은 관도대전을 평가하면서 종종 원소의 결단력을 문제로 삼는다. 전풍田豊의 계략대로 천자를 받들지 않은 점, 조조의 근거지인 허도를 공략하지 못한 점, 관도대전에서 장기전략을 쓰지 않은 점 등, 주로 세 가지 문제점을 거론한다. 이 세 가지 문제는 논란의 여지가 많다. 천자를 받들어도 당시에는 별다른 효과가 없었을 것이다. 동탁, 이최李傕, 양봉楊奉 등도 명목상으로는 모두 천자를 받들었지만, 천자의 위신이 추락하여 다른 제후들을 호령할 수는 없었다. 조조도 천자를 받든 후에 나라는 부강해졌어도 모든 제후들을 호령하기에는 역부족이었다. 『삼국지 · 무제기武帝紀』에서 『위씨춘추魏氏春秋』를 인용한 주注에서 다음과 같은 내용이 나온다.

官渡之戰後, 曺操在袁紹中, 得許下及軍中人書, 皆焚之.

"當紹之强, 孤猶不能自保, 而況衆人乎?"

관도대전이 끝난 후 조조는 원소의 진영에 들어가 허도와 군중 사람들의 서신을 얻자 모두 불태워 버린 후 말하였다.

"원소가 강성할 때 나도 스스로를 보전할 수 없었는데, 하물며 뭇사람들이야!"

이를 볼 때 관도대전의 승패와 천자를 받드는 문제는 별 상관이 없어 보인다. 그렇지 않다면 조조가 적벽대전에서 천자를 왜 받들지 않았을까? 관도대전에서 만약 조조가 패배하여 허도로 내려갔다면 천자를 받든들 무슨 소용이 있었겠는가?

서기 200년 12월에 유비가 서주에서 기병하여 조조에게 대항하자, 조조가 직접 삼군을 이끌고 유비를 토벌하러 나갔다. 그때 전풍은 원소에게 지금 조조의 후방을 공격하면 대승을 거둘 것이라고 건의하였다. 그렇지만 원소는 아들의 병을 이유로 전풍의 전략을 받아들이지 않았다. 그 사실을 두고 사람들은 원소가 당시 조조의 근거지인 허도를 공격하지 않은 것이 실책이라고 하는데, 그것도 반드시 그렇다고 말할 수는 없다. 원소는 당시 공손찬과 전투를 벌이고 있어서 그러한 여유도 없었을 것이다.

그리고 그 시기의 원소군은 유주幽州를 평정한 뒤 피로하여 휴식이 필요한 시점이었고, 유비는 군대를 막 정비하여 조조군과 지구전을 벌일 수 있는 상황이 아니었다. 만일 원소가 움직이면 조조는 분명 본거지로 귀환할 것인데, 그렇게 되면 유비만 위험에서 빠져나가게 되고 원소가 반드시 허도를 습격하여 차지할 수 있는 것은 아니었다. 오히려 더 큰 전쟁을 야기할 수도 있는 상황이었다. 원소가 전풍의 지구전전략을 받아들이지 않았다는 문제는 사실과 다른 측면이 있다. 그리고 전략적으로 생각할 때, 적군과 교전하면서 먼저 후방을 안정시키지 않으면 양면작전에 걸려 승리하기가 힘들어진다.

원소는 서기 200년 2월에 여양黎陽, 4월에 연진延津, 7월에 양무陽武로 진격하였다. 그 당시의 상황은 『삼국지 · 무제기』에 "원소 진영은 그 길이가 동서로 수십 리에 달하였다"라고 기록되어 있다. 원소군은 그렇게 조조군과 대치하였다. 원소는 또한 유비로 하여금 조조의 후방을 교란시키게 하고, 한순韓筍으로 하여금 치중부대輜重部隊(군량미 운송 부대)를 이끌어 군량미를 황하 이남으로 옮기도록 지시하였다. 원소의 치중부대를 책임진 한순은 서기 200년 8월부터 이미 황하를 건너 관도로 군량미를 운송하고 있었다. 이것이 실질적인 지구전이 아니고 무엇이란 말인가? 『삼국지 · 무제기』에는 또한 다음과 같은 내용이 나온다.

> 조조는 원소 군대와 서로 몇 달을 대치하니 군사들도 피로하여 의욕이 떨어지고 식량도 바닥나기 시작하였다.

원소의 지구전은 그처럼 어느 정도 성공 단계에 접어들고 있었다. 조조도 그때 철군하려는 생각을 하였지만, '지금은 상대가 강하지만 때를 기다리면 반드시 호기가 온다'는 순욱의 서신을 받고 철군을 미루었다. 때마침 위기에서 탈출할 호기를 만나는데, 그때 마침 원소의 모사 허유가 조조에게 투항해 온 것이다. 조조는 오소의 식량고를 급습하라는 허유의 말을 의심하지 않고 즉각 실행에 옮겼다. 당시 조조군은 매우 곤란한 상황에 처해 있었다. 나중에 조조는 관도대전에서 승리를 거둔 이후에 원소가 여양 북쪽에 있는 것을 알면서도 하남성 연진 지역의 황하 남쪽까지만 추격하다가 그만두고 말았다. 조조가 관도대전 전후의 상황에서 얼마나 힘들었는가를 엿보게 하는 대목이다.

그렇다면 무엇 때문에 원소가 그토록 참패하였을까? 분석하여 정리하면 다음과 같다.

첫째, 원소의 오만함과 적을 경시하는 태도가 패인이었다. 『원소전袁紹傳』에서는 당시 상황이 "원소는 조조를 물리치는 것이 손바닥 뒤집는 것과 같이 쉬운 것처럼 생각하였다"라고 기재되어 있다. 반면 조조군은 살얼음 위를 걷듯이 조심스럽고 신중하게 원소군과 대항하였다. 원소는 앞서의 연승으로 대단히 오만해져 백마에서 조조군을 경시하였다가 패배하였다. 그런 후에 오소의 방어를 확충하라는 저수沮授의 충언도 듣지 않아 결정적인 실수를 범하고 말았다. 또한 조조군이 오소를 공격할 때, 도리어 조조군의 잘 방어된 본영을 공략하여 패배를 자초하고 말았다.

두 번째, 원소는 인재 관리에서 실패하였다. 전풍, 허유, 진림이 대표적인 예에 속한다.

먼저 전풍의 예를 들어보자. 전풍은 원소의 측근이었다. 원소가 조조의 거점인 허창을 공격하기로 결정하자, 전풍은 승산이 없다고 판단하고 출병을 반대하고 장기적으로 문제를 해결해야 한다고 주장하였다. 계속되는 전풍의 건의에 원소는 화가 나서 그에게 금족령을 내리고 전투에 출정하지 못하도록 하였다. 원소가 대패하자 봉기逢紀가 걱정하며 원소에게 말하였다.

"이 실패를 전풍이 알면 박장대소할 것입니다!"

원소의 패배 소식은 즉시 후방의 전풍에게 알려졌다.

"이번에 원소가 돌아오면 반드시 당신을 중용할 것이오!"라는 사람들의 의견과는 달리 전풍 자신은 죽임을 당할 것이라고 예상하였다. 과연 그의 예상대로 원소가 돌아오자 전풍 때문에 자신의 면목이 더욱 없어졌다고 생각하고 전풍을 죽여 버렸다. 전풍처럼 아까운 인재는 그렇게 자신의 뜻을 펼쳐 보지도 못하고 억울하게 원소에게 죽임을 당하고 말았다. 비통한 일이었다.

원소의 용인술에 있어 첫째 오점은 고집불통인 성격이었다. 원소의 두 번째 오점은 도량이 좁다는 사실이다. 이것으로 원소는 관도대전 시작 전에 반은 지고 들어가는 꼴이 되었다.

또한 허유의 경우는 어떠하였는가? 그도 원래부터 원소의 측근으로 지략이 매우 뛰어난 인물이었는데, 관도대전 전부터 원소에게 제대로 중용을 받지 못하여 불만이 많았다. 그래서 관도대전 중에 조조에게로 투항해 버렸다. 조조는 허유가 투항해 온다는 소식을 듣고 신발 신는 것도 잊어버리고 황급히 맨발로 나가 그를 마중하였다. 그때의 상황의 중요성을 짐작하게 하는 대목이다. 허유는 조조에게 오소를 공격하라는 특급 정보를 제공하여 조조가 승리하는 데 결정적인 역할을 하였다.

전투에서 중요한 시기에 적의 핵심 인물을 얻는다는 것은 대단한 이득이다. 관도대전에서도 조조는 그렇게 적장의 참모인 허유를 얻음으로써 승리의 발판을 마련하였다. 그 당시에 조조는 그렇게 한 발자국씩 원소와의 간격을 좁혀갔다. 그리고 연의소설에서 허유는 나중에 조조에게 토사구팽을 당하였다고 했는데, 사실은 그러한 소설 속의 묘사와는 다르다. 허유는 조조에게 공은 세웠지만, 개인적인 문제로 여러 가지 혼란스러운 상황을 발생시키며 직접 조조의 패업霸業에 위협을 가했으므로 죽임을 당한 것이었다.

세 번째, 원소는 병사를 잘 다루지 못하였고, 용병술과 전략에서 조조에 미치지 못하였다. 원소가 지략이 모자란 건 아니었다. 후방을 안정시킨 후 조조와 지구전에 들어가는 등 전략상에서 뛰어난 면이 있었다. 하지만 용병술과 전체적인 지략 면에서 조조보다 못하였다.

원소가 안량을 선봉으로 하여 백마를 공격할 때, 주력부대와 큰 강을 사이에 두게 하여 고립된 상황을 연출하게 만들었다. 조조군은 연진으로부터 안량의 후방을 공격해 왔는데, 원소의 주력부대는 서쪽으로 이동하여 안량의 부대가 고립무원의 상태가 되어버렸다. 조조군은 그때를 놓치지 않고 2만 명의 주력군으로 1만 2천 명의 안량군을 공격하였고, 또한 안량이 관우에게 쉽게 살해되는 바람에 안량이 이끌던 부대는 급속하게 무너졌다. 원소는 그 직후 다시 문추文醜과 유비에게 연진을 건너 조조의 측면을 공격하라고 하였지만, 결국은 조조에게 패배를 당하고 말았다. 원소의 10만 군대는 여양, 백마, 연진으로부터 따로따로 흩어져 강을 건너다가 그렇게 두 차례나 조조에게 당하고 말았던 것이다. 이것은 원소의 용병술에 문제가 있음을 나타내는 것이었다. 원소가 처음 두 번의 승리를 거둔 후, 우왕좌왕하며 이것저것 다 겁나서 공격을 못한 적도 있다. 양무에서는 상대방의 병력이 많지 않다는 것을 뻔히 알면서도 도리어 공격하지 않고 방어전략을 쓰기도 하였다.

그리고 우세한 병력으로 조조군과 관도에서 수개월 동안 대치할 때도 유비를 시켜 여남에서 교란작전을 펼친 것 이외에 별다른 작전을 구사하지 않았다. 하필이면 조조군의 양쪽이나 후방을 공격하며 그들과 대치하였는데, 이것 역시 원소의 잘못된 용병술이었다.

당시에 원소는 연진, 양무, 관도, 허도를 축선으로 조조군과 대치하였는데, 북에서 남으로 우회하여 공격하는 방법으로 모두 네 갈래의 길이 있었다. 그렇지만 원소는 그 통로들을 효과적으로 이용하지 않았는데, 그 길들을 구체적으로 하나씩 분석해 보면 다음과 같다.

양측이 대치하고 있었던 축선을 동쪽으로 하여 청주青州로부터 서주徐州에 들어가 예주를 압박하는 것이다. 그러나 청주에는 조조의 장패군臧覇軍이 있어 위험성이 있었다.

다음으로 연주의 견성鄄城 남쪽을 정복하고 제하濟河를 따라 동남진한 후, 포위하는 형태로 예주를 압박하는 방법이 있었다. 이 길은 조조가 원술에게서 뺏은 예주의 옛길이었다. 견성은 청주의 장패군과 관도의 조조 주력군이 구축선으로 연결되어 있었던 곳인데, 그곳에 주둔한 위나라 군사는 정욱의 7백 명에 불과하였다(『삼국지』「정욱전程昱傳」에 기재된 내용). 그래서 이 지역은 공략하기가 쉽고, 일단 점거하면 전체 국면을 흔들 수 있는 효과를 볼 수 있었다.

다음으로 연진, 양무, 관도, 허도의 축선을 서쪽으로 하여 맹진孟津으로부터 언사偃師를 지나 영천潁川으로 나오는 길이 있다. 이 길은 가깝지만 요새가 비교적 많았다. 원소군이 양무에 도착하기 전에 조조의 심복인 하후돈이 일부 병력을 맹진에 주둔시키고, 주력군을 오창에 둔다면 이 길을 출입하기가 곤란해진다. 그러나 조조군의 주력부대가 관도에 집중하고, 하후돈의 부대 역시 맹진과 오창에서 철수하면 특별한 우려 없이 그 길을 통과할 수 있었다. 그러나 원소는 단지 유비에게만 이곳을 이용하여 조조군의 후방을 교란시키게 한 적이 있었을 뿐, 주력부대를 이용하여 이 길로 우회 공격하는 방법을 시도해 보지도 않았다.

다음으로 만약 조조의 사촌 동생 조인의 주력부대가 두려워 맹진으로 진군하기가 곤란하면 낙양 쪽에서 노양 서쪽으로 군사를 이동시키면 된다. 그것도 여의치 않다면 남양으로 나와 단현丹縣이나 석현析縣에서 주둔하다가 무관武關으로 들어가 조조의 근거지인 허도의 뒤쪽 길을 공략하면 효과적일 수 있었다. 그렇지만 원소는 소수의 병력으로 습격할 때를 빼고는 이 길을 제대로 이용한 적도 없었다.

이는 모두 전투 주도권과 전략 주도권을 상실한 전형적인 예에 해당한다. 그리고 최후에 원소는 오소의 경계를 강화하라는 저수의 말을 듣지 않아 조조에게 일격을 당하고 말았다. 이는 모두 당시 원소의 전략에 문제가 있었다는 점을 설명하는 것이다.

네 번째, 후방 부대를 소홀히 한 것이 또 하나의 패인이었다. 병참기지는 군대의 생명선이다. 특히 장기전에서 그 중요성은 더욱 커진다. 지구전에서 후방 부대의 역할은 승패를 가르는 관건적인 요소이기도 하다. 그러나 원소는 관도대전에서 후방 부대의 역할을 무시하여 실패를 자초하였다.

원소는 전쟁의 준비 단계에서 "병마가 이동하기 전에 물자를 먼저 옮긴다"라는 원칙에 따라 황하 전선에 전쟁 물자를 미리 수송하였다. 그러나 그는 상대방이 그곳을 공격하리라고는 미처 생각하지 못하였다. 원소는 전쟁 물자를 너무 심하게 전선으로 이동시켜 황하 근처에 바짝 접근하게 하였다. 원소군의 방어가 해이해지고 수비 병력이 약화되는 틈을 타서 우금과 악진 부대가 공략해 왔는데, 단 한 번의 공격으로 원소의 병참기지가 쉽게 무너졌다. 또한 원소군이 황하 근처로 나아가 주동적인 지구전을 준비할 때도 여전히 후방 부대의 중요성을 소홀히 하였다. 그리고 양무에 있었던 4개월 동안에도 전쟁 물자 준비에 관한 중요한 조치를 취하지 않았다. 물자가 다 소비되자, 원소는 후방에서의 보급이 다급하여 상대방을 경시하는 태도를 지닌 한맹韓猛에게 그 임무를 부여하였다. 하지만 곧 서황과 사환史渙에게 양식 수천 수레를 빼앗기는 결과를 가져왔다. 나중에 원소는 순어경에게 군량미 운송 임무를 맡겼는데, 순어경은 경계를 소홀히 하다가 조조군의 습격으로 군량미가 모두 불타 버리거나 빼앗기고 말았다. 똑같은 실수를 몇 번에 걸쳐 반복하였으니 원소군이 어떻게 전쟁에서 승리할 수 있었겠는가?

현재의 사서에 나타나는 자료를 보고 판단하자면, 조조가 원소와 결전을 벌일 당시 군량미 문제는 비교적 심각했던 것 같아 보인다. 관련 사서에 자주 당시의 조조군은 식량이 모자랐다는 내용이 등장한다. 그러나 조조군의 이러한 문제는 오래가지 않았다. 조조가 적절하게 연주 지역에 군량미를 운송하라는 임무를 하달하자 상황은 금방 개선이 되었다. 다른 각도에서 보면, 조조의 병력은 원소보다 훨씬 적었다. 원소에 비하여 보급선과 양이 훨씬 적을 수밖에 없었다. 그런데도 조조는 군량미 보급에 관하여 원소보다 더 많은 관심을 기울였다. 상대적으로 원소는 군량미 문제에 대해 조조보다 별로 관심을 두지 않았다. 원소의 부하 저수는 군량미 문제에 대해 더 많은 준비와 주의를 요구했지만, 원소는 그의 의견을 받아주지 않았다. 훗날 위나라의 중신 등애鄧艾는 "3천만 곡의 양식을 준비해 두면 10만 백성이 5년은 먹을 수 있습니다"라고 조정에 보고를 한 적이 있다. 그것에 비추어볼 때, 원소군이 5만 명밖에 없다 하더라도 일 년이면 3백만 곡이 소비된다. 조조 진영은 둔전제의 실시로 많은 효과를 보았는데, 3백만 곡이면 위나라에서 둔전제를 3년 동안 실시하여 모은 식량만큼 많은 양이다. 당시 원소군의 병력이 10만 이상이었다고 가정한다면, 그만큼 많은 양의 군량미가 필요하였을 것이다. 오소에서 순어경이 조조의 기습을 받고 식량고가 와해되자 원소군의 주력부대가 급속하게 무너진 것을 보면 당시 원소군의 식량 부족 문제가 매우 심각했다고 판단되어진다. 그만큼 군대의 군량미는 고대전투에 있어 중요한 문제였다. 원소군의 주력부대는 군량미 운송의 책임자인 순어경을 눈이 빠지게 기다리다 그가 궤멸했다는 사실을 알게 되자 자포자기하고 곧 붕괴되고 말았다. 조조는 원소와의 전쟁에서 처음부터 이와 같은 부분에 주력하였다. 조조는 원소가 아직 남하하지 않은 틈을 타서 청주를 공략하였고, 또한 원소 부대가 동쪽으로 이동하자 황하 연안에 있던 원소의 물류기지를 공격하였다. 원소와 정면으로 대항하는 중에도 조조는 줄곧 원소의 운수 부대를 포착하고 공격하기를 반복하였다. 그리하여 원소군은 점차 군수물자로 인하여 곤란을 겪게 되는 상황에 이르게 되었다. 결국은 군량미 문제가 조조가 승리하게 된 가장 중요한 이유가 되었다.

관도대전은 당시 북방 최대의 세력인 원소와 삼국의 풍운아인 조조 간에 펼쳐졌던 전쟁이었다. 최후에 조조군이 적은 병력으로 수많은 원소군을 물리쳤다. 약자가 강자를 이겨 북방통일을 이룬 것이다. 지금의 모든 사람들이 보편적으로 그처럼 여기지만, 여기에 대해서도 많은 논쟁이 있어왔다. 이 논쟁의 초점에는 조조의 군사는 얼마나 되었는가 하는 문제도 포함된다.

역사서에는 조조의 군대가 1만 명이 안 된 반면, 원소의 군대는 원소의 아들 원담袁譚과 외조카 고간高干의 병력을 제외해도 10만에 육박한다고 하였다. 역사 기재대로라면 쌍방 간에는 열 배 이상의 병력 차이가 있었던 것이다. 원소가 조조보다 먼저 세력을 키웠으므로 병력이 많은 것은 정상적이다. 그렇지만 그 정도로 차이가 난 것은 아니었다. 만약 조조의 군사가 1만이었다면 10만 명의 원소 군대와 대결하는 것은 쉽지 않은 일이었을 것이다. 여기서 우선 쌍방의 지략과 용병술에 관한 논의는 잠시 접어두고 병력의 수에 한하여 문제를 재고하다면, 조조는 단지 1만 명의 군사만 거느렸던 것이 아니란 사실을 유추할 수 있다. 그 이유는 다음과 같다.

1. 조조의 작전 경력으로 유추해 보았을 때, 1만 명의 적은 병력은 현실적이지 못하다. 조조가 고향에서 군사를 일으킬 때 이미 몇천 명을 모집하였다. 특히 청주의 황건적과 교전하여 30만 명의 부대를 항복시켰다. 그 후의 전투에서 연승을 거두었는데, 관도대전에서 조조의 부대가 1만 명이 안 된다는 기재는 잘못된 일인 듯하다. 남조南朝의 역사학자인 배송지裵松之(372~451년)는 『삼국지』 주注에서 이러한 의문을 제기하였다. 배송지 주의 내용과 역사 가치는 원저인 진수의 『삼국지』에 뒤지지 않는다고 평가받고 있다.

2. 역시 배송지의 『삼국지』 주에 의하면, 원소는 병력을 나누어 요새를 수비하는 작전을 썼는데, 조조도 병력을 분산하여 그에 대응하는 모습을 보였다. 만약 그것이 사실이라면 조조의 군사가 그렇게 적지 않았을 것이다. 조조의 군대가 원소의 십분의 일이었다면, 원소는 지구전을 쓰지 않고 곧바로

전군을 동원하여 공격했을 것이다. 조조의 군사도 어느 정도 많았기 때문에 원소는 섣불리 공격하지 못하고 기회를 기다렸던 것으로 판단되어진다.

3. 원소의 8만 명의 군사가 조조군에 의하여 섬멸되었다고 하는데, 여전히 전투력을 가진 8만 명의 군사가 어떻게 1만 명의 군사에게 그렇게 속수무책으로 일시에 꼼짝 못하고 당할 수 있겠는가?

4. 정사인 진수의 『삼국지』에서조차 내용이 앞뒤로 모순되어 있다. 『태조전太祖傳』에서는 조조의 기병이 고작 8백 명이라고 하였다가, 『종요전鐘繇傳』에서는 가허賈栩가 후방에서 전방에 지원하기 위해 2천 기의 기병을 출병시킨다는 내용이 나온다. 진수도 명확한 답을 주지 않고 있다. 여러 가지 사실로 판단할 때 조조의 군사는 사서의 기재처럼 그렇게 적은 수는 아닐 것이다.

결론으로 들어가서 이야기하자면, 현대인의 관점에서 역사는 우리와 너무 오랜 세월을 사이에 두고 있어서 그 역사의 진상을 정확하게 파악하기는 쉽지 않다. 그러나 여러 사람들이 서로 정보를 교환하면서 역사의 진상은 하나씩 우리들에게 알려지고 자세히 파헤쳐지기도 한다. 어쨌든지 간에 관도대전은 조조로 하여금 견실한 기초를 세우게 하였고, 후대 사람들에게 매우 많은 귀중한 경험을 남겨주게 하였다.

2. 적벽대전의 진상

서기 208년 유표가 중병이 들자 손권은 그 기회를 놓치지 않고 형주로 진격하였다. 유표에게 의탁하며 신야에 주둔하던 유비도 조조와 손권을 방어한다는 것을 구실로 삼아 관우에게 명하여 번구에서 대대적으로 수군 훈련을 한 뒤 형주 탈환을 준비하였다. 유비의 군대는 몇만 명으로 확충되었다. 한편 유표의 장남인 유기劉琦는 계모의 성화에 못 이겨 하구에 주둔하게 되었다.

서기 208년 8월 유표가 죽자 그의 차남인 유종劉踪이 외숙인 채모蔡瑁 형제, 장윤張允, 괴월蒯越 등의 지지 속에 형주목이 되었다. 이사이에 조조는 대군을 이끌고 신속하게 남하하여 유비를 격파하고 신야를 점령하며 유종을 위협하였다. 이에 유종은 그의 지지자인 채모 형제, 왕찬王粲, 괴월 등의 건의에 따라 조조에게 투항하였다.

한편 유비는 강릉을 점령하고자 하여 그곳의 대량의 물자에 의존하며 조조에게 대항하였다. 조조는 유비의 의도를 파악한 뒤 친히 5천 명의 정예 기병을 이끌고 밤낮으로 유비를 추격해 갔다. 수많은 백성들이 유비를 따라 남하하기 시작하였는데, 조조군은 장판파에서 유비의 일행을 따라붙었다. 당시 관우와 제갈량은 이미 먼저 하구로 퇴각한 상태였다. 결국 촉군은 대패하고, 유비는 겨우 목숨만 건져 하구로 피신하였다. 조조는 여세를 몰아 강릉을 점령하고 형주의 8군郡까지 함락시켰다. 그리고 항복한 유종에게서 수륙양군 10만 명을 거두어들였다. 막다른 궁지에 몰린 유비는 이에 제갈량을 손권에게 파견하여 오나라와 결맹하고자 하였다. 손권은 주유, 노숙, 제갈량의 의견을 분석한 뒤 촉나라와 연합하여 조조에게 대항하기로 결정하였다. 그런 후 손권은 주유, 노숙, 정보程普 등에게 명령하여 3만여 명의 수군을 유비와 회합하게 하였다.

서기 208년 11월, 조조는 10만 명의 대군을 이끌고 하구에서 머물던 연합군을 향해 진격하였다. 조조의 수군은 적벽에서 강을 사이에 두고 오촉 연합군과 대치하는 동안 불리한 상황에 처하게 되었다. 조조군이 오림烏林(적벽의 강 건너편)에 머물고 있는 사이 많은 병사들이 풍토병에 걸리게 되었는데, 혈흡충血吸虫이란 전염병으로 조조가 적벽대전에서 패한 주요 원인이 되었다. 당시 조조는 수전에서의 약점을 극복하기 위해 대부분의 배를 연결시키라는 명령을 내렸는데, 이것이 나중에 치명적인 손실을 본 "연환선"이었다. 주유와 황개黃蓋 등은 연환선을 보고 화공으로 결정타를 날렸다. 일반적인 상황에서는 겨울철에 북풍이 불지만, 강남 지역에서는 기후 문제로 매년 12월에 며칠은 거꾸로 동남풍이 분다. 오촉 연합군은 이러한 자연현상을 잘 이용하였는데, 주유와 황개는 그 유명한 "고육책苦肉策"을 써서 조조를 속이는 데 성공하였다.

북풍이 동남풍으로 바뀌던 밤, 황개는 거짓으로 항복하러 조조 진영으로 들어가 화공작전을 성공시키니 조조군은 대혼란에 빠졌다. 그때를 놓치지 않고 연합군은 기회를 잡아 조조군을 공략하였다. 결국 조조군의 대부분은 불에 타거나 익사하지 않으면 투항하고 말았다. 조조는 친위대의 보호 아래 황급하게 화용도를 따라 강릉江陵(현재의 호북성 형주시)으로 도망쳤다. 조조는 도망치기 직전 전함들이 연합군의 수중으로 들어가는 것을 우려하여 진영에 있는 모든 배들을 불태우도록 명령하였다. 손권은 동시에 남쪽에서 합비 지역에 주둔하고 있던 위군을 기습 공격하였다. 이에 조조는 할 수 없이 장료張遼, 악진樂進, 이전李典 등을 합비에 급파하였다. 조인曹仁과 서황徐晃에게는 강릉을 지키게 하고, 조조 자신은 다시 허창으로 물러갔다. 그로부터 1년이 지난 후 조조는 조인과 서황에게 강릉에서 북쪽으로 물러나 양양과 번성을 지키도록 명령하였다. 그리하여 형주의 대부분은 유비와 손권의 수중에 들어갔다. 서기 209년 손권이 동쪽으로부터 합비를 다시 공격하였는데, 조조는 그에 대항하여 유복劉馥에게 합비를 방어하도록 하였지만 실패하였다. 결국 결과적으로 조조의 10만여 대군은 6만도 안 되는 오촉 연합군에게 또 다시 패배하고 말았다.

적벽대전이 끝나고 조조는 황하 유역 일대로 철수한 뒤 다시는 섣불리 남하하려 하지 않았다. 그래서 손권은 장강 중하류 지역의 세력을 더욱 확고히 하게 되었다. 유비는 그 기회를 잡고 호북성과 호남성 대부분의 지역을 차지하고 서진하여 사천 지역도 점령하였다. 서기 220년, 조조의 아들 조비曹丕가 한헌제漢獻帝를 폐위하고 황제에 올라 국호를 위라 하였다. 수도를 낙양으로 정하니 동한시대는 정식으로 막을 내렸다. 그다음 해(221년)에 유비는 성도에서 황제에 오르고 국호를 한漢이라 하였는데, 일반적으로 역사에서는 촉나라라고 부른다. 서기 222년 손권도 오나라를 세우고 황제에 오른 후 수도를 건업建業(지금의 남경)에 정하였다. 이로써 삼국이 정립되었다.

적벽대전 후에 조조의 군사적 우위는 약화되었고, 손권의 세력은 그전보다 더욱 막강해졌다. 동시에 유비는 몸을 피할 수 있는 근거지가 생겨 그전처럼 항상 유랑하고 다니던 상황에서 벗어날 수 있었다. 그러므로 적벽대전은 삼국에 결정적인 작용을 하여 힘의 구도에서 일대 변화를 일으켰다. 일강 구도에서 삼국이 정립하는 구도로 바뀌어 누구도 상대방을 마음대로 할 수 없는 국면으로 전환된 것이다. 그러므로 적벽의 중요성은 한중漢中과 양번襄樊의 역할과 비교가 안 될 정도였다. 만약 조조가 남하하여 강동을 점령하는데 성공하였으면 삼국 역사의 종료는 앞당겨졌을 것이다. 적벽대전이 얼마나 중대한 변환점이었는가를 알게 하는 대목이다.

위나라를 정통으로 여기는 경향이 있는 정사 진수의 『삼국지 · 무제기』에서는 조조에게 오점인 적벽대전을 축소하려는 경향이 역력하게 보인다.

조조는 적벽에 도착해 유비와 싸웠지만 형세가 불리하였다. 그래서 조조는 군대를 이끌고 되돌아왔다. 이때 역병이 크게 유행하여 관리와 병사들이 많이 죽었다. 유비는 형주와 강남의 여러 군을 차지하게 되었다.

이렇게 짤막하게 기록하였는데, 가장 중요한 적벽대전의 주인공마저 생략하고 있다. 바로 오나라와 그 장수들에 관한 기록은 고의로 삭제하였다. 이에 대하여 배송지裵松之는 다음과 같이 논평하였다.

조조가 역병이 돌아 어쩔 수 없이 후퇴했다는 것은 조조를 합리화시키는 것에 불과하다. 조조가 적벽에서 오촉 연합군에게 대패한 것은 재론의 여지가 없다.

오나라의 주유에게 대패하는 조조의 모습을 가장 잘 묘사하고 있는 사서는 『삼국지 · 주유전周瑜傳』이다. 그 속에 묘사되어 있는 적벽대전의 상황은 다음과 같다.

유비는 조조에게 패하여 병사를 이끌고 남으로 강을 건너고자 했는데, 오나라의 노숙과 당양當陽에서 만나 마침내 같이 대책을 논의할 수 있었다. 그 결과 유비는 하구에 주둔하며 제갈량을 오나라에 보내 손권을 만나 연합군을 결성하게끔 설득하도록 하였다. 그 결과 제갈량이 수완을 발휘하여 오나라를 설득하는데 성공하였다. 손권이 마침내 주유, 정보 등을 파견하여 유비와 힘을 합쳐 조조를 역습하니 두 진영은 적벽에서 만났다. 이때 조조군의 군대에서는 이미 질병이 생겨, 처음 한 번 교전하고 곧 패퇴하여 군사를 이끌고 강북으로 물러났다. 주유 등은 남쪽 강가에 진을 치고 있었는데, 주유의 부장 황개黃蓋가 이런 말을 하였다. "지금 도적의 무리는 우리보다 많아서 지구전을 펼치기는 어렵습니다. 그러나 조조 수군의 상황을 보니 배의 앞뒤가 서로 접해 있어 불을 질러 도망가게 할 수 있습니다." 이에 몽충과 투함 수십 척을 가져다 땔감과 풀을 채우고, 그 가운데는 기름을 붓고 장막을 씌우고 위에 장군기를 세웠다. 황개는 먼저 이미 조조에게 서신으로 항복한다고 거짓말을 해두었다. 그러는 한편 빠른 배를 미리 준비해 각각 큰 배의 뒤에 매고, 끌고 가며 서서히 함께 앞으로 나아갔다. 조조 군대의 관리와 병사들은 모두 목을 빼고 바라보면서 황개가 항복한다고 가리켜 말했다. 그 순간 황개는 여러 배를 풀어 동시에 불을 붙였다. 이때 바람이 맹렬하게 불어와 불길이 모두 강가 언덕 위의 조조 군영에까지 번졌다. 잠시 후에 연기와 화염이 하늘에 길게 뻗치더니 수많은 조조군과 말이 불타거나 물에 빠져 죽었다. 조조군이 마침내 패퇴하고 돌아가 남군南郡을 지키는데 주력하였다. 유비와 주유 등이 다시 함께 추격하니, 조조는 조인 등을 머물게 해 강릉성을 지키게 하고 자신은 지름길로 북쪽으로 돌아갔다.

그 외에 진수의 『삼국지』에서 언급된 적벽대전에 관한 내용들을 정리해 보도록 하자.

주유와 정보가 좌우의 도독이 되어 각기 1만을 거느리고 유비와 함께 나아가 적벽에서 만나 조공의 군사를 크게 격파하였다. 조공은 그 남은 배를 태우고 후퇴하였다. 사졸은 주리고 병들어 죽은 자가 태반이었다. 유비와 주유 등은 다시 추격하여 남군에 이르고, 조공은 그대로 북으로 돌아가면서 조인, 서황 등을 강릉에 남기고 악진에게 양양을 지키게 하였다.

『삼국지 · 오서吳書 · 오주전吳主傳』

이때에 또한 주유, 정보 등과 함께 서쪽으로 나아가 조공을 오림에서 격파하였다.

『삼국지 · 오서 · 여몽전呂蒙傳』

주유와 함께 좌우의 도독이 되어, 조공을 오림에서 격파하였다.

『삼국지 · 오서 · 정보전程普傳』

건안 연간, 주유를 따라 조공을 적벽에서 막았으며, 화공을 건의하여 성공시켰다.

『삼국지 · 오서 · 황개전黃蓋傳』

후일 주유, 정보와 함께 조공을 적벽에서 막았다.

『삼국지 · 오서 · 주태전周泰傳』

주유를 따라 조공을 오림에서 막고 격파하였다.

『삼국지 · 오서 · 감녕전甘寧傳』

주유 등과 조공을 오림에서 막고 격파하였다.

『삼국지 · 오서 · 능통전凌統傳』

손권은 크게 기뻐하여 곧 주유, 정보, 노숙 등 수군 3만을 보내 제갈량을 따라 선주에게 이르러 힘을 합쳐 조공을 막았다. 조공은 적벽에서 패하여 군사를 이끌고 업으로 돌아갔다.

『삼국지 · 촉서蜀書 · 제갈량전』

손권은 주유, 정보 등 수군 수만을 보내 선주와 힘을 합쳐 조조군과 적벽에서 싸웠는데, 조조군을 크게 격파하고 배를 불태웠다. 선주는 오군과 수륙으로 함께 나아가 추격하여 남군에 이르렀다. 그때 다시 돌림병이 일어나 북군(위군)이 많이 죽으니, 조공은 물러나 돌아갔다.

정사에 기재된 내용들은 이처럼 간략하게 핵심적인 역사적 사실들만 기록하고 있다. 그리고 연의소설에서 그동안 감명 깊게 읽었던 여러 가지 일들은 소설 속 이야기에 불과하다. 연의소설의 허구가 가장 두드러지게 보이는 부분이 바로 이 적벽대전이다.

황개가 형을 받고 고육책을 쓰는 장면, 방통의 연환계와 장간蔣幹이 등장하여 주유를 만나는 장면, 제갈량이 제를 올리고 군을 통솔하며 볏짚 배로 화살을 얻는 장면, 제갈량이 주유를 세 번 화나게 하여 주유를 죽음에 이르게 하는 장면 등등은 연의소설에서 등장하는 허구일 뿐이다.

여기서 다시 오촉 연합군이 승리했던 요인과 사용했던 전략을 정리해 보겠다.

적벽대전은 유비와 손권의 연맹전략이었다. 특히 유비 측이 오나라와 연합하여 조조에게 대항하는 전략이었는데, 이는 제갈량의 "융중대"라는 기본 국책의 성공적인 실천이었다. 연합군이 조조군에 대승을 거두었던 이유를 나열하면 다음과 같이 다섯 가지로 요약된다.

첫째, 천하의 대세에 대한 냉정하고 정확한 분석이 있었다. 『손자병법孫子兵法 · 모공謀攻』에서도 지피지기면 백전백승이라고 하였다. 이는 동서고금을 통하여 확인되었다. 상대방과 아군의 각종 요소들을 충분하게 파악하고 분석하지 않으면 승리할 수가 없다. 제갈량의 "융중대"전략에서 이미 그러한 정세를 분석해 놓고 있었다. 촉나라 입장에서 보면, 조조는 원소에게 승리하여 백만 군대를 거느리고 천자를 끼고 제후들을 호령하고 있어 당장은 상대하기에 역부족인 상대였다. 그리고 손권은 3대에 걸쳐 강동 지역을 다스리고 있어 지역 백성들의 인심을 얻고 있었다. 그래서 손권과 협력할 수 있으나 적대하면 안 되는 상황이었다. 그 외 나머지 도모할 수 있는 지역은 형주와 익주 두 곳이었다. 두 곳에서 근거지를 마련하고 평안하게 다스린 후, 때가 되면 형주에서 낙양 쪽으로 진군하고 익주에서 장안 쪽으로 치면서 패권을 이루어 한나라 왕실을 부흥하고자 하였다. 우선 익주와 형주에 근거지를 삼고 두 갈래로 중원을 치는 전략이었던 것이다. 이러한 융중대전략이 적벽대전을 계기로 일부분 실현이 되었던 것이다. '천시天時는 지리地利보다 못하고, 지리는 인화人和보다 못하다' 라는 속담이 있듯이, 천명과 지리적 이점보다 인화가 더 중요한 것이다. 오촉 연합군은 그러한 도리를 잘 이용하며 당시의 형세에 결합시켜 승리를 얻을 수 있었다.

두 번째는 시기와 형세를 잘 판단한 전략으로 승리하였다. 전쟁에서 전략은 장기에서 패를 잘 쓰는 것이나 작가가 작품 구도를 잡는 것과 같이 매우 중요하다. 융중대에서 말한 것처럼 유비 측은 처음부터 누가 적이고 누가 우방인지를 명확하게 설정하였다. 조조는 적으로 삼으나 워낙 강하여 함부로 대하는 것을 조심하였고, 실력이 강한 손권과는 적대하지 않고 우방으로 삼아 공격하지 않기로 미리 정해놓았다. 종합적인 상황을 고려하다가 적벽대전의 호기를 잡아 오와 연합하여 조조를 치는 작전 구상을 실현할 수 있었다. 유비 측은 자신들의 실력이 약한 상태에서 본심을 드러내지 않는 전략과 내실을 기하는 전략을 이용하여 형주와 익주에서 근거지를 확보하였다.

세 번째는 미래의 정세를 정확하게 예측하였다. 구체적으로 천하가 삼분이 될 것이라는 것을 미리 예상하였다. 제갈량은 애초에 천하는 조씨, 손씨, 유씨가 삼분할 것이라는 것을 염두에 두고 융중대전략을 짠 것이다. 조조는 대군의 강력한 군사력, 손권은 두터운 민심, 유비는 현덕으로 천하를 삼분할 것을 예상하였다. 제갈량이 노숙을 따라 강동으로 가서 손권에게 유세할 때도 그러한 점들을 정확하게 지적하였다.

"조조군은 패하여 반드시 북으로 돌아갈 것이고, 남쪽에는 형주와 오의 세력이 자리를 잡아 정립하는 형태로 천하가 다스려질 것입니다."

그렇게 제갈량은 시국을 명확하게 예상한 것이다. 그것이 제갈량이 그의 전반기에 세운 가장 중요한 업적이었다.

네 번째로 사전에 충분한 자신감과 신념을 지니고 있어 조조군의 패배를 자신있게 예견하였다. 당시 조조군은 한 시대를 풍미하고 있었다. 그들은 남진하여 양양, 장판파, 강릉 등을 연이어 공략하였다. 그리고 유종, 유비, 유장 등을 차례로 물리치니 그 위세는 당당하여 누구도 당할 수가 없었다. 그러나 제갈량은 그러한 기세에 눌리지 않고 손권에게 몇만의 군사만 지원해주면 80만 대군의 위나라에 승리할 수 있다고 자신하였다. 주유 또한 제갈량의 말을 거들며 손권에게 이렇게 말하였다.

"지금이 조조를 잡을 기회입니다. 저에게 3만의 정예부대를 주시면 하구로 가서 조조군을 물리칠 수 있습니다."

조조군을 이길 수 있다는 자신감이 넘치는 말이었다. 믿음은 성공을 보장하는 것이다. 그것이 손권이 승리할 수 있었던 요인이기도 했다.

다섯 번째로 동맹군은 정치, 경제, 군사에 대하여 깊은 이해가 있었고, 오나라는 우수한 정치 역량, 경제 실력과 뛰어난 수군을 갖추고 있었다. 오촉 연합군의 일부만 촉군이었고 대다수는 오군으로 이루어져 있어서 적벽대전의 승리는 사실상 오나라의 승리였다. 제갈량은 일찍이 융중대에서 "손권은 3대에 걸쳐 강동 지역을 다스리고 있어 나라가 부강하고 지역 백성들의 인심을 얻고 있는바……"라고 하였고, 주유 또한 "장군(손권)께서는 뛰어난 재능으로 부형의 유업을 잘 받들어 강동을 할거하니 강토가 수천 리에 이르고 군사는 강하고 백성들은 윤택하게……"라고 말한 적이 있었다. 적벽대전 전에 손권이 형세를 분석할 때, 주유는 반복하여 조조가 자신들의 강동군과 수군전으로 승패를 가리려 하지 않을 것이라고 주장하였다. 전통적으로 위나라의 수군은 오나라 강동의 수군에 밀린다는 상황을 주유는 잘 파악하고 있었다. 작전에 앞서 판세를 정확하게 읽은 것이 승리하는 데 적잖이 주효하였다.

적벽대전에서 오촉 연합군은 조조보다 더 많은 탁월한 전략 계획과 민첩한 작전 지도력을 보여주었다. 오촉 연합군은 당시의 정세가 두 나라가 연합해도 위나라에 전력이 밀리는 것을 잘 알고 있었다. 그래서 성심성의로 일치단결하여 정치 군사적으로 조조군과 겨룰 수 있는 역량을 만들기 위해 노력하였다. 먼저 지피지기知彼知己라는 손자병법의 기초에 입각하여 조조군의 상황을 잘 파악하였고, 서로 간의 장단점을 면밀하게 분석하였다. 그리고 천시와 지리의 이점을 잘 이용하여 상대방을 기만하는 화공작전을 과감하게 펼쳤다. 상대방의 허점을 노려 예상외의 타격을 가한 것이 효과를 보았다. 화공을 이용한 습격이 성공하자, 그 기회를 놓치지 않고 주력함대로 혼란에 빠진 조조군을 공략하여 승부를 결정지었다.

반면 조조는 오랜 세월 동안 종군하여 그 전력이 찬란했지만 적벽대전에서는 여러 차례 전략과 전술에서 착오를 일으켰다. 자신의 병력이 우세하여 상대방을 쉽게 보고 경솔하고 무모한 공격을 감행하였다. 조조는 막강한 기병에 의존하지 않고 수군을 이용하면서 배를 서로 연결시키는 결정적인 실수를 범하고 말았다. 이는 곧 장점을 버리고 단점을 취하는 형국이어서 어찌 성공할 수 있겠는가? 그리고 황개의 속임수에 쉽게 넘어가 경계를 소홀히 하였는데, 이 점은 조조의 실수보다 주유와 황개의 전략과 속임수가 뛰어났다고 말할 수밖에 없다.

조조는 적벽대전 이전의 전투에서는 연전연승을 거두어 용병에 능했는데 왜 적벽대전에서는 실패하였을까? 당시 조조의 참패는 놀라운 일이었다. 여기서 조조가 실패한 원인을 분석해 보자.

조조의 당면 목표는 유비였다. 조조는 약자를 먼저 공격하는 전략을 쓰고 있었다. 그는 유비가 약소할 때 소멸시키지 않으면 나중에 심적으로 큰 화가 된다고 여겼다. 조조의 당시 작전은 두 갈래의 협공으로 강하江夏(현재 호북성 운몽현으로 무한시 남쪽)에 머물던 유비군을 공격하는 것이었다. 당시 유비는 당양에서 참패하여 따르는 무리가 1만 5천 명밖에 되지 않았고, 조조군의 두 부대는 9만 명으로 촉군을 섬멸하는 것은 쉬운 일이었다. 당시 조조는 당장 손권에게는 군사작전을 펼칠 생각이 없었고, 손권을 이길 수 있다는 확고한 자신도 없었다. 그 이유 중의 하나가 자신의 수군이 손권의 수군을 이길 만한 수준에 아직 이르지 못했기 때문이다. 조조가 의존하는 수군은 새로이 투항해 온 형주 해군으로서 손권과 직접적으로 맞붙기에는 역부족이었다. 조조는 자신의 계획이 제갈공명에게 깨질 줄은 전혀 생각하지 못하고 있었다. 손권이 그렇게 빨리 신속하게 유비를 도와 자신에게 대항할 줄 몰랐던 것이다.

사실 유비의 도움이 없어도 손권은 자신의 실력으로 강동 지역을 지킬 수 있었다. 그러나 유비의 경우는 달랐다. 손권의 도움이 없다면 필연 소멸되거나 산간벽지로 쫓겨 나가 재기도 불가능하였을 것이다. 유비가 사람을 시켜 매일 번구樊口(그 당시 유비가 주둔하던 곳)의 강변에서 눈이 빠지게 주유군이 도착하기를 기다린 이유가 거기에 있었던 것이다. 만약 조조군이 오군보다 먼저 도착했더라면 유비는 끝났을 것이다. 유비 자신의 군대로 어떻게 막강한 조조군과 상대를 하겠는가?

조조도 그렇게 지략이 없는 사람은 아니었다. 그는 손권이 유비를 돕는 것을 막기 위해 일련의 조치를 취하긴 했다. 손권에게 서신을 띄워 자신의 병력을 과시하고 겁을 주어 감히 유비를 돕지 않도록 했다. 또한 동쪽 세 갈래로 군대를 파견하여 손권의 후방을 치게 해 더 이상 오군이 다른 곳으로 나오는 것을 막으려 했다. 조조는 자신의 군대가 준비가 덜된 상태에서 급하게 공격하는 모습을 보였는데, 이는 손권이 유비를 돕기 전에 서둘러 유비 진영을 소멸시키려고 한 이유 때문이었다. 그러나 그의 그러한 계산보다 손권을 설득하여 자기편으로 만든 제갈량의 세 치 혀가 한 수 더 빨랐다. 조조는 공명을 과소평가하지나 않았을까?

적벽대전에서 공로가 가장 컸던 인물은 제갈량이 아니라 주유이다. 나관중의 소설 『삼국연의』가 나오기 전에 문인학자들은 주유의 적벽대전에서의 역할을 매우 높게 평가하고 있었다. 당나라 영사시의 대가 호증胡曾도 『적벽赤壁』이란 시에서 적벽대전에서 조조의 대군을 격파한 주유의 활약을 높이 평가하였다.

동으로 흐르는 장강의 물결은 옛 영웅의 흔적을 씻어 내려가고, 옛 보루의 서쪽을 사람들은 삼국시대 조조를 격파한 주유의 적벽이었다고 말한다. 요란스러운 돌 바위는 하늘을 뚫고 성난 파도는 둑을 할퀴고 회오리는 눈보라를 일

으킨다. 마음은 옛 고향으로 내달리니 다정했던 사람은 마땅히 벌써 백발이 된 나를 비웃으리라. 인간 세상이 꿈과 같으니 한 잔 술을 강물 위 달에 부어 바치노라.

당송 시인들은 주유를 곧잘 찬미하였는데, 적벽대전에서 조조를 격파한 주요 공로를 주유에게 돌렸다. 이는 객관적으로 역사 사실에 부합되는 평가이다. 중국 문예 사상 가장 위대한 시인 소동파蘇東坡 또한 『염노교念奴橋 · 적벽회고赤壁懷古』에서 주유를 그리는 마음을 나타냈다.

군사 행동 방면에서도 주유는 오군의 도독이며 연합군의 총사령관이었다. 이는 곧 주유가 적벽대전의 총지휘자였음을 뜻하며, 제갈량은 장수도 아닌 전략가로서 참가자일 뿐이었다. 오촉 연합군이 승리한 데는 물론 여러 가지 원인이 있다. 그 공로가 한 사람 것이 아닌 것은 분명하지만, 총사령관이었던 주유가 승리의 일등 공신이었음은 의심할 여지가 없다. 주유는 당시 총사령관이란 중책을 맡으면서 엄정하게 군을 통솔하였다. 유비 역시 그에 대해 숙연한 태도로 대하였다. 유비가 번구로 가서 주유를 만날 때의 일이다. 주유가 3만 명의 병사만 이끌고 온 것을 본 유비는 노숙을 불러 상의하려 했다. 이에 주유는 자신은 군령을 받들고 있으니 마음대로 다른 사람에게 일을 전가해서는 안 된다고 하고, 만약 노숙을 만나겠다면 다음에 오라고 따끔하게 말했다. 이 말을 들은 유비는 한편으로 부끄러워하면서도 한편으로는 주유의 엄격한 통치 스타일에 기뻐하였다. 조조는 적벽대전에서 패배한 뒤 손권에게 보낸 서신에서 "적벽대전에서 아군은 질병으로 물러나게 되어 주유의 명성만 높아지게 되었다"라고 하였는데, 이는 조조가 자신을 변명하면서 주유의 능력을 높이 평가했다는 반증이 되기도 한다.

적벽대전의 두 번째 공신은 오나라의 황개이다. 황개와 관련하여 중국어에서는 유명한 헐후어歇後語*가 있다.

---

*헐후어歇後語:앞부분만 말하고 뒷부분을 과감하게 생략하는 수수께끼 형식의 속담

周瑜打黃盖, 一個願打, 一個願挨.

주유가 황개를 때리다. 즉, 쌍방이 모두 원하여 알고 때리고 알면서 맞는다.

비록 황개가 역사적 사실에서 주유에게 거짓으로 매를 맞으며 고육책을 쓴 일은 없지만, 조조를 속이고 거짓 항복하여 결정적인 공헌을 한 것은 분명한 사실이었다. 황개는 오나라의 노장으로 적벽의 승리를 위해 큰 희생을 하였다. 만약 그의 거짓 항복이 없었다면 주유의 화공은 성공하지 못했을 것이다. 그의 충심은 참으로 귀감이 되고 있다.

현재 사람들은 적벽대전의 승리를 너무 제갈량의 공으로 돌리고 있다. 그것은 나관중의 소설 『삼국연의』가 너무 지나치게 제갈량을 미화한 결과이다. 그 소설에서 제갈량은 신출귀몰한 활약을 한다. 손권이 적벽대전 후에 합비에서 조조군과 싸울 때 일어났던 일을 마치 제갈량이 적벽대전에서 한 것처럼 비약시키기도 한다. 그것은 바로 유명한 초선차전草船借箭(십만 개의 화살을 볏짚 배를 이용하여 얻은 일)의 이야기이다. 또한 제단에 올라 동풍을 바라는 고사를 지내고 화공을 쓴 것이 마치 제갈량의 전략인 것처럼 묘사하여 역사를 현혹시키고 있다. 연의소설에서는 적벽대전에서 조조군을 물리친 일등 공신은 제갈량이라고 미화하여 후세 사람들이 그를 숭배하게 만들었다.

제갈량의 후손들이 나관중에게 무슨 뇌물을 주었는지 모르겠다. 나관중은 제갈량을 극진하게 미화하여 지략이 넘치고 신에 가까운 인물로 만들었다. 그러나 이것은 문학작품의 허구일 뿐이다. 모두 진실이 아니다. 제갈량은 적벽대전에서 별로 한 일이 없었다. 적벽대전이 일어날 때 제갈량은 융중에서 하산한 지 얼마 지나지 않은 시점이었다. 유비와 제갈량이 처음 만난 시점은 서기 207년이고, 제갈량이 관직을 받은 시기는 적벽대전이 일어난 시점인 208년의 일이었다. 유비가 제갈량에게 군사軍師라는 직책을 주었다는 것은 사실이 아니다. 역사적으로 당시에 그러한 직책이 없었을 뿐만 아니라 금방 유비 측에 들어온 제갈량에게 그러한 중책을 맡겼을 리도 없었다.

그리고 제갈량이 유비를 도와 제대로 활약하기 시작한 것은 적벽대전 이후의 일이었다. 적벽대전 당시 제갈량은 작전참모가 아니라 군량 보급과 내정 및 외교를 담당하는 지금의 행정관이었다. 적벽대전 이전에 제갈량의 유일한 공로는 오촉 연맹을 촉진시킨 일뿐이었다. 유비가 제갈량을 제대로 중용을 한 시기는 적벽대전 이후의 일이며, 적벽대전 기간에 제갈량의 역할은 미미하였다.

적벽대전은 연의소설에서 가장 흥미로운 부분에 속한다. 오촉 연합군은 적은 병력으로 조조의 대군을 격파하여, 조조의 천하통일의 꿈을 거품으로 만들어 버렸다. 적벽대전의 흥미는 모략에 있다. 모략이 상황 전개를 변화무쌍하게 만들고 흥미를 더해 사람들에게 감탄을 준다. 천여 년이 지났지만 적벽의 흥미로운 이야기는 아직도 사람들의 입에 오르내리고 있다. 그중에서 나타나는 기발한 모략과 계책은 현대 사회에서도 거울로 삼고 있을 정도이다. 그러므로 적벽대전의 현실적 의미와 가치는 명백하게 높다는 것을 알 수가 있다.

한편으로 적벽대전의 수중작전은 후세에 막대한 영향을 주기도 하였다. 적벽대전은 또한 사람들이 바라는 통일은 준비와 실력이 충분하지 못하면 실현할 수 없다는 것을 알려주기도 한다. 준비를 잘하지 않고 공격하면 안 되며, 아군에게 유리하지 않으면 공격하지 말 것이며, 좋은 기회가 아니면 공격하지 말라는 다음과 같은 손자병법의 이치를 잘 보여주는 전투였다.

> 夫戰勝攻取, 而不修其功者凶, 命曰"費留". 故曰:明主慮之, 良將修之. 非利不動, 非得不用, 非危不戰. 主不可以怒而興師, 將不可以慍而致戰. 合於利而動, 不合於利而止. 怒可以復喜, 慍可以復悅, 亡國不可以復存, 死者不可以復生. 故明君愼之, 良將警之. 此安國全軍之道也.
>
> 무릇 싸워 승리하고 공격하여 탈취했으면서도 그 공적을 다스리지 않는 자는 흉하니, 이를 비류라고 한다. 그래서 총명한 통치자는 깊이 사려하고, 훌륭한 장수는 그것을 잘 다스리는 것이다. 유리하지 않으면 전쟁을 하지 않으며,

국가에 이익이 될 것이 없으면 군대를 사용하지 않고, 국가가 위기에 있지 않으면 싸우지 않는다. 통치자는 노여움에 사로잡혀 군사를 일으켜서는 안 되며, 장수 또한 분노 끝에 전투를 해서는 안 된다. 국가의 이익에 합치하면 행동하고 이익에 합치하지 않으면 전쟁을 하지 말아야 한다. 노여움은 해소되어 다시 기뻐질 수 있고, 분노는 다시 즐거워질 수 있지만, 한 번 멸망한 국가는 다시 존재할 수 없고 죽은 자는 다시 살아날 수 없기 때문이다. 그러므로 총명한 통치자는 전쟁을 신중히 삼가며 훌륭한 장수는 전쟁을 경계한다. 그것이 국가를 안전하게 하고 군대를 보전하는 방법인 것이다.

『손자병법』 제12편 〈화공火攻〉

3. 이릉전투의 승패에는 근거가 있었다

이릉전투는 효정전투라고 불리기도 한다. 이릉전투는 서기 221년 7월부터 222년 8월까지 손권과 유비가 형주 8군을 쟁탈하기 위해 벌인 전쟁이었다. 이는 중국 고대 전쟁사에서 적극적인 방어작전이 성공한 예를 보여주는 유명한 전투였다. 적벽대전이 삼국정립의 기초를 닦았다면, 이릉전투는 그러한 삼국정립을 완전하게 확립시켰다고 말할 수 있다.

건안 24년(219년) 가을, 유비의 수하 대장 형주독荊州督인 관우는 북벌에 나서는데, 그 틈을 이용하여 오나라는 윤달을 기다렸다가 여몽呂蒙의 계책으로 형주를 기습하였다. 관우는 회군하여 형주 탈환에 나서지만 실패한 후 전사하고 말았다.

장무 원년(유비가 칭제한 해, 221년) 음력 7월 가을에 접어들자 오나라에 대하여 깊은 원한을 가진 유비는 몸소 4만의 대군을 이끌고 오나라를 공격하였다. 이것이 이릉전투의 시작이었는데, 가장 큰 목적은 전사한 관우를 위해 복수하는 데 있었다. 손권은 즉시 강화를 맺고자 하였으나 유비가 받아들이지 않았다. 그리하여 손권은 육손陸遜을 대도독을 삼고, 주연朱然, 반장潘璋,

송겸宋謙 한당韓當, 서성徐盛, 선우단鮮于丹, 손환孫桓 등의 장군과 5만 군사로 하여금 유비와 대항하게 하였다. 두 진영은 무협, 이릉, 자귀 지역을 경계로 대치하였다.

사실상, 당시 유비의 신임이 두터웠던 제갈량을 비롯하여 대부분의 촉나라의 군신들은 그 전쟁을 반대하였다. 그러나 이미 당시의 유비는 통제할 수 없는 심리 상태여서 어느 누구의 간언도 귀담아듣지 않았다. 그리고 세부전략에 대해서도 촉나라 내부에서 의견 일치가 되지 않고 있었다. 황권黃權은 유비에게 다음과 같은 건의를 하였다.

"오군은 용맹하고 저들의 수군은 막강합니다. 삼협 방향으로 나가기는 쉬우나 돌아오기는 어렵습니다. 신이 청하건대, 신이 선봉에 서고 폐하는 후방을 지키심이 마땅합니다."

이는 응당 합리적이며 충분하게 유비에 대한 충성심을 나타낸 말이었다. 그러나 이 건의도 유비에게 받아들여지지 않았다. 유비는 황권을 진북장군에 임명하여 수군 1만으로 위군을 방어하라 명하고, 나머지 전군은 오나라와의 이릉전투에 투입시켰다.

위나라 황초 2년(221년, 촉나라 장무 원년), 유비는 서둘러 칭제하고 신하들에게 새로운 관직을 주었다. 그리고 조자룡, 진복秦宓 등 여러 신하들의 반대의견을 무시하고 황급하게 오나라 공격을 시작하였다. 그러자 손권은 손부인孫夫人과 형주 반환, 장비를 살해한 촉나라의 배신자 범강范疆과 장달張達을 돌려보낸다는 조건으로 강화를 요청했지만 유비는 이를 거절하였다.

당시 손권은 유비와의 강화가 거절되자, 위나라와 관계를 개선하여 오나라 왕에 등극하였다. 그와 동시에 육손을 대도독을 삼고 5만 명의 정예 군사로 촉군과 맞서게 하였다. 익양益陽(호남성)에는 1만의 군사를 주둔시켜 무릉武陵(호남성 상덕)의 토착 주민들이 촉나라를 돕지 못하도록 하였다. 그렇지만 촉군 4만 명이 사천성 무산과 호북성 자귀 지역을 맹공하자, 손권은 모든 면에서 불리하다고 판단하여 주동적으로 후퇴하여 이릉 일대에서 주둔했다. 오군에게는 이릉 일대가 방어하기에 적소였다. 수백 리의 협곡과 산악 지역은 유비의 촉군을 피곤하게 만들었다. 양쪽 진영은 그렇게 반년 정도 대치 상태에 들어갔다.

다음 해 초 유비는 수군을 파견하여 이릉 지역으로 들어가게 하고, 자신은 친히 대군을 이끌고 자귀에서 기구산을 거쳐 이릉까지 갔는데, 그 진영이 수십 리에 이르렀다. 그리고 황권을 파견하여 이릉의 북부에서 오군과 대치하게 하고 위나라의 습격에도 대비하였다. 또한 마량馬良을 무릉에 파견하여 오나라를 반대하고 촉나라에 투항한 부족 수령 사마가沙摩柯를 맞게 하였다. 그런 후에 유비가 선봉장수 장남張南을 보내 손환孫桓을 이도에서 포위 공격하자, 오군의 여러 장수들이 구원병을 보낼 것을 요청하였다. 그러나 육손은 장수들을 설득하며 끝내 병력을 지원하지 않았다. 유비는 또 산골짜기에 매복하고 있었는데, 오반吳班으로 하여금 일부러 평원에 나아가 진영을 설치하게 하여 육손이 나오기를 기다렸다. 그러나 육손은 이미 유비의 계책을 간파하고 있었기 때문에 그러한 계략에 넘어가지 않았다. 그렇게 양쪽 군대는 이럭저럭 대치하며 허송세월을 보내고 있었다. 촉군이 원정에 따른 속전을 하지 못하고 오랫동안 대치하자 유비의 각 진영은 구심점을 잃어가고 후방 물자 조달에도 문제점이 나타나기 시작하였다. 그리고 사병들은 피로하여 기강이 점점 해이해져 갔다. 또한 무더운 혹서가 촉군을 괴롭히자 유비는 수군을 육상으로 이동시켰다. 그로부터 촉나라 군대는 공격의 주도권을 상실하기 시작하였다. 윤 6월에 이르자 육손은 시기가 무르익었다고 생각하고 방어에서 공격으로 전환하기로 결정하였다. 먼저 화공으로 촉군의 진영을 흩뜨리고 계속해서 맹렬하게 돌진하니, 유비는 혼쭐이 나서 도망치고 장남 장군은 전사하고 말았다. 뒤이어 육손이 강변을 봉쇄하자 촉군은 장강의 동서로 갈라지고 말았다. 그 즉시 육손 부대는 양쪽으로 공격하여 촉군을 격파하였는데, 불탄 진영만 40여 곳에 이르렀다. 촉군의 수많은 장군과 병사들이 죽거나 투항하기 시작했다. 육손은 유비가 마안산馬鞍山으로 줄행랑치자 병력을 집중하여 포위 공격하고 촉군의 몇만 명 병사들을 섬멸시켰다. 유비는 잔여 부대를 이끌어 포위망을 돌파하고 자귀로 향하였는데, 길은 험하고 오군에게 계속 쫓기는 신세가 되었다. 오군은 남산南山(자귀의 남쪽에 있는 산)까지 유비를 추격해 갔다가 유비를 놓치고 돌아갔다. 한편 촉나라 장수 황권은 퇴로가 막혀 많은 군사들을 이끌고 조조에게 투항해 버렸다. 유비는 잔병을 수습하고 도망가서 백제성에 머물다 얼마 지나지 않아 병사하였다.

촉나라 입장에서 이러한 이릉전투는 본래 일어나지 말아야 할 전쟁이었다. 결과적으로 양측의 손실은 심각하였다. 손권은 비록 승리했다고 하나 감령甘嶺 등의 맹장들이 전사하였고, 조조에게 어부지리의 이득을 가져다주었다. 특히 촉나라의 손실은 심각하였다. 오호장군의 하나인 황충이 죽었고, 손부인이 돌아오지 못하는 등 유비의 원한은 갚지도 못하였다. 원래 촉나라의 국력이 약한데다가 전란이 더해지니 상황이 더욱 심각해졌다. 촉나라의 공격 형태는 두 갈래 길이었는데, 하나는 형주 쪽으로 나아가고 다른 한쪽은 한중 쪽으로 나아가는 것이었다. 그런데 이릉전투의 패배로 형주 쪽의 길이 막혀 버려 한중 쪽으로 나아가는 공격선으로 한정이 되고 말았다. 나중에 제갈량이 북벌을 시도할 때 이 문제 때문에 식량 보급과 전략에 문제가 생기게 되었다. 이래저래 촉나라의 손실은 만회할 수 없을 정도로 컸다.

다음은 이릉전투의 승패득실을 따져 보자.

첫째, 승패의 원인이다. 전쟁 초기에 촉군은 순조롭게 장강의 흐름을 따라 동쪽으로 이동하였고 수륙 양면작전을 감행하였다. 촉군은 여러 가지 우세함을 가지고 주동적 위치에서 상대방을 공략하며 오나라 영토의 5, 6백 리까지 들어가는 데 성공했다. 그러나 유비는 속전속결에 실패하고 정월에서 5월까지 서로 대치하는 장기전에 돌입하였다. 심지어 그 기간에 군대가 자귀 지역으로 돌아가기도 했다. 반면 오나라의 육손은 물러서면서 체계적으로 방어했고, 촉군의 전선은 길게 늘어뜨려지면서 구심점을 잃고 말았다. 그리하여 촉군은 장기전에 따른 피해로 병사들이 피로하는 등의 진퇴양난의 경지에 빠지게 되었다. 오군은 이릉전투에서 열세를 우세로 전환시켰고, 최후에는 7백 리에 걸쳐 나무 목책으로 이어놓은 촉군 진영을 화공으로 일망타진하는 데 성공하였다.

쌍방의 교전 조건은 어떠하였을까? 오나라는 두 개 반의 주를 거점으로 하는 반면, 촉나라는 한 개의 주에 그치고 있었다. 인구는 두 배 이상의 차이가 있었다. 오나라는 건국한 지가 오래되어 기초가 튼튼한 반면, 촉나라는 아직 기반이 공고하지 못하였다. 외교적으로 오나라는 위나라에 군신의 예로 대하면서도 무력적인 공격에는 자체 전력으로 항전이 가능한 수준이었지만, 촉나라는 그러한 힘이 없어 양국의 눈치를 봐야 하는 형세였다. 더욱 중요한 관건은 오나라에서는 형주를 다시 되찾아 단결력이 강해지고 인심은 고조되는 시점이었다. 그런 반면 유비는 관우를 잃은 마음에 평정심을 잃은 상태였고, 내부 의견도 분분하여 인심이 일치하지 못하고 있었다. 이를 종합적으로 판단하면 전략과 실력에서 오나라가 절대적 우위를 확보하고 있는 상태였다. 그런 상황에서 육손이 침착하게 대응하였으니 유비의 어떤 전술이라도 승리를 얻기 쉽지 않았을 것이다.

두 번째, 전쟁의 결과이다. 전쟁의 승리는 끝나봐야 아는 것이긴 하다. 불리하던 형세가 급변하여 유비가 승리할 수도 있었다. 그렇더라도 그 무렵 촉나라로서는 관우가 생존했던 시기의 군사력을 회복하기에는 역부족이었다. 그리고 이릉전투 전에 이미 오촉 연맹은 균열되어 세력 간의 관계는 긴장 상태로 치닫고 있었다. 설사 조조군이 다시 남진하여 오촉 연맹이 다시 이루어진다 하여도 손권의 형주에 대한 끝없는 욕구 때문에 반쪽짜리 형식적인 연맹에 지나지 않았을 것이다. 앞서 관우도 그러한 오군 때문에 북벌에 상당한 부담을 가지고 있었다. 돌파와 포위를 병용한 협공에 주력하던 관우의 형주군도 오군이 호시탐탐 형주를 노리는 상황에서 별다른 전과를 올리지 못하고 있었다. 관우군은 당시 군대를 양분하여 오군에게도 경계를 하다 보니 북벌의 역량이 쇠퇴하고 부담만 가중되는 결과가 되었다.

그리고 더욱 중요한 것은 촉군이 장기간 형주 문제에 얽매어 있어서 관중을 탈환할 적기를 놓쳐 버린 점이다. 유비가 익주를 얻은 후 6년 동안 형주와 익주 사이에 병력을 빈번하게 이동하고, 한쪽으로만 신경 쓰다 보니 관중지역에 틈을 돌릴 여유가 없었다. 그리고 유비의 그러한 명령에 따르던 군사들도 피로해졌고, 촉나라의 전투 초점이 위나라가 아닌 오나라가 되는 상황이 되고 말았다. 촉나라의 주력군은 그 무렵 형주에서 거의 10만에 이르는 전투 병력이 소모되었다. 동시에 이릉전투는 관우, 마량, 황권, 장남, 풍습 등의 우수한 장수들도 잃어 촉나라는 쇠락의 길로 치닫기 시작하여 그대로 주저앉아 버리는 결과를 낳게 하였다. 촉나라에 치명적이었던 이릉전투는 유비의 일시적인 감정에 의해 일어났으며, 유비의 여러 가지 독단과 실책으로 실패를 초래한 전쟁이었다.

세 번째는 전략의 선택 문제이다. 융중대의 형성에는 그 역사적 원인이 있음과 동시에 그 전략은 촉나라 정권의 기초가 되었다. 그러나 융중대의 양대전략 "오와 연합하고 위에 항거한다", "형주와 익주를 기반으로 삼는다" 간에는 조화하지 못하는 모순점이 내포되어 있었다. 이릉전투의 참패는 그 두 가지 전략상의 모순이 충돌한 결과라고도 말할 수 있다. 이 문제에 대하여 방통과 법정 등은 일찍이 모순점을 인식하고 역사 경험에 비춰, "옹량雍凉 지역을 잠식하고 관중을 점령하여 동관潼關으로 나아가 천하를 쟁패해야 한다"는 전략을 주장하였다. 즉, 진한의 옛길을 통하자는 주장이었다. 장무 원년(221년)에 조자룡도 이릉전투를 벌이려던 유비를 말리면서 하루빨리 관중을 도모하라고 재촉하였다. 그것이 당시의 유일하고 정확한 전략 방침이라는 것을 역사가 증명하고 있다.

군사적으로 말하여, 유비가 형주에 얽매이지 말고 익주를 얻은 뒤 신속하게 북벌했더라면 한중을 취할 때의 "땅은 얻었으나 백성을 얻지 못한" 지경에는 이르지 않았을 것이다. 그리고 촉나라의 유명한 여러 장수들이 전부 패하기 전에 위나라와 겨룰 수도 있었다. 관우가 죽은 시점에서 유비가 너무 감정에 얽매이지 말고 오나라와 담판으로 문제를 해결하였다면 상황은 달라졌을 것이다. 손권과 연합하여 형양과 합비 방면으로 출격하게 하고, 유비 자신의 주력부대는 북으로 진격하였다면 촉나라로서는 좋았을 것이다. 당시 관중 지역에서의 조비曹丕군은 진입한 지 얼마 지나지 않아 안정이 되지 않았고, 정권 교체기라서 사람들의 인심이 불안한 모습을 보였다. 그때 오촉군이 양면에서 공격한다면 그에 대한 방어가 쉽지 않았을 것이다. 그러면 촉군이 관중 지역을 탈취하게 되는 가능성은 매우 높았을 것이고, 그렇게 삼분 국면은 새로운 전기를 맞아 각국의 실력은 균형을 잡았을 것이다.

정치적인 국면을 살펴보자. 한나라 황실을 부흥하는 것이 유비의 정치 포부이며, 또한 그것은 촉나라의 건국이념이었다. 그런 명분에서 보면 조비는 한나라 황위를 찬탈했으므로 촉나라에게는 대역적이었다. 그러나 유비는 관우의 죽음으로 형주의 득실에 얽매어 그가 내세우는 대의명분을 포기하였다. 그것에 따른 도의적인 문제들은 많은 역효과를 내어 촉나라 내부의 갈등으로 비화되었다.

그러나 유비는 한나라 고조 유방劉邦처럼 정치에 능숙하지 못하였다. 유비는 국가전략의 방향을 정확하게 잡지 못하고, 개인적인 감정에 치우쳐 시간과 정열을 낭비해 버렸다. 그리하여 결국은 착오의 길에서 한발 더 나아가 돌이킬 수 없는 결과를 스스로 초래하고 말았다.

다음은 이릉전투가 벌어지던 무렵 오촉 양군의 병력 상황이다. 많은 사람들이 당시의 촉군은 4만 명이고 오군은 5만 명이라고 말한다. 그러나 정황을 분석해 보면 촉군의 병력은 오군보다 훨씬 많은 10만에 육박할 것으로 보이는데, 그 이유를 나열해 보면 다음과 같다.

1. 『삼국지 · 위서魏書 · 문제기文帝紀』에서 "유비 측 지부대는 4만 명이고 말은 2, 3천 필에 이른다"라고 인용한 부분이 있는데, 이는 사실 『촉서선주전蜀書先主傳』에 언급된 "오반과 풍습"의 지부대를 의미하고 있다. 『위서유엽전魏書劉曄傳』에서도 "육의陸議(육손의 본명)가 유비를 크게 무찌르니, 유비의 8만여 명의 군대는 거의 섬멸되었다"라고 말하고 있다.

2. 이릉전투에서 유비군은 40여 곳의 군영을 두었고 그것을 이어놓았는데, 그 길이가 7백 리에 이르렀다. 이렇게 군영 사이를 이어놓은 것은 후로後路가 차단될까 두려워서였다. 그래서 무협에서 이릉의 최전선까지 군대의 진영을 이어놓은 것이었다. 이런 상황을 만들려면 충분한 병력이 없으면 불가능할 것이다. 그런데도 오군보다 병력이 모자란다는 것은 설득력이 없다.

『삼국지 · 오서 · 주연전朱然傳』에서도 "주연은 유비의 선봉을 공격하지 않고, 그 후방 보급로를 끊었다"라고 하였다. 이는 역설적으로 촉군의 병력이 많았음을 의미한다.

3. 촉의 황권은 강북에 주둔하고 있었는데, 그의 주된 임무는 위군의 침입을 방어하는 것이었다. 그런데도 황권은 동쪽의 오군 방어의 임무까지 수행하였다. 그의 군대는 1만 명이 안 되더라도 8천 명 이상은 되었을 것이다. 나중에 황권은 위나라에 투항하였는데, 그 당시 군관 318명이 포함되어 있었다. 당시에 군관은 20여 명, 열후列侯로 봉해지면 42명, 장군낭장將軍郎將은 100여 명의 병사를 통솔하였다. 만약 황권이 만 명 정도의 병사들을 통솔하지 않았다면 수백 명의 군관은 어디서 왔을까?

4. 육손의 화공 공격으로 촉군이 무너지면서 전방의 장남, 대독 풍습, 만이蠻夷 장군, 사마가 등이 죽었고, 두로杜路와 유녕劉寧 등은 투항하였다. 따라서 쌍방 간에 격전이 있었을 것이며, 촉군이 제대로 싸우지도 못하고 패퇴敗退한 것은 아닐 것이다. 유비가 마안산으로 퇴각하자, 손권이 그 주위를 에워싸게 되었다. 유비는 다시 그곳을 빠져나가 도망가고, 손권이 다시 촉군 만 명 이상을 죽였다. 그 상황을 『삼국지 · 오서 · 손환전孫桓傳』에서 "유비군은 무리가 많아 산과 계곡을 뒤덮었다"라고 묘사하고 있다. 유비가 패한 뒤 도망친 마안산 일대에서도 촉군이 적지 않았다.

5. 당시 유비는 마량을 파견하여 무릉으로 가서 만군蠻軍(호남성 남중 부대)을 위로하였다. 만군을 통솔했던 사마가 장군이 이릉전투에서 전사한 것을 보면 촉군 속에는 호남성의 만군이 다수 포함되어 있었을 것이다.

6. 많은 사람들이 당시 촉군은 10만 명 가까이 죽었다고 한다. 만약 그랬다면 촉나라의 운명은 바로 그 무렵에 끝났을 것이다. 그러나 촉나라는 이릉전투 후에도 명맥을 계속 유지하였다. 유비는 관우가 죽기 전에 한중 지역을 얻었는데, 그 시기가 촉나라의 전성기였다. 유비가 촉나라의 가맹관葭萌關에 입성할 당시 3만여 군대를 인솔하였고, 제갈량이 지원할 때도 수만 명의 군사를 이끌었다. 거기에 사천으로 들어가면서 얻은 투항군만 해도 5, 6만 명

에 육박하였다. 그러므로 형주의 군대를 빼고 북방의 한중 부대, 남방의 남중 부대만 합쳐도 10만 명을 초과하였을 것이다. 그 후 한중을 공략할 때는 별다른 교전이 없어 병력 손실이 있지 않아 오히려 병력이 더 늘었다. 유비가 오나라를 정벌하러 나갈 당시 병력이 충분히 10만 명 이상이라고 보여진다. 그리고 10만 명의 병마를 잃었다는 것은 또한 촉나라에게 타격이 심각하였다는 것도 의미한다.

이상을 종합하여 추론하면, 촉군의 병력은 오군보다 많아 10만 명 이상이었을 것이다. 촉나라는 그렇게 많은 병력을 가지고도 돌이킬 수 없는 참패를 당한 것이다.

다음은 이릉전투에서의 유비의 실책을 여섯 가지로 정리하였다.

1. 사전에 만전의 준비가 없었다. 황권은 장강의 흐름을 따라 오나라를 공격하는 것이 당장은 유리하지만 거꾸로 퇴각할 때는 매우 위험하다는 것을 인식하였다. 장강이 촉나라에서 오나라 방향으로 흐르므로 공격할 때는 순리롭지만 후퇴할 때는 그와 반대 현상이 나타나기 때문이다. 그래서 공격이 실패하면 수군은 별다른 방법이 없이 당하게 되어 있었다. 유비는 이러한 황권 등의 건의를 묵살하고 실패에 대한 대책을 전혀 염두에 두지 않았다. 그리고 단지 1년이란 준비 기간 동안 군사를 모집하고 배를 만들며 수군을 훈련시킬 수 있겠는가? 그 짧은 기간에 단지 황제라 칭제하고 징병은 가능하겠지만, 군함을 만들고 수군을 훈련하는 등의 수전에 대한 준비를 하기에는 무리였다. 사실 군함과 훈련이 수중전에서 가장 중요하다.

장무 원년(221년) 가을에 공격을 시작하여 다음 해 초에 자귀로 나올 때까지 6개월여 동안 왜 그렇게 전투를 질질 끌어갔는지 모르겠다. 이릉전투의 관건은 초기에 속전속결로 끝내야 승산이 있는 전투였다. 유비는 전투 전에 돌격의 효과를 높이기 위하여 엄호와 양동작전 준비에 치중하였다. 양동작전은 안 해도 그만이었다. 제대로 공격도 못하고 상대방의 경내에서 반년 동안 배회하였다니 이해할 수가 없다.

2. 용인술에 실패하였다. 유비가 오나라 정벌을 나설 때, 전군의 총출동

은 아니더라도 최소한 제갈량과 조자룡 장군은 데리고 갔어야 했다. 유비와 같이 출전한 장수는 관흥關興과 장포張苞와 같이 경험이 부족한 사람들이었다. 이 두 장군은 큰 전투의 경험이 없었고 공적도 별로 없었다. 어떤 사람들은 조자룡과 제갈량이 사천 지역을 비우게 되면 그쪽 방어는 어찌하느냐고 반문할 것이다. 그건 걱정하지 않아도 된다. 한중漢中에는 위연이 있고 양평관陽平關에는 마초가 있지 않았던가? 위연은 일반인이 생각하는 수준의 보통 장수가 아니었다. 그는 지략과 지모에 매우 뛰어난 능력을 지닌 인물이었는데, 유비는 반골상이란 제갈량의 의견에 따라 그를 한중태수로 임명시키지 않았다. 위연처럼 뛰어난 인재를 이릉전투에서 활용하지 못한 것은 유비의 큰 실책이었다. 또한 마초하면 위나라 사람 절반 이상이 그의 이름만 들어도 떨지 않았던가?

3. 강을 따라 동진하며 수륙 양면으로 신속하게 오군의 이도, 효정 방어선을 뚫지 않았다. 유비의 수군의 속도가 너무 느려 속전속결이 어려웠는데, 이는 사전 준비에 문제성이 있었던 것이다. 사전에 충분한 수군 훈련도 하지 않고 무슨 승리를 할 수 있겠는가? 반면 육손은 엄밀하고 체계적인 방어작전을 구사하였다. 반년을 허비한 촉군의 사기는 땅에 떨어져 승리가 어려웠다.

4. 유비는 박사인博士仁 등을 쉽게 죽이지 말아야 했었다. 여몽이 형주를 공략하자 형주성의 수많은 관원들이 손권에게 투항하였다. 그러한 데는 이유가 있었다. 처음에 유비가 공략하였을 때도 그들은 유비에게 투항한 적이 있었다. 그러나 당시 유비가 투항한 박사인 등을 죽여 버리자 유비에 대한 반감이 극에 달하였다. 그래서 형주 사람들은 그 후 적극적으로 손권을 도왔고 유비와는 적대 관계로 돌아섰다. 누가 살고 싶지 않았겠는가?

5. 유비는 당초 육손의 구원병이 도착하기 전에 먼저 강릉을 공략했어야 했다. 강릉만 격파했다면 오군의 진영은 분명 혼란에 빠졌을 것이다. 강릉을 점거하고 쉬면서 힘을 비축하였다가 먼 길을 와서 피곤한 육손군에 대항하였다면 유리했을 것이다. 설령 육손군이 아무리 용맹해도 힘을 비축한 제갈

량을 이기지 못하였을 것이다.

6. 적군의 경내에 거의 200㎞에 달하는 깊숙한 산악 지역에 7백 리에 이르는 군영을 이어놓았으니, 이는 겉으로는 아마 완전무결하게 보였을 것이다. 실수만 하지 않는다면 험난한 지형에 세운 군영은 난공불락인 것처럼 보일 수도 있었다. 그러나 음력 6월의 더운 여름날에 육손은 화공으로 그 진영들을 모두 태워 버렸다. 촉군은 험한 산지에서 전투를 전개하기 힘들었고 오군의 각개격파와 기습 공격에 속수무책이었다. 그나마 유비의 경험이 많지 않았다면 일찍이 모두 포로로 잡혔을 것이다.

이것과 관련되는 『손자병법 · 구지편九地篇』의 내용이다.

孫子曰:用兵之法, 有散地, 有輕地, 有爭地, 有交地, 有衢地, 有重地, 有圮地, 有圍地, 有死地. 諸侯自戰其地, 爲散地. 入人之地不深者, 爲輕地. 我得則利, 彼得亦利者, 爲爭地. 我可以往, 彼可以來者, 爲交地. 諸侯之地三屬, 先至而得天下衆者, 爲衢地. 入人之地深, 背城邑多者, 爲重地. 行山林險阻沮澤, 凡難行之道者, 爲圮地. 所由入者隘, 所從歸者迂, 彼寡可以擊吾之衆者, 爲圍地. 疾戰則存, 不疾戰則亡者, 爲死地. 是故散地則無以戰, 輕地則無止, 爭地則無攻, 交地則無絕, 衢地則合交, 重地則掠, 圮地則行, 圍地則謀, 死地則戰.

손자가 말하길 용병의 입지적 조건 가운데는 산지, 경지, 쟁지, 교지, 구지, 중지, 비지, 위지, 사지 등이 있다. 스스로 자기 국토에서 전쟁하는 곳을 산지라고 한다. 적의 영토에 침입했으나 깊이 들어가지 않은 곳을 경지라 한다. 서로 유리한 곳을 쟁지라고 한다. 어느 편에서도 공격이 편리한 곳을 교지라고 한다. 여러 국가가 인접해 있기 때문에 먼저 점령하면 천하의 백성들을 모아 천하를 얻을 수 있는 곳을 구지라고 한다. 적의 영토 깊숙이 들어간 곳을 중지라고 한다. 산림이 우거지고 험하며 늪이 많은 지형을 비지라고 한다. 들어가기에는 좁고 나올 때는 우회해야 하며 소수의 적군이 다수의 아군을 공격할 수 있는 곳을 위지라고 한다. 빨리 전투를 끝내면 생존할 수 있으나 빨리 끝내지 못하면 죽는 곳을 사지라고 한다. 그러므로 산지에서는 전쟁을 하지 말아야 하며, 경지에서는 주둔해서는 안 된다. 쟁지는 공격하지 말아야 하며, 교지에서는 교통이 차단되어서는 안 되며, 구지에서는 타국과 외교 관계를 맺어야 하며, 중지에서는 보급품을 현지에서 조달하여야 한다. 비지에서는 전투하지 말고 신속히 통과해야 하며, 위지에서는 전략적인 철수를 해야 하며, 사지에서는 결전을 할 수밖에 없다.

이릉 일대는 경지輕地와 비지圮地에 부합된다. 손자병법에서도 경지에서는 주둔하지 말고, 비지에서는 신속하게 통과하라고 하지 않았던가? 그러나 유비는 이를 지키지 않았다. 그가 행한 실수는 참혹한 실패를 초래하였다.

다음은 오나라 대장군 육손이 성공한 원인이다.

1. 적을 깊숙이 유인하고 힘을 비축하면서 피로한 적군을 상대하였다. 육손은 전쟁 초반에 적극적으로 나서지 않았다. 손환이 구원을 요청했을 때도 손을 쓰지 않아 많은 사람들에게 나약하게 보이게 행동하였다. 하지만 실제는 기회를 기다리는 방어작전에 치중한 것이었다. 육손은 유비가 군영을 연결하는 동안 계속해서 화공의 기회를 엿보았다. 조비도 유비의 실수를 간파하였는데 육손이 어찌 모르겠는가? 육손은 한곳의 승패에 연연하지 않고 유비와의 장기전을 전개하였다. 유비와 자꾸 싸움을 피하면서 자신들이 촉군을 두려워하는 것처럼 느끼게 하는 속임수를 쓰고 나서 습격을 준비하였다.

2. 화공을 한 후 우회하여 배후를 공격하였다. 육손은 무더운 여름날을 이용하여 갑자기 전면적인 화공을 펼쳤는데, 길을 따라 우회하며 유비의 배후를 공격하여 촉군의 부대들을 갈라놓았다. 그러한 전술을 사용하여 많은 촉군을 섬멸하였는데, 결국 촉군의 전군, 북군, 중군을 모두 궤멸시키는 데 성공하였다.

『손자병법 · 군행편軍行篇』에 다음과 같은 구절이 있다.

孫子曰:不可勝者, 守也. 可勝者, 攻也. 守則不足, 攻則有余. 善守者, 藏於九地之下. 善攻者, 動於九天之上.

손자가 말하길 이기지 못할 것 같으면 수비하고, 이길 수 있으면 공격하라. 병력이 적으면 수비하고, 병력이 많으면 공격하라. 방어를 잘하는 사람은 자신을 땅속 깊이 매장시키고, 공격을 잘하는 사람은 일단 진격하면 우레와 같이 맹렬하게 한다.

오나라 육손 장군은 이와 같은 손자병법의 이치를 잘 실천하였다. 특히 그는 방어전략을 잘 짰다. 반장과 손환을 양쪽 날개로 배치하고, 자신의 주력부대는 효정에 주둔하여 유비가 강릉으로 진입하지 못하게 하였다. 최후의 결전에서는 과감하게 전력을 투입하여 전 방위로 출격한 후, 상대방을 포위 공격하여 마침내 교과서적인 승리를 연출하였다.

이릉전투는 역사적으로 영향력이 대단한 전쟁이었다. 이 전투로 유비는 심각한 타격을 입고 오나라 군대에게 포위되고 말았다. 결국 유비는 10여 군영과 선봉 장수 향총向寵 등을 데리고 포위망을 뚫고 야반도주하였다. 유비군이 완전히 섬멸된 것은 아니었지만, 재기 불가능한 수준에까지 이르게 되었다.

오나라가 형주를 탈환하는 과정에서 보여준 일련의 행동들이 육손이 승리하였던 원인이기도 하다. 오나라는 형주를 탈환하고 나서 민생 안정과 민심 수습에 최선을 다하였다. 형주의 지주 계층으로부터 땅을 뺏고 소수민족의 반란을 잠재우며 사전 준비를 철저히 하였다. 결국 이러한 일련의 조치들이 오나라가 승리하고 촉나라가 패배한 근본 원인이 되었다.

이릉전투는 형주의 귀속 문제를 마무리 지었다. 오나라는 그 후 형주를 안정적으로 지배하였고, 촉나라는 사천성에 계속 머물게 되었다. 동시에 양국은 대국인 위나라와 일종의 대치 국면을 지속시켰다. 그러므로 조비군이 10년간 공세를 펼치지 않았다. 이릉전투 후에 삼국의 판도는 다시 짜여졌다. 다시 말하면, 이릉전투는 적벽대전 이후 혼란스러웠던 삼국의 정립 문제를 최종적으로 확립시킨 것이다.

유비의 복수 문제가 이릉전투의 전부는 아니었다. 이릉전투는 유비의 전략 사고를 드러낸 전투이기도 하였다. 이릉전투 전에 유비는 사천 지역의 통치를 공고히 하고 민심을 안정시키던 시점이었다. 동북의 한중에서는 방어선을 공고히 하고, 동남의 오나라에 비해서는 전쟁에서만큼은 유리한 전략적 지리 조건을 가지고 있었다. 이러한 형세가 유비를 모험에 빠지게 하여 먼저 오나라를 합병하고 위나라와 대치하려고 하였다.

또 다른 유비의 문제점은 지나치게 낙관적으로 당시의 형세를 판단한 데에 있었다. 유비는 승리의 결과만 상상하였지, 실패가 가져올 사태들을 깊게 생각하지 않았다. 그렇게 낙관한 것은 두 가지 이유에서였다. 첫째는 촉군이 오군에 비하여 병력이나 전략이 우수하다고 착각한 것이다. 둘째는 한중에서 조조군을 격파한 뒤라서 자신감이 매우 커진 시점이었다.

사실 이릉전투는 한판의 도박이었다. 만약 성공하면 촉나라가 오나라를 삼켜 남으로 장강을 방어 삼아 위군의 기병을 막고, 북으로 주동적으로 한중으로부터 출격하여 하남성 옹량 지역을 위협할 수 있는 여건을 가지게 된다. 그렇게 되면 촉나라는 위나라와의 천하 쟁탈전에서 유리한 고지를 점할 수 있었다. 그러나 실패하면 오나라는 기회를 잡고 서진해 오고, 위나라는 한중과 형주 방향으로부터 서천과 동천 지역을 위협할 수 있게 되는 상황으로 변할 수 있었다. 그래서 오나라와 위나라가 잠시 서촉을 나누고 싶은 의향이 생기면 촉나라는 의심의 여지 없이 망하게 되는 상황으로 치달을 수밖에 없었다.

제4장
진실과 거짓의 삼국 이야기

소설 『삼국연의』의 이야기는 오랜 세월에 걸쳐 전해지면서 얼마나 많은 독자를 열광시켰는지 모른다. 그러나 흥미로운 이야기 속에 수많은 허와 실이 존재한다. 성격이 선명한 인물의 배경 뒤에는 수없이 많은 진실과 거짓이 있다. 나관중의 이야기는 어디까지가 창작이고 어디까지가 진실일까?

1. 도원결의는 정말로 존재하였을까?

도원결의는 나관중의 소설 『삼국연의』 제1회에서 나오는 이야기이다. 동한 말 천하는 혼란에 빠지고 도처에서 영웅들이 일어났다. 한나라 후예 유비는 비록 짚신을 팔아 생활을 이어가지만, 한나라 왕실을 부흥하고 어지러운 세상을 구하려는 뜻을 품고 있었다. 이에 그는 하북 탁현에서 고기를 파는 장비와 산서 해량에서 두부를 파는 관우와 함께 의기투합하였다. 그들은 뜻을 모아 협력하여 위로는 국가의 은혜에 보답하고, 아래로는 어려움에 빠진 백성들을 구하고자 하였다. 세 사람은 장비의 집 도원에서 검은 소와 흰말의 머리로 제물을 바쳐 제를 지내며 맹세하였다.

"유비, 관우, 장비가 비록 성은 다르나 이미 의를 맺어 형제가 되었으니, 마음을 모아 협력하고 혼란에 빠진 세상을 구하고자 한다. 위로는 국가에 보답하고 아래로는 백성들을 편안하게 할 것이다. 한 해, 한 달, 한날에 태어나지는 못하였지만 한 해, 한 달, 한날에 죽기를 원한다. 천지신명께서 굽어살피시니 의리와 은혜를 배반한 자는 천인공노할 것이다."

맹세가 끝나고 유비가 형이 되고, 관우가 두 번째, 장비는 막내가 되었다.

이렇듯 도원결의는 아름다운 이야기로 전해지고 있다.

지금까지 남자들 사이에 죽어도 변치 않는 우정을 형용할 때 가장 많이 쓰는 것이 "도원정의桃園情義"라는 네 글자이다. 그런데 삼국 역사에 정말로 도원결의는 있었던 일인가?

연구 결과, 지금까지 아름다운 이야기로 전해지는 도원결의는 연의소설의 허구에 불과한 것으로 밝혀졌다. 그리고 "동년, 동월, 동일에 죽기 원한다"는 맹세도 단지 민간문학에서 만들어진 관용어에 지나지 않는다는 것이 밝혀졌다.

도원결의가 실제로 일어났던 일이 아닌 이유를 살펴보자.

첫째, 당시 유비의 나이는 몇 살이었을까? 소설 삼국연의에서 나오는 유비의 나이가 사실과 맞지 않다. 『삼국연의』 제1회의 이야기는 서기 184년 한나라 영제靈帝 중평中平 원년 무렵의 일이다. 당시 유비의 나이는 28세라고 연의소설에서는 주장한다. 그때 유비는 유주자사幽州刺史 유언劉焉의 군사 모집을 알리는 방문榜文을 내건 시점에서 장비와 관우를 만나게 된다. 세 사람은 만난 다음날, 만시지탄의 심정으로 지금까지 사람들의 입에 오르내리는 도원결의를 거행하게 되었다고 한다.

여기서 유언이 유주자사였다는 것은 예술적 허구에 지나지 않는다. 이것뿐만 아니라 "도원결의"라는 줄거리조차도 허구성이 많이 가미되었다. 진수의 정사 『삼국지 · 촉서 · 관우전』에서 "선주께서는 향리에서 무리들을 규합하였는데, 관우와 장비는 그의 무장이 되었다. 선주께서는 평원상平原相이 되고, 관우와 장비는 별부사마別部司馬가 되어 각자 부곡部曲(개인이 소유한 군대)을 통솔하였다. 선주께서는 두 아우와 같은 침상에서 동침하면서 형제의 우의를 다졌다"라고 하였다. 『삼국지 · 촉서 · 장비전』에서도 "장비는 관우와 함께 선주를 받들었다. 관우의 나이가 많았으므로 장비의 형으로 대우받았다"라고 하였다. 위 두 개의 기록에서 장비는 관우를 형님으로 여겼고, 관우와 장비는 충심으로 유비를 모셨으며, 유비 또한 그들에게 매우 잘대해 주었다는 내용으로 요약된다.

결코 세 사람이 정식으로 의형제를 맺었다는 기록은 없다. 다만 송원宋元 시대 이래로 통속 예술에서 진수의 『삼국지』에서 나온 "은약형제恩若兄弟(은정이 형제와 같다)"라는 문구에 윤색을 가미하여 점차 도원결의라는 이야기를 만들어낸 것이다. 원나라 때의 『삼국지평화三國志平話』 중에 이미 "도원결의"가 하나의 절로 구성이 되어 있고, 같은 시기 작가 미상의 잡극에도 『유비, 관우, 장비 도원삼결의劉, 關, 張 桃園三結義』라는 작품이 선보인다. 나관중은 바로 이러한 작품들을 기초로 하여 『삼국연의』에서 도원결의 이야기를 멋있는 필체로 표현하고 있다. 그래서 도원결의는 "은약형제"라는 역사적 사실의 합리적인 추가 서술이자 작가적 재능의 표출이며, 인물의 성격과 독자들의 심리에 부합되는 것이라고 말할 수 있다.

당시 유비의 나이는 28살이 맞는가? 정사에는 이에 관한 기록이 없다. 『자치통감資治通鑑』이나 진수의 『삼국지』에도 이에 대한 구체적인 언급이 없다. 『삼국지 · 촉서 · 선주전』에 유비는 장무 3년(223년) 음력 4월에 63세의 나이로 서거하였다고 기재가 되어 있다. 중국의 옛날 사람들은 나이를 따질 때 지금처럼 만 나이를 계산하지 않았다. 이런 점을 고려하여 추정하면 유비는 한漢 환제桓帝 연희延熹 4년(서기 161년)에 태어났다. 그러면 중평 원년元年 당시의 유비 나이는 24살이다. 그렇다면 세 사람의 나이 순서도 맞지 않다. 사실史實 기재에 의하여 세 사람의 나이를 순서대로 따지면 당시 관우가 25살, 유비가 24살, 장비는 20살이 된다. 그러므로 유비가 가장 연장자라는 통설도 맞지 않는다.

여기서 『삼국지 · 촉서 · 선주전』의 관련한 내용을 잠깐 살펴보겠다.

유비와 공손찬은 모두 노식盧植의 학생이었다. 유비는 고향 탁현에서 돗자리를 팔며 생계를 유지하고 있었는데, 한 마을에 절친한 동생인 장비가 살고 있었다. 장비는 힘은 세나 머리가 둔하고, 유비는 머리는 좋으나 힘이 없어 두 사람이 의기투합하니 온 마을을 평정하게 되었다. 장비가 마을의 관리를 때려 눕힌 적이 있었는데, 유비가 백방으로 노력하여 장비의 목숨을 구해주었다.

이때부터 장비는 유비에게 충성을 맹세하였다. 당시 마을에 장세평張世平이라는 사람이 있었는데, 이러한 유비와 장비에게 매우 호의적이었다. 그것이 마음에 든 유비는 장세평에게 말 장사를 독점하게 하였다. 그 후 장세평은 많은 돈을 벌어들였다. 그때 관우라는 사람이 등장하여 장세평의 독점을 막겠다고 나섰다. 장세평은 즉각 이를 유비와 장비에게 알리니, 성질이 불같은 장비는 곧장 관우라는 사람을 찾아 한판 붙었는데, 두 사람의 싸움 실력이 워낙 좋아서 싸움은 쉽게 끝나지 않을 것 같았다. 이를 보다 못한 유비가 중재에 나섰다. 관우에게 타협안을 제시하니, 관우는 자신이 빚을 지고 있는 소쌍蘇雙이 장세평과 동업하게 해주면 싸움을 멈추겠다고 하였다. 할 수 없이 유비는 그의 제안을 받아들였다. 이러한 인연으로 세 사람은 얼마 지나지 않아 매우 친하게 되고, 말 장사에서 나오는 막대한 자금으로 의기투합하여 의병을 일으킬 수 있었다.

둘째, 도원결의는 역사 전적에서 찾아볼 수가 없다.

역사적으로 세 사람은 무슨 관계였을까? 그들의 관계가 매우 친밀했던 것은 명확한 사실이다. 세 사람의 관계와 관련되는 역사 기재를 찾아보자.

> 선주께서는 두 사람과 같은 침대에 주무시니 은정이 형제와 같았다. 관우와 장비는 많은 군중 앞에서 종일 유비를 모시고 그를 따라 고난과 험난함을 피하지 않았다.
>
> 진수 『삼국지 · 관우전』

> 관우가 장비보다 나이가 많아 형님으로 모셨다.
>
> 『삼국지 · 장비전』

> 관우와 유비 사이의 의義는 군신 같았고, 은혜는 부모와 자식 같았다.
>
> 『삼국지 · 유엽전』

위의 세 가지 자료는 두 가지 문제를 분명하게 해준다. 유비, 관우, 장비의 관계는 밀접하여 형제와 같은 관계라는 것과 사적에도 도원결의는 직접적으로 언급하지 않았다는 것이다. 세 사람의 관계는 일반인과 달라 의義로 군신의 예를 갖추었고, 은정이 형제와 같았다는 내용은 사적에 명확히 기록되어 있다. 하지만 정작 도원결의의 내용은 어디에도 없다.

『삼국지 · 관우전』의 내용은 관우의 출생부터 시작한다.

> 관우는 산서성 하동군 해현解縣에서 출생하였고, 젊은 시절 탁군으로 망명하였다. 관우는 유비가 고향에서 병사를 모을 때부터 함께하였다. 유비는 잠잘 때도 관우, 장비를 곁에 둘 만큼 이 둘을 아꼈으며 마치 형제의 정과 같았다. 관우와 장비는 늘 유비 곁을 지켰으며, 전쟁터를 따라다니며 고난과 험난함을 피하지 않았다. 유비가 서주의 차주를 죽이고 그 지역을 통치할 때는 관우에게 하비를 지키게 하고 태수의 직무를 대신하도록 했다.

세 사람의 개인적인 사적 관계는 친형제와 같았다. 그러나 대중 앞에서는 엄격하게 위계질서를 지켰다. 사람들 앞에서 관우와 장비는 하루 종일 두 손을 모으고 기립하고 있었다고 한다. 그럴 정도로 주종 관계를 확실히 한 것이다. 관우가 조조에게 있을 때의 일이다. 조조가 성심껏 후한 예로 관우를 대한 것은 관우를 자신의 사람으로 만들기 위함이었다. 그러나 관우는 결연히 유비에게 돌아간다는 뜻을 굽히지 않았다. "같이 죽기로 맹세하였으니 배신할 수 없다"는 것이 관우의 말이었다. 세 사람의 이러한 "은정이 형제와 같다", "같이 죽을 것을 맹세한다"라는 특수한 관계와 감정은 이 후 여러 곳에서 나타나는데, 특히 오촉 간의 형주를 둘러싼 전투에서 선명하게 나타난다. 그들의 형제와 같은 친밀한 관계는 『삼국지 · 촉서 · 장비전』과 『삼국지 · 촉서 · 유엽전劉曄傳』 중에서도 잘 나타나고 있다.

그렇게 여러 가지 사서에서 세 사람의 우정에 대하여 표현하고 있지만,

정식으로 의형제를 맺은 기록은 없다. 유비의 고향 탁주涿州에서 일을 도모하는 과정을 묘사한 많은 정사의 서적에서 도원이란 두 글자는 보이지 않는다. 그러므로 도원결의는 후세 사람들이 만들어낸 문구이다. 그렇지만 그러한 창작은 전혀 허무맹랑한 것이 아니라 사실에 의거하였다. 도원결의는 순수한 소설가의 허구이며, 역사적 사실에 작가의 필체가 가해져 만들어진 창작 이야기이다.

사람들은 지능지수가 높은데, 상술한 내용들을 왜 소홀히 할까?

도원결의가 확실히 있었다고 믿는 데는 그에 상응하는 이유가 있을 것이다.

첫째, 현실과 역사의 기록이 약속이나 한 듯 일치하고 있다. 지금 사람들이 도원결의에 대하여 의심을 하지 않고 믿음을 갖는 것은 탁주에 있는 장비의 고향과 관계가 있을 가능성이 있다. 장비의 고향 마을 이름은 "도장桃莊"이라고 하는데, 한나라 때부터 대촌락을 이루었고 속칭 "장비점張飛店"이라고도 하였으며, 중화민국 초기에는 "충의점忠義店"이라고도 하였다. 마을에는 "장비정張飛井"이라고 불리는 우물도 있다. 그리고 또한 "漢張桓侯古井碑記(한나라 장비의 비석)"와 "漢張桓侯故里(한나라 장비의 고향 마을)"라고 새겨진 비석이 있다. 장비의 고향 마을이 도장桃莊(벚꽃 마을)이라고 불리고, 삼국연의에서 나오는 도원결의가 바로 도화 꽃이 만발한 장비의 후원에서 진행되었다. 그러므로 오랜 세월 거치면서 인증人證과 물증物證이 그럴듯하게 고루 갖추어져 있기 때문에 사람들이 믿지 않을 수 없었다.

둘째, 도원결의의 이야기는 나관중의 연의소설 이전부터 사람들에게 알려져 있었다. 이 부분에 대한 『삼국연의』의 예술적 재창조가 사람들의 마음속을 파고들었다. 『삼국연의』에 나타나는 "도원결의" 부분은 결코 나관중이 역사 사실에 의거하여 자기 혼자만의 상상력으로 표현한 것이 아니다. 『삼국연의』는 한 시대의 작품이 아니라 오랜 세월과 다수의 작가와 구전이 복합적으로 융화된 결정체이다. 『삼국연의』라는 소설이 나오기 전에 도원결의는 이미 구전되고 있었다.

삼국에 대하여 연구하는 많은 학자들은 "도원결의" 이야기가 처음 나타나는 것은 『삼국지평화』라고 판단하고 있다. 『삼국지평화』는 원대元代 지치至治 연간年間, 즉 서기 1321년~1323년 사이에 간행되었다. 이것은 지금까지 가장 빠른 『삼국연의』 판본(1494년 서문)과 『삼국지통속연의三國志通俗演義』(1522년 발간)보다 100년 이상 차이가 난다. 원나라 시기에 발간된 『삼국지평화』는 모두 상중하 세 권으로 나누어지는데, 총 8만여 개의 글자로 구성되어 있다. 본문의 시작이 도원결의이며, 제갈량이 죽는 것을 결말로 하고 있으니 삼국 이야기의 기본적인 줄거리는 갖춘 셈이다.

1950년대 말에 어떤 학자는 『삼국지평화』가 간행되기 50년 전에 도원결의의 이야기는 이미 사람들로부터 전송傳誦되어졌다고 연구한 적이 있다. 그 이유는 13세기 중엽의 원대 대희극가 관한경關漢卿의 극작에서 그 이야기가 여러 번 나오고 있기 때문이라고 밝혔다. 관한경의 잡극 『단도회單刀會』에서 유비, 관우, 장비가 도원에서 결의하는 대목이 나오는데, 흰말을 제물로 하늘에 제사하고, 검은 소를 제물로 땅에 제사하는 구절이 나온다. 그 후 14세기 좌우에 작가 미상의 『도원결의桃園結義』라는 전문 창작 잡극이 등장한다.

이것은 원대元代의 삼국 이야기인 『평화平話』와 잡극은 진수의 『삼국지』와 같은 사서나 혹은 민간의 구전문학에 뿌리를 두고 있다는 것을 반영한다. 삼국 이야기가 민간에서 유전된 역사는 오래되었는데, 일찍이 삼국 말기부터 유전되기 시작하였다. 위진魏晉시대의 야사野史나 잡록雜錄, 당송시대의 시가창작詩歌創作 등에서 빠짐없이 삼국의 인물에 관한 이야기가 등장하고 있다. 『평화』는 설화예인說話藝人들의 초고草稿인데, 설화예인들은 서사敍史 외에도 많은 내용을 민간 전설에 기대어 풍부하게 삼국 이야기를 하였다. 본래 송나라 때 도원결의를 전문으로 하는 설화예인이 있었고, 삼국시대 이야기를 다룬 『평화』의 판본도 있었다고 하지만 아쉽게도 지금은 전해지지 않는다. 그러므로 우리는 민간 전설의 각도에서 분석해 보면, 도원결의 이야기는 원대 이전부터 이미 시작되었다고 보아야 한다.

원대의 『평화』와 잡극에서 전하는 도원결의 이야기는 모두 흰말을 제물로 하늘에 제사하고, 검은 소를 제물로 땅에 제사하는 구절이 나온다. 『삼국연의』 제1회에서도 세 사람이 "흰말을 제물로 하늘에 제사하고, 검은 소를 제물로 땅에 제사하며 향을 피워 의형제를 맺는다"는 내용이 나온다. 무엇 때문에 흰말을 제물로 하늘에 제사하고, 검은 소를 제물로 땅에 제사하였는가? 그리고 무엇 때문에 도원에서 결의하였는가? 이는 모두 고대인이 제사하며 맹세하던 습관과 관계가 있다. 백마와 흑소는 옛날 사람들에게 귀중한 것이어서, 그것으로 천지에 제사하여 결맹 서약의 신성함과 정중함을 나타내었다. 도화원에서 결의한 이유는 고대인들은 맹세하고 제물을 잡을 때는 주로 제림祭林에서 하였기 때문이다. 도원桃園은 곧 제림이었다. 도화원에서 소를 잡고 맹세하였기에 도화원은 제림의 작용을 하였다. 삼국연의를 연구한 한 일본 학자는 흰말과 흑소를 제물로 제사 지내는 것은 원래 몽고족의 습관이었으며, 그 몽고족의 습관이 한족에게 전해진 것이라고 하였다. 한족은 복숭아나무에 대하여 각별한 감정을 지니고 있는데, 그것이 악을 물리치는 길상한 물건이라고 여긴다. 이것은 중국인들에게 오래전부터 내려온 습관적인 인식이다. 그래서 도원결의에는 사악한 것을 피하는 의미가 포함될 수 있다.

그러므로 도원결의에는 농후한 민간 전설의 색채가 깃들여져 있다. 그리고 유비, 관우, 장비 세 사람이 모여서 결의를 다지는 이야기는 여러 가지 다양한 판본이 있다. 그만큼 민간 전설로 내려오는 이야기가 다양하다는 것을 의미한다. 그중에는 다음과 같은 판본도 있다.

관우가 고향을 떠나 탁주로 갔을 때, 장비는 그곳에서 고기를 파는 장사를 하고 있었다. 장비는 오전까지만 고기를 팔고 오후에는 팔다 남은 고기를 우물에 걸어놓았다. 그 위에는 5백 근이 나가는 무거운 돌을 덮어두고, 누가 그 돌을 들 수 있다면 고기를 마음대로 가져가라고 호언하였다. 그때 마침 관우가 지나가다가 그 덮어둔 돌을 가볍게 들어 올리고 고기를 갖고 가버렸다. 장비가 쫓아가서 시비를 걸자 두 사람은 그때부터 싸우기 시작하였다. 그런데 두 사람의 싸움 솜씨가 모두 대단하여 해결될 기미가 보이지 않았다. 그때 마침 짚신을 파는 유비가 지나다가 두 사람을 화해시켰는데, 곧이어 세 사람은 한자리에 모여 담소하다가 의기가 투합하여 도원에서 결맹하였다.

이러한 이야기는 민간에서 만들어진 것이라서 역사적인 사실과는 거리가 있다. 그들이 결의하는 자리에서 누가 우두머리가 될 것인지를 결정하는데, 이 부분에서 서로 다른 전설들이 많다. 나이를 따졌다는 전설도 있고, 나무에 오르기 시합을 했다는 전설 등등 매우 다양하다. 결국에는 유비가 가장 형님으로 결정되었다.

『삼국연의』의 "도원삼결의桃園三結義" 줄거리 구성은 여타 서적들과 비교하여 상대적으로 비교적 조리에 맞게 되어 있다. 그러므로 오랜 세월 동안 사람들에게 전해 내려오면서 칭송되어지고 있는 것이다. 나관중은 걸출한 천재적인 문학 대가이다. 역사적 사료나 민간 전설이 그의 손에 닿자 곧바로 근본적인 변화를 일으킨 것이다.

나관중은 『삼국연의』에서 유비, 관우, 장비가 서로 모여 결의하는 과정을 서술하면서 민간에서 전해오던 이야기의 일부를 삭제하고, 그 위에 시대적 배경에 맞는 내용을 가미시켰다. 즉, "뜻을 모아 위기에 빠진 한나라를 구한다. 위로는 국가에 보은하고, 아래로는 도탄에 빠져 시름하는 백성들을 위로한다"라는 것을 결의의 요지로 삼았다. 나관중은 또한 민간의 이야기에서 거칠고 약간 황당한 부분들을 생략한 다음, 수려한 필체로 도원결의의 의미를 한층 치켜세워 놓았다. 즉, 우정의 관계를 제고시켜 하나의 단순한 결의가 일종의 국가를 구하는 자리로 비약시켰다. 나관중의 필체로 "도원결의"가 그때까지의 단순한 이야기가 아닌 질적인 승화가 이루어진 것이다. 나관중은 등장인물의 성격 특징과 중국인들이 의를 숭상하는 유구한 전통을 잘 부합시켜, 사람들로 하여금 숭고함과 친근감을 느끼게끔 이야기를 만들었다. "도원결의"하는 장면을 『삼국연의』라는 거대한 작품의 시작으로 삼아서 작품 전체에서 가장 중요한 것이 무엇인지를 예시하는 복선伏線으로 활용하였다. 세 사람이 공통된 목표를 향해 '동고동락하고, 길흉화복을 같이 나누며, 어려움을 같이 극복하는' 깊은 우정과 정의가 작품 전체에 깔리도록 하기 위하여 복선으로 도원결의를 첫머리에 올린 것이다. 그리하여 작품이 흐르면서 관우와 장비가 유비를 도와 한나라 왕실의 부흥에 힘쓰고 생사를 가리지 않고 물불을 가리지 않는 모습, 그럼에도 조금도 아까워하지 않고 헌신하는 모습들을 그려내면서 독자들을 더욱 믿고 따르게 만들었다.

결론적으로 말하여 도원결의는 사실이 아니다. 그러나 오랜 세월 동안 그것이 후세 사람들에게 남긴 풍부한 정신상의 가치는 소멸될 수 없는 것이다. 사실 도원결의가 존재하는지의 여부를 떠나 단순하게 그 속에 포함된 적극적인 의미로 말하자면, 도원결의는 국가와 민족, 개인의 입신에 모두 중요한 가치를 지니고 있다.

2. 삼고초려는 실제로 있었던 일일까?

“삼고초려”는 제갈량의 인생 중에 중요한 전환점이었다. 제갈량은 그 일로 인하여 유비의 가장 중요한 모사謀士가 된다. 여기에 관한 이야기가 나관중의 『삼국연의』에 신성하게 잘 묘사되어 남녀노소 누구나 다 아는 줄거리가 되었다. 나관중은 예의와 겸손으로 인재를 구하는 유비의 모습을 통하여 하나의 신선과도 같이 제갈량을 부각시켰다. 『삼국연의』에서는 거의 두 개의 장과 절에 걸쳐 유비와 제갈량이 만나는 과정을 장황하게 묘사하였다. 그러나 사서史書인 진수의 『삼국지』에서는 이 부분에 대한 기록을 단지 다섯 글자로 끝내고 있다.

> 凡三往, 乃見.
> 세 번 만에 만났다.

정사에서는 삼고초려에 관한 기록이 이렇게 간단하다.

삼고초려에 관한 내용은 사서 『위략魏略』, 『구주춘추九州春秋』와 제갈량의

『출사표出師表』 간에 현저한 차이를 보이고 있다. 그러나 그러한 이전의 모든 삼고초려의 내용은 나관중을 거치면서 우리의 귀에 익은 소설 속의 삼고초려로 완전히 바뀌게 된다. 즉, "유비는 세 차례나 와룡강臥龍岡으로 들어가 은둔해 있던 제갈량을 방문하고, 우여곡절 끝에 결국 제갈량이 산림에서 나와 유비를 도와 큰일을 도모한다"는 누구에게나 익숙한 이야기로 굳어졌다.

오랜 세월 동안 삼국 이야기는 농후한 전기적인 색채를 지니고 있었고, 유비의 인재에 목말라하는 모습과 겸손하게 사람을 대하는 태도는 사회 심리에 매우 부합하였다. 그러므로 소설 속 삼고초려의 내용은 "제갈량이 스스로 유비를 찾아가 천거를 바랐다"라는 역사적 사실인 모수자천설毛遂自薦說의 논조를 압도하고 있다. 역사의 본래 입장에서 도대체 어떠한 주장이 맞는지 살펴보도록 하자.

『삼국연의』에서 나관중이 묘사한 삼고초려는 제갈량 입장에서 쓴 표현법이다. 그런데 제갈량이 북벌을 떠나기 전에 후주 유선劉禪에게 바친 『출사표』에서 삼고초려와 관련된 부분은 어떻게 묘사되어 있을까?

臣本布衣, 躬耕於南陽, 苟全性命於亂世, 不求聞達於諸候. 先帝不以臣卑鄙, 猥自枉屈, 三顧臣於草廬之中, 諮臣以當世之事, 由是感激, 遂許先帝以驅馳. 後値傾覆, 受任於敗軍之際, 奉命於危難之間. 爾來二十有一年矣. 先帝知臣謹愼, 故臨崩, 寄臣以大事也…….

신은 본래 평민으로서 몸소 남양 땅에서 밭을 갈면서, 어지러운 세상 가운데 구차히 생명을 보전하고 있었습니다. 제후에게 소문이 나서 현달되기를 구하지 않았던 것입니다. 선제께서 신이 미천하고 비루함에도 불구하고, 외람되게도 몸소 왕림하셔서 초가집 가운데로 세 번씩 찾아주셔서, 신에게 당세의 일에 자문하셨습니다. 이로 인해서 감격하여, 마침내 선제께 열심히 일할 것을 허락하였습니다. 그리고 그 이후에 나라가 위급한 지경을 만나, 패군할 지경에서 임무를 맡게 되었고, 나라가 위태하고 곤란한 때에 명령을 받든 지 어언 21년이 흘렀습니다. 선제께서는 신이 근신하다는 것을 아시고, 돌아가실 즈음에 신에게 조정의 큰일을 맡기셨습니다…….

분명하게 여기서도 제갈량은 삼고초려를 자신의 입장에서 쓰고 있다. 서진 사학자 진수가 편찬한 『삼국지』에도 이러한 논조가 분명하게 나타나고 있다. 정사 진수의 『삼국지』에서 "선주가 제갈량을 찾았는데, 세 번 만에 드디어 만났다"라고 하여 『출사표』와 비슷한 논리로 묘사하고 있다. 이러한 논조들을 우리는 "삼고초려설三顧草廬說"이라고 부른다.

그러나 진수보다 더 이전의 사학자들의 저서에 이와 상반되는 논조가 있다. 제갈량 자신이 유비에게 추천되기를 바라고 먼저 찾아갔다는 설, 이른바 "모수자천설"이다. 그 내용은 삼국 시기의 위나라 학자 어환魚豢이 편찬한 『위략魏略』에 기재되어 있다.

조조가 중국의 북방을 통일한 이후, 형주 지역은 여러 제후들에게 노출되어 있었다. 직접적으로 조조와 손권의 군사 위협을 받았으나 형주목인 유표劉表는 그에 대한 대비책이 부족하였다. 당시 유비는 조조에게 쫓겨 중원에서 물러나 번성에 주둔하고 있었다. 제갈량은 이러한 유비에게 관심을 두게 되었다. 형주가 다시 전화戰禍에 휩싸일 것을 두려워한 제갈량은 친히 번성으로 유비를 찾아갔다. 제갈량이 유비에게 도착하였을 때 유비는 손님을 만나고 있는 중이었다. 유비는 제갈량이 너무 어리고 전혀 안면도 없어 본 척도 하지 않고 냉대하였다. 먼저 온 손님이 나가고 제갈량만 남았지만, 그래도 유비는 제갈량을 안중에 두지 않았다. 그때 어떤 사람이 야크 꼬리(소꼬리)를 보내왔다. 유비는 그것을 받고 다시 매듭을 짓는 일에만 열중하였다. 참다못한 제갈량이 드디어 먼저 입을 열었다. "장군께서 뜻이 깊고 배포가 크시다고 들었습니다만, 어찌 매듭짓는 일에만 관심을 두시는 겁니까?" 그제야 유비는 제갈량에게 관심을 보이기 시작하였다. 한참을 토론하다 보니 젊은 사람이 비상하고 얻기 힘든 인재라는 것을 안 유비는 그 자리에서 제갈량을 자기의 옆에 머물게 하고 중용하였다.

이상은 가장 오래되고 먼저 나온 "모수자천毛遂自薦" 판본의 내용인데, 이것은 삼국 시기 당시에 쓰인 판본이다. 『위략』의 작가 어환은 진수보다 시기적으로 더 이전인 위나라 사람이다. 이것 외에도 서진시대의 사마표司馬彪가 저술한 『구주춘추』에서도 위와 비슷한 삼고초려에 관한 내용이 실려 있다.

이렇게 대비하면 서로 상반된 입장이 된다. 어느 쪽이 더 정확한가? "삼고초려설"과 "모수자천설"의 두 가지 주장에 대한 논쟁은 수백 년 동안 이어져 왔다. 이 문제의 논쟁에 관한 범위는 갈수록 넓어졌고, 논조 또한 갈수록 다양화되었다. 심지어 어떤 학자들은 "삼고초려설"과 "모수자천설"을 겸용하기도 하였다. 여러 가지 관점을 다시 한 번 분석하여 보자.

비록 진수의 『삼국지』는 이미 "정사正史"에 속하지만, 어환의 『위략』은 "정사"에 속하지 못한다. 그러나 사료史料의 가치로 보았을 때는 『위략』이 진수의 『삼국지』를 능가한다. 왜냐하면 어환은 위나라의 유명한 사학가이며, 사실 기록을 매우 정직하게 하던 인물이었기 때문이다. 그리고 그는 제갈량과 동시대의 인물이라 당시의 정황을 보다 정확하게 알고 있었을 것이다. 어환은 당시 로마사를 쓸 정도로 유명한 대역사가였다. 『전출사표前出師表』가 아직 나오기 전에 그는 이미 『위략』을 편찬하여 제갈량이 유비를 찾아간 일을 기록하고 있다. 그 삼고초려에 관한 역사 기록은 진수의 『삼국지』보다 믿을 만하다. 진수는 제갈량과 50년 이상 차이가 나는 다음 세대 사람이다. 진수는 『삼국지』를 편찬하면서 당시로부터 7, 80년 전에 삼고초려가 있었는지 여부에 대하여 『전출사표』의 몇 줄 이외에 어떠한 방증도 내놓지 못하였다. 그리고 제갈량이 『출사표』에서 거짓말을 늘어놓지 않았다고 누구도 보증할 수 없다.

그리고 생각해 보라! 만약 "삼고초려"가 확실히 있던 사실이라면, 촉나라의 군신 간에 의기투합하였던 미담이 촉나라에 전파되어 공적이나 사적인 저서에 그 내용이 들어가 있어야 되는 것이 아닌가? 무슨 이유 때문에 『전출사표』가 나오기 전에 몇십 년 동안 누구도 삼고초려에 관하여 거론하지 않았고, 어떠한 공적 사적인 저서에서도 기재된 적이 없었는가? 이것 참 이상하지 않은가!

진수는 『삼국지』에서 삼고초려 부분을 서술할 때 어환의 『위략』을 완전히 무시하고 간단하게 다섯 글자로 기재하였다. 만약 배송지주裵松之注가 없었다면 진수의 삼고초려에 관한 착오는 오랜 세월 묻혔을 것이다. 배송지주에서는 삼고초려가 확실하게 존재하지 않았다고 기술하고 있다. 진수의 『삼국지』는 사안에 따라 문장이 빠진 것이 많고, 사실史實도 많이 누락시켰다. 그래서 책이 나온 지 백여 년이 흐른 뒤 남조南朝 송宋 문제文帝 유의융劉義隆이 배송지에 명하여 진수의 『삼국지』에 주석을 달라고 어명을 내렸다. 주의를 하여야 할 점은 이 "배송지주"가 다른 서적의 주석과 차원이 다르다는 것이다. 그것은 문자를 해석한 것에 그치지 않고, 여러 가지 견해를 기록하고 유실遺失된 부분을 보충하고 개정한 점에 있다. 배송지주의 글자 수가 원문인 진수의 『삼국지』보다 많으니 그야말로 주객이 전도된 셈이다. 이러한 주객 전도의 현상은 필요한 것이었는데, 주석註釋의 중요성이 정문正文을 초과하였기 때문이다. 따라서 사료史料 가치에서 주석문이 원래 문장인 진수의 『삼국지』보다 높다고 할 수 있으며, 배송지의 역사 인식은 진수보다 객관적이라고 말할 수 있다. 그렇다고 해서 진수의 역사 인식이나 문장이 여타 작품보다 수준이 떨어진다고 평가하는 것은 아니다.

진수의 『삼국지』가 다른 사서와 다른 이유는 삼국의 내용에 관한 무미건조한 묘사가 아니라, 작가의 상상을 가미하여 문체가 생동감이 있고 싫증이 나지 않기 때문이다. 그리고 촉나라에는 원래 사관史官이 없었고, 촉나라가 남긴 자료 또한 완전하지가 않았다. 그래서 진수는 『삼국지 · 촉서』를 집필하면서 자신의 상상과 부가 성분을 어느 정도 가미하였다. 진수의 『삼국지』 전체가 그런 것은 아니다. 『위서』와 『오서』는 자료가 있어 『촉서』처럼 많은 부가 성분이 추가되지는 않았다. 위서에는 어환의 『위략』과 왕침의 『위서』가 있었고, 오서에는 위소의 『오서』가 있었다. 그래서 유비와 제갈량에 관한 『삼국지 · 촉서』의 내용은 역사적 사실과 동떨어지게 나타나는 경향이 있다.

촉나라에 관한 내용은 추측이 많이 가미되어졌다는 의미이다.

백락伯樂이 천리마를 찾아다닌 것처럼 유비가 제갈량을 먼저 찾았는지도 모르지만, 누가 먼저 찾아갔는지에 대한 논쟁은 끊임이 없다. 제갈량이 자신의 포부를 실현하기 위해 모수가 스스로를 천거했던 것처럼 유비를 찾아 나섰든, 이 모든 게 좋다고 치자! 이 모든 것은 역사의 상상이다. 이렇게 우리도 구애받지 말고 이 문제에 대하여 나름대로 한번 상상해 보자!

'제갈량은 재능이 풍부하고 학식이 풍부하며 수완이 뛰어난 사람이었다. 그러나 그는 줄곧 자신이 받들 군주를 찾지 못하였다. 27살이 되자 그는 주동적으로 번성으로 가서 유비를 찾아갔다. 그러나 유비는 경험도 없고 나이도 어린 제갈량을 무시하였다. 제갈량은 포기하지 않고 기회를 엿보다 단독으로 대화를 할 수 있게 되었다. 둘만의 대화에서 제갈량은 유비에게 자신이 보통 인물이 아니라는 것을 보여주었다. 대화가 끝나자 제갈량은 유비의 군영에 머물지 않고 융중에 있는 자신의 초가집으로 돌아갔다. 왜 그랬을까? 첫째는 초면에 자신의 모든 것을 유비에게 보여주기는 무리였다. 처음부터 감히 관직을 달라고 할 수가 없었다. 또 다른 이유는 "값이 오를 때를 기다려 팔리겠다"는 심정으로 자기의 몸값을 올리기 위한 목적이 있었기 때문이다. 두 사람 사이의 초면이 끝난 후에 두 사람은 계속 서로 왕래하기 시작하였다. 때로는 일부러 만나러 가기도 하고, 때로는 다른 일 때문에 지나던 길에 들러 만나기도 하였다. 그렇게 서로 간에 소통과 교류를 거치다가 나중에 제갈량이 유비 측에 들어가는 것에 동의하였다. 그리하여 제갈량의 벼슬길은 시작되었다.'

이렇게 상상하여 보니 그럴듯하다. 내용이 제갈량의 『출사표』에도 위반되지 않고, 『위략』과 『구주춘추』의 논조에도 그렇게 위배되지 않는다. 사실 진정한 역사는 보통 평범하고 특별하지가 않다. 역사는 소설이 아니며, 역사는 청중과 관중의 흥미를 유발하려는 것이 아니다. 그런데 역사를 쓰는 사람들은 그렇지 않다. 그들은 반드시 진실된 역사에 편집을 가한다. 어떤 것은 쓰고 어떤 것은 쓰지 말 것인가? 어떤 것은 상세하게 쓰고 어떤 것은 생략할 것인가? 어떤 것은 정면正面(적극적이고 긍정적인 면)으로 쓰고 어떤 것은 반면反面(부정적인 이면)으로 쓸 것인가? 이 모든 것에 작가는 치밀하게 심혈을 기울인다. 그러한 과정에서 작가의 사상 관념이 편집의 척도와 기준이 된다. 따라서 삼고초려는 그런 과정에서 미화되고 과대 포장되었을 것이다.

그리고 배송지는 진수 『삼국지』의 삼고초려 부분을 인용하였지만, 자신은 결코 진수의 관점에 찬성하지 않았다. 그가 찬성하지 않은 이유는 도리어 제갈량이 쓴 『출사표』에서 사용한 표현법 때문이었다. 제갈량은 『출사표』에서 평생 자신은 총명했다고 표현하였고, 잘못한 부분은 일시의 우매함 정도로 넘어가려고 하였다. 제갈량은 필경 자신이 쓴 글에서 자신의 행적을 미화했을 것이다. 아름답게 포장한 제갈량의 삼고초려 일화를 배송지는 믿을 수가 없었던 것이다.

제갈량이 편찬한 전설적인 색채가 풍부한 그 이야기에는 당연히 그의 의도가 숨어 있을 것이다. 배송지주에서 『촉기蜀記』를 인용하여 말하기를, 제갈량은 섭정 기간 동안 형법을 모질게 사용하고 백성들을 혹독하게 착취하였다고 했다. 그래서 법정法正이라는 대신이 한漢 고조高祖 당시에 단지 삼장三章의 약식법만을 모범으로 삼았던 것처럼 법 집행을 완화해 달라고 주청하였다. 그러자 제갈량은 자신이 하는 행위들은 모두 도리가 있고 옳다고 잘라 말하면서 그러한 의견을 무시하였다. 제갈량의 생각을 개괄하여 말하자면, 촉나라 사람들은 법과 하늘도 무시하고 도리가 어긋나니 구속과 제재가 필요하다고 생각하였다. 아니면 제갈량은 또 다르게 생각하여 촉나라 사람들은 독선적이라서 자신을 위한 위신을 세우는 것이 필요하다고 생각했을지도 모른다. 그래서 『출사표』에서 삼고초려의 부분을 자신이 원하는 표현법으로 빚어서 만들었을 것이다.

당연히 배송지는 진수의 『삼국지』에서 잘못 기재한 삼고초려 부분을 그냥 놔두지 않았다. 그는 『위략』에서 말하는 상이한 논조를 진수의 『삼국지』 관련 부분에 전문全文으로 주석해 놓았다. 그런 다음 "『구주춘추』에서도 역시 이렇게 말하고 있다"라고 설명하였다. 아울러 그는 다음과 같은 평론을 하였다.

> 신臣 배송지는 다음과 같이 여깁니다. 제갈량이 "선제께서 신이 미천하고 비루함에도 불구하고, 외람되게도 몸소 왕림하셔서 신의 초가집으로 세 번씩 찾아주셔서, 신에게 당세의 일에 자문하셨습니다"라고 하여 제갈량은 자신이 먼저 유비를 찾아가지 않았다고 하였습니다. 그러나 신은 이와 상반되는 여러 가지 주장을 들어 참으로 기이합니다!

배송지의 평론은 꼭 들어맞는 말이다. 그는 역사상의 사실에 대하여 각자 자신이 처한 주관에 따라 견해가 다를 수 있으며, 여러 가지 상이한 논조와 평가가 나오는 것은 다반사라고 생각하였다. 그렇다 하더라도 삼고초려에 대한 극히 상반되고 모순되는 논조들에 대해서는 특히 기이하게 여겼다. 남송南宋의 문제에게 위의 문장으로 평론을 올리면서 참으로 기이하다는 평을 한 것은 진수의 논조가 잘못되었다는 것을 간접적으로 표현했던 것이다. 그러나 문장의 격식이라는 틀에 한정이 되어 배송지는 자신의 다른 논조를 본문의 주석에서만 펼칠 수 있었다. 자신은 주를 다는 것이 임무였기에 진수의 『삼국지』 본문은 수정할 수가 없었다.

이제 삼고초려의 정황은 드러났다.

여기에서 독자는 물을 것이다. 제갈량이 무엇 때문에 『출사표』에서 거짓말을 했을까? 이 문제에 대하여 계속 살펴보자.

이쯤에서 다시 처음부터 분석할 필요가 있다. 유비는 제갈량을 만나기 전에 10년 이상을 동분서주하면서 자신의 주위에 인재가 없음을 한탄하였다. 만약 제갈량의 오촉 연합을 통하여 조조를 견제하는 전략이 없었다면 유비는 생전에 일찍 패망하였을 것이다. 제갈량은 생전에 유비를 도와 촉나라를 이끌었고, 빛나는 명성을 동서고금에 걸쳐 이어가고 있다.

그러나 당시 제갈량에게는 말 못할 고통이 있었다. 제갈량은 총명했으므로 자연히 마음속에 분명히 알고 있었다. 유비가 비록 입으로는 듣기 좋은 말로 "내가 공명을 얻은 것은 물고기가 물을 얻은 것과 같다"라고 하였지만, 유비의 실제 행동은 시간이 흐를수록 언행과 달라져 갔다. 유비가 자신의 뜻대로 움직여 주지 않았고, 자신이 심혈을 기울여 만든 건국의 청사진이 유비에게 존중받지 못하는 경우가 나타나기도 하였다. 촉나라가 성도를 수도로 정한 뒤에 형주 지역을 지키는 유비의 심복인 관우는 제갈량을 안중에도 두지 않았다. 제갈량이 하달한 정령은 곧잘 무시되었고, 간곡하게 당부하는 말에도 못 들은 척하고 방관을 일삼았다. 그 후 관우가 오군의 습격으로 전사하자 유비는 관우에 대한 복수를 기치로 내걸고 전군을 동원하였다. 그때 제갈량은 그러한 전쟁은 촉나라를 파멸로 내달리게 하는 길이라며 극구 반대하였지만, 유비는 제갈량의 말을 안중에 두지 않았다. 같이 천하통일을 향해 가면서 유비 자신은 우두머리이고 관우는 둘째, 장비는 셋째…… 그럼 제갈량 자신은 대체 몇 번째란 말인가?

"내가 아우인 관우의 원한을 갚지 않으면 설사 천하를 얻은들 무슨 소용인가!"

이처럼 당시 유비의 눈에는 보이는 것이 없었다. 유비는 제갈량이 심혈을 기울이던 융중대전략도 관우가 죽자 까마득히 잊어버렸다. 제갈량은 관우의 복수를 위해 출격하는 이릉전투에서 승산이 없다는 것을 잘 알고 있었다. 승리는커녕 엄청난 후환이 걱정되었지만, 공개적으로 반대할 수도 없는 노릇이었다. 그래서 할 수 없이 자신이 전투에 참가하지 않는 것으로 무언의 항의를 나타냈다. 최후에 유비가 대패하여 돌아온 후 백제성에서 후주를 제갈량에게 탁고하는 지경에 이르자 상황은 명백해졌다. 촉나라 건국의 대계획은 이미 유비의 손에서 절단되었다. 그러나 물은 이미 엎질러진 것! 일체의 모든 일이 제갈량으로서는 어쩔 도리가 없었다. 병권은 자기 손에 없고, 평소에는 자신의 말을 다 듣는 것처럼 하다가 중요한 시기가 닥치면 유비 본인의 뜻대로 해버리니 어쩌겠는가! 이것이 제갈량의 비애였다. 제갈량의 원대한 포부가 유비의 일시적이고 감정적인 전투 때문에 훼손되었으니, 그가 어찌 마음이 아프지 않을 수가 있었겠는가!

유비에 비하여 후주 유선은 참으로 아둔하고 능력이 모자라 구제불능의 군주였다. 제갈량은 그렇게 나약한 유선에게 『전출사표』를 올리면서 자신의 말을 듣지 않았던 독단적인 유비가 행한 지난 일들을 생각하지 않을 수가 없었다. 유비의 그러한 감정적인 일 처리 때문에 위나라 정벌과 건국의 큰 전략은 수포로 돌아갔다고 생각하였다. 제갈량은 『전출사표』에서 "선제(유비)께서 왕업을 시작하신 지 아직 반에도 미치지 못하였는데 중도에서 돌아가시고, 이제 천하가 셋으로 나뉘었는데, 익주가 오랜 싸움으로 지쳐 있으니, 이는 진실로 위급하여 흥하느냐 망하느냐 하는 때입니다"라고 말하였는데, 현실은 그처럼 촉에게 불리한 상황이었다. 만약 제갈량 자신이 북벌에 출정하여 내정을 살필 겨를이 없을 때 후주가 다시 자기의 말을 듣지 않고 엉뚱한 일을 벌인다면 제갈량의 입장에서는 정말로 곤란한 문제였다. 그래서 제갈량은 일을 성공시키지는 못하고 오히려 망쳐 버리는 후주 유선의 무리들에게 사전에 경고를 할 필요가 있었다. 그렇게 해야 우환을 미연에 방지할 수가 있는 것이기 때문이다. 제갈량은 후주에게 삼고초려의 이야기를 꾸며내어 알렸는데, 그는 『전출사표』를 서술하면서 생전의 유비에게서 전권을 이어받았고, 거기다가 후주는 능력이 모자라니 자신의 말을 듣지 않으면 안된다고 강조하였다. 상술한 것을 종합적으로 판단하자면, 우리는 제갈량의 수완에 탄복하지 않을 수 없다. 북벌에서 승리를 쟁취하고 후방에서는 분란을 잠재우기 위하여 심혈을 기울여 초인적으로 갖가지 기발한 방법을 연구하였다. 그 방법 중에는 후주에게 삼고초려 이야기를 날조하여 말한 것도 포함된다.

그러나 비록 제갈량이 거짓말을 하였더라도 결코 그것이 나쁜 일이라고 단정하기에는 고민이 필요하다. 지금 우리가 어찌 제갈량의 그러한 행동에 대해 질책만 할 수 있는가! 과거에 수많은 사람들이 제갈량에 대해 오해가 있었다. 그가 계속 군사를 일으키고 분투하는 것이 단지 유비의 삼고초려의 은혜에 보답하려는 것이었다고 오해를 해왔던 것이다. 지금 역사의 베일을 벗겨보니 삼고초려는 우리가 알고 있던 사실과 다르다. 제갈량이 분골쇄신하여 죽을 때까지 분투한 것은 삼고초려의 은혜가 아닌 천하통일을 위함이었다. 삼고초려의 진상을 벗기는 것은 제갈량을 폄하하려는 데 주목적이 있는 것이 아니다. 도리어 이를 통하여 제갈량의 장기간의 분투를 더 자세하게 설명하여 그의 본질을 더욱 부각시켜 줄 수가 있다.

결론적으로 말하자면, 『삼국연의』에서 나관중은 삼고초려의 부분에서 제갈량과 유비를 위해 적지 않은 윤색을 하였다. 비록 역사적 진실은 소설에서처럼 흥미롭지는 않았지만, 나관중의 탁월한 필체가 있었기에 삼고초려는 대대로 칭송을 받으며 전승되어졌다. 만약 유비의 삼고초려의 부분이 없었다면 중국 역사상에 빛나는 제갈량은 없었을지도 모른다. 삼고초려가 있었기에 후세 사람들은 유비의 선비를 대하는 자세에 대해 부러움과 존경을 보내왔다. 유비 본인도 삼고초려로 인하여 중국 역사상 존경하는 인재의 귀감으로 되었다는 사실은 삼척동자도 다 아는 사실이다.

3. 공성계空城計의 거짓과 진실

공성계는 『삼국연의』에서 특별하게 흥미로운 하나의 계략으로 줄곧 사람들이 재미있게 읽는 부분이다. 공성계 계략은 제갈량을 일약 신의 경지로 올려놓았다고 말할 수 있다. 그러나 역사의 사실도 소설 『삼국연의』처럼 그렇게 신통하였을까?

그 지략이 넘친다는 공성계의 이야기를 먼저 소설에서 살펴보자. 『삼국연의』 제95회 "마속馬謖이 제갈량의 간언을 듣지 않아 가정 지역을 잃었고, 제갈량은 거문고를 켜서 사마의를 쫓아냈다"의 대목에 그 내용이 보인다.

> 삼국 시기에 제갈량은 마속의 실수로 전략 요지인 가정 지역을 잃었다. 위나라 장수 사마의는 그 기회를 놓치지 않고 15만 명의 대군을 이끌고 제갈량이 머무는 서성西城으로 벌 떼처럼 밀려들었다. 당시 제갈량의 신변에는 대장은 없고 문관만 있었으며, 게다가 인솔한 5천 명의 군사의 절반은 군량미를 운반하러 가버린 상태였다. 제갈량은 단지 2천 5백여 명의 사병들과 함께 성을 지키

고 있는 중이었다. 군사들은 사마의가 앞에 왔다는 소식을 듣고 대경실색하는데, 제갈량은 성루에 올라 사태를 관망하고 나서 부하들에게 다음과 같이 말하였다.

"그대들은 놀라지 말라! 나에게 계책이 있으니, 금방 사마의를 물러가게 할 것이다."

그런 후에 제갈량은 명령을 내려 모든 깃발을 내리라고 하였다. 그리고 사병들은 꼼짝 말고 제자리에서 움직이지 말 것이며, 마음대로 외출하거나 큰 소리로 떠드는 자는 즉시 참수하겠다고 명령하였다. 그리고 모든 성문을 열고 각 성문에 20명의 병사를 파견하여 백성으로 가장하고 물을 뿌리고 청소를 하도록 하였다. 그런 후 제갈량은 학의 털로 만든 장포와 높은 윤건을 쓰고, 두 명의 동자와 함께 거문고를 들고 성 위에 올라가 앉았다. 그리고 향을 피우고 천천히 거문고를 타기 시작하였다.

사마의의 선발 부대는 성 밑에 도착하여 그러한 광경을 보고 모두 감히 성안으로 들어갈 수가 없었다. 그들은 성급히 돌아가서 사마의에게 그 정황을 보고하였다. 사마의는 그 말을 듣고 웃으며 "그게 어찌 가능한 말인가?"라고 말하고는 삼군(중군, 후군, 전군)에 일단 정지 명령을 내렸다. 그런 후 직접 말을 타고 앞으로 달려가 정황을 살폈다. 성의 가까운 곳으로 가서 보니, 과연 제갈량이 성루에 앉아 웃음을 머금고 거문고를 타고 있는 중이었다. 왼쪽 옆에는 시동(侍童)이 손에 보검을 쥐고 있었고, 오른쪽 옆에는 총채를 든 동자가 서 있었다. 성문 밖에는 20여 명의 백성이 머리를 숙이고 청소를 하는데 오고 가는 사람들에게 주의를 주지 않았다. 사마의는 그 광경을 보고 의혹을 떨쳐 버릴 수 없었으나, 결국에는 삼군에 철군을 명령하였다. 이때 그의 둘째 아들 사마소(司馬昭)가 물었다.

"제갈량의 군중에 병사가 없어 고의로 저런 작전을 쓰는 것 아닙니까? 부친께서는 어찌하여 확인도 안 해보시고 철군하십니까?"

그러자 사마의가 대답하였다.

"제갈량은 줄곧 조심스럽게 행동하여 모험을 하지 않는 사람이다. 성안에 군사들을 매복시킨 것이 분명하다. 우리가 진격하여 들어가면 그의 계략에 말려드는 것이다. 빨리 후퇴하는 것이 상책이다."

이에 사마의의 모든 군대는 철수하여 돌아갔다.

이러한 삼국시대의 공성계는 사람들의 심금을 울리고 제갈량 선생의 지혜와 담력에 탄복하게 한다. 생각해 보라! 10만 대군이 제갈량 한 사람의 손에 놀아났으니, 확실히 전대미문의 일이 아니던가! 그러나 어떤 문제를 접하면 우리들은 맹목적인 복종을 해서는 안 되고, 그 문제에 대해 이성과 사고를 가지고 다시 한 번 생각해 보는 것이 더 중요하다. 제갈량의 공성계는 정말로 있었던 일인가? 저러한 일이 실제로 일어날 수 있을까? 세상에 어떤 장군도 저렇게 황당하게 전선에서 물러서지는 않는다. 당연히 역사는 재연되지 않고 우리는 이전으로 돌아갈 수도 없다. 어느 누구도 충분한 이유와 증거를 가지고 시비를 가리지 못할 것이다.

여러 해에 걸쳐 사람들은 그 상황을 정사에서 찾아보았지만 허사였다. 제갈량의 공성계에 대한 역사 자료는 매우 미미하다. 그중 『삼국지촉서전三國志蜀書傳』에 당시의 상황에 관한 간단한 기록이 있다.

제갈량이 기산으로 두 번째 간 것은 서기 227년이었다. 이때 사마의는 형주와 예주의 주도독을 맡고 있으면서 완성宛城에 주둔하고 있었는데, 제갈량이 거느린 촉군 부대와는 천 리가 떨어져 있었다.

그런데 어떻게 공성계가 있을 수 있는가? 이 외에 여러 가지 관련된 역사 자료를 찾아보아도 사마의가 제갈량의 공성계에 속았다는 기재는 없다. 단지 이에 관한 기록이 한 가지 보인다. 그것은 동진시대의 왕은王隱이 작성한 『촉기』에서 곽충郭冲이 한 말이다. 곽충은 서진시대의 인물로서 사마의의 아들인 사마준司馬駿의 부하였다.

제갈량이 양평陽平에 주둔할 때, 위연 장군을 동으로 파견하여 단지 1만 명만이 남아 성을 지키고 있었다. 그때 사마의가 20만 대군을 이끌고 다가왔다. 사마의는 도중에서 위연을 놓치고 나서 양평에 있는 제갈량의 병력이 적다는 소문을 듣고 찾아온 것이다. 제갈량은 위군의 기세를 본 후에 전군의 기를 내리고 성문을 활짝 열라고 명하였다. 사마의는 제갈량이 평소에 신중하다는 것을 알고 있었는데, 그러한 정황을 보고 복병이 있는 것으로 의심하고 급히 철군하였다. 나중에 그가 제갈량의 공성계에 속은 것을 알고 후회하였다.

나관중은 공성계 부분을 기술할 때 위와 같은 내용인 왕은의 『촉기』를 참고한 것 같다. 그러나 이 내용은 역사의 사실과 다르다. 진수의 『삼국지』를 주석한 배송지裴松之는 이 부분을 의심하여 다음과 같은 말을 하였다.

제갈량이 양평에 주둔할 때, 사마의는 형주도독을 맡아 완성에 주둔하고 있었다. 조진曹眞이 죽은 시점이 돼서야 사마의는 한중에서 제갈량과 교전하였다. 다시 말해서 그 이전에는 제갈량을 만난 적이 없다는 것이다. 또한 제갈량은 줄곧 위연 장군을 신임하지 않았는데, 어찌 그로 하여금 독자적으로 군대를 이끌게 하고 전선으로 보낼 수 있겠는가? 가장 황당한 것은 곽충에 관한 것이다. 곽충은 사마의의 아들인 사마준의 부하였다. 어찌 자기 대장의 면전에서 대장 부친의 과오를 들추어낼 수 있었을까?

이상의 내용으로 보아 곽충과 관련된 이야기는 모두 사실이 아니고, 단지 연의소설에서 꾸며낸 이야기일 뿐이라는 것을 추론할 수 있다.

전기적인 인물의 민간 숭배와 문학형상의 형성 과정에서 역사 인물에 대한 과장은 흔한 일이다. 그런 의미에서 제갈량의 공성계에 대한 이야기는 제갈량을 미화하기 위한 연의소설의 기법이라고 할 수 있겠다. 이런 범위에서 벗어나 상식적인 판단으로 생각해 보면, 제갈량의 공성계 이야기는 논리적으로 여전히 실수투성이이다. 사마의는 지략이 뛰어난 인물이었으며, 어떠한 일에 있어 다른 사람보다 더 신중하게 생각하였다. 더욱이 그의 상대가 정상적인 이치에 따라 승부수를 던지기 싫어하던 제갈량이 아니던가! 성문이 활짝 열려 있었고, 성문 입구에는 10여 명의 노병이 청소를 하고 있었다. 그리고 제갈량은 아무 일 없다는 듯이 두 명의 미소년과 함께 성루에서 거문고를 타고 있다? 그리고 제갈량의 앞에는 10만여 명의 용맹한 적군이 버티고 있었다니 참으로 황당한 일이다. 우리들의 지금 관점으로 보았을 때, 아무리 제갈량이 속임과 모략에 능통하였다 해도 백전노장 사마의가 의심도 하지 않고 바로 철군할 수가 있었을까?

자세하게 분석한다면 사마의는 다음과 같은 세 가지 경우는 생각해 보았을 것이다.

첫째, 그런 상황이었다면 사마의는 신궁수神弓手를 찾아 직접 제갈량을 향해 화살을 날려보았을 것이다. 전쟁에서 지휘자가 죽으면 그 부대는 혼란에 빠지는 법! 그런 후에 공격하면 쉽게 승리할 수가 있다. 먼저 제갈량만 제거할 수 있다면 촉군은 일대 혼란에 빠질 것이 분명하였다. 화살도 쏘아보지 않고 그냥 철수할 사마의가 아니었다.

둘째, 비록 제갈량의 속임수가 두려워도 당시 위군은 대군이었다. 선발대를 성안으로 들여보내 탐색하였던 것이 옛날 장수들의 전투 방법이었다. 설사 매복이 있다 하여도 피해는 선발대에 한정되는 것이다. 그런 정도의 피해는 기회를 놓치는 것보다는 나은 것이다.

셋째, 일시적으로 상황 판단이 되지 않아 철수하더라도 우선 성 밖에서 주둔하고 상황을 살피는 것이 이치였다. 며칠 포위 공격을 하면 상황이 밝혀지게 되어 있다. 사마의는 당시의 촉군이 전부 성안에 있다고 하더라도 위군의 절반에도 미치지 못한다는 사실을 알고 있었다. 바로 앞서 마속이 가정에서 대패한 뒤 촉군의 손실이 막중하였기 때문이다.

이로써 공성계는 민간에서 제갈량을 신격화하기 위하여 날조한 이야기라는 것을 알 수 있다. 논리적으로도 맞지 않는 이야기이다. 제갈량의 공성계는 허무맹랑한 가공의 이야기이다.

비록 정사에서 사마의가 제갈량의 공성계에 당한 이야기를 찾아볼 수 없지만, 삼국시대에 공성계를 실제로 사용한 적이 세 번 있었다. 먼저 배송지 주에서 인용된 『조운별전趙雲別傳』에 나오는 내용을 살펴보자.

유비와 조조가 한중을 다툴 때의 일이다. 유비는 조조의 군량미가 북산 밑에 쌓여 있는 사실을 알고 황충에게 습격을 명령하였다. 그리고 조자룡 장군에게는 그 뒤에 주둔하여 황충을 도우라고 하였다. 그런데 황충이 출전하여 기일이 지나도 돌아오지 않자, 조자룡은 궁금하고 걱정되어 수십 기의 기병을 데리고 탐색하러 나섰다. 마침 조조군이 총출동하여 나오자 조자룡은 싸우고 도망치면서 겨우 자신의 진영으로 돌아왔다. 그때 장익張翼 장군이 급하게 성문을 걸어 잠그려 하자, 조자룡은 성문을 잠그지 말고 깃발을 내리고 북소리를 멈추라고 명하였다. 조조군은 그러한 상황을 보고 복병이 있을 것이라고 의심하여 감히 성으로 진격하지 못하고 급히 철군하였다. 그때 조자룡은 즉각 명령하여 조조군을 추격하여 섬멸하도록 했다. 조자룡은 기회를 잡고 도망가면서 혼란에 빠진 조조군을 총공격하여 많은 전과를 올렸다. 놀라 서로 밟혀 죽은 사람도 부지기수였다.

다음은 『삼국지 · 위서 · 문빙전文聘傳』에서 배송지가 어환魚豢의 『위략』을 인용하여 주를 단 내용이다.

위나라 장수 문빙文聘이 석양 지역을 지키고 있을 때, 손권이 직접 대군을 이끌고 진격해 왔다. 당시 석양 지역에는 폭우가 내려 성책이 붕괴되고, 백성들은 집을 나와 곳곳에 흩어질 정도로 피해가 컸다. 문빙은 손권이 온다는 소식을 듣고 그 시점부터 누구도 성 밖으로 나서지 말라고 명령하였다. 문빙 자신도 집 안에서 움직이지 않았다. 그러자 손권은 의심하며 부하들에게 말하였다. "문빙은 북방의 충신이다. 고로 위나라에서 이 석양 지역을 문빙에게 맡겼다. 그런데 지금 내가 왔지만 미동도 하지 않는 것으로 보아 매복한 것이 틀림없다"라고 말하고 공격하지 않고 물러갔다.

다음은 오나라의 황개黃蓋가 무릉태수武陵太守로 있을 때의 일이다. 남쪽으로부터 만이蠻夷의 공격을 받자, 황개는 성문을 열라고 명령하였다. 그리고 복병을 숨겨두었다가 5백 명의 사병으로 적을 퇴각시켰다.

이상에서 본 것처럼 삼국시대에 "공성계"를 이용하여 적을 물리친 사례는 있지만, 제갈량의 공성계 이야기는 사실이 아니다. 여기에서 재미있는 것은 위와 같은 진짜 공성계전투에 대하여 사람들은 잘 알지 못하고, 가짜인 제갈량의 공성계는 남녀노소 누구나 다 안다는 사실이다. 『삼국연의』의 특출한 예술적 창조성에 또 한 번 탄복하지 않을 수 없다.

결론적으로 말하자면, 나관중이 편찬한 『삼국연의』 속의 공성계는 후세 사람들이 제갈량을 미화하기 위하여 만든 허구적인 이야기이다. 나관중은 많은 이야기들을 새로 꾸며 교묘한 수단으로 구성이 치밀하고 귀신도 예측하지 못할 정도의 새로운 공성계를 연출하였다. 그리고 그렇게 새롭게 조작된 공성계 이야기를 가정전투 다음 구절에 삽입하는 치밀함을 보였다. 그렇게 함으로써 가정전투에서 패한 제갈량에게 억지로 체면을 세워주려는 의도가 숨어 있다.

4. "칠금맹획七擒孟獲"의 이야기는 사실이었을까?

"칠금맹획七擒孟獲(제갈량이 맹획孟獲을 일곱 번 붙잡는다는 이야기)"은 소설 『삼국연의』에서 재미있는 대목으로 널리 알려져 왔다. 유비가 백제성에서 죽은 후 촉나라의 남쪽에서는 계속하여 반란이 발생하였다. 촉 건흥建興 3년(225년), 제갈량은 충분한 준비를 하여 직접 대군을 이끌고 노수瀘水(금사강)를 건너 남쪽으로 내려갔다. 제갈량은 신속하게 운남과 귀주 지역의 반란을 잠재우고 촉나라의 후방을 공고하게 하였다. 이 부분에 대한 나관중의 묘사는 적극적이고 생동감이 넘친다. 제갈량은 적의 투지를 약화시켜 굴복시키는 심리전을 이용하여 맹획을 일곱 번 잡았다가 일곱 번 놓아주었다. 나관중은 이 부분에 정열을 쏟아 기복이 있고 변화가 풍부하게 서술하고 있다. 『삼국연의』의 제87회에서 제90회까지 이 문제를 다루고 있는데, 전서全書 중에서 가장 연속성이 많은 부문이라고 말할 수 있다. 그러나 이러한 "칠금맹획"의 이야기는 최근 전문가들이 연구한 결과 존재하지 않았던 일로 드러났다. 이 이야기는 오랜 세월 널리 알려져 사람들의 입에 오르내리게 되었고 심지어 해외의 경전에도 영향을 주었지만, 아쉽게도 소설 속의 허구적인 내용으로 밝혀져 역사적인 사실은 아니었음이 드러났다. 비록 역사적으로 맹획이란 사람은 있었는지 모르겠지만, "칠금맹획" 이야기는 실제로는 존재하지 않는다.

『삼국연의』의 제87회에서 제90회까지 나관중은 비교적 긴 분량으로 유비가 죽은 후의 "칠금맹획" 이야기를 비중있게 서술하고 있다. 당시 촉나라 서남쪽의 소수민족들이 꿈틀거리자 제갈량은 남만의 왕인 맹획에 대하여 "심리적으로 적의 마음을 먼저 굴복시키는 작전"을 실시하였다. 제갈량은 일곱 차례를 잡았다가 놓아주면서 마침내 맹획으로 하여금 심복하게 만들었다. 소설 속에서 묘사된 "일곱 번 맹획을 잡았다"는 흥미로운 작전은 제갈량이 남정南征을 승리로 이끄는 데 있어 중요한 관건이었다. 나관중은 『삼국연의』에서 제갈량이 맹획을 일곱 번 붙잡는 장면을 다음과 같이 묘사하였다.

첫 번째, 제갈량은 왕평王平과 관색關索에게 일부러 진 것처럼 하여 맹획을 유인하게 한 후, 조자룡과 위연 등에게 적의 후방을 습격하게 하여 맹획을 생포하였다.

두 번째, 맹획의 부장 동도나董荼那가 이전에 제갈량에게 석방되는 은혜를 입은 적이 있어서 촉군과의 교전을 원하지 않았다. 그가 싸우지 않고 후퇴하자 맹획에게 벌을 받았다. 이에 화가 난 맹획의 부장 동도나는 각 부족의 추장들과 함께 맹획을 붙잡아 제갈량에게 넘겼다.

세 번째, 맹획이 동생인 맹우孟優를 거짓 항복시킨 후에 맞받아치는 작전으로 촉군을 공격하려 했지만, 제갈량에게 그 계략이 탄로나고 말았다. 제갈량은 맹우를 술 취해 드러눕게 하고 맹획이 공격해 오는 것을 기다렸다가 그들을 대패시켰다. 맹획은 황망하게 도망쳤지만, 적군으로 변장한 마대馬岱에게 붙잡혔다.

네 번째, 제갈량이 거짓으로 후퇴하자 맹획이 추격해 왔다. 이때 제갈량은 조자룡으로 하여금 후방을 공격하게 했다. 크게 패한 맹획은 10여 명의 기병을 이끌고 도망치다가 제갈량과 좁은 길에서 맞닥뜨리자 무턱대고 죽을 각오로 대항하였다. 그러나 결국 함정에 빠져 붙잡혔다.

다섯 번째, 은야동주銀冶洞主 양봉楊奉은 계속 제갈량에게 대항하는 맹획에 대하여 반감을 가졌다. 이에 그는 다섯 명의 아들과 함께 3만 군사를 이끌고 거짓으로 도움을 준다고 하면서 맹획에게 찾아갔다. 그러자 맹획은 매우 기뻐하며 연회를 벌였다. 환영 연회가 무르익자, 양봉은 다섯 아들에게 명하여 술에 취해 넘어져 있는 맹획을 잡아서 제갈량에게 넘겨 버렸다.

여섯 번째, 맹획이 팔납동주八納洞主인 목록대왕木鹿大王에게 도움을 청하지만, 제갈량이 만든 화려하고 현란한 색채의 화염을 방사하는 목각 맹수로 목록대왕이 거느린 진짜 맹수를 쫓아 보내서 적을 크게 이겼다. 그 후에 맹획의 처남이 한 명의 동주洞主를 묶고 나타나 맹획을 잡았다고 거짓으로 외치면서 제갈량에게 접근하였다. 맹획의 처남 일행은 기회를 봐서 제갈량을 찔러 죽이려고 하였지만 결국 실패하고 전원 생포되었다.

일곱 번째, 제갈량이 올돌골兀突骨이 이끄는 등갑병藤甲兵에게 화공을 퍼부은 후, 매복하여 맹획을 기다렸다가 공격해 패주시켰다. 맹획은 단기單騎로 포위를 뚫고 도망쳤지만, 또다시 마대에게 생포되었다. 맹획은 더 이상 어찌할 수가 없어서 마음속으로 복종하고 이렇게 말하며 사죄하였다.

"승상 전하는 하늘이 내리신 위엄하신 분입니다. 남인南人들은 두 번 다시 배반하지 않을 것입니다!"

위의 내용들은 연의소설에 나오는 것인데, 진실 여부에 의문이 가는 주요한 이유를 살펴보겠다. 비록 나관중이 제갈량을 과장하여 "칠금맹획"의 신화神話를 창조하였겠지만, 삼국 역사를 가장 권위있게 쓴 진수는 『삼국지』에서 이 이야기를 전혀 하지 않고 있다. 더욱이 진수는 『삼국지』에서 맹획이라는 사람의 이름조차 한 번도 언급하지 않았다. 또한 『삼국지 · 장억전張嶷傳』에서는 제갈량이 남정한 후에도 남이南夷의 각 지역이 결코 안정되지 않았다고 하였다. 즉, "남이들이 계속하여 반란을 일으켜 수장守將들을 살해하였다"라고 하여 불길한 소식이 계속 이어진 상황을 기술하고 있다.

이것으로 비추어보면 소설 『삼국지』에서 언급된 "공심위상攻心爲上"이라는 전략과 "칠금맹획"의 진실성에 의심이 간다.

진수의 『삼국지』 이후, 학자들이 언제부터인가 "칠금맹획" 이야기를 사실인 것처럼 묘사하고 있다.

남북조시대의 역사학자 배송지는 『한진춘추漢晉春秋』에서 다음과 같이 주를 달았다.

> 제갈량이 일곱 번 사로잡아 풀어주려고 하자, 맹획은 깊이 심복하여 그 자리를 떠나지 않고 "승상께서는 하늘의 위엄을 받은 분이십니다. 남만에 사는 종족들은 두 번 다시 배반하지 않을 것입니다"라고 하였다.

동진시대 상거常璩가 쓴 『화양국지華陽國志』에도 "칠금맹획" 이야기가 기재되어 있다. 『화양국지』 속의 『남중지南中志』에는 다음과 같은 내용이 전해진다.

> 제갈량이 노수를 건너 익주로 들어가 맹획을 생포하고 군영에 가둔 후 물었다. "우리 군대가 어떠한가?" 그러자 맹획은 "내가 당신 군대를 잘 알지 못한 것이 한이오. 그래서 공이 쉽게 이겼을 뿐이오!"라고 대답하였다. 제갈량은 바야흐로 북방에서 할 일이 많은데 남중에서 자꾸 반란을 일으키기 좋아하니, 응당 그 상황을 끝낼 필요가 있었다. 그래서 맹획을 풀어주고 돌아가게 하였는데, 맹획은 계속해서 군대를 모아 다시 싸웠다. 도합 일곱 번 잡고 일곱 번 놓아주니 맹획은 심복하여 그제야 복종하였다. 더불어 남쪽에서 반란을 일으켰던 남이와 한족들도 선량해졌다. 그때 제갈량이 맹획에게 다시 물었더니 맹획이 이렇게 대답하였다. "명공께서는 하늘이 내린 위엄이십니다. 변방 백성들은 이제 다시 반란하지 않을 것입니다!"

그리고 민간에서 전해지는 이야기에는 과장이 심한 것도 많다. 그중에 맹획이 남쪽 사람들을 선동하여 반란을 조장하였다는 이야기도 있다.

옹개雍闓가 맹획을 시켜 이족夷族과 수족叟族에게 근거가 없는 선동을 하였다.

"관청에서 너희들에게 가슴 앞이 모두 검은 털을 가진 개 3백 마리, 진드기 뇌 3두斗, 3장丈 길이의 단목斷木 3천 근…… 등등을 얻으려 한다. 너희들은 이게 안 되는 것을 알고 있지 않느냐?"

이족들은 그 말에 모두 호응하여 모두 옹개를 따랐다.

이 모두 사실과 다른 민간 전설이다. 그리고 그 후에 나오는 서적들에서는 "칠금맹획" 이야기에 계속 윤색이 더해졌다. "칠금맹획" 이야기는 사람들이 제갈량을 칭송하기 위해 만들어낸 것이다. 재미있는 것은 지금의 운남성 소수민족 지역에선 아직도 맹획을 잡은 것이 아니라 제갈량을 일곱 번 잡았다가 일곱 번 놓아주었다는 운남성 옛 사람들의 이야기가 전해지고 있다. 이것들은 모두 역사적 사실과는 거리가 먼 이야기들이다.

그리고 두 권의 사적은 "칠금맹획" 사건의 지리적 위치를 구체적으로 주州, 현縣, 산山, 동洞까지 나타내고 있다.

『전운기략滇雲紀略』이라는 사서에서 작가 장약기張若驥는 "칠금七擒"의 구체적 장소를 다음과 같이 기술하고 있다.

일금一擒은 백애白崖인데, 지금의 조주趙州 정서령定西嶺이다. 이금은 등수호저동鄧賧豪猪洞이며, 지금의 등천주鄧川州이다. 삼금은 불광채佛光寨이며, 지금의 낭궁현浪穹縣 순검사巡檢司 동이리東二里이다. 사금은 치거산治渠山이며, 오금은 애전愛甸인데, 지금의 순녕부지順寧府地이다. 육금은 노강怒江 강변인데, 지금의 보산현保山縣과 등월주騰越州의 사이에 위치한다. 칠금은 화공으로 계곡에서 잡았는데, 노강의 반사곡蟠蛇谷이다.

그와 같은 『전운기략』의 내용은 노필盧弼의 『삼국지집해三國志集解』에서도 인용되고 있다. 또한 풍소馮甦의 『전고滇考』에서도 위의 장약기의 『전운기략』과 비슷한 내용을 기재하고 있다. 풍소의 『전고』에서 제갈량이 남정한 구체적인 지명이 이렇게 적혀 있다.

> 수금首擒 대백애大白崖, 지금의 미도弥渡. 이금二擒 호저동豪猪洞, 지금의 등천주鄧川州. 삼금三擒 불광채佛光寨, 지금의 검천劍川. 사금四擒 낭궁浪穹, 지금의 영랑寧蒗. 오금五擒 경전慶甸, 지금의 봉경鳳慶. 육금六擒 노강, 지금의 영창永昌. 칠금七擒 보감普坎, 지금의 미안마 북부.

이렇게 정확한 지명까지 언급하는 근거는 무엇인지 모르겠다.

사실 삼국 시기와 관련한 사실史實을 기록한 정사 중에서 가장 권위가 있는 것은 진수의 『삼국지』이다. 그런데 진수의 『삼국지』를 아무리 다 훑어 읽어보아도 "칠금"에 관한 내용은 보이지도 않는다. 심지어 맹획이라는 이름조차도 없다.

삼국 시기로부터 1,800여 년이 지난 오늘날, 제갈량은 여전히 운남, 귀주, 사천 등의 중국 서남부 지역 소수민족들에게 신과 같은 존재로 추앙받고 있고, "백성들은 골목 어귀에서 제사를 지내고, 오랑캐 융의戎夷들은 들에서 제사를 지낸다"라고 할 정도로 존중받고 있다. 제갈량과 맹획 사이의 이야기는 현재 민간에서 의심하지 않고 믿고 있다. 그 이유는 남만 정벌을 할 때 제갈량은 정확한 민족 정책을 실시하였고, 마음을 잡는 "공심위상" 정책으로 현지의 민심을 얻었기 때문이다. 그 외에 『삼국연의』라는 위대한 작품의 강력한 영향력을 간과할 수 없다.

습착치習鑿齒가 『한진춘추』에서 "칠금맹획"의 이야기를 기재하자 당시 광범위한 비난이 쏟아졌다. 습착치는 개인적인 억측을 사실史實로 삼아 당시 사람들의 많은 비웃음과 비난을 받았다. 배송지는 진수의 『삼국지』에 주를 달면서 습착치의 관점을 인용하기도 하였지만, 그중의 일부 관점에 대해서는 동의할 수 없다고 분명히 표시하였다. 배송지는 『삼국지 · 위지 · 왕릉전王陵傳』에서 『한진춘추』를 인용해 이렇게 말하였다.

> 이러한 논조들은 이전의 사서에는 없던 것인데, 습착치로부터 이러한 말들이 시작되었다. 이전과 내용과 형식이 다른 것이 습착치의 자작이라고 의심된다.

습착치 이전의 사서에는 없던 것이라고 한 것은 "칠금맹획"의 이야기가 『한진춘추』에서 처음 등장한다는 것을 의미한다. 또한 배송지가 『삼국지 · 위지 · 동윤전董允傳』에서 기재 내용이 상이한 두 개의 저서 『한진춘추』와 『양양기襄陽記』를 인용하여 이렇게 단언하였다.

> 이 습착치의 견해는 신중하지 못하였다.

배송지는 이미 명확하게 습착치의 견해를 믿지 못하겠다고 지적한 것이다. 습착치는 위국정통론에 맞서 촉국정통론을 학문적으로 처음으로 제기하며 작품을 쓴 사람이었다.

배송지 이후 천 년이 넘는 세월 동안 맹획과 제갈량 사이의 이야기는 끊임없는 쟁론을 일으켰다. 민간 여론은 "칠금맹획" 이야기가 역사적 사실이라고 믿는 분위기지만, 전문가들은 여전히 그것을 냉정하게 바라보았다. 중국 청나라 건륭乾隆 32년(1767년)에 황제의 명에 따라 황제黃帝 때부터 명대明代까지의 사적을 기록한 사서인 『통감집람通鑑輯覽』에서도 다음과 같이 "칠금맹획"의 이야기를 부정하고 있다.

> 칠종칠금七縱七擒의 소설 속 이야기는 문장력에서 격찬을 받을 만하다. 그러나 그것은 시간관념으로 생각하여 사실적으로 있을 수 없는 일이다. 제갈량의 남만 정벌은 본래 만이를 심복시키기 위한 것이었다. 그런데 한두 번도 아니고

일곱 번이나 그럴 수 있었다는 것은 믿을 수 없다. 더구나 당시 제갈량은 조급하였는데, 서둘러 남이를 평정하고 북벌을 추진해야 했다. 적을 누차 풀어주었다가 다시 사로잡을 정도로 시간을 헛되이 보낼 여유가 없었다. 제갈량은 노수를 건너 전지滇池(지금의 운남성 곤명)에 이르기까지 불과 4, 5개월이란 시간밖에 여유가 없었고, 정세는 절박해 서둘러 돌아가서 북벌에 나서야만 했다. 이러한 상황에서 그런 일에 얽매어 있을 여유가 없었다.

위 사서에 실린 관점은 매우 일리가 있다. 당시의 시국을 살펴보면, 위나라의 조조는 적벽대전에서 패하고 복수의 칼을 갈고 있었고, 오나라는 촉나라의 유비가 죽어 국상을 당한 틈을 이용하여 서진西進하려고 호시탐탐 노리고 있었다. 더구나 촉나라의 후주 유선이 나약하여 촉나라를 칠 좋은 기회가 왔다고 생각하는 시점이었다. 비록 제갈량은 초인적인 지략에 의존하여 정치 외교적으로 온갖 수단을 다해 국가 존립이라는 목표를 이루긴 하였다. 그렇지만 촉나라 주위의 강대 세력들이 압박하는 국면은 근본적으로 개선되지 않고 여전하였다. 제갈량은 쓰러져 가는 촉나라를 재건하기 위해 반드시 군사적 중점을 북벌에 두어야 했는데, 공격을 방어의 전략으로 삼아 생존 공간을 개척해야 하는 시점이었다. 이러한 상황에서 익주로부터 출병하여 운남성 곤명에 이르러 난을 평정하기까지 불과 4, 5개월의 시간밖에 없었다. 뛰어난 전략가이자 정치가인 제갈량이 직접 군사를 이끌고 출병하였는데, 결코 한 지역의 이해득실에 얽매어 무기한 시간을 끌었을 리가 없다.

근대의 한 역사학자는 "칠금맹획"은 일고의 가치도 없는 이야기라고 여겼다. 운남 지방 역사 연구가인 장화란張華爛은 『맹획변孟獲辯』에서 역사적으로 맹획이란 사람은 존재하지 않았다고 주장하였다.

진수의 『삼국지』에서 남만에서 반란을 주도하였던 옹개와 고정高定 등은 비중이 있게 다루었는데, 만약 한족과 만이 반란군이 함께 맹획에게 복종했다면 어떻게 맹획이란 이름이 진수의 『삼국지』에서 빠질 수 있겠는가? 그것이 맹획이란 사람은 존재하지 않았다는 이유이다. 제갈량이 맹획을 일곱 번 잡았다는데, 잡힌 사람 이름이 하필이면 "獲(잡힐 획)"인가? 세상에 이렇게 공교로울 수 있는가? 맹획이 두세 번 잡혔다고 하면 사람들에게 제대로 어필이 되지 않을 게 두려워서 일곱 번 잡았다가 일곱 번 놓아주었다고 하는 것을 보니 참으로 우스운 일이 아닌가? 다섯, 여섯 번째까지도 제갈량에게 복종을 망설였다고 하니, 진짜 그런 사실이 있었다면 그는 참으로 양심이 없는 사람이다. 열 번, 백 번으로도 복종하지 않는다면 백 번을 잡았다 놓는 것으로 설정해야 하는가? 세상천지에 이런 괴이한 일은 없을 것이다. 또한 그러한 괴짜 인간은 보기 힘들 것이다. 가령 그런 사람이 있었다면 양심이 전혀 없는 사람일 것이 뻔한데, 어찌 한족과 만이들이 함께 그에게 복종했다고 말하는가?

이러한 장화란의 말은 좀 자극적이지만 도리가 없는 것은 아니다.

제갈량은 남만 정벌을 하면서 '무력에 앞서 상대방의 마음을 잡는 심리책'을 전략으로 삼았다고 했다. 그러므로 제갈량이 맹획을 잡고 죽이지 않고 풀어준 것은 있을 수 있는 일이다. 그러나 "칠금맹획" 이야기는 믿을 수 없다. 이것은 단지 후세 사람들이 제갈량을 신격화하기 위하여 만든 이야기일 뿐이다.

그러면 "칠금맹획" 이야기가 진실하지 못하다는 점을 분석하여 증명해 보도록 하자.

첫째, 역사상에서 도대체 맹획이란 인물은 존재하였는가? 이 점에 관하여 학술계에서는 계속 쟁론 중이다. 근대 운남 지방 역사 연구가인 장화란은 『맹획변』에서 맹획이란 사람은 없었다는 주장을 했다고 앞서 언급하였다. 그녀는 만약 한족과 만이 반란군이 함께 맹획에게 복종했다면 어떻게 그가 진수의 『삼국지』에서 이름이 빠질 수 있을까라는 점을 내세웠고, 맹획이란 이름 자체가 가상의 인물로 설정할 때 어울리는 글자라는 것이다. 장화란의 관점은 많은 학자들의 관점을 대표하는 것이었다. 이와는 반대로 맹획이란 사람은 존재하던 인물이라고 보는 견해도 만만치 않다.

관련 연구학자 황승종黃承宗은 비록 맹획의 생졸生卒 날짜는 고증할 방법이 없지만, 맹획은 실존 인물이라는 주장을 폈다. 황승종은 맹획의 본적과 집안은 남중 지역의 대성大姓과 관련이 있다고 생각하였다. 현재의 운남성 소통昭通 제3중학교에 유명한 한나라의 "맹효거비孟孝琚碑" 비석이 있는데, 이것은 청나라 광서光緖 27년(서기 1901년)에 소통현昭通縣 성 남쪽 10리 밖의 한 연못에서 출토가 된 것이다. 그 비석에 한나라의 맹씨는 역사상 남중 지역에 가장 많았던 양대 성 중의 하나라고 기재되어 있다.

그리고 맹획과 관련된 제사도 역사가 유구하다. 현재까지 발견된 실물 자료에 의하면, 가장 이른 것은 당나라와 송나라 시기와 관련이 된다. 지금도 서남쪽 지역의 사당이나 지신을 모신 부속 사당에서 맹획에게 제사를 지내는 사람들이 많다. 서창현西昌縣 석주자石柱子에 있는 지신묘地神廟, 청룡사靑龍寺, 오현묘五顯廟만 보더라도 모두 맹획의 상을 세우고 제사를 지내고 있다. 현지 민간에서 오현식신五顯埴神을 봉양하는데, 그 화축畵軸의 좌측 세 번째에 맹획상이 있다. 속칭 "소단만왕掃壇蠻王"이라고 불린다. 이렇듯이 맹획의 실존 여부에 대해 아직 결론을 내리기에는 다소 무리가 간다.

둘째, "칠금맹획" 이야기는 시간적으로 합리적인 조건을 구비하지 않고 있다. 연구자 황승종 선생은 『전운기략』에 근거하여 칠금맹획이 발생한 현재의 지점을 밝힌 후에 그에 따른 문제점을 지적하고 있다.

> 백애白崖, 등수호저동鄧賧豪猪洞, 불광채佛光寨, 치거산治渠山, 애전愛甸, 노강怒江, 반사곡蟠蛇谷과 같은 지역들은 현재의 운남성 전역에 광범위하게 자리 잡고 있다. 당시의 교통 상황으로 볼 때, 병사들은 걸어야 했고 군수품은 마필로 실어 날라야 했다. 당시의 여건으로 그곳을 다 돌았다는 것은 불가능하다.

제갈량은 후주 건흥建興(유선의 연호) 3년(서기 225년) 춘삼월에 성도로부터 출병하였는데, 그해 가을에 곤명에 도착하였다. 그 기간에 철저하게 대규모의 반란을 진압하는 데 걸린 시간은 비교적 짧았다. 사천 분지에서 운남 중부 지역까지의 거리는 대충 천여 리가 넘는데, 평지가 아닌 이동하기에 힘든 지형인 "촉도蜀道"였다. 교통이 매우 낙후하던 시절에 남만 정벌 대군이 단지 길에서만 보내는 시간이 무려 3개월 이상이 소요되었다. 남은 3개월 동안 촉군은 기타 몇 곳 지방에서 일어나는 소규모의 반란도 진압해야 했다. 그렇게 따지고 보면 익주益州라는 광범위한 지역의 반란을 평정하는 데 걸린 시간은 길어봐야 두세 달밖에 지나지 않았다. 이렇게 짧은 기간에 제갈량이나 맹획 모두 일곱 번씩이나 조직을 정비하여 서로 전투했다는 것은 현실적으로 불가능한 이야기이다. 게다가 위에 언급한 광활하고 넓게 퍼진 지역을 무슨 시간이 있어 왕래할 수 있었겠는가?

셋째, 당시 냉엄한 현실이 제갈량에게 그렇게 적을 여러 번 잡았다 놓을 만큼 여유가 있게 하지는 못하였을 것이다. 제갈량이 남정할 시기의 촉의 정권은 존망이 위태로울 정도로 불안한 모습을 보이던 시기였다. 동쪽으로는 육손에게 화공을 당하여 국가적인 손실을 입고 있었고, 북쪽으로는 강대국 위나라 조조가 호시탐탐 노리고 있었다. 겨우 오나라와 동맹 관계를 다시 회복하였으나 후방에서 대규모의 반란이 발생하였다. 제갈량에게 닥친 급선무는 신속하게 남만의 반란을 평정하고, 북으로 회군시켜 촉나라의 첫 번째 적국인 위나라와 대치하는 것이었다. 제갈량은 남정 중에도 북쪽의 동향에 마음을 졸이고 있던 상황이었다. 남만 정벌의 시간이 늦어지면 조조가 북쪽으로부터 강대한 군대를 이끌고 쳐들어올 수가 있는 시점이었다. 이러한 상황에서 촉나라의 군 통수권자인 자신이 주력부대를 이끌고 먼 변경으로 와 있으니 제갈량으로서는 초조하기 짝이 없는 현실이었다. 그런 상황에서 위나라가 남하하면 그 국면을 어떻게 수습할 것인가? 그러므로 설사 제갈량이 맹획을 여러 번 잡을 자신이 있을지언정 태연하게 일곱 번씩이나 잡은 일은 없었을 것이다. 청나라 때 편찬한 『통감집람』에서도 그러한 면을 이렇게 이야기하고 있다.

칠종칠금의 이야기는 후세 사람들이 흥미를 위주로 만든 이야기이다. 그러나 그것은 시간관념으로 생각하여 실제적으로 있을 수 없는 일이다. 제갈량의 남만 정벌은 본래 만이들을 심복시키기 위한 것이었다. 옛날 사람들은 "한 번이 아니라 또 잡았다 풀어줬단 말인가?"라고 하였는데, 지금은 한두 번도 아니고 일곱 번이나 잡았다 놓아주었다고 말이 바뀌었다.

이러한 이유로 제갈량과 동시에 살면서 촉나라의 관리도 역임하였고, 정부 문건을 전문으로 취급하던 사학자 진수가 제갈량의 칠종칠금 이야기를 자신의 『삼국지』에 실지 않았다. 그는 "칠금맹획"의 전설을 자신의 사서에 기재하지 않았을 뿐만 아니라 맹획이라는 이름조차 거론하지 않았다. 진수는 신중한 학자로서 그 이야기를 다루지 않았던 데는 충분한 이유와 도리가 있었을 것이다.

그 후 삼국시대를 전문으로 연구하는 많은 학자들은 진수와 비슷한 견해를 나타냈다. 대다수의 그들 생각은 제갈량이 맹획을 쫓아 연승하는 것은 가능하지만, 칠종칠금 이야기는 견강부회牽强附會라는 것이다. 그리고 역사적 경험으로 보아, 제갈량이 북으로 돌아간다 하여도 남중南中 지역의 우두머리들이 그렇게 고분고분하게 "영원히 반역하지 않는다"라고 한 맹세를 지킬 리가 없었다. 제갈량 생전에 남이 장수 유주劉胄가 여러 번 반란을 일으키다 최후에 촉나라 장수 장억張嶷에 의해 살해되고 반란이 평정된 기록도 있다. 이로 미루어볼 때, 제갈량의 마음으로 적을 다스린다는 "공심위상" 정책은 『삼국연의』에서 나타나는 것만큼 그렇게 큰 효과를 본 것은 아니었다.

역사의 전적과 전설들을 교묘하게 자신의 창작과 연결시켜 위대한 작품을 연출하는 나관중의 능력은 칭송할 만하다. "칠금맹획" 이야기는 나관중 시대의 모든 전적에서 백여 자에 불과하였다. 나관중은 그것을 견본으로 하여 소설의 4회에 걸친 분량(『삼국연의』 제87회~90회)으로 만들어냈다. 나관중은 필세筆勢(문장의 힘)가 웅장하고 규모가 크며 굴곡이 있어 독자들을 끌어당기니, 오늘날의 작가들도 그의 필력을 당하지는 못할 것이다.

5. 적벽대전의 주인공 주유의 생애와 삼기주유의 허상
—삼기주유가 진정 주유의 도량이 좁은 것을 증명하는가?

사서에 "공명이 주유를 세 번 기절시키고 죽게 하였다"라는 구절이 있다. 그래서 소설 『삼국연의』를 읽어본 사람들은 주유의 도량이 좁은 것으로 생각한다. 특히 『삼국연의』에서 주유가 죽으면서 하늘을 향하여 "이미 주유를 낳았거늘, 왜 또 제갈량을 태어나게 하였습니까!"라고 탄식하였기 때문에 그는 속 좁은 사람의 대명사가 되었다. 소설 『삼국연의』에서 주유는 모든 면에서 제갈량에게 미치지 못하게 묘사되었다. 제갈량은 항상 긍정적인 인물로 묘사되고, 주유는 부정적인 인물로 묘사되고 있다. 그래서 보통 사람들은 나관중의 의도대로 주유를 부정적 인물로 간주하는 경향이 있다. 역사상의 주유는 정말로 그랬을까?

사실은 결코 그렇지가 않았다. 주유는 담력과 지모를 겸비하였고, 기개가 넓고 태도가 침착하였으며, 행동이 우아하여 타의 모범이 되었는데, 심지어 적들까지도 그를 존경하였다.

오나라 군왕인 손권도 항상 "주유는 왕을 보필하는 자질이 뛰어나다", "나는 주유가 없었다면 제왕으로서 존재하지 못할 것이다"라는 등의 말로 주유를 칭송하였다. 유일하게 주유와 사이가 좋지 않았던 정보程普도 나중에 그의 넓은 도량에 감탄하며 이렇게 말을 하였다. "주유와의 사귐은 마치 스스로 술에 취한 것을 모르게 향기로운 술을 마시는 것과 같다."

조조의 부탁으로 주유에게 찾아가 유세하였던 장간蔣幹도 주유의 인물됨을 보고 이렇게 감탄하였다. "주유의 아량이 높음을 말로 다 형용할 수가 없다." 그리고 유비조차도 주유에게 경애를 표시하면서 이런 말을 하였다. "문무를 겸비하였고, 만인의 영웅이며, 도량이 넓다."

송나라 신종神宗 원풍元豊 5년(1082년)에 대문호 소식蘇軾은 도도히 흐르는 장강에서 '주유의 비범함과 훌륭한 업적'을 회상하며 천고에 길이 빛나는 『적벽회고赤壁懷古』를 읊어 학문이 깊고 태도가 우아하며 공훈이 많은 주유에 대하여 무한한 존경을 나타내었다.

다만 아쉬운 것은 천 년 세월이 흐르면서 이렇게 재능이 탁월하고 도량이 넓은 주유가 사람들 마음속에 현명한 인재를 시기하고, 도량이 좁으며, 안목이 좁고 감정적인 사람으로 변질된 점이다. 적벽대전에서 공을 가장 많이 세우고도 후세 사람들에게는 인정을 받지 못하고 있는 셈이다. 제갈량은 적벽대전의 시작부터 끝까지 한 일이 과연 무엇인가? 그리하여 천여 년 후의 현대인들은 부득불 많은 시간과 정열을 낭비하며 소식의 『적벽회고』에 나오는 영웅이 제갈량인지 주유인지를 알아내기 위해 진땀을 뺀다.

遙想公瑾當年 小喬初嫁了 雄姿英髮 羽扇綸巾 談笑間 强虜灰飛煙滅.
아득히 주유의 그 시절을 회상하니
소교와의 신혼 시절
풍채 당당하고 영기 발랄하여라
깃털 부채에 머리에는 청사면의 두건을 두르고 있는 제갈량과
담소하는 사이

조조의 배들은 재가 되고 연기되어 날아가네!

그러면 도대체 언제부터 주유가 사람들에게 제대로 평가받지 못하게 되어버렸는가? 또한 무슨 원인 때문에 주유의 장점과 공훈이 세월 속에 빛바랜 모습으로 변해 버렸는가?

실제로 주유는 담력과 학식을 겸비한 지혜로운 젊은 장수였다. 그리고 당시 제갈량도 주유를 지혜의 화신이라고 불렀다. 그 둘이 처음 서로 안 것은 모두 혈기 왕성한 젊은 나이였는데, 초면에 서로 각자가 상대방의 재간과 포부를 간파하였다. 한편 그 둘의 성격은 서로 달랐다. 제갈량은 침착하고 노련하며 꿍꿍이 속셈이 있는 반면, 주유는 성격이 급하고 승부 근성과 자존심이 강하였다. 그래서 두 사람은 서로 존경하면서도 라이벌 의식을 느꼈는데, 이러한 모순 속에서 각자 두 나라 장수가 되니 호적수를 제대로 만난 셈이었다.

손권과 유비가 연합하여 조조에게 항거한 것은 단지 특정한 시기의 일이었다. 이러한 상황에서 주유와 제갈량의 관계는 한순간만 동지였지 장기적으로는 보면 적대 관계일 수밖에 없었다. 주유가 제갈량을 해치려고 한 주요 동기는 후환을 미리 제거하기 위함이었지, 서로 병존할 수 없었던 것이라고 간단하게 말할 수 있는 문제가 아니다. 자고로 역량과 능력이 자기와 비슷하거나 우위에 있는 적을 용납할 수 있는 것은 힘든 일이 아닐까? 만약 일시적으로 적의 실체를 간파하지 못하는 상황에서 적을 용납하였다면 그 결과는 자신이 당할 수밖에 없을 것이다. 만약 사람이 승냥이와 이리에게 지나치게 관용을 베풀어도 그들은 사람에게 동정하지 않는 이치이다. 즉, 당신이 잔혹한 경쟁자에게 아무리 호의를 베풀어도 당신은 동정을 받지 못한다. 이러한 "중산랑中山狼 이야기*"와 같은 일들은 사람들 사이에서 종종 발생한다. 이러한 관점에서 주유는 멀리 앞을 내다보는 안목이 있었다고 평

---

*중산랑中山狼 이야기:중산에서 사냥꾼에게 잡힐 뻔했던 늑대가 도리어 살려준 동곽 선생을 잡아먹으려고 한 이야기. 그래서 은혜를 원수로 갚는다는 의미로 사용한다

가할 수 있다.

강자가 약자에 대해서는 예외가 있을 수 있다. 역사적인 사실이 아니고 소설 속에 나오는 것이지만, 제갈량이 맹획을 여러 번 잡았다 풀어준 이야기를 일례로 들 수 있다. 제갈량은 적을 마음으로부터 굴복시키는 전략을 사용했는데, 고양이가 쥐를 가지고 장난치는 것과 같은 느낌이 있기도 하다. 그런데 만약 맹획의 힘이 강대하여 제갈량과 필적할 만한 수준이었다면 그렇게 붙잡았다가 놓아주지는 않았을 것이다.

제갈량이 기산에서 팔괘진법으로 몇십 명의 위나라 병사들을 잡았을 때의 일이었다. 제갈량은 당시 잡힌 병사들의 옷을 다 벗기고 먹칠을 한 후에 돌려보냈는데, 이는 그 병사들을 죽일 가치가 별다르게 없다고 생각하고 적장 사마의를 욕보이게 하기 위한 행동이었다. 결코 제갈량이 사마의 장군에게 너그럽게 응대한 것은 아니었다.

주유는 젊은 나이에 오나라의 수륙대도독이 되었다. 그는 병법에 정통하고 용병에 뛰어났다. 또한 무예도 출중하고 음악도 좋아했으니 그야말로 문무가 겸비된 장군이었다. 당시 제갈량은 주유에 대하여 고상한 장군이라고 불렀다. 이런 인물이 평소에 자부심이 강한 것은 매우 정상적인 현상이지 않을까? 그런데 사람들은 주유가 좀 우쭐했던 점에 근거하여 쉽게 "나이가 젊어 성미가 팔팔하다"라고 생각하였다. 그리고 그러한 생각과 주유가 몇 차례 방법을 써서 제갈량을 죽이려다 실패한 일을 연관시켰다. 주유는 형주 탈환에도 성공하지 못하였고, 제갈량과 싸워 여러 번 실패하였다. 결국 젊은 나이에 병사하니, 사람들은 주유가 제갈량 때문에 화병이 나서 죽었다고 하였다. 그런 식으로 하면 주유를 비판하는 사람들에게 이야기가 순조롭게 조리가 서게 된다. 주유는 수륙대도독으로서 형주를 손에 넣지 못하여 화를 내었고, 거기다가 죽으면서 하늘을 향해 "주유를 보내고 나서 왜 또 제갈량을 내리셨습니까?"라고 『삼국연의』에서 허구적으로 묘사하였기 때문에 도량이 좁은 인물로 차차 인식이 되어갔다. 주유로서는 기가 막힐 일이다.

그러나 우리는 역사의 진실에 더욱 접근한 진수의 『삼국지』와 범엽范曄의 『후한서』 등을 보지 않고, 단지 유비와 촉나라에 지나치게 편파적인 소설 『삼국연의』만 잘 읽어보아도 주유가 그렇지 않았다는 것을 발견할 수 있다. 주유는 제갈량, 유비, 조조 등 몇 명의 숙적 이외에는 너그럽지 않은 적이 없었고, 그의 도량이 좁았던 예도 찾아볼 수가 없다. 그는 대세를 중히 여겼으며 마음이 넓었고 개인적인 이해득실을 따지지 않았다.

주유가 결코 도량이 좁은 사람이 아니라는 것을 몇 가지 방면에서 살펴보자.

1. 정보 장군과 벌어졌던 일을 살펴보자. 정보는 오나라의 노장군이었다. 오나라 사람들은 그를 "정공程公"이라고 불렀다. 주유가 처음 삼군 대도독의 관직을 받을 당시, 백전노장인 정보는 나이가 어린 사람이 자기보다 높은 관직을 받은 것을 보고 심기가 매우 불편해하였다. 그래서 주유를 매우 멸시하였고, 항상 주유를 능욕凌辱하고 다녔다. 주유가 처음 도독의 직권을 행사하여 군무를 의논하는 회의를 소집하였으나, 정보는 거짓 병을 핑계로 나가지 않고 아들을 대신 내보냈다. 주유는 정보의 심정을 알고 있었다. 만약 주유가 도량이 좁았다면 어찌하여 그러한 기회에 정보를 벌하고 자신의 권위를 세우지 않았겠는가? 병이 있다고 집에 머무른 것 자체가 기만이었고, 군사 정황을 연기한 책임도 적지 않았다. 단지 총사령관을 경시한 것만으로도 벌을 받을 수 있는 상황이었다. 그러나 주유는 평상시대로 군사軍事를 진행하며 결코 성을 내지 않았고 정보의 책임도 묻지 않았다. 그러자 나중에 정보가 결국 주유의 큰 도량에 감동하여 자신이 한 행동에 부끄러움을 느꼈다. 아울러 주유의 통솔 능력에 탄복하여 스스로 먼저 주유를 찾아 용서를 빌었다. 주유는 그러한 정보를 나무라지도 않았다. 소설 『삼국연의』에서 정보가 병을 핑계로 두문불출하다가 결국에는 주유에게 사죄하는 내용이 분명하게 적혀 있다. 과연 주유는 기개가 높고 관대한 인품을 지닌 고대 장수의 모범이라고 하지 않을 수 없다.

2. 역사적으로 유명한 달변가인 장간이 주유를 설득시키려다 실패하고,

조조에게 돌아가 다음과 같이 주유를 평가하였다.

"아량이 높고 사람됨이 비범합니다."

3. 유비가 형주를 빌리려 경구에 갔을 때, 손권에게 "주유는 도량이 넓은 인물입니다"라고 하였다.

4. 『삼국지 · 오서 · 주유전周瑜傳』에서 『오록吳錄』을 인용하여 말한 내용을 살펴보면, 유비가 주유에게 같이 조인曹仁을 공격하자고 제안하자, 주유는 과감하게 2천 명의 군사를 유비에게 빌려주었다. 그러한 일은 마음이 좁은 사람이 할 수 있는 일이 아니다.

5. 남송 홍매洪邁가 그의 저서 『용재수필容齋隨筆』에서 다음과 같이 말하였다.

> 자고 이래로 군 통솔자들은 대부분 스스로에 대해 매우 자만하여 자기보다 현명하고 능력이 있는 사람을 시기하는 경향이 있다. 그러나 "동오사영웅東吳四英雄"인 주유, 노숙, 여몽, 육손은 모두 그러한 종류의 인물이 아니었다. 특히 주유가 적극적으로 노숙을 천거한 것이 그 좋은 예에 속한다.

앞서 인용한 북송시대 소식의 『염노교念奴橋 · 적벽회고』에서도 주유를 칭찬하였는데, 이는 송나라 사람들도 주유를 매우 존경하였다는 것을 알게 해준다. 송나라 사람들이 도량이 좁은 사람을 숭배할 수 있었을까?

무엇보다 주유와 손책孫策은 동갑내기 친구이자 동서 관계였다. 그리하여 주유는 오나라에서 가장 높은 직위를 얻었지만 자만심에 빠지거나 딴마음을 품은 일이 없었다. 그래서 손책이 죽으면서 신하들에게 "풀지 못하는 외교 문제는 주유에게 물어서 해결하라!"라는 말을 남겼다. 이러한 이유 때문에 오나라는 장수와 사병이 운명을 같이하고, 임금과 신하가 서로 마음을 합치는 국면이 출현하여 국정이 안정되고 나라의 기초를 닦을 수 있었다.

다음으로 주유는 "인재를 얻은 자는 흥하고, 인재를 잃은 자는 망한다"는 도리를 잘 알고 이를 실천하여 오나라에 필요한 인재를 적극적으로 천거하였다. 우선 장소張昭를 손책에게 추천하였고, 나중에는 노숙을 손권에게 천거하였다. 이 두 사람은 그 후 오나라의 대들보가 되었다. 재능이 뛰어난 제갈량도 주유의 주요 포섭 대상이었다. 주유는 적극적으로 제갈량을 오나라로 끌어오려고 노력했지만, 제갈량이 결코 그 뜻을 받아들이지 않자 제갈량을 제거해야겠다고 결심하였다.

주유의 제갈량에 대한 질투는 사심이 없이 나라를 위해 행동한 결과였다. 그는 일찍이 오나라 중신이자 제갈량의 형인 제갈근諸葛瑾을 파견하여 제갈량에게 오나라로 귀순할 것을 설득한 적이 있었다. 만약 주유가 포용력이 없는 인물이라면 같은 군주 밑에서 자신보다 수완이 뛰어나다고 소문난 제갈량과 같이 일하기를 자청하였겠는가? 주유가 제갈량에게 세 번 당했다고 하는데, 만약 이런 일이 있었다면 유비를 패망시키지 못한 울분 때문에 일어났을 것이다. 주유는 손책과 손권으로부터 중용을 받았지만, 오나라를 위해 영토를 확장하지 못했다. 그러니 어찌 그 마음이 불타듯 초조하지 않았겠는가? 만약 그가 성질이 조금 더 좋았다면 아마 그렇게 일찍 죽지는 않았을 것이다. 그렇지만 그는 필경 주유이지 사마의가 아니었고, 유선은 더욱 아니었다. 다른 사람들과 자꾸 충정을 비교하는 것은 별다른 의미가 없다. 어쨌든 주유는 오나라를 위하여 충성을 다한 인물이었다.

또한 주유가 종종 적을 미혹하게 만들어 계략을 성공으로 이끌었기 때문에 도량이 좁다는 오해를 많이 받고 있다. 역사적 사실은 아니지만, 소설 속에서 나오는 황개의 고육책苦肉策이나 방통의 연환계連環計에서 그러한 예가 묘사되고 있다. 소설 속에서 방통은 "주유 도독이 도량이 좁고 포용력이 없다"라는 말로 장간을 속인다. 이것은 당시 사람들이 문무를 겸비한 혈기 왕성한 젊은이에게 도량이 좁다는 누명을 씌우고 있었다는 것을 설명한다. 하긴 당대 주유가 젊고 뛰어난 인물이어서 시기와 질투를 받았을 만하다고 이해는 간다. 나무가 수풀보다 빼어나면 반드시 바람에 꺾이고, 제방이 높으면 급류가 흐르고, 사람이 출중하면 반드시 비난하는 무리가 생긴다! 하지만 이러한 격언 또한 불공평한 세상 이치가 아니던가!

이제 누구나 다 알고 있는 "삼기주유三氣周瑜"로 화제를 돌려보자. 사실 이 이야기는 완전한 허구이다. 소설 『삼국연의』에서 주유는 제갈량의 계략에 의해 형주 남부를 빼앗기고 미인계전략도 실패하였다. 그리고 최후에 익주를 치는 척하면서 실제로는 형주를 치려고 했던 전략도 제갈량에 의해 실패로 돌아갔다. 그러자 하늘을 쳐다보며 "이미 주유가 태어났는데, 어찌 제갈량을 태어나게 하셨습니까?"라고 한 뒤 죽었다고 한다. 그렇지만 진수의 『삼국지』 자료에 근거하자면, 유비가 유강油江 입구에 군대를 주둔할 당시 주유는 이미 남군태수로 있었으며, 유강 일대 역시 당시는 손권과 주유가 유비에게 빌려주고 있던 곳이었다. 그리고 『삼국지 · 오주전吳主傳』에서도 손권이 주유를 남군태수에 임명한 사실을 기재하고 있다. 이러한 사실로 미루어볼 때 남군南郡 지역은 나중에 유비가 빌린 것으로 볼 수 있다. 유비는 주유가 빌려준 땅이 너무 적다고 생각하고 다시 손권을 설득하여 형주의 여러 군을 빌렸던 것이지 결코 제갈량이 먼저 강점했던 것은 아니었다.

제갈량이 짚더미를 쌓은 배로 조조군의 화살을 얻었다는 "초선차전草船借箭"의 이야기도 허구로 기재하기 시작하였는데, 이는 소설 작가가 제갈량이 주유를 압도한다는 것을 보여주기 위해 만든 창작이다. 원나라 때 출간된 『삼국지평화』(虞氏, 1321~1323년)에서는 제갈량이 아닌 주유가 그러한 일을 했다고 기재하고 있다. 적벽대전이 끝난 후 손권과 주유가 합작으로 벌인 "초선차전"의 일을 제갈량의 공적으로 돌려 버리는 것은 고의적으로 주유를 비하시키려는 나관중의 의도 때문이다. 그리고 나관중의 『삼국연의』에서는 또한 유비와 손부인孫夫人의 정략적 결혼에 허구성을 가미하여 주유를 졸장부로 격하시켜 버렸다. 나관중은 주유가 손부인(손권의 누이동생)도 유비에게 바쳐 버리고, 형주에서도 철병한 오나라의 원흉인 것처럼 납득할 수 없는 이야기를 만들고 있다. 당시는 오촉 간의 동맹 관계로 조조에게 맞서는 상황이었는데 어찌 형주를 두고 그렇게 오촉 간에 다툴 수가 있었겠는가? 진수의 『삼국지 · 선주전』에서 나오는 손부인과 관련된 부분이다.

형주자사인 유기劉琦가 병으로 죽자 신하들은 선주(유비)를 형주목으로 추대하고 공안 지역을 다스리게 하였다. 이에 손권은 유비를 점차 두려워하여 누이동생을 그에게 시집보내 우의를 다졌다. 선주는 오나라 도읍으로 가서 손권을 만나고 관계를 더 단단히 하였다.

상술한 내용들을 종합하여 보면, 오촉 간 정략결혼 문제는 실제로 손권이 오촉이 합쳐 위에 대항하자는 노숙의 전략을 받아들인 결과였다. 이것은 일종의 외교 수단으로써 주유와는 근본적으로 관계가 없었다.

사람들은 『삼국연의』의 허구적인 이야기 때문에 주유가 제갈량 때문에 화가 나서 죽었다는 오해를 하고 있다. 주유의 죽음에 대한 역사적 사실은 진수의 『삼국지 · 주유전』에 명백하게 기재되어 내려오고 있다. 이 서적에서는 주유가 강릉으로 귀환하다가 파구라는 곳에서 병사하였다고 기록하였다. 배송지는 파구巴丘라는 곳은 파릉巴陵이라고 하였다. 파릉이라면 지금의 동정호 동쪽에 위치하여 형주와는 많이 떨어져 있다. 따라서 연의소설에서 형주에서 화를 참지 못하고 죽었다는 내용은 지리적으로 따져 보아도 허구이다. 천하의 주유가 어찌 제갈량 때문에 분을 참지 못하고 죽었겠는가! 주유는 조인과의 전투에서 독화살을 맞은 적이 있는데, 그로 인한 후유증이 죽음에 이르게 한 것이다! 그의 죽음은 오나라에 크나큰 손실이었다. 그리고 사서에 기록된 것을 종합하면 주유는 근본적으로 자질구레한 일을 따지거나 현자를 시기하는 종류의 속 좁은 인물이 아니었다. 그는 예의와 겸손을 갖추었으며 인재에게 관대한 태도를 보였다. 아쉽게도 하늘은 영재를 시기하여, 주유(175~210년)는 젊은 나이에 병사하고 말았다. 그가 죽자 손권은 소복을 입고 눈물을 흘리며 "이제 나는 누구에게 의존한단 말인가!"라고 하였고, 수년이 지난 후에도 손권은 여전히 주유를 잊지 못하여 "공근을 그리는 마음에 어찌할 바를 모르겠다!"라고 탄식하였다(진수 『삼국지 · 오서 ·

주유전』).

나관중의 『삼국연의』의 성공은 위대한 허구성에 있다. 실질적으로 그다지 부딪친 일이 없었던 주유와 제갈량을 물과 불 같은 관계의 적수로 설정하였다. 소설 속에서 제갈량은 주유에게서 수많은 공로와 우수한 인품도 빼앗아가 버렸다. 나관중은 그것도 모자라 주유를 죽는 순간까지도 놓아주지 않았다. "나를 태어나게 하고, 어찌 제갈량을 다시 태어나게 하였습니까!"라고 하늘을 향해 탄식했다고 하여 허구의 극치를 보여준다. 이 주유의 마지막 탄식은 제갈량의 얼굴에 다시 한 번 화사하게 연지와 분을 발라 제갈량을 예쁘게 포장해 준다. 나관중은 주유에게는 너무 잔혹한 사람이다! 잘생긴 주유의 얼굴에 온갖 더러운 진흙을 칠해놓았다. 그러나 이것은 필경 소설이고, 그 안의 주유와 제갈량은 단지 문학 형상에 불과하다. 나관중은 『삼국연의』에서 주유를 희생양으로 사용하여 제갈량을 돋보이게 하였는데, 이러한 강조 수법은 소설의 인물 묘사에서는 성공적인 것이다.

당신이 만약 정말로 주유를 좋아한다면, 역사의 사실적 각도에서 그를 보아야 할 것이다. 그저 단순하게 소설 『삼국연의』로부터 영향을 받아서 주유를 평론해서는 안 된다. 소설의 폐단과 짙은 안개 속에서 벗어나 새로운 관점과 태도로 주유를 대하고 역사를 보아야 할 것이다.

상술한 것을 종합하면, 역사 속의 주유는 도량이 넓은 호걸 장수였다. 그러나 유비를 옹호하는 세력의 영향을 받아 희극과 소설 속에서 주유를 속이 좁고 질투 많은 인물로 추락시켜 버렸다. 역사를 이해하는 사람들은 이 점이 아쉬울 뿐이다.

지금 현재 사람들의 마음속에 느끼는 주유가 어떠한지 들어보고, 사서 속의 도량이 넓고 고상한 주유를 돌아보면서 가까스로 평론해 보니, 침이 사람을 익사시킬 수 있다는 말밖에 나오지 않는다.

역사의 관점에서 주유를 평가해 보면, 그는 위로는 충심으로 군주를 섬기고, 밑으로는 어진 자를 천거하였다. 또한 밖으로는 강적에 저항하고, 안으로는 병사들과 한마음이 되었다. 이러한 사람을 도량이 좁다고 할 수 있겠는가? 주유는 결코 제갈량과 말다툼하다 화가 나 죽은 왕랑王郞 같은 부류의 사람이 아닐뿐더러, 만약 조인과의 전투에서 맞은 독화살의 후유증만 없었다면 제갈량이 세 번이 아니라 여섯 번을 화나게 하여도 죽지 않고 잘살았을 것이다.

옮긴이 후기

공교롭게 한중일 삼국에서 역사 이래로 가장 주목을 받는 소설이 바로 위, 촉, 오 삼국에 관한 이야기인 『삼국연의』이다. 한국에서는 이 소설을 흔히 『삼국지』라고 잘못 표기하고 있다. 따라서 한국에서도 진수가 편찬한 역사서인 『삼국지』와 나관중의 소설인 『삼국연의』를 명확하게 구분하여 말할 필요가 있다. 그런데 나관중이 편찬한 『삼국연의』는 촉국정통론에 치우쳐 촉나라의 인물들을 지나치게 미화시키고 있다.

역사적으로 중국에서는 왕조가 변하면서 수도의 위치에 따라 촉국정통론蜀漢正統論과 위국정통론魏國正統論이 혼재하여 왔다. 북방에 수도를 둔 왕조의 권력층은 대개 위국정통론을 옹호한 반면, 남방에 기반을 둔 권력층에서는 촉국정통론을 옹호하였다. 현재의 상황도 마찬가지다. 중국의 지도층은 위나라를 정통으로 여기는 반면, 대만에서는 정치권은 물론 삼국 전문가들조차도 관우만은 비판해서는 안 된다는 확고한 촉국정통론을 내세우고 있다. 그리고 남방에 위치하면서 약소국이었던 왕조들은 촉국정통론을 무조건적으로 옹호했던 경향이 있었는데, 이는 삼국시대에 상대적으로 국력이 미약했던 촉나라와 동병상련同病相憐의 현상일 것이다.

정사 진수의 『삼국지』는 위魏에만 본기를 두어 삼국의 정통 왕조로 기술하고 있다. 촉과 오의 왕은 열전으로 취급하여 북방 위나라를 정통으로 하는 경향이 있는데, 가정전투에서 패한 뒤 마속馬謖과 함께 목숨을 잃은 마속의 부하 진식의 아들이 진수라는 점에서 어쩌면 당연한 현상이라고 봐야 하겠다. 이러한 위국정통론에 반론을 제기하며 촉국정통론을 처음으로 주장한 작품이 동진시대 습착치習鑿齒(?~383년)의 『한진춘추漢晉春秋』이다. 습착치가 『한진춘추』를 쓴 배경도 중국 남방인 건업(지금의 남경)에 수도를 두었던 동진 시기였다. 그 후 남송에 와서 주희朱熹는 『통감강목通鑑綱目』에서 촉국정통론을 매우 강조하였다. 남송의 수도가 중국 남방 지역인 지금의 항주로 옮겨지면서 촉국정통론이 탄력을 받기 시작하더니, 나관중이란 걸출한 소설가가 나타나면서 그 정도가 심해지기 시작했다. 나관중은 남방인 남경에 수도를 두었던 명나라 초기에 삼국 소설을 완성하였다. 당시의 정치적 입장에서 당연히 촉국정통론에 입각하여 『삼국연의』를 기술하였는데, 그의 탁월하고 화려한 필체에 의하여 완성된 『삼국연의』는 오랜 세월 동안 이어진 삼국 소설에 종지부를 찍었고, 그 후 600년간 그에 필적하는 작품이 나타나지 않고 있다.

나관중의 『삼국연의』는 그의 독창적인 한 시대의 작품이 아니다. 위진시대의 야사野史나 잡록雜錄, 당송시대의 시가창작詩歌創作 등에서 빠짐없이 삼국의 인물에 관한 이야기가 등장하면서 수많은 사람들이 삼국의 역사에 윤색을 가하였다. 삼국의 역사가 심하게 사실과 다르게 왜곡되기 시작한 것은 송원대宋元代에 들어서 『평화平話』가 등장하기 시작할 무렵부터이다. 『평화』는 설화예인說話藝人들이 시장에서 야담을 하는 데 사용하려고 만들었던 초고草稿(話本)인데, 설화예인들은 서사敍史 외에도 많은 내용을 민간 전설에 기대어 풍부하고 다양하게 삼국 이야기를 하였다. 송나라 때 도원결의를 전문으로 하는 설화예인이 등장하였고, 삼국시대 전반적인 이야기를 다룬 『평화』의 원본이 어느 정도 형성이 되었다. 그러면서 13세기 중엽에 이르자, 관한경關漢卿이란 잡극의 창시자가 나타나 관우를 영웅시하는 작품을 쓰면서 도원결의 등 구체적인 이야기가 『삼국연의』와 비슷하게 근접하게 되었다. 그리고 역사적 사실에는 없는 이야기가 더욱더 대량으로 창작되기 시작하였다. 나관중(1330~1400년)이 태어나기 바로 직전인 1321년부터 1323년 사이에 완성된 『삼국지평화三國志平話』가 바로 걸출한 소설인 『삼국연의』의 직접적인 모태가 되었다. 『삼국지평화』는 도원결의에서 시작하여 제갈량의 죽음으로 대단원을 마치는데, 사실상 『삼국연의』의 줄거리가 나관중이 출생하기 전에 이미 윤곽을 다 갖추고 있었다고 보아야 할 것이다. 『삼국지평화』도 당연하게 촉나라정통론을 기반으로 하였는데, 남방 지역인 복건성 건양建陽 지역의 출판업자 우虞씨가 시중에 떠도는 여러 가지 삼국 이야기를 종합적으로 편집한 것이다. 그 후 나관중은 『삼국지평화』를 멋있는 필체로 자신의 소설로 승화시켰다. 이렇게 해서 탄생한 나관중의 『삼국연의』는 놀라운 문장력으로 동서고금에 길이 남을 유명한 소설이 되었지만, 이미 역사적 사실과는 너무나 많이 동떨어진 내용으로 변해 버렸다.

최근에 중국에서는 위국정통론에 입각하여 『삼국연의』를 비평한 서적들이 간간이 출간되고 있다. 본서 역시 그 추세에 맞추어 작가는 위나라에 무게를 두고 작품을 저술하고 있다. 촉나라의 인물 평가에 있어 유비, 제갈량, 관우, 조자룡에 대해서는 좋은 평가를 내리지 않고 있다. 그나마 장비, 강유, 위연에 대해서만은 괜찮은 평가를 하고 있다. 촉국정통론을 위주로 서술한 것이 아니어서 촉나라의 인물들에게는 대체적으로 좋은 평가를 하고 있지 않은 반면, 위나라의 조조와 사마의, 오나라의 손권, 주유, 노숙 등에 대해서는 높은 점수를 주고 있다.

관우는 중국인들에게 신적인 존재인데, 작가는 그러한 관우에 대해서도 호의적이지 않다. 사실 삼국의 역사는 어떠한 관점에서 보는가에 따라 모든 인물의 평가가 달라지게 되어 있다. 관우는 중국에서 유일하게 유, 불, 도교에서 모두 추앙을 받는 인물이다. 유교에서는 성인, 도교에서는 천존, 불교에서는 특별히 불법을 수호해 주는 가람신伽藍神 혹은 관보살關菩薩이라고 불린다.

손권은 관우를 살해한 뒤 그 수급을 조조에게 헌납하였다. 평소에 관우를 좋아했던 조조는 곧 향나무로 관우의 몸통을 만들고 수급에 맞추어 예를 갖추고, 낙양성에서 남쪽으로 7km 떨어진 곳에 관림을 만들어주었다. 유가에서 성인의 무덤에 '림林'을 덧붙이는데, 무덤의 이름으로만 보아서는 중국 역사상에 오직 두 명의 성인만이 있다. 즉, 공림孔林에 묻힌 공자孔子와 관림關林에 묻힌 관우를 말함이다. 공자는 문묘文廟, 관우는 무묘武廟의 양식을 따라 각자 문무를 대표하고 있다. 또한 중국인들의 가정과 상점마다 관우상을 두어 재물신으로 모시고 있다. 관우가 재물신이 된 것에 대해서는 의견이 분분하다. 관우가 탄생한 산서성 해현解縣은 예로부터 소금 산지로 유명하였다. 집을 떠나 오랫동안 돌아다니는 해현 소금장수들이 짐 속에 항상 동향 출신의 위인 관우상을 늘 모시고 다녀 중국인들에게 관우가 재물신으로 차츰 형성이 되었을 것이다.

이렇게까지 중국에서 관우가 존경을 받는 것은 나관중의 영향일 것이다. 우선 나관중은 관우와 동향이다. 나관중은 남경에 수도를 둔 초기 명나라 시대에 『삼국연의』를 완성하면서 자신과 같은 고향 사람인 관우와 그의 의형제인 유비와 장비도 더불어 미화시켰다. 그중에 대표적인 역사적 사실 왜곡이 천리주단기이다. 관우의 천리주단기는 역사적 사실과 지리적으로 부합되지 않는다. 당시 유비가 실제로 있던 곳은 지금의 하남성 상수현商水縣인 은강殷疆이라는 곳이다. 당시 유비는 원소에게 의탁하고 있었다. 여남의 유벽이 원소에게 투항해 오자, 원소는 유벽과 유비를 남쪽인 은강으로 보내 조조의 세력과 맞서게 하였다. 그 당시 관우가 조조에게 벗어나 유비를 찾아간 것이다. 은강은 당시 관우가 있던 허창의 동남쪽 지역으로, 거리상으로 120km 정도이다. 그런데 『삼국연의』에서 묘사된 내용은 이상하다. 오관을 지나는 순서로 보면 가까운 길을 두고 먼 길을 돌고 도는 양상을 보인다. 일단 허창에서 서북쪽인 낙양으로 간 후, 황하를 건너 다시 북쪽으로 형양성 등을 지나 다시 내려오는 모습을 보인다. 그 거리는 무려 1,200㎞에 달한다. 현실적으로 있을 수가 없는 이야기이다. 만약 관우가 유비가 있는 곳이 여남으로 알고 갔어도 상황은 비슷하다. 여남 지역은 은강과 마찬가지로 허창의 남동쪽이고, 허창은 낙양의 동남쪽이다. 허창, 여남, 은강 지역 모두 지금의 하남성에 위치한다. 관우가 황하를 넘고 하북성으로 갈 이유가 없다. 이 밖에도 『삼국연의』에서는 관우에 대해 여러 가지 사실들을 왜곡하고 과장하고 있다.

그 외에 역사적인 사실과 다른 『삼국연의』의 허구들은 매우 많다. 조자룡이 장판파에서 아두(유선)를 구하는 장면, 장비와 제갈량이 공성계를 쓴 일, 제갈량이 적벽대전에서 장군으로 활약했다는 일, 박망파화공, 제갈량이 죽어서 산 사마의를 쫓은 일, 칠금맹획 및 옹개와 주포의 일, 조조가 여백사를 죽인 일, 유비 삼 형제가 여포와 싸운 일, 관우가 문추와 화웅을 벤 일, 관우가 화용도에서 조조를 살려준 일, 관우와 황충과의 싸움, 단도부회하는 장면, 도원결의 등은 모두 소설 작가가 만들어낸 허구적인 이야기들이다. 특히 적벽대전과 관련한 허구는 심한 편이다. 제갈량이 제를 지내며 동남풍을 불게 하는 장면, 제갈량이 화살 10만 개를 구했던 일, 주유를 화나게 했던 삼기주유와 같은 일이나 황개의 고육책, 방통의 연환계, 장간의 활약 등은 모두 역사적 사실이 아니다.

작가는 『삼국연의』를 무조건 비판하지는 않았다. 소설의 허구와 과장이란 기법을 잘 활용한 『삼국연의』는 위대한 소설이란 점을 인정하였다. 작가는 그런 과정에서 역사적 사실과 너무 동떨어진 점에 대해 실사구시에 의한 입장에서 비판을 하였다.

『삼국연의』를 삼국의 역사로 봐서는 곤란하다. 『삼국연의』를 흔히 "삼국지"라고 부르는 것 자체에 문제가 있으며, 마치 삼국의 역사처럼 믿음을 갖는 잘못된 경향이 있다. 『삼국연의』는 어디까지나 소설이지 역사가 아니다. 나관중의 『삼국연의』를 역사상 가장 완벽한 삼국 소설로만 보아야 하며, 그 속에 숨겨져 있는 삼국시대의 역사적 진상은 어느 정도 파헤쳐져야 된다는 점에서 본서의 의의가 있다 하겠다.

끝으로 이 책을 번역 출판하여 주신 청어람 출판사 서경석 사장님께 감사를 드리며, 또한 출판 과정에서 많은 고생을 하신 유경화 팀장님께도 깊은 감사를 드립니다. 아울러 일러스트를 그려주신 우호 선생님께도 감사의 말씀을 드립니다.

삼국지 인물 통치학

초판 1쇄 찍은 날 | 2011년 11월 2일
초판 1쇄 펴낸 날 | 2011년 11월 11일

지은이 | 왕우
옮긴이 | 오상식
펴낸이 | 서경석

편집 및 디자인 | 유경화 · 이수민
펴낸곳 | 청어람 M&B
출판등록 | 제313-2009-68호
주소 | 경기도 부천시 원미구 심곡2동 163-2 서경B/D 3F (우) 420-822
전화 | 032-656-4452 팩스 | 032-656-4453
http://www.chungeoram.com
E-mail:chungeoram@chungeoram.com

ISBN 978-89-93912-62-3 03912

※ 파본은 구입하신 서점에서 교환하여 드립니다.
※ 이 책의 모든 각주는 옮긴이의 것임을 밝힙니다.